Glamour Press 读天下

www.glamourpress.com

Competitive Advantage Series

更有趣、更富启发性、更多地让学生受益的新型教材

现代企业管理

激励、绩效与价值创造

Introduction to Business

高职高专版

吴何 著

* Competitive Advantages Series是由读天下公司开发的新一代大学教材系列。

中国市场出版社

图书在版编目（CIP）数据

现代企业管理：高职高专版/吴何编著．—北京：中国市场出版社，2011.3
ISBN 978－7－5092－0719－2

Ⅰ.①现…　Ⅱ.①吴…　Ⅲ.①企业管理－高等学校；技术学校－教材　Ⅳ.①F270

中国版本图书馆 CIP 数据核字（2010）第 242325 号

书　　名：现代企业管理
作　　者：吴　何
责任编辑：孙　忠
出版发行：中国市场出版社
地　　址：北京市西城区月坛北小街 2 号院 3 号楼（100837）
电　　话：编辑部（010）68033067　　读者服务部（010）68022950
发行部（010）68021338　68020340　68053489
68024335　68033577　68033539
经　　销：新华书店
印　　刷：河北省高碑店市鑫宏源印刷包装有限责任公司
规　　格：787×1092 毫米　1/16　27.5 印张　570 千字
版　　本：2011 年 3 月第 1 版
印　　次：2011 年 3 月第 1 次印刷
书　　号：ISBN 978－7－5092－0719－2
定　　价：48.00 元

提高学习效果的结构设计

第12章

整合营销传播与促销

本章学习要点

对本章学习目标的提示，鼓励主动学习。

本章学习要点

- 运用促销和促销组合实现整合营销传播
- 有效的广告
- 人员销售的组织
- 销售促销的方法和类型
- 利用公共关系
- 促销行动的规划

必胜客以西式休闲主题餐厅的形象吸引年轻顾客，“欢乐”和红色强调了伙伴关系和生活方式。

开篇案例

学生熟悉的真实企业所面对的挑战，紧扣本章主题，启发相关管理问题的思考。

专题

多样化、饶有趣味的专题，提供对特别主题的深入的分析和启示。

开篇案例

必胜客：引领快乐餐饮的生活时尚

必胜客餐厅的门口经常可以看到排队等候的现象，顾客以年轻时尚的白领阶层和家庭就餐为主。这家餐厅的价格并不便宜，其主要产品比萨饼也只是一种标准化的食品。为什么却能够长期吸引顾客？

必胜客与肯德基都是百胜集团下属的企业，不过两者在中国的市场定位不同。肯德基主打快餐，强调营养健康，而必胜客餐厅属于休闲餐饮，走欢乐、休闲、品位、情趣的道路。必胜客的门店坐落于城市中心地带和高档社区，采用西式风格的装修，提供以比萨为特色招牌的西式全餐，包括沙拉、汤品、餐前小吃、主菜、甜点和饮料，服务也是西餐特有的全程式服务。必胜客的价格远远低于传统西餐。通过简化版的西式全餐，必胜客让顾客体验到西式餐饮的乐趣而又不必遵守严格的西餐礼仪，吸引了追求时尚的消费群体。必胜客中国区总经理罗维仁说：“我们就是试图带来一种更新的餐饮时尚。”

沙拉吧是必胜客创造欢乐环境的一个典型例子。比萨上桌之前需要一段时间，通常顾客会先取自助沙拉。必胜客的自助沙拉只能取一次，为了让自己的钱花得最划算，如何用那只“可怜的小碗”装满自己喜欢的沙拉，也就成了一门有趣的学问。餐厅还提供许多游戏项目，将等待转化为乐趣，创造一种西方欢乐节日的情绪化体验。

为了吸引消费者反复进店消费，必胜客采取了大量推出新品种的策略。每隔半个多月，必胜客就会推出某一款新品种的电视广告，通过讲故事和美味诉求不断刺激消费者，在产品广告中还着意渲染欢乐的氛围。在媒体选择上，必胜客主要依靠大众媒体，特别是电视广告。必胜客还利用新媒体寻找准确的营销对象，例如针对白领群体密集投放的“下午茶”楼宇广告。必胜客与视频网站优酷合作“午餐这点事”推广午间商务套餐。

必胜客的消费人群属于对价格比较敏感的类型。为此，必胜客采用多种促销手段吸引顾客。电子优惠券是一种主要的促销形式，可以在必胜客的网站上下载。为突出“西式”特点，必胜客举办一年一度的世界美食嘉年华，引进异国口味的食品，结合名目繁多的促销。除了节日促销外，必胜客在平日也向消费者提供一些特殊的促销选择，例如儿童主题生日会可以享受折扣服务，大学生可以享受8折的优惠。为了克服消费者心目中价格较贵的印象，从2008年秋季菜单开始，必胜客的新产品电视广告开始打上价格标签。“我们希望向消费者传递‘丰俭由人、好吃不贵’的信息。”必胜客品牌负责人说。

必胜客注意与媒体维护良好的互动关系。除了例行的产品发布和战略发布之外，必胜客还通过公益活动增加宣传的机会。例如赞助大学生环保公益和儿童教育公益的“四点半小课桌”活动，这些活动的参加者本身也属于必胜客的消费人群。2008年，由复旦大学经济中心教授张军主持编制的必胜客指数发布，引起了媒体的广泛报道，必胜客大大提升了自己作为中产阶层消费方式代表的形象。

专 题

社会化媒体营销

社会化媒体营销（social media marketing，SMM）是2009年以来营销界和公共关系界非常热门的话题。社会化媒体*主要是指基于在线平台的社区中交换信息、知识和意见的机制，也称新媒体。它的工具包括email、短信、BBS、博客、微博客（twitter）、社交网站（Facebook）、网上社区（豆瓣、大众点评网、淘宝、优酷）、聚合订阅（google reader）和协作网站（维基百科）等，信息的形式包括文字、图片、视频和音频等。社会化媒体最突出的功能是沟通和协作。与传统媒体相比，社会化媒体的主要特点包括：

低成本和草根性。虽然许多大型网站和工具的维护需要很高的成本，但它们对内容不做管理。大量发布和分享的内容的生产成本很低，普通用户都可以参与。

用户创造内容，自主控制。传统媒体通常以固定的频道、时间和形式向受众发布经过专业人员挑选的信息，而社会化媒体的内容则是由社区成员自主发布，通过投票（点击和阅读）决定信息的传播范围。此外，在信息发布的同时就可以生成反馈和评论。

随时介入、个性化的即时反馈。用户可以在不同的时间、地点方便地接触到社会化媒体的信息，可以定制自己所需要的信息，可以发布自己的反馈、发挥影响力。

社区化体验。社会化媒体通过共同维护、协作、和独立评论创造建立亲密的社区环境。

迅速传播，打破界限。用户推举的内容可以在不同的社会化媒体之间快速切换，在很短的时间里、以很低的成本发生广泛的影响。

社会化媒体为营销提供了新的机会，企业纷纷建立自己的博客、论坛、参与社会化媒体，与客户建立直接和实时的接触，发布品牌、促销和公关信息，同时力求从客户反馈中获得产品创意和改进服务。像星巴克、戴尔、google这样的企业在社会化媒体营销方面取得了很大的成果。企业可以通过社会化媒体向客户提供以下功能：

沟通。如戴尔的企业博客“戴尔直通车”，提供技术性文章和解答客户问题，维护品牌声誉，学习和聆听顾客反馈。

协作。戴尔的ideastorm论坛上收到过11500个创意，其中有300个得到了实施。还通过dellshare、regeneration这样的网站分享信息。

教育。戴尔通过radian6软件跟踪社会化媒体对自己的评论（每天5000条）并采取相应的对策做出处理，戴尔认为自参与社会化媒体之后，负面评论减少了30%。

娱乐。戴尔在“第二人生”虚拟世界中向那里的公民销售电脑，也提供让他们回到真实世界购买电脑的选择。竞争对手联想公司在发布IDEAPAD时制作了多款幽默的视频，发布在一些视频分享网站上，在娱乐用户的同时宣传品牌。

社会化媒体拥有营造社区体验的优势，小企业同样可以运用这些新媒体吸引自己的忠诚用户。上海的Nap Cafe是一家夫妻店，门店很小，位置也不好找。店主对社会化媒体工具比较熟悉，他们在自己的网站上开设了博客，记录咖啡屋里的故事，还设立了“清谈闲论”的论坛，传播咖啡知识，提供趣味话题、投票和活动报名的功能，在flickr上张贴活动的照片。Nap Cafe在豆瓣网上有专门的小组，成员接近5000人，它的活动总是报名爆满。Nap Cafe的营销表现出前述社会化媒体的所有特点，也运用到其中全部的功能。社会化媒体营销的花费实际上并不多，而聚拢人气（有效消费人群）的效果却很明显。今天，在广告和公关预算压缩的背景下，社会化媒体对企业的吸引力是不言而喻的。

多样和丰富的练习，巩固学习成果，提高成绩

本章小结

与学习要点相呼应，回顾本章学习目标。

关键概念

以点代面，帮助学生整理本章所学。

思考题

多层次、多维度的练习，检查学习效果，提高成绩。

网络练习

培养主动学习、开放性和批判性思考的能力。

开篇案例讨论题

回顾开篇案例，辨析与本章关键概念相关的内容，通过课堂讨论从其他同学的分析中受益。

目 录

第二部分　管理、组织与人力资源

第三部分　市场营销

第四部分 信息管理

第五部分 财务管理与投资

第六部分　国际环境下的企业管理

案例目录

专题目录

前　言

管理的知识不是深藏于研究文献中，而是体现在管理者和组织为提高竞争优势而努力的过程中。中国企业正在发生的深刻变化和令人激动的前景是推动本书写作的主要动力。中国企业不仅受益于全球化的竞争，还受益于过去100年来世界管理科学和企业实践的精华。本书以易于学生理解和掌握的方式介绍当代企业管理的基础主题、方法和应用，大量的案例介绍了中国企业在竞争和成长中所遇到的问题，分析它们如何创造性地克服各种挑战、把握机会和创造价值，以及这些成就对新一代管理者的启示。

目　的

本书是为高职高专管理学相关专业的学生和从事管理工作的各行业专业人士写作的现代企业管理概论教材。

专业化是当前人才培养的主要模式，但在现实的职场中，综合能力特别是管理能力在很大程度上决定了专业人员的发展。许多专业人员在工作一段时间后得到晋升，从事部分的或全职的管理工作，例如带领技术开发团队、销售团队、医院的护理团队或其他职能团队，甚至出任企业或组织的负责人。还有越来越多的个人和团队选择自主创业，创建企业或非营利组织。承担起这些新的责任和职能需要个人发挥勇气和积极的态度，也需要从企业管理的理论和其他企业的最佳管理实践中获得灵感、汲取经验并大胆地运用。

管理学是一门实践的学问，本书力求在总结当代管理学研究前沿成果的基础上，探讨当代最佳管理实践的应用条件和效果，为处理复杂的企业经营管理问题提供分析的工具和对比的标杆。

特　点

本书围绕着现代企业管理中的两个基本问题展开：（1）什么是企业？（2）如何管理好企业？前一个问题决定着你如何看待企业，包括企业的目标和企业成功的衡量标准，特别是企业应当如何处理与它的利益相关者（股东、员工、客户、供应商、社区等）之间的关系。对这一问题的理解在本质上影响着所有企业经营和管理的决策。

后一个问题是指在资源约束的条件下如何调整企业运营中的各种权衡取舍，实现企业的目标。例如在具体的工作设计中如何体现企业愿景，如何设计员工福利提高生产力，如何鼓励创新，或如何在控制风险的前提下充分运用企业的财务资源，而最终的目标是在竞争中脱颖而出。

现代管理理论和企业实践为我们回答上述问题提供了丰富的素材，本书将以结构化的、便于理解和应用方式将这些材料呈现给读者，引导当前的和未来的管理者们思考和讨论如何将这些理论和经验转化为可持续的竞争优势。

正如本书的副标题所表明的，现代企业管理的研究和实践对上述问题回答的逻辑线索集中于激励、绩效和价值创造。激励包括所有能够提高经济效率的机制，从经济体对产权的保护、股东对经理的报酬设计到企业制度与文化对员工贡献的认可。正确的激励是企业提高绩效的前提，激励设计的改进则是企业不断的挑战。

管理活动必然围绕实现企业的绩效目标展开，管理者肩负着提高赢利能力和利润持续增长的巨大压力。同时，绩效也不仅是对企业竞争优势的衡量，还包括企业实现竞争优势的行为的考核。企业承担社会责任的方式和效果在企业绩效评价中所占的分量越来越重。

价值创造则是企业生存的根本理由。绝大多数企业在竞争环境中经营，只有为顾客创造出独特的价值才能提高收入和利润。在全球化的时代，顾客可以全球范围内寻找最能满足自己需要的产品和服务。企业面临着在国际范围内创造独特价值、发展出全球竞争力的新挑战。管理者的使命是将企业的所有努力指向有效率地和有效能地为顾客创造价值的活动。

在展开分析的过程中力求将国际视野与本地关注结合起来是本书的另一项特色。所谓国际视野，首先是学习西方现代管理学的思想和发展逻辑，掌握管理思想前沿及其与现实的响应关系。其次是理解管理思想产生的现实环境，也就是当代国际企业的管理实践和竞争方法。不论是从中国国内的管理研究还是企业实践来看，在很大程度上还处于对国际领先者模仿、分析和追赶的阶段，国际视野不仅可以帮助我们用先行者的成果武装自己，更重要的是更清楚地认识自己所处的位置，从而选择正确的方向。

由于管理活动本质上的应用性，企业管理的教材还应当让读者学会如何判断本企业或组织在市场竞争（或全球竞争）中所处的地位以及策略选择，这就需要强烈的本地关注。本书选取了大量的、新近的本地案例，为学习者营造出一种高度逼真的现场感。读者可以从这些成功和失败的案例中理解现代中国企业发展的驱动力量和竞争选择。当代中国企业竞争的一个重要特点是突破了国界的限制。中国企业的产品在国际市场上寻求顾客，同时国际竞争者也纷纷进入中国，在本地市场上展开经营和竞争。这为中国企业的成长创造了极好的机遇，也对中国管理理论和管理人才的成长起到了显著的推动作用。本书力求反映这一时代的特点，让读者从这种分析和展示中受益。

结　构

本书分为六个部分。首先是对企业和企业环境的总体介绍，接下来是对企业管理中主要职能的讨论，包括管理、组织与人力资源、市场营销、信息管理。在企业财务管理与投资的部分，我们将讨论的内容扩展到金融市场和证券市场。最后，我们对当代企业变革最重要的方面——跨国企业管理进行了较为深入的探讨。

第一部分“企业环境与趋势”主要探讨现代企业经营管理的一般环境及其变化。

第 1 章讨论了企业和企业组织的合理性，介绍了企业家需要了解的基本环境知识、市场指标和企业的组织形式，这一章还强调了公司治理、商业伦理和企业社会责任的新进展。本章向读者提供了深入的中国情境分析，还提出了对世界级企业的新追求。

第 2 章着重指出全球化和电子商务是当前影响所有类型企业经营的重要因素。管理者必须从全球化的观点看待当代企业的环境，掌握全球竞争的概念以及进入全球市场的方法。电子商务作为一种突破时间、空间和信息的限制、为企业创新带来无限机遇的新型商业形态也在这一章进行了介绍。

小企业经营和创业中的管理问题在第 3 章得到了全面的分析，包括小企业如何建立竞争优势，反映了近年来管理学教育对这一主题的特别重视。本章还介绍了特许经营，这是小企业中一种常见的类型。

第二部分“管理、组织与人力资源”主要探讨企业提高资源运用效率中所面临的挑战。

第 4 章介绍了当代管理学的理论框架：计划、组织、领导和控制，为读者从总体上理解什么是有效的管理提供了基础。本章还对计划与决策、价值链分析和领导的重要主题进行了分析。“对战略的强调体现了管理学实践中的新趋势，日益复杂的运营环境要求管理者、组织和全体员工在战略意图上取得深入的共识，在行为上表现出高度的一致性。”第 5 章重点讨论如何建立一个有效率的组织，企业在组织构建过程中需要考虑的问题，组织设计如何帮助组织实现自己的目标。

第 6 章围绕产能与需求匹配的核心问题介绍了企业运营管理的主要概念，服务业与制造业在运营管理上各自的特点。本章对供应链管理给予了特别的关注，强调企业将运营管理延伸到供应链的重要性。

提高员工激励水平的理论和方法是第 7 章的核心主题。提高员工激励水平的各种影响因素和工具大多是企业内部可以控制的，不论是大企业还是小企业都可以通过改进自己的激励提高企业的效能。第 8 章全面探讨了企业人力资源管理的理论和工具，包括竞争环境下的招聘、薪酬、培训和绩效评估等主题。本章还强调了战略性人力资源管理，即人力资源管理如何与企业的战略保持一致来实现竞争优势。

第三部分“市场营销”的主题是企业如何更好地满足顾客的需求。

第 9 章讨论了营销和营销的基本概念。强调了营销概念的核心在于分析顾客的需求并通过有计划的营销活动满足这些需求。第 10 章关注营销组合中的产品开发和定价。介绍了产品开发和管理的基本理论，指出定价也是一种竞争的手段，应当服务于企业的战略。本章还讨论了品牌对于企业的重要性。

第 11 章关注产品分销的方法。本章介绍了主要的分销手段以及它们所创造的价值以及企业如何更充分地实现分销的价值。第 12 章探讨了企业如何通过整合营销传播向创造顾客价值。企业的挑战在于如何将广告、人员销售、公共关系和其他营销技术组织成有效的整体，发挥协调的作用。本章还探讨了新兴的社会化媒体在营销中的应用。

第四部分“信息管理”围绕企业如何获得有用的经营信息和财务信息展开。

第 13 章从企业日常经营的角度讨论了信息的形式和价值、信息的获得与分析的主要方法。本章还介绍了以管理信息系统为代表管理软件的应用和对生产力的影响以及互联网条件下的信息管理。第 14 章为读者介绍了会计信息采集与分析的基本原则和方法，着重探讨了会计报表生成的原理和如何进行报表分析。

第五部分“财务管理与投资”向读者提供了金融市场和财务管理的基本概念和分析工具，这也是当代企业管理者必须掌握的知识和技能。

第 15 章帮助读者理解当代金融体系，特别是中央银行的关键性角色，包括货币政策目标、货币政策的制定和执行以及货币政策工具的分析。第 16 章围绕保证企业运营资金的主题介绍了企业财务管理的目标和方法，描述了企业获得融资的主要渠道，并对其利弊进行了分析。第 17 章介绍了证券市场的基本知识，解释了证券市场在市场经济中的作用在于发现价格、配置资源。本章还介绍了各种投资的特点和投资组合的概念。

第六部分“国际环境下的企业管理”对全球竞争环境下企业所面临的挑战进行了详细的分析。如果说第 2 章侧重从宏观角度描述国际环境对企业经营的影响，那么第 18 章则深入探讨了跨国企业在竞争战略、组织构建、沟通和人力资源管理中所呈现的独特性（困难与机遇）以及相关的理论与工具。

对企业管理的各个侧面进行深入的探讨是理解企业问题的前提，但现实中的企业管理问题从来都是在一个整体的和动态的环境下进行的。在对决策、管理改进、管理工具的讨论中，重要的是保持对企业所面临的战略性主题的关注，也就是企业如何在约束的条件下组织自己的资源。本书在管理问题的分析中始终强调将战略主题纳入管理分析的重要性和方法。

鼓励自主学习的教学设计

本书的教学设计鼓励学生自主学习。以平实、清楚的语言和生动的例子解释概念和理论，辅以精心设计的图形和表格帮助学生理解。排版、段落分隔、项目符号和照片的安排力求让阅读变得轻松、自然，吸引学生使用教材。所有的概念在首次出现时都提供了适合情境的解释和恰当的例子。例子的选取特别注意与概念和分析之间的相关性，举例的范围则力求做到有代表性，涵盖制造业、服务业、新型企业、本地企业和国际企业，同时注意不因为通俗而牺牲概念的准确性。

每章的开头部分列出本章学习要点，概述本章将要学习的关键概念和分析方法，为学生提供一个把握本章内容整体图景的工具。每章以一个有一定深度的开篇案例引入将要讨论的主题，建立概念和现实之间的联系。案例的讨论题安排在每章结束时，学生可以应用本章所学进行分析，进一步巩固所学的要点。案例讨论鼓励小组讨论的形式，鼓励批判性的思考。正文中的专题扩展了本章的主题，为学生提供了更深入理解关键概念的机会，专题力求做到饶有趣味而又富于启发。

本章小结对本章的重要概念和学习过程进行简要的回顾，关键概念提醒学生检查自己学习中的遗漏，与开头的学习要点相呼应，通过这种自然的重复帮助学生切实掌握本章应当学会的概念和技能。除了检验学习效果的思考题之外，本书还设计了网络练习，引导学生开放思想，发展批判性思考的能力。

教　辅

本书适用于现代企业管理概论、现代企业经营概论等课程。为了方便组织教学，本书提供了教师手册（习题答案和案例习题答案）和 PPT（包括书中的插图），采用本书做教材的高校教师可以向读天下公司申请（010 - 68033067，szpress@ gmail. com）。

1 第一部分

企业环境与趋势

第 1 章

什么是企业

本章学习要点

- 理解什么是企业，企业的目标是什么
- 了解企业家精神的本质，企业家在社会中的作用
- 如何分析企业经营的环境
- 经济学的基本问题是什么，市场经济如何解决这些问题
- 产权及其对企业的重要性
- 价格形成的过程与竞争的类型
- 企业应当关注哪些基本的经济指标
- 公司制为什么成为主流的企业组织形式
- 企业伦理和社会责任包括哪些方面

新东方以独特的方式为学员创造价值，成为留学英语考试市场的第一品牌。

开篇案例

新东方的精神

新东方被人们称为出国留学的梦工厂，据说校长俞敏洪走在任何一所北美高校的校园中都会有新东方的学生主动前来打招呼。从创业时只有几十名学生发展到今天 80 万在校学生，新东方的成长堪称教育培训市场的传奇。

上个世纪 80 年代后期，农家子弟出身的英语老师俞敏洪和当时的许多年轻人一样做起了出国留学的梦。不过，由于经济困难，他没能像许多同学一样顺利出国。为了增加收入，他开始在民营的英语培训机构中兼职，为此还受到北京大学的处分。但正是在这样的过程中，他发现了自己在英语考试培训方面的才能。1991 年，俞敏洪从北京大学辞职。1993 年，他和妻子两人办起了新东方学校。

创业初期，新东方没有自己的校舍，只能租赁教室。而学校的广告发布手段就是靠俞敏洪自己拎着糨糊桶在中关村一带上街刷广告。在新东方创立之初，北京市场上已经有了 30 多家出国培训机构，一般培训价格为 300～380 元。为了吸引学生，俞敏洪将价格降到了 160 元，同时开设了免费的培训课，允许学生在试听后决定是否缴纳费用正式学习。俞敏洪还经常为渴望出国的学生举办免费讲座，新东方称之为公益讲座，至今仍然是新东方的主要营销手段之一。就这样，学生逐渐多了起来。到 1995 年的时候，学校已经非常成功。为了寻求进一步的发展，俞敏洪来到美国找到昔日的同学和好友王强、徐小平，请他们回国加盟。后来，杜子华、包凡一、胡敏等更多的留学人员也加入了新东方，而唯一没有出国留学经历的俞敏洪则戏称自己是一只“土鳖”，带领一群“海龟”奋斗。吸纳这些海归证明是新东方进入大发展的关键战略举措。在新东方提供的舞台上，他们各自做出了精彩的表演。王强的口语、杜子华的电影英语、包凡一的写作、胡敏的雅思考试培训、徐小平的留学咨询都成为新东方品牌的重要组成部分，他们的到来极大地提升了新东方的人才结构和文化氛围。在某种意义上可以说，是他们创造了新东方的品牌。

在培训市场上，新东方是一所风格独特的学校。它以对国外英语考试规律的深刻把握而知名，但同样知名的还有不遗余力地向学员们灌输积极向上的人生观的做法，俞敏洪和新东方的老师都以善于讲故事而著称。和大学里的思想品德教育不一样的是，新东方的灌输充满了幽默、智慧和个人体验，让人喜闻乐见，印象深刻。很多学员在多年以后可能再也想不起新东方留给自己的技术层面的知识了，却可能仍然念念不忘当年所受到的精神鼓舞和激励。俞敏洪本人曾经有过高考落榜的痛苦，他在高考补习班中的经历和学习英语过程中所受到的磨炼为他提供了启示：在教育培训中必须强调人生激励。这一特色今天已经成为新东方具有绝对优势的品牌特征。为了保持这一特色，新东方还在教师招聘时建立了严格的标准，要求教师必须做到激情、励志和幽默，而新东方企业和俞敏洪本人的坎坷经历，都成为激励的材料，印证着新东方的精神——“在绝望中寻找希望”。今天，在全国各地的新东方课堂上，你都可以体会到这一点。

随着新东方的成长，学校的组织结构和制度也发生着变化。一开始新东方实际上是家族制，由俞敏洪的妻子、母亲和其他家人负责学校的后勤等。为了给吸引来的人才创造更好的工作条件，俞敏洪和其他管理者下决心让自己的直系亲属离开学校，这期间俞本人在家庭中经受了很大的痛苦。新东方的第二项重要制度是项目“分封制”，主要成员（教师）拥有各自的领地，不领工资，只向学校上缴15%的管理费。俞敏洪提出了“糖纸理论”，也就是由教师拿走糖块（利益），而将糖纸（新东方品牌）留下来。这一制度很好地解决了各路诸侯加盟新东方之后的激励问题，促使一大批明星教师涌现出来。这些明星教师成为学校吸引学生的招牌，而更多的学生则通过口碑效应进一步强化了新东方的品牌。

但是，这样的设计毕竟只是俞敏洪个人的机智和苦心，未必符合现代企业管理的要求。随着基础英语教育规模的扩大和学校进行公司改制，原有的利益分配格局受到巨大的冲击。在2000年之后差不多四年的时间里，新东方内讧不断，股东间发生意见纷争，骨干教师也出现了流失的现象。俞敏洪在困难的情况下发挥政治智慧，坚持股东的纷争不能影响学校的教学，实行了财务隔离的措施。同时，以诚信换取理解，在坚持建立现代企业制度的前提下成功地调整了利益关系，保留了核心团队和一部分明星教师。理顺了企业内部关系，充分发挥了品牌的效应。经过这一阶段的震荡，尽管损失了部分优秀教师，但新东方却由此开始了新一轮的高速成长。从2003年到2005年，新东方的营业收入从4.4亿元增加到7.7亿元。同时，学校的收入来源也实现了多元化，今天，传统的国外考试培训收入的比重已经下降到20%，基础教育的比重则大幅上升，显示了良好的增长前景。在鼓舞千万个学子实现梦想，走向希望、自强的过程中，新东方已经成长为名副其实的民营教育第一品牌。

俞敏洪的成功在于找到了一种能够为客户带来价值、为股东和投资人带来收益的商业模式。在今天的中国社会里，有无数像俞敏洪这样的企业家和像新东方这样的企业。本书将带领你深入地了解当代企业经营的机会和挑战，为未来的职业生涯做好准备。在这一章我们首先介绍企业和企业家的概念，讲述它们对于社会的意义。接下来我们将为你描述企业经营的环境以及它们对于企业的影响，还有理解企业的经营活动所必需的经济学知识。我们还将介绍企业的法律组织形式和企业的社会责任。最后，我们将分析中国企业近30年来的发展和启示。

1.1 企业和企业家精神

像俞敏洪这样的企业家和他们所经营的企业在我们的生活中扮演着极为重要的角色。现代社会离不开企业的活动，企业是大多数人工作的场所，是绝大多数生产和生活用品的提供者，每个社会成员都和企业发生着这样或那样的关系。同时，创业或参与企业经营也是现代社会中取得成功的主要途径。成功的企业家的社会价值还表现在股东、员工和企业家本人所获得的收入之中。

利润与风险

在理解企业的活动时，成本、收入、利润和风险是最基本的概念。

成本（cost）是企业活动中所支付的全部费用，包括购买设备、原材料、租金和员工工资的支出，等等。收入（revenue）是指一个企业在一定期间内通过销售产品和提供服务所获得的总金额。利润（profit）是指一定期间内企业收入超过成本的部分。如果收入低于成本，我们则称这家企业在这一期间处于亏损状态。这样的计算和分析方法适用于任何企业，不论是街边冷饮店还是联想电脑公司。

风险（risk）是理解企业经营活动的另一个核心概念。风险是指在追求赢利的商业活动中可能出现的时间和金钱上的损失。风险是赢利过程的一部分，在一个有效率的市场上，风险与收益是密切相关的。低风险对应着低收益，而高风险则对应着高收益。平衡风险和收益是企业家的一项中心工作。对于社会来说，企业经营活动的风险有非常积极的作用。风险的存在意味着经营无效率的企业将被淘汰。

在现代社会中，还有一类组织从事与企业近似的活动，例如，环保组织“自然之友”主要从事环境保护教育，它属于非营利组织。非营利组织是不以个人或组织赢利为目标的社会组织。非营利组织与企业的相似性表现在它同样需要通过经营活动维持自己的生存和发展，因此企业活动中的大多数原则也适用于非营利组织。

企业的定义

什么是企业？**企业**（business，enterprise）是通过提供产品和服务满足顾客需要而获得利润的社会组织。

企业是一种组织化的实体。在企业的经营活动中需要对 4 种资源进行组合：物料、人力、财务和信息资源。物料是指生产过程中所使用的原材料，也包括建筑和设备。人力资源是在企业中贡献劳动以获得工资等报酬的人员。财务资源是用于支付人工、材料和经营费用的金钱。信息资源是管理者们用来判断其他资源是否得到有效组合和利用的资源形式。

企业作为组织化实体的主要特点表现在：

机构：能够实现特定功能、支持企业活动的内部机构；

人员：支持企业活动的各种管理人员和专业人员，分布在内部机构中；

组合与设施：功能之间以一定的方式组合，借助必要的设施完成企业活动；

外部关系：企业外部关系包括供应商、经销商、客户、政府等。

制造企业和服务企业是两种主要的企业类型。制造企业将材料（投入品）转化为有形的产品，例如宝钢生产钢铁制品、海尔公司生产冰箱、蒙牛公司生产乳制品。有些产品销售给消费者，例如冰箱和牛奶，有些销售给另外的生产商，例如钢锭。服务性企业的经营活动是提供服务，这方面的例子包括移动通信公司提供通信服务、律师事务所提供法律服务，它们本身并不生产产品。近年来，服务性企业的发展速度很快，在美国，服务业就业人数占就业总人数的 80%。中国计划到2020年基本实现经济结构向以服务经济为主的转变，服务业增加值占国内生产总值的比重超过50%（参见《中国国民经济和社会发展“十一五”规划纲要》）。

企业的目标是满足顾客的需要。顾客并不是为了拥有某项产品或服务而购买，他们的购买活动是为了满足特定的需要。例如，顾客购买汽车一般不是为了在车库中停放，而是为了满足自己代步的需要。同时，顾客又是有差别的，同样是为了代步，有的人会选择宝马，有的人则选择奇瑞QQ。在市场上总是存在着各种不同类型的顾客，也总是存在着满足不同顾客需要的多种产品。成功的企业是有效满足顾客需要的企业。例如，国美、苏宁等专业家电卖场发现，家用电器在消费者的心目中已经从特殊商品转变为大众商品，价格和产品种类成为消费者购买决策中的关键因素，而传统的百货商场和五金交电商场无法很好地满足顾客的这一需要。通过实现多品种、低价格、专业化和高效率，专业家电卖场很快占据了家电销售的绝对市场份额。

专　题

满足本地顾客的需要：海尔公司如何打开美国市场

海尔公司是较早开展国际化的中国公司。在国际化的道路上，海尔公司遵循的是先难后易的策略。先进入欧美发达国家市场，后攻克发展中国家市场。这样做的好处是起点高，一旦成功，则下一步打开发展中国家的市场将比较顺利。但是，困难也是巨大的。海尔公司如何跨过美国市场高高的门槛呢？

1999年，当海尔公司开始进军美国市场时，当地市场主要由老牌企业如通用电气、惠而浦、美太格等占领。这些企业不仅历史长、品牌响亮，而且通过多年的经营与销售渠道保持着密切的关系，与它们进行正面的交锋无异于自杀。但是，海尔却在这样一个表面看来毫无机会的市场中为自己找到了机会。

海尔公司发现，美国冰箱厂的产品主要集中在200升以上的冰箱，而对于160升以下的冰箱则不够重视，因为这类产品需求少、利润低。但是，由于单身人士特别是大学生等需要小冰箱的人群的增加，这一市场已经变得有利可图了，至少可以为海尔带来足够的利润。这样，大企业忙于在高端产品间竞争而忽视的市场成为海尔公司的机会。海尔公司很快向市场上了推出50升、76升和110升三种规格的小型冰箱。海尔还推出了没有压缩机的小冰箱，没有声音，没有震动，特别适合做酒柜。对消费者来说，这是一个非常强烈的具有差异化的产品体验。

为了更好地满足本地顾客的需要，海尔还特别重视根据市场的反馈迅速做出产品设计上的调整。例如，海尔发现有一款小冰箱很畅销，这是因为美国大学生租的房子很小，他们买回这款冰箱是因为同时还可以用它来做电脑桌。针对这一需要，海尔特意在小冰箱上加了一个折叠台，将冰箱和电脑桌合二为一，创造了一款电脑桌冰箱。由于准确地把握了顾客的需要，这款产品推出后，迅速风靡美国各大高校。目前，海尔小冰箱（200升以下）在美国市场上的份额已达30%。

企业是追求利润的社会组织。企业经营是一种追求利润的活动，创造利润是企业生存的前提，长期无法赢利的企业将不得不退出市场。因此，在企业的经营活动中，赢利最大化是一个理性的追求。企业的利润属于企业的所有者，利润是对企业所有者承担的创办和经营企业的风险的奖励。但是，企业对利润的追求也是有一定限制的，企业伦理、利益相关人和社会责任是企业在追求利润的同时需要考虑的因素。

企业家精神

企业和企业活动固然是一种司空见惯的现象，但并不是理所当然的。企业和企业活动的发生需要具备各种条件，包括自然禀赋、技术水平、社会制度、企业家的能力，等等。如果要对这些条件进行重要性的比较，那么，企业家精神可以称得上是企业经营活动的灵魂，是推动企业创立、成长的根本力量。

市场需求本身并不会带来经济活动，新技术和发明也不会自动变成产品，无论多么了不起的思想，只要没有投入市场进行检验，就不能创造任何新的价值，只有将发现、思考和机会在现实的市场中结合起来，才会有我们所看到的生机勃勃的市场经济。这就是企业家精神的价值所在。企业家精神是一种自发的、主动的、有目的的活动。一个社会，无论制度多么合理、资源多么丰富、劳动力供应多么充分，但如果不鼓励主动性和承受风险的能力，也就不会产生企业家精神。

奥地利经济学家熊彼特在《经济发展理论》中率先提出：企业家（entrepreneur）对于社会的重要意义，在于对资源进行新的组合来实现创新。**企业家精神**（entrepreneurship）是指在市场上发现和利用机会，并以创新的形式承担风险并获取利润的企业活动。

企业家精神强调对市场资源的组合。熊彼特在《经济发展理论》中所指出的5种组合包括：（1）新产品或新特性；（2）新的生产方法；（3）新市场开发；（4）占有新材料供应；（5）建立新的组织形式。企业家精神需要在一定的市场条件下发挥作用，企业家能否成功也取决于市场的竞争。

企业家精神同创新联系在一起。管理学家德鲁克在《创新与企业家精神》中提出，创新是“赋予人力和物质资源以更强创造财富的能力的活动”。经济发展史同时也是创新的历史。手机、电脑都是新的发明成果，但是，创新并不限于发明创造。例如，麦当劳也许并没有发明快餐业，因为在其创始人克罗克开始经营之前，所有今天快餐业的产品和服务都已经出现了。但是，麦当劳建立了产品和流程的标准化，在消费者心目中开创了新的产业。同样，超级市场所销售的产品都是在它出现之前已经在百货商店和街头小店中销售的产品，但超级市场仍然通过自助服务、标准化和价格优势的创新商业模式建立了自己的市场地位。

企业家精神需要培养。在不同的历史阶段，人们对生产要素的强调也在发生着改变，从早期对人口、土地、资本的争夺，到更加强调技术、知识和企业家精神。企业家精神的培养首先需要社会对企业家的鼓励。这种鼓励体现为对产权的尊重，以及市场制度和法律制度的保障。例如，通过法律建立尊重合同的经营环境，减少腐败，保持税收和政府机构最小化。

企业活动是创造财富的活动。一个社会创造财富的能力取决于它的生产要素。**生产要素**（factor of production）是用于生产产品和服务的资源。传统的经济学认为，生产要素包括土地和自然资源、劳动力和资本，近年有些研究者将企业家精神也加入到生产要素中。

- 土地和自然资源：在生产过程中以其本来状态得到使用的要素，例如石油、森林、土地、水资源，甚至包括空气。
- 劳动力：能够用于生产的人力资源。
- 资本：组织运营过程中所使用的金钱、设备、机器、建筑等。
- 企业家精神：除非企业家愿意承担资源组合的风险，否则即使有再多的资源也不能创造财富。

专 题

网络革命中的企业家精神

在2001年瑞士达沃斯世界论坛上，新加坡资深政治家李光耀正巧与戴尔公司创始人戴尔邻座，李光耀问戴尔，他是否真的是有史以来第一个在30岁前跻身《财富》500强的首席执行官。戴尔礼貌地回答说“是”，但他现在老多了：他今年35岁。

这一回答显然给李光耀留下了深刻的印象，网络革命为年轻人发挥企业家精神所创造的机会超过了历史上任何一个时期。新技术的突破往往能够带来新的商业机会，这在历史上并不少见，例如汽车、飞机、电报等。网络革命令人印象深刻之处在于市场权力向年轻人转移的速度和强度。戴尔、雅虎、Google、思科、eBay 公司都在很短的时间内跻身美国《财富》500强之列，而国内的新浪、搜狐、网易、腾讯、阿里巴巴、百度、华为所提供的产品和服务也在10年的时间里几乎成为我们日常生活中必不可少的重要部分。

网络革命中新企业的机会在于传统企业既不了解技术，也不了解需求，而网络所特有的高速传播的特点又让它们没有时间作出及时的反应。传统上，技术是资金密集投入的产出，而网络革命所需要的技术往往源自大学中年轻研究人员的独立开发，例如不论是搜索技术还是路由器，早期都是由一些技术狂热者所开发的，而不是大公司研发部门按规划进行开发的产物。另一方面，网民的行为模式从一开始就表现出不同于传统企业服务对象的特点，例如网络效应、免费消费、自己动手与个性化、互动要求、平等的权利、分享的精神等。因此，新企业必须建立全新的模式才能满足用户的需求。例如，如果顾客要求服务或产品免费，那么企业就必须创造收入来源的模式，雅虎的网络广告收费模式、Google 的竞价排名收费模式都是商业史上的创举。在网络市场上，新的经营思想、经营模式、新的市场领域的开发每天都在为我们带来新的惊奇，这是企业家精神的魅力。

令人高兴的是，中国的企业在这一轮网络革命中正在迎头赶上。我们既有同领先模式正面竞争的阿里巴巴、百度、华为，也有成功把握中国网民独特消费习惯的腾讯 QQ、盛大公司等。新一代企业家的成长将如何改变我国的商业环境，我们拭目以待。

思考题：举例说明在网络革命中企业家如何对市场资源进行组合。

企业家精神在生产要素中具有特别重要的地位。许多贫穷国家并不缺少土地和自然资源，也不缺少劳动力，用土地和劳动力要素无法解释这些国家为什么没有创造出惠及全体人民的财富。资本也不再是制约经济发展的生产要素。随着经济和金融的全球化，资本变得比以往任何时候都更容易获得。这一点突出地表现在高技术产业中，许多年轻的知识工作者在 20 多岁时成为百万富翁，在很大程度上得益于风险投资业为他们提供的创业资金以及证券市场为他们提供的扩大资金的机会。

1.2　企业环境

企业环境是指促进或阻碍企业发展的外部因素，包括经济与法律环境、技术环境、社会环境、竞争环境和国际环境。

经济与法律环境取决于一个国家的经济体制和政府的努力。一个稳定的、不断增长的经济和廉洁、高效的政府总是能够吸引企业来安家落户，创造财富、就业和税收。新加坡政府是这方面的一个典范。

政府鼓励企业家精神的一个首要方面是建立产权制度。**产权**（property rights）是排他性的买卖、使用和支配财产的权利。产权制度是对企业家的最基本的激励，它规定了产权不可侵犯性、对产权收益的独占性以及自由交换的权利。如果企业所创造的财富不能得到保障，企业和企业家将没有激励创造财富；如果没有产权的保障，企业和企业家会千方百计将获得的利润和财产转移到产权明确的地方。产权的保障不仅包括阻止个人或社会机构侵犯企业产权，而且也包括阻止政府侵犯企业的产权。

产权的一种特殊形式是知识产权。**知识产权**（intellectual property）是人们对其利用智力创造的成果依法享有的专有权利。传统的知识产权包括著作权、专利权和商标权。没有对知识产权的保护或知识产权无法得到保护，就很难对品牌、新发明及其商业化进行激励。娃哈哈和达能公司为了争夺“娃哈哈”这一知名品牌的商标而进行的诉讼就是一个最近的例子。这里涉及的利益有多大呢？可能高达百亿。近年来中国和发达国家间关于知识产权的纠纷越来越多，这反映了知识产权在投资回报率中的影响力越来越大。表 1.1 列出了著名品牌咨询公司 Interbrand 2010 年评选的全球最具价值品牌前十名及其品牌价值。

表 1.1

2010 年 Interbrand 全球最具价值品牌排行榜前 10 位

名　次	品　牌	品牌价值（亿美元）	国　家
1	可口可乐	705	美国
2	IBM	647	美国
3	微软	609	美国

（续表）

名次	品牌	品牌价值（亿美元）	国家
4	Google	436	美国
5	通用电气	428	美国
6	麦当劳	336	美国
7	英特尔	320	美国
8	诺基亚	295	芬兰
9	迪士尼	287	美国
10	惠普	269	美国

专 题

馒头风波

1998年，为了让市民吃上"放心馒头"，郑州市成立了"馒头生产销售管理办公室"（简称"馒头办"），包括1个市馒头办，5个区馒头办，并列入市政府为百姓办的20件实事之一。

馒头办的主要工作是审核发放许可证并对无证商户进行处罚。在市馒头办，每个许可证要交纳1 100元的办证费，其中100元为办证费，1 000元为公告费。而在区馒头办，每个许可证要交纳1 600元办证费。加工者每天还必须在馒头办指定的面粉经营部门购买一定数量的面粉，其中每袋面粉馒头办可获提成1元。

2001年3月，市馒头办和区馒头办因为争夺发放许可证和处罚的权力导致公开冲突。当地媒体、新华社、中央电视台、中国青年报和南方周末等相继报道了这一特殊的市场监管部门和监管手段。2001年4月4日，郑州市政府宣布撤销市、区两级馒头生产销售管理办公室，向办证企业退回1 000元公告费。

梁鹏．新华社电讯．2001.4.4，2001.3.21

企业是追求利润的社会组织，政府可以创造有利于企业增加利润的环境。很多国家和地区为了吸引企业前来而推出了优惠的税收政策，这些政策让企业能够实现相对于其他地方更高的投资回报率。我国的经济特区、高新技术园区和国家开发区往往实行这类政策。

政府还可以通过规范市场、鼓励竞争来创造出有利于企业成长的环境。这包括：（1）法律制度的建立和完善，提高法院在判决和执行中的权威和工作效率，从而使企业在权益受到侵犯时可以得到及时的救济；（2）抵制腐败，建立透明的公务员工作机制，提高公共项目和行政许可、审批的透明度，最大限度地解除政府的产业管制，消除腐败的机会；（3）减少垄断，开放市场，为企业创造公平的竞争环境；（4）规范企业的经营活动，防止出现侵犯投资者权益的行为；（5）建立社会保障制度。

技术环境是决定企业竞争力的关键。有些技术领域中的突破影响到一国在某一产业中的竞争地位。例如，由于石油可开采量的下降，我国在石油开采方面发展了精细化的技术。这些技术在非洲应用时令当地的石油产量得到了大幅度的提高。也有一些技术突破影响到整个社会的企业环境，例如信息技术的发展实际上改变了所有企业的经营方式。在服务业方面，以快递业务为例，由于条形码识别技术和计算机处理技术的发展，无论是市内还是外埠业务，顾客都可以在网上对自己的包裹进行实时跟踪。

企业需要特别关注的技术因素还包括一种称为“破坏性技术”的新突破。破坏性技术是指消除了原有产品或服务需要的技术，例如计算机的出现令打字机成为历史，电子版百科全书令作为家庭重要陈设品的印刷版百科全书成为历史。通过降低成本，提供更便捷、更具特色体验等过程，新的技术迫使旧的技术退出市场。有时，企业在原有技术方面的特长反而鼓励竞争对手创造出绕过这一技术优势的方法。例如，柯达公司在化学成像方面的技术优势遥遥领先，但竞争对手利用柯达全力保持这一技术优势的机会发展了数码成像技术。今天，新的数码技术令柯达公司陷入进退两难的境地，传统的照相市场不断萎缩，而在新的数码领域中，柯达又无法获得过去那样的技术优势。

社会文化环境包括企业所在市场的顾客、习俗、价值和人口因素等。不同的社会文化环境对产品、服务和企业的经营方式有不同的评价标准，从而对企业的经营产生显著的影响。即使在同一国家的不同地区，我们也会发现社会文化环境所造成的不同的市场特点。在中国，跨国公司如可口可乐和宝洁多次启动“下乡工程”，意图在农村市场打开局面，但始终未能取得成功，而娃哈哈这样的公司推出的非常可乐却能够占有农村市场相当大的份额。另一个例子是大型城市中老人的家庭护理业务相当发达，而在乡镇和农村，人们往往依靠其他方法来解决这一困难。

社会文化环境的趋势对企业的经营也有着直接的影响。例如，在劳动保障良好的社会中，企业不大可能有机会通过压低劳动成本提高利润。在环保意识高的环境中，对环境有影响的企业活动可能会受到更加严格的监督。

竞争环境。竞争是企业的生存方式，消费者和整个社会从企业间的竞争中获得收益。今天，技术的进步和市场壁垒的拆除令企业间的竞争比任何时候都更为激烈。企业间的竞争主要体现在价格、质量、速度与顾客响应、顾客体验等方面。

中国在劳动力和土地等资源方面的低成本令中国在许多产品方面拥有价格的优势，也是中国制造产品的一个重要的竞争力。对于需要大量劳动力的电子产品组装、纺织品、鞋类产业，这一优势尤其明显。但是，发达国家的生产企业也可以通过提高运营的效率减少竞争对手的这一优势。例如，高定价的品牌运动鞋中的制造成本可能只占售价的5%，这意味着中国的成本优势发挥的余地并不总是很多。

质量是产品竞争力的主要来源。20 世纪以来的多次质量改进运动令超出消费者想象的质量成为企业的普遍追求。对于企业来说，质量也是降低成本的一种有效方式，美国通用电气公司在发起著名的六西格玛质量改进运动之后的几年间节约成本达数十亿美元。质量概念还延伸到服务中，海尔公司的电器产品不仅以质量著称，而且以安装和售后服务的高标准而知名，从而极大地提高了顾客满意度。

速度与顾客响应日益成为更加重要的竞争要素。三星电子在与索尼公司竞争时采取了以快打慢的策略，它从模仿索尼的产品起步，在技术条件成熟后则以更快的速度推出新产品，从而在市场上形成三星产品领先一步的局面，创造了独特的竞争优势。2009 年，苏宁电器呼叫中心的座席增加到 700 个，日信息量达到 10 万条，其中首次解决率达 85%，它的主要目的就是提高顾客的响应速度，提升竞争优势。

顾客体验（customer experience）是近年来受到特别强调的获取竞争优势的方法。美国咨询顾问派恩在《体验经济》一书中强调，企业必须为顾客提供记忆深刻的活动和发自内心的参与机会（www. strategichorizons. com）。体验经济的例子包括超女评选、淘宝网上开店、电视节目短信交流等。传统的营销模式从定义顾客需求开始，而体验则强调由顾客和企业共同创造这些活动，甚至顾客能够获得的东西也是不确定的。这些活动能够吸引顾客主动参加，并且将参加这类活动作为自我认同的一种形式，形成极为深刻的印象和强烈、巩固的关系。

国际环境对今天几乎所有的企业都有着非常重大的影响。即使一个只在本国经营的企业也会受到国际市场变化的影响，包括原材料价格的变动、国际化企业进入本国市场的影响等。同样，企业的竞争力必须是面向全球的。从积极的角度看，它有利于企业发展出世界级的竞争优势。中国在某些产业中实际上已经形成了这样的竞争优势，包括纺织、家电、通信设备等。当然，目前这些优势往往体现在低成本和低附加值的领域，但情况也正在发生有利的改变。

在争取有利的国际环境的努力中，政府扮演着非常重要的角色。我们可以从以下几个方面看到：

- 参加和发起国际经济组织、国际条约。中国加入 WTO 和一些地区性经济组织为中国企业的产品向海外市场的销售提供了法律上的保护。这些经济组织和协定通常发挥着促进本地市场开放的职能。
- 发挥本国货币的优势。包括稳定人民币的币值，在亚洲部分地区实现人民币作为交易货币的职能，这些都可以极大地提高本国企业的竞争优势。
- 有利于本国企业的关税制度。例如，对于本国缺乏的资源实行鼓励进口和限制出口的关税政策，对于本国幼稚产业进行关税保护。
- 海外投资的引导和保护。通过政府的海外机构向企业提供海外投资的信息、协助以及保护本国企业在当地的权益。

1.3　市场经济和经济指标

市场经济

企业经常被称为**自由企业**（free enterprise），这指的是企业可以自由决定生产什么、如何生产以及如何定价。但是，现实中的企业经营活动受到各种限制，也就是说，企业是在现实的经济制度中开展经营活动的。经济制度是决定财富创造和分配的制度，是经济学的研究对象。不同历史时期、不同国家间的经济制度差别很大。经济制度的本质表现在如何回答以下三个经济学基本问题上：

- 生产什么，生产多少？生产电影、计算机、大炮、黄油、服装还是药品，如何在这些选择间分配资源？

  一个经济体中的资源是有限的。实际上，稀缺（scarcity）是经济学分析的起点，它是指人们所拥有的资源的数量不足以满足所有需求的状态。经济学的核心思想是人们在稀缺的资源中有目的地进行选择，并在选择的过程中相互影响。

专　题

机会成本

机会成本（opportunity cost）是指在多项选择间作出决策时所放弃的最佳选择的成本。经济学的逻辑从稀缺开始展开，稀缺带来选择的决策问题。稀缺的资源可能是金钱，也可能是时间或土地等其他各种无形的或有形的要素，这种决策的一个必然的结果就是放弃。以时间为例，如果你用周末时间加班，那么你就放弃了陪伴家人、休闲、郊游等各种选择。机会成本强调的是这些被放弃的选择中那个最佳的选择。假如在你的心目中家人是第一位的，那么当你选择周末加班时的机会成本就是不能和家人在一起。

机会成本与我们通常所理解的成本不同，通常情况下的成本是实际发生的成本，而机会成本是没有发生的而又可以用来比较的成本。机会成本帮助我们判断一个决策的价值。例如，如果一个企业投资1 000万元于某个项目，一年后获得了50 万元的利润，从会计的角度看，这是一个实现了利润的投资。但经济学家还会再深入了解，如果这笔钱投资于国债也许可以获得更高的利润，例如100 万元。那么100 万元就是企业投资这个项目的机会成本，通过机会成本分析，企业可以知道这笔投资实际上是亏损的，因为企业失去了多赚50 万元的机会。

从会计角度看，许多投资都可以是有利润的，但经济学家强调应当从这些选择中找到利润最高的那一个，也就是大于机会成本的决策选项。机会成本是经济学中的核心概念，它提醒我们在决策前考虑放弃的成本，从而向我们揭示了资源配置的重要性。

- 如何生产？怎样的生产方式才能避免资源的浪费，或者用经济学术语来讲，怎样做到有效率的生产？
- 为谁生产？生产出来的产品如果没有人需要，这当然是浪费。同时，在一个经济体中，如果有些人应有尽有，而另一些却一无所有，我们也不会认为这是一个运行良好的经济体。

一般来说，对上述问题的不同回答是导向两种不同的经济体制的决定因素：市场经济（market economy）和指令经济（control economy）。在市场经济中，大部分关于生产什么、如何生产和为谁生产的决策是由个人、企业、政府以及市场中的组织自主作出的。它的特点是自由决定价格和在市场上自由进行商品和劳务交换。指令经济是由政府决定价格和产量的经济，也称中央计划经济。中国在上世纪50年代至70年代末实行的是计划经济。70年代末至今通过改革开放已经转变为社会主义的市场经济，这是一种以市场经济为导向的混合经济体制（如图1.1所示）。

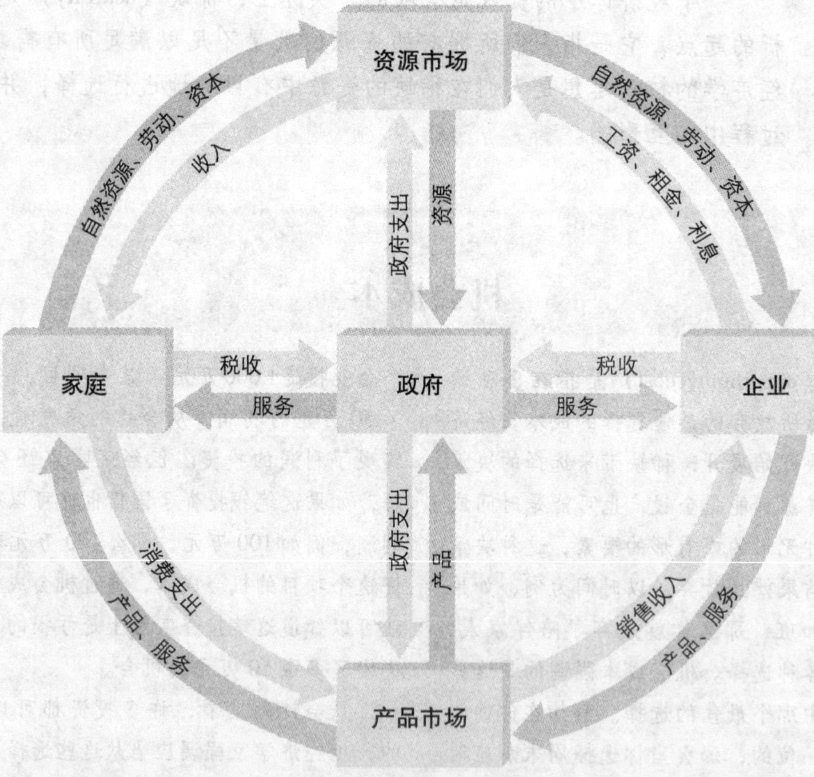

图1.1 混合经济循环流程图

市场经济包括以下几个要素：

- 自由决定的价格。产品的价格由市场中的个人或企业自由决定，而不是由政府决定，这是市场经济的一个重要特点，也称为价格机制。经过20年的改革，中国95%左右的产品价格已经由市场自行调节。

专 题

看不见的手

现代经济学往往被追溯到一位18世纪的教授和他的作品，这位教授名叫亚当·斯密，他的代表作是出版于1776年的《国民财富的性质和原因的研究》，简称《国富论》。这本书中所提出的最为深刻的见解之一是“看不见的手（the invisible hand）”理论。他的原话至今仍然经常被引用：“我们能够吃到晚餐，不是由于肉商、酿酒商和面包师的仁慈，而是由于他们对自己利益的关心。”他们都“被一只看不见的手引导着，达到一个他们本来没想达到的结果……他们通过追求自己的利益，比从社会福利的角度出发更能提高整个社会的福利”。这一观点在现代经济学说中依然是主流，是自由放任资本主义的思想源泉。

- 产权和激励机制。在市场经济中，购买和销售的行为都必须以经济主体拥有产权为前提。在经济学中，激励（incentive）是促进人们提高经济效率的机制。产权是激励机制形成的前提，产权的存在令改进效率的努力能够转化为经济的收益，从而激励这样的行为。如果发明得不到保护，如果企业不能得到提高生产力所获得的收益，那么将不会有进行这种改进的动力。
- 自由贸易。允许人们自由贸易，包括国内贸易和国外贸易，是市场经济的一个关键特征。经济学认为，贸易为参加的各方带来福利的增加。
- 政府的职能。在市场经济中，政府的职能是提供公共品。公共品（public goods）是指具有下述两个特点的产品或服务：（1）消费的非竞争性。一个人消费产品的增加并不意味着另一个人消费的减少。（2）消费的非排他性。无法阻止他人消费这种产品。从定义本身可以看出，市场本身无法提供这样的产品。公共品的例子包括国防、治安、医疗、教育，还包括产权保护和社会保障。
- 私人部门的作用。市场经济的一个重要特点是强大的私人部门，以企业为主体，包括家庭和其他非政府社会组织。

市场和自由交换并不能解决一切问题，许多经济交往既出现在市场上也出现在私人部门内部。例如，有些企业在市场上购买法律服务，而另一些企业则聘用法律顾问作为长期职员。那么，为什么有些经济交往发生在市场上，而另一些却发生在私人部门内部呢？诺贝尔经济学奖得主罗纳德·科斯指出，类似企业这样的部门的出现就是为了减少市场的交易成本。

交易成本（transaction cost）是指进行买卖活动所产生的成本，包括寻找买家和卖家以及达成一致的价格所带来的成本等。当市场交易成本较高时，交易会在私人部门内部发生。例如，在诉讼发生时再请律师可能来不及或本企业的诉讼需要较专业的、熟悉本企业运营的律师才能胜任，因此企业会考虑聘用内部律师。

价格和竞争

价格和竞争是理解市场经济体制下企业经营的两个非常关键的概念。经济学对市场条件下价格活动的分析主要基于供给和需求模型。

供给和需求模型

前面提到，在市场经济中价格是自由形成的。**价格**（price）是为了得到某一特定的商品消费者必须支付的金钱或其他商品的数量。经济学用供给和需求模型来解释市场上的价格是如何决定的。这个模型由三个因素构成：需求、供给和均衡价格。

需求（demand）指的是在其他条件不变的情况下，一定时期内在某一特定价格下消费者愿意购买的数量。需求描述了消费者的行为，图 1.2 描述了市场对自行车的需求。从这张图中可以看出，需求曲线是向下倾斜的，当价格上升时，需求减少，而当价格下降时，需求增加，这一现象称为需求法则（law of demand）。

价格（元）	需求量（百万）
240	18
260	14
280	11
300	9
320	7
340	5
360	3
380	2
400	1

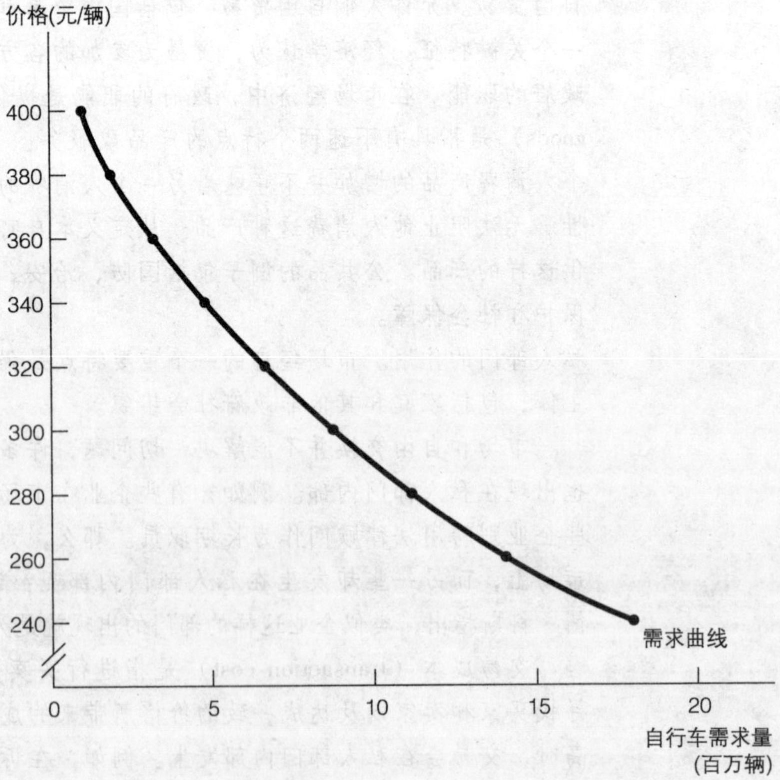

图 1.2　需求曲线

"其他条件不变"（ceteris paribus）是经济学中经常出现的一个假定，这样的假定尽管并不现实，但可以突出模型中变量之间的关系。如果其他条件发生变化，需求曲线将随之移动。例如，由于健康意识的提高，人们对自行车的需求增加，需求曲线将向右移动，也就是说在同样的价格水平下，需求量变大了，如图 1.3 所示。导致需求曲线发生移动的因素有很多，包括消费者的偏好、消费者的信息、消费者的收入、消费者的数量、消费者对未来价格的预期以及相关产品的价格。

（思考题：请对这些因素逐一进行分析，说明它们如何影响需求曲线的移动。）

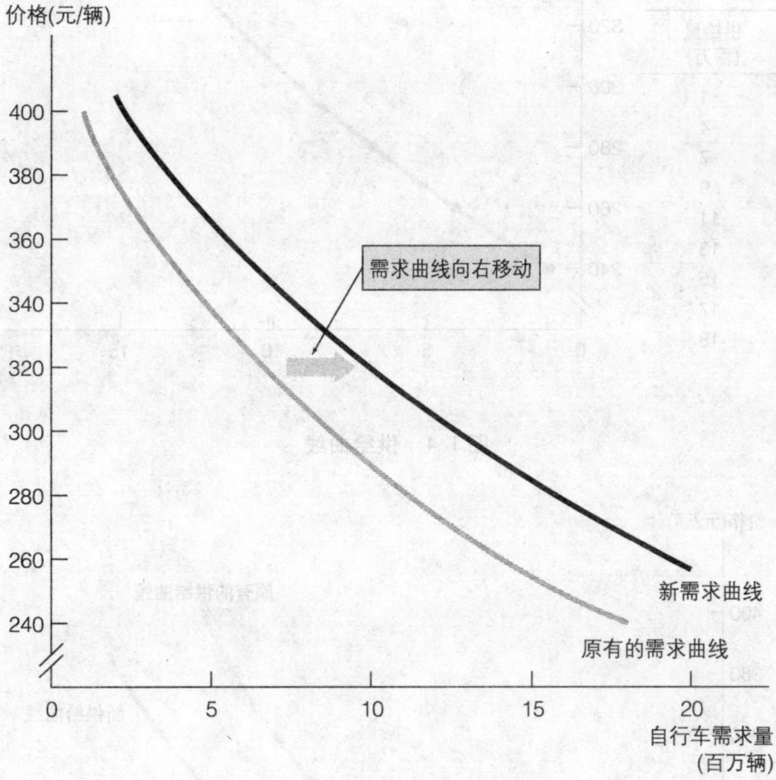

图 1.3　需求曲线的移动

供给（supply）指的是在其他条件不变的前提下，一定时期内在某一特定价格下生产商或所有者愿意出售的数量。供给描述了市场上的厂商行为，图 1.4 描述了市场对自行车的供给。从这张图中可以看出，供给曲线是向上倾斜的，当价格上升时，供给增加，而当价格下降时，供给减少，这一现象称为供给法则（law of supply）。

同样，当其他条件改变时，供给曲线也会发生移动。如果新机器的使用降低了自行车的生产成本，供给曲线将向右移动，也就是在每一个价格水平之下，生产商愿意生产的数量都增加了，如图 1.5 所示。导致供给曲线移动的因素包括技术、投入品价格、厂商数量、对未来价格的预期以及税收补贴和法规。

（思考题：请对这些因素逐一进行分析，说明它们如何影响供给曲线的移动。）

价格(元)	供给量(百万)
240	1
260	4
280	7
300	9
320	11
340	13
360	15
380	17
400	18

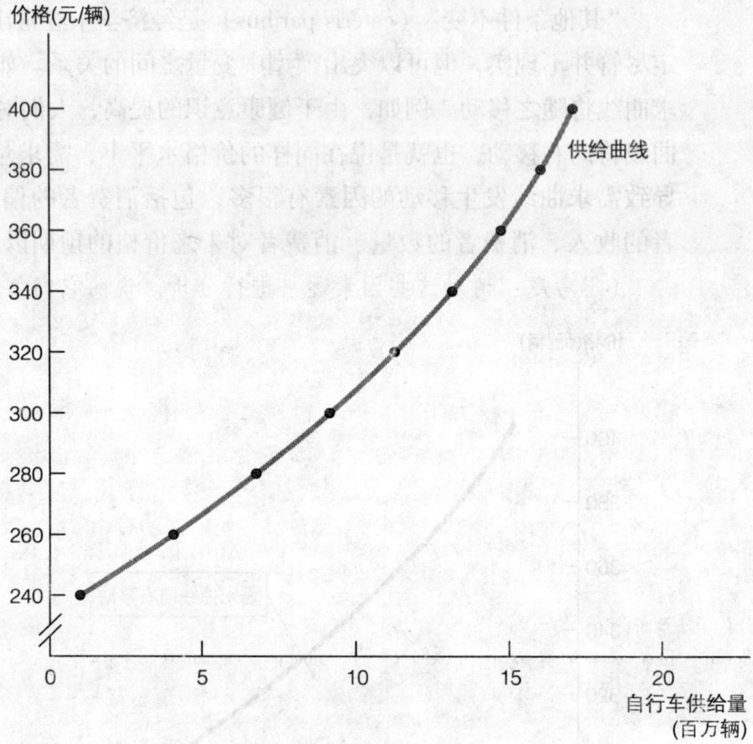

图 1.4　供给曲线

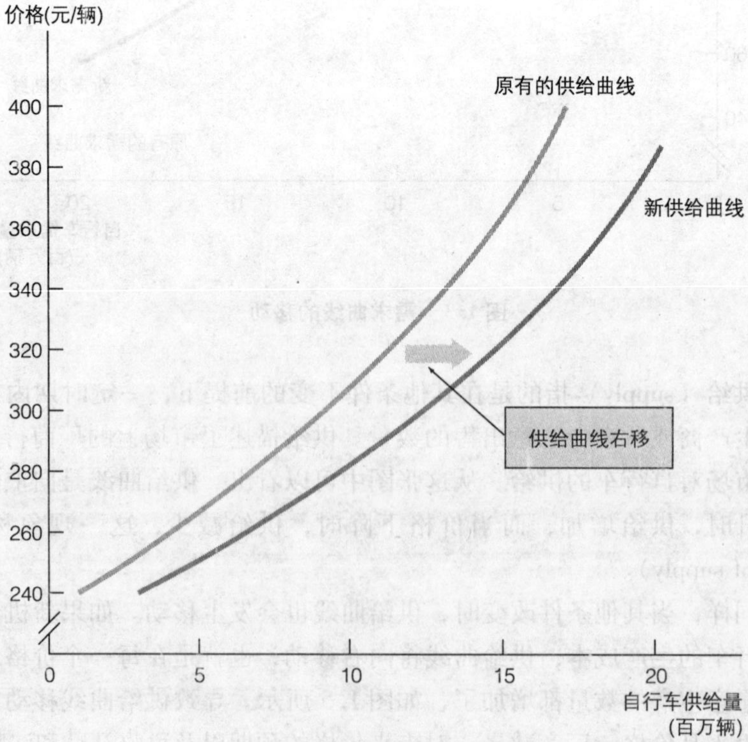

图 1.5　供给曲线的移动

买方总是希望在尽可能低的价格上购买，而卖方总是希望在尽可能高的价格上出售。根据供给和需求模型，在市场上平等交换的过程中，市场价格会调整到某一个水平，令供给和需求的数量相等，这个价格水平称为**均衡价格**（equilibrium price）。图1.6描述了均衡价格的位置和调整的过程，也就是需求曲线和供给曲线的交点，这个交点同时也决定了均衡数量。均衡价格是由需求曲线（图1.2）和供给曲线（图1.4）共同决定的。当价格低于均衡点时，由于需求量大于供给量，价格将出现上涨。同样，当价格高于均衡点时，由于供给大于需求，价格将出现下降。在两种情况下，价格调整的方向都是回到均衡点。当需求曲线和供给曲线发生移动时，均衡点也会发生改变。重要的是，在市场经济中，这一均衡是在市场上由消费者和生产商自动实现的，不需要政府的帮助。

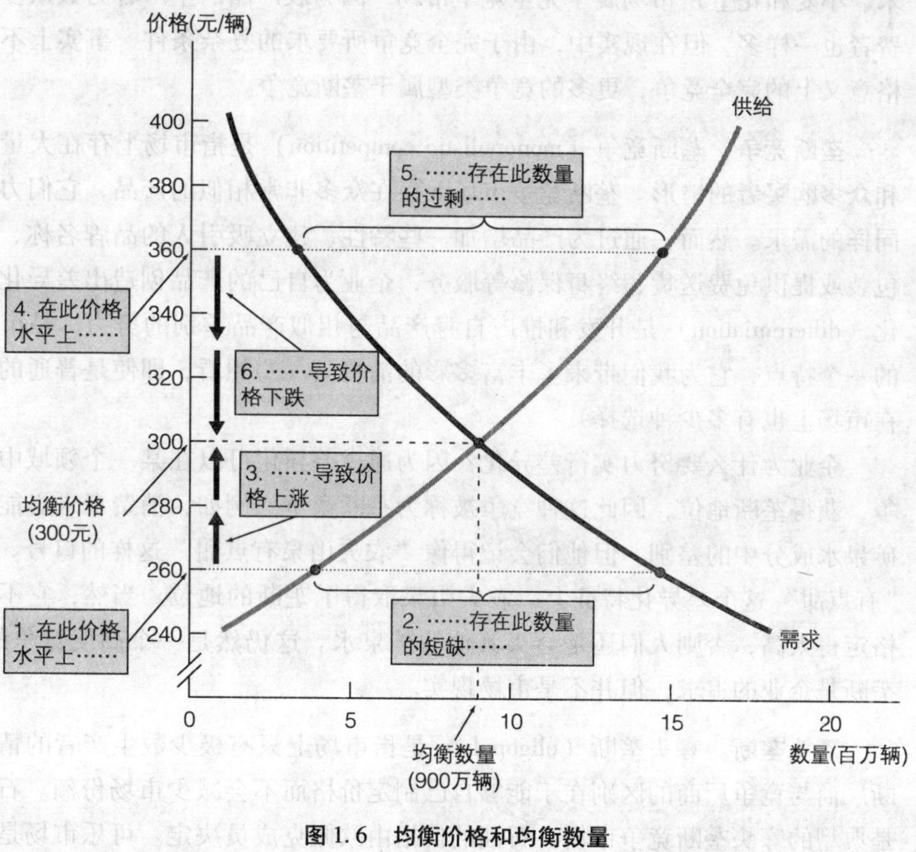

图1.6 均衡价格和均衡数量

竞争的类型

在产权得到保障、价格由市场决定的经济体中存在着不同类型的企业，它们表现为4种不同的竞争类型：（1）完全竞争；（2）垄断竞争；（3）寡头垄断；（4）垄断（参见表1.2）。

表 1.2
不同竞争类型的对比

竞争类型	市场上供应商数目	现实的例子
完全竞争	众多	玉米、小麦和花生
垄断竞争	众多	服装、鞋子、家电
寡头垄断	很少	石油、可乐
垄断	只有一个	受版权保护的软件、地方公共设施

完全竞争。完全竞争（perfect competition）是指市场上存在着众多的买方和卖方，没有一个买方或卖方有能力影响价格的竞争类型。一般认为农业产品（玉米、小麦和花生）市场属于完全竞争市场，因为农产品的生产者为数众多，而消费者也一样多。但在现实中，由于完全竞争所要求的复杂条件，事实上不存在严格意义上的完全竞争，更多的竞争类型属于垄断竞争。

垄断竞争。垄断竞争（monopolistic competition）是指市场上存在大量供应商和众多购买者的情形。垄断竞争市场上存在众多非常相似的产品，它们力图满足同样的需求。然而，通过为产品增加一些特性、建立吸引人的品牌名称、独特的包装或提供免费送货、终身保修等服务，企业为自己的产品创造出差异化。差异化（differentiation）是开发和推广自身产品与相似产品差别的努力，是市场经济的一个特点，它为我们带来了丰富多彩的消费品（想想看，即使是普通的瓶装水在市场上也有多少种选择）。

企业为什么要努力实行差异化？因为通过差异化可以在某一个领域中减少竞争，获得垄断地位，因此这种竞争被称为垄断竞争。例如，消费者未必能够分辨矿泉水成分中的差别，但他们会记得像“农夫山泉有点甜”这样的口号。至少在“有点甜”这个差异化特征上，农夫山泉取得了垄断的地位。当然，它不能将价格定得太高，否则人们还是会买其他的矿泉水。这仍然是一个高度竞争的市场，垄断是企业的追求，但并不是市场现实。

寡头垄断。寡头垄断（oligopoly）是指市场上只有极少数生产者的情形。垄断厂商与竞争厂商的区别在于能够自己制定价格而不会减少市场份额。石油市场是典型的寡头垄断竞争市场，石油的价格由欧佩克成员决定。可乐市场是另一个寡头垄断的例子，可口可乐和百事可乐两家公司占据了美国饮料市场的 74%（参见 http：//www. beverage-digest. com/）。寡头垄断市场的最大特点是，由于市场上的生产者很少，其中每一位生产者的行动都会影响到其他生产者。如果可口可乐决定降价促销，这一行动会直接影响百事可乐的销售。

垄断。垄断（monopoly）是指在一个行业中只有一家生产者而又没有相似替代品的情形。戴比尔斯集团持有世界上绝大多数钻石矿的产权，是全球钻石行业的垄断者。由于只有一家生产商，垄断生产者可以自己制定价格。当然，这并不意味着它可以制定任意高的价格，因为价格固然不影响市场份额，但却影响需求。一个高价格的垄断生产者可能会发现没有人愿意购买它的产品。

有些行业由于本身的特性而形成了垄断，例如解决城市供水的最有效率的方案就是只设立一家自来水公司，这样形成的垄断称为自然垄断。另一种垄断形式是根据知识产权法所获得的垄断地位，例如商标的垄断使用权、计算机软件等。

垄断往往导致经济效率的降低，因为垄断阻碍了竞争，会导致企业缺少改进产品、降低成本和提高服务的动机。大多数国家都制定有反垄断法来预防和制止垄断行为，保护市场公平竞争。

经济指标与经济增长

企业总是在特定的经济环境中经营的，它不仅要注意自己的内部指标，同时还要高度关注外部的经济指标，分析外部经济状况对本企业的影响从而作出最优化的决策。

GDP。GDP（国内生产总值）是指某一经济体在某一特定时期（通常是一季度或一年）内生产的所有产品和服务的总值。GDP是衡量一国经济总量的重要指标，GDP的增长则是反映一国经济活跃程度和经济前景的重要指标。根据国家统计局发布的数据，2009年中国GDP为34万亿元人民币，全球排名第3，仅次于美国和日本。我们在报纸上经常看到的年度经济增长指标说的就是GDP增长，2009年中国GDP比上年增长9.1%。GDP增长意味着经济活动的总量增长，这对企业是有利的。

通货膨胀。通货膨胀(inflation)是指价格的普遍上涨，通货紧缩（deflation）是价格的普遍下降。通货膨胀和通货紧缩都会对经济活动产生不利的影响，因此都是不受欢迎的。在20世纪40年代末，恶性通货膨胀令当时的国民党政权在很短的时间完全丧失了民心。

中央银行（在我国就是中国人民银行）的主要责任之一就是保持货币币值的稳定，将通货膨胀或通货紧缩控制在一定的范围内。由于通货膨胀和通货紧缩的存在，不同年度的GDP不能直接进行对比。经过价格调整修正的GDP称为实际GDP。

价格指数是用来衡量通货膨胀水平的指标，通常分为消费价格指数（CPI）和生产价格指数（PPI），由国家统计局逐月发布。CPI（consumer price index）是根据普遍消费者购买的一篮子（数百种）产品的价格每月的变化计算得出。PPI（producer price index）监测的是产品批发价格的变化。

商业周期。商业周期（business cycle）是经济中循环出现的增长和衰退的现象。一般将商业周期分为4个阶段：繁荣、衰退、萧条、复苏。繁荣(prosperity)指经济处于最理想的时期。衰退（recession）是指GDP连续两个季度或更长时间的下降。萧条（depression）是指严重的衰退，往往伴随着通货紧缩。复苏（recovery）指经济从衰退或萧条状态中走出并走向繁荣。

财政政策和货币政策。经济波动对企业和社会都有不利的影响，政府总是设法减少经济的波动，延长繁荣时期，缩短衰退和萧条时期。政府用来防止经济增长过快或波动过大的工具主要包括财政政策和货币政策。

财政政策（fiscal policies）是指政府通过改变税收和财政支出的政策来保持经济的稳定。从理论上讲，低税率能够将更多的利润保留在企业中，鼓励企业家的努力，因此可以推动经济的增长。财政政策的另一个方面是政府的开支，包括国防、教育、公共建设。在1998年亚洲金融危机期间，中国出现了通货紧缩的现象。政府为了防止经济陷入衰退而采取了增大公共开支的做法。从1997年到2002年，国债发行规模增加了2.39倍，达到5 929亿元。人们普遍认为，这是一个非常精彩的实施积极财政政策的例子，它帮助中国避免了可能出现的经济萧条。

货币政策（monetary policies）是指中央银行对货币供应和利率的管理措施。如果中央银行决定提高利率，那么企业偿付贷款时就要付出更多的金钱，利润将减少，经济将会收缩。相反，如果中央银行决定降低利率，经济可能会出现增长。中央银行还可以控制货币的供应，如果经济体中的货币量减少，那么企业将缺少用于投资的资金，这也能有效地影响经济活动。

生产率。生产率（productivity）是每人每小时的平均产出水平，用于衡量一个国家的经济绩效。生产率提高会带来经济增长，因为可以用同样的劳动生产出更多的产品和服务。企业渴望提高生产率，通过提高生产率，它们可以降低成本或增加利润，从而提高竞争力。近年来，信息技术的发展为生产率特别是服务业生产率的大幅度提高创造了条件。

经济学家们认为，从长期来看，GDP增长的决定因素是生产率的增长率。根据世界银行2008年的报告，中国GDP总值在世界上排名第3，但人均GDP在世界上却排在第100位左右。从积极的方面来看，这意味着中国生产率的提高还有非常大的空间。

1.4 企业组织形式

在市场上竞争的企业拥有不同的组织形式，这些不同的组织形式在经营特点和法律地位上有什么不同？为什么不同的企业会选择不同的组织形式？如果让你在创业时选择自己企业的所有权形式，你将根据什么标准进行选择呢？本节帮助你了解几种主要的企业组织形式：个人独资企业、合伙企业和有限责任公司。

自然人、法人和法定代表人

在了解企业组织形式之前，应当先准备一些法律基础知识。民法上承认的主体有两类：一类是自然人；一类是法人。自然人的概念比较好理解，是具有民事行为能力的个人。我们知道，民事活动的主体不光是自然人，各种类型的社会组织，包括企业、政府和社会机构也会进行各种民事活动，它们在民法上被称为法人。法人不是对某一类人的称谓，而是对具有民事行为能力的社会组织的称谓。根据法律和法规的规定代表法人行使职权的自然人（通常是主要负责人）称为法定代表人。

（思考题：你所在组织的法定代表人是谁？是根据哪些法律或法规的规定成为法定代表人的？）

个人独资企业和个体工商户

很多时候人们希望一个人进行创业，一个人创业可以选择的组织形式包括：个人独资企业、合伙企业和一人有限责任公司。

个人独资企业。个人独资企业（sole individual proprietorship business）是由一个人拥有（通常也由本人负责经营）的企业，绝大多数个人独资企业是小型企业。《个人独资企业法》对这一企业组织形式提供了法律依据，个人独资企业不具有法人地位。设立个人独资企业的优点包括：

- 开办和注册简便，费用低，关闭也同样简单。
- 没有注册资金最低限额的要求，理论上讲一元钱也可以当老板。
- 个人独享利润。
- 自主决策。
- 税收负担轻，只征收个人所有税，不征收企业所有税。

它的缺点包括：

- 企业信誉低。
- 无限责任，如果经营发生亏损，需要用个人财产承担无限责任。
- 规模有限。

个体工商户。个体工商户（individual industrial and commercial households）是从事工商业经营的自然人或家庭，是我国特有的公民参与生产经营活动的形式，也是我们生活中最熟悉、最常接触的一类，其经营方式极为灵活。冷饮小吃摊、老爸老妈店、批发市场、农贸市场中的经营户、自行车摊、裁缝铺、个体书店以及遍布城乡的各种摊贩往往都是个体工商户。个体工商户的优点和缺点与个人独资企业类似，但申办个体工商户更加简便。个体工商户是门槛最低的经营组织形式，体现了从实际出发鼓励公民创业和解决就业的政策。近年来，越来越多的地区取消了之前向个体工商户征收的工商管理费，也是这一长期政策的体现。

根据第二次全国经济普查的结果，2008 年底全国有证照的个体经营户达2 874万户，经营人员8 195万人，占就业人员 23% ［见《第二次全国经济普查主要数据公报》（第一号）］。个体工商户的庞大数量显示了这一经营类型强大的生存能力、就业能力和渗透能力，也是多年来政府鼓励的显著成果。

个人独资企业和个体工商户的区别。个人独资企业是由专门法律规定的一种企业形式，而个体工商户则不属于企业，它的法律依据是《城乡个体工商户管理暂行条例》。在实践中，个体工商户主要是为了方便公民进行经营活动而设立的一种经营形式。个体工商户可以由个人拥有，也可以由家庭拥有，而个人独资企业只能由一个自然人拥有。在注册登记的手续方面，个体工商户更为方便。

需要注意的是，不论是哪一种形式，都可以雇用一定数量的员工。在实践中，管理当局有时对不同形式的员工数量有专门的规定。例如规定雇员 7 人以下为个体工商户，而 7 人以上则为个人独资企业。

最后一种一人创业的组织形式是一人有限公司，我们在下面有限责任公司的部分再讨论。

合伙企业

合伙企业。合伙企业（partnership enterprise）是指合伙人之间以合同关系为基础的企业组织形式。合伙是创业的另一个重要选择，它的主要优点是：

- 注册简便，费用低。
- 没有最低注册资金限额。
- 资金和管理知识来源丰富，为企业增加了成功的机会。
- 税收负担轻，只征收个人所得税，不征收企业所得税。

合伙企业的主要缺点是：

- 合伙人承担无限责任，而且还有连带责任。也就是说，如果其中一个或多个合伙人的个人财产不足以承担责任，其他的合伙人还要拿出自己的财产进行弥补。
- 决策权不统一，合伙人不论出资多少，在企业内都是平等的。
- 退出困难，与前面所说的一人创业的形式不同，合伙企业关闭、退出或转让都要麻烦得多。

合伙企业是一种复杂得多的企业组织形式。这表现在以下三个方面：

- 合伙人既可以是自然人，也可以是法人。

- 合伙企业分为普通合伙和有限合伙两类。普通合伙企业是完全由普通合伙人，即以其全部财产承担无限责任的合伙人组织的合伙企业。有限合伙企业是指由承揽无限责任的普通合伙人和承担有限责任的有限合伙人组成的合伙企业，这种形式主要适用于风险投资。例如，有的人愿意承担无限责任而缺乏资本，有的人资本丰富却不愿意承担无限责任，有限合伙为这两类人的合作创造了条件。
- 特殊的普通合伙企业，也称为有限责任合伙。在这种合伙企业中，全体合伙人均为普通合伙人，共同承担无限连带责任。但在执行合伙企业事务时，执行事务的合伙人对其本人的行为和负责的事项引起的合伙债务，承担无限连带责任，其他合伙人仅以其在合伙企业中的出资额承担责任。这种合伙形式主要适用于会计师事务所等专业服务机构，这些机构往往由众多的合伙人组成，向顾客提供专业服务。

公　司

公司（company）是依法成立的具有法人地位的企业组织形式。公司是现代市场经济中最常见的、最基本的、最有代表性的企业组织形式之一，大多数本书的读者将在公司里度过自己的职业生涯。公司是市场经济中声音最响亮的主体，联想、海尔、华为、科龙、招商银行、茅台、蒙牛，这些我们耳熟能详的企业都是公司，而微软、Google、英特尔、宝洁、可口可乐、花旗银行则是我们十分熟悉的跨国公司。当然，公司中的大企业毕竟是少数，更多的公司是小企业。

根据《公司法》，公司分为有限责任公司（limited company）和股份有限公司（joint stock company）。公司是企业法人，有独立的法人财产，以其全部财产对公司的债务承担责任。有限责任公司的股东以其认缴的出资额为限对公司承担责任，股份有限公司的股东以其认购的股份为限对公司承担责任。两者最主要的区别是后者将全部资本分为等额股份，也就是股票，而前者没有这一特点。有限责任公司的资本由发起人认缴，而股份有限公司则可以向社会发行股票募集资本。如果股份有限公司的股票在交易所交易，则称其为上市公司。

有限责任公司设立的基本要求如下：

- 股东符合法定人数，即由2个以上50个以下股东共同出资设立。
- 股东出资达到法定资本最低限额，根据经营类型的不同从10万~50万元不等。
- 股东共同制定公司章程；建立符合要求的组织机构；
- 有固定的生产经营场所和必要的生产经营条件。

股份有限公司设立的基本要求如下：

- 5人以上为发起人，其中须有过半数的发起人在中国境内有住所。
- 必须经过国务院授权的部门或者省级人民政府批准。
- 注册资本的最低限额为人民币1 000万元。

由于可以向全社会发行股票，股份有限公司能够更方便地满足规模经营的要求。事实上，现代工业革命在很大程度上得益于股份公司面向全社会迅速筹集资金的能力。由于股份有限公司规模相对较大、涉及的投资主体多、对社会影响力较大，各国对股份有限公司的监管都比较严格，例如要求股份有限公司尽更多的公开义务。需要说明的是，股份公司的形式方便企业募集资金实现规模经济，这并不意味着有限责任公司一定是小企业。中国企业的骄傲——电信设备业的华为公司就是有限责任公司。

英国在1855年和1856年分别颁布的《有限责任公司法案》和《股份公司法案》确立了现代公司制度的基本形式，它的用语“有限责任公司”和“股份有限公司”一直保留到今天。公司制度的确立是人类社会最重要的进步之一，而其中所体现的有限责任的观念则是公司制度的灵魂。美国法学家、哥伦比亚大学校长巴特勒（N. M. Butler）认为：“有限责任制度是现代社会最伟大的独一无二的发现。就连蒸汽和电都无法与之媲美，而且假如没有有限责任公司，蒸汽和电的重要性更会相应地萎缩。”（参见 L. S. Sealy，*Company Law and Commercial Reality*，Sweet & MaxWell，1984，P. 1.）

企业采用公司组织形式的主要优点表现为：

- 具有法律赋予的独立的法人地位，享有财产权。公司独立于其他社会组织，也独立于政府，是在政府之外掌握社会资源最多的组织。公司的行为受《公司章程》的约束，《公司章程》是法律规定的公司成立要件，是公司股东意志的自由表示，不受任何社会组织的制约，任何公司成员不得侵犯。
- 有限责任有效地控制了投资风险，鼓励社会上的投资主体参与投资。
- 所有权与经营权分离。在有限责任公司和股份有限公司中，股东的个人财产和公司财产相分离，股东只能处理股权而不能处理公司财产，公司享有独立于股东的财产权。正是在这一保障的基础上，公司实现了所有权与经营权的分离。职业经理人制度由此得以发展起来，掀起了企业的管理革命。
- 筹资能力强大，形式方便、灵活。在股份公司筹资的过程中，资本加速流动，市场发现价格，减少了交易的费用。

企业采用公司组织形式的主要缺点是：

- 公司的设立和注册成本较高。

- 公司管理成本较高，公司通常需要设立多个不同的职能部门，增加了官僚主义的负担。
- 公司需要接受较多的监管，向政府申报大量材料，包括会计信息。有时政府会规定公司公开经营信息，对竞争不利。
- 双重征税，公司本身要缴纳企业所得税，股东还要缴纳个人所得税。

表1.3

不同企业组织形式的对比*

企业组织形式	法律地位	出资人	责任	最低注册金额（人民币）	法律依据	税收
个人独资企业	没有法人地位	1个自然人	无限责任	无	《个人独资企业法》	个人所得税
个体工商户	没有法人地位	自然人或家庭	无限责任	无	《城乡个体工商户管理暂行条例》	个人所得税
合伙企业	没有法人地位	自然人或法人	无限责任	无	《合伙企业法》	个人所得税
有限责任公司	法人	自然人或法人（2人以上50人以下）	有限责任	10万	《公司法》	企业所得税，个人所得税
股份有限公司	法人	自然人或法人（5人以上）	有限责任	1 000万	《公司法》	企业所得税，个人所得税

1.5 公司治理、商业伦理和社会责任

前面提到，有限责任制度的优点在于鼓励投资、控制风险。但从另一个方面来看，这种做法会不会将企业的债权人置于不公平的风险之下？现代社会如何解决这一问题？经营权与所有权分离和职业经理人制度有很多优点，但是如果职业经理人辜负了股东的信任怎么办？企业是独立法人，享有行动的自由，那么是不是只要利润最大化而不需要考虑其他社会成员的利益？我们将在下面的内容中讨论与此有关的主题。

* 以上有关不同企业组织形式的讨论是以我国内地相关法律为背景的，不适用于我国台湾、香港、澳门地区以及其他的国家和地区。

公司治理

公司治理（corporate governance）是由委托人实施的、调整委托人和代理人积极性并对代理人进行监督和控制的机制。委托人是指授权人，而代理人是被授权人。对于公司来说，股东是委托人，而经理是代理人，在股东授权的范围内具体负责企业的经营。委托人和代理人之间的利益有一致之处，也有不一致之处。由于两者利益不一致所导致的问题称为**代理人问题**（agency problem），代理人问题可能损害委托人的利益。例如，股东可能希望分到更多的股利，而经理人则更热衷于提高自己的报酬，这种行为可能导致股东可分享利润的减少。代理人问题还包括由于两者信息不对称所导致的损害委托人利益的行为，例如经理人可能以经营需要为名扩大开支，实际上却是增加岗位消费，而股东却不了解其中的内幕。

现代公司通常依靠4类主要治理机制令股东的利益和经理人的利益保持一致。

- **董事会**。董事会是依法成立的公司最高决策机构，由股东选举产生。董事会决定企业的战略，CEO的聘任、解雇和薪酬，监督企业的经营和财务状况。
- **股票期权**。股票期权（stock option）是给予经理人在未来某个时间以预先确定的价格购买公司股票的权利。例如，如果在经理人的努力下企业绩效

2010年，以身陷牢狱的大股东黄光裕为一方，得到管理层支持的董事局主席陈晓为另一方，对国美的控制权展开争夺。双方互相攻击对方的作为损害了中小股东的权益。在中国企业公司治理冲突案例中，国美之争属于职业经理人敢于在合法的范围内挑战并约束大股东的少有例子。

上升，那么股票价格就会上涨到高于原先协定的价格，此时经理人可以通过执行期权以低于市价的价格买入股票获利。股票期权是一种根据企业绩效向经理人支付报酬的制度，它将股东利益和经理人的报酬相结合，以此来激励经理人采取符合股东利益最大化的行动。

- **财务报表与审计师**。所有的公司都要定期向监管机构提交财务报告，上市公司的报告制度更加严格，它所出具的财务报表必须经过注册会计师的审计。企业出具虚假财务报告是违法行为，公司负责人要承担法律责任。
- **收购或接管**。如果企业的经理人没有尽到努力提高企业绩效的义务，企业可能会被其他企业或个人收购或接管。他们会用新的、也许更有效的方法管理企业，以提高它的绩效。由于这种类型的企业收购或接管往往会令原来的经理人失去工作，因此可以有力地约束企业经理人的行为。

商业伦理

伦理是就某一行为、行动或决定作出是非判断的信念，伦理行为通常是指符合一般可接受的社会规范的行为，而不伦理的行为则是不符合一般可接受的社会规范的行为。

商业伦理（business ethics）是适用于商业环境的伦理标准。2007年广受关注的山西洪洞县“黑砖窑”事件、2008年揭露出来的三聚氰胺奶粉事件以及其他许多案例都是企业在经营中严重违反伦理同时也严重违法的案例。除了遵守法律之外，企业在经营活动中经常会遇到伦理两难的问题。下面是一些主要的商业伦理问题：

- **公平和诚实**。除了遵守法律的规定之外，企业行为还应当符合伦理要求。例如，旅行社的广告也许将某一路线的价格压得很低从而吸引到大量的旅客，但在旅游的过程中导游却不断地将游客带到需要另外消费的场所。表面上看旅行社并没有违反自己的承诺，但这种行为显然是不合伦理的。
- **不当利益**。在组织活动中，企业员工也许会将个人的利益置于企业或企业其他利益相关人的利益之上。例如，岗位消费、公款消费和利用报销制度谋取利益是各种组织中常见的现象，也是所有组织致力于消除的一种主要不伦理行为。
- **利益冲突**。这是指企业员工利用机会为个人而不是为组织谋取利益。商业贿赂是一种典型的利益冲突。判断商业贿赂的原则是：个人所收受的任何足以影响到其商业决策的东西即商业贿赂。所有商业贿赂都是不伦理的行为。其他可能引起利益冲突的例子还包括代表本企业同自己亲属的企业做生意。
- **商业沟通中的伦理问题**。虚假和误导的广告发布可能引发严重的伦理问题，我们在保健品产业中经常可以找到这方面的例子。例如，相声演员郭德纲代言“藏秘排油”，就引起了很大的争议。

伦理困境。有时在商业活动中我们会遇到一些在伦理上左右为难的情况，这就是伦理困境。例如，在处理客户投诉时你代表公司的利益，为了争取尽快达成和解，你不得不向客户隐瞒某些事实，这种做法有利于公司的利益但对客户却不公平。此时你面临的就是伦理困境，你的两种选择要么损害公司的利益，要么损害客户的利益。遇到这种情况时可以考虑采取以下的三步判断法：

(1) 我的行为是否合法？违法的行为无论如何都是不可取的。

(2) 我的行为是否合乎基本的伦理准则：己所不欲，勿施于人。如果我是对方，我会愿意受到这样的对待吗？有没有令各方都能受益的方案？

(3) 我是否羞于向他人提起这一决策？我会有勇气向我的家人、朋友报告这一决策吗？如果媒体将其报道出来，我会觉得自在吗？

尽管如此，伦理决策从来就不是一件容易的事。即使通过上面的步骤得出了确定的结论，可是总会有这样或那样的借口诱惑我们偏离伦理的决策。为此，我们需要做出更加积极的努力来理解和鼓励伦理行为。

鼓励伦理行为的方法。学者、政府和消费者都认为企业应当通过更积极的努力提高员工的伦理。发布伦理规范是企业常用的鼓励伦理行为的方法。伦理规范（code of ethics）是企业关于哪些行为可接受和什么是伦理行为的要求，其中规定了统一的公司政策、标准和违反时的惩罚，通常以书面的形式发给员工或要求员工签署保证不违反这些规定。据报道，在《财富》1000 强美国企业中，已经有 93% 设立了伦理规范。当然，伦理规范不可能包罗万象，还需要建立鼓励伦理行为的企业文化来规范员工的行为。在这方面，主管的榜样作用也是非常重要的，如果主管的行为与漂亮的伦理规范背道而驰，那么伦理规范的效果可想而知。

设立不伦理行为（匿名）举报热线和举报处理机制，鼓励举报行为。举报者是企业伦理行为自我监督的一个重要环节，能够促进企业发现和主动解决问题。事实上，通过为举报人提供制度化的信息传达和处理机制，企业就可以有机会减少伦理问题所造成的损害。另一方面，举报机制的存在本身也是对不伦理行为的威慑。

社会责任

企业掌握着大量的社会资源，企业活动涉及社会生活的方方面面。现代社会在为企业提供越来越宽松的经营环境的同时，也对企业履行社会责任提出了更高的要求。**社会责任**（social responsibility）是指企业认识到企业活动对社会的影响并在企业经营决策中考虑这一影响。那些自觉而又圆满地履行社会责任的企业被称为企业公民（corporate citizen）。

企业可以通过各种形式表现出自己对社会责任的承担，包括：(1) 慈善行为，例如支持希望工程、母亲水窖等；(2) 社区服务，例如教育未成年人、培训下岗工人或优先雇用下岗工人；(3) 在企业活动中体现对社会责任的承担，例如采用节能或减少污染的新技术。此外，企业随时可以通过更具创造性的形式承担社会责任。企业往往通过《企业社会责任报告书》的形式向社会公告本企业在社会责任方面的认识和行动。

企业承担社会责任的行为需要付出代价，但是也有很多企业找到了将社会责任和企业利益结合起来的活动方式。例如，2006 年蒙牛公司发起“每天一斤奶，强壮中国人——向全国 500 所贫困小学免费赠送蒙牛牛奶一年”的活动。2007 年，蒙牛公司参加“中国牛奶爱心活动”，再度挑选 500 所小学进行为期一年的免费捐赠，使受益小学的总数达到 1000 所。

支持和反对强化企业社会责任的不同观点。企业社会责任所承载的积极含义令其得到大数人的支持，但是，反对将社会责任做宽泛解释的人士也提出了一些有力的反对观点。例如，诺贝尔经济学奖获得者米尔顿·弗里德曼认为，将社会责任做过于宽泛化的解释可能导致企业偏离其创造利润的基本使命，最终损害社会利益。苹果公司 CEO 乔布斯也许是弗里德曼观点的支持者。他在回归苹果公司后做出的惊人变革中既有 iPod、iTune、iPhone 和 iPad 这些光芒四射的产品，也包括终止所有慈善支出以增加利润的决策。苹果公司 2010 财年销售收入 637 亿美元，净利润达到 130 亿美元，然而这家公司同时也被称为“全美最不慈善公司”。从目前来看，这似乎并不妨碍苹果成为最受消费者喜爱和支持的企业。[秦姗. 坏的本土化. 中国企业家. 2010 (10)] 表 1.4 列出了支持和反对企业社会责任的不同观点。从当前的趋势来看，社会对企业社会责任的期望越来越高，而企业在承担社会责任方面也已经变得越来越活跃。

表 1.4
支持和反对企业强化社会责任的不同观点

支持强化企业社会责任	反对强化企业社会责任
由企业造成的社会问题应当由企业来解决（例如污染）	企业的社会责任是为股东创造利润，而不是代替股东决定应当承担哪些社会责任
企业也是社会公民，应与个人一样承担社会责任	企业权力过大，可能损害社会利益
企业拥有解决问题所需要的资源	企业承担社会责任的活动可能存在利益冲突（例如只支持可能对自己有利的项目）
企业、政府和大众应当共同解决社会问题	企业缺乏解决问题的专长

企业社会责任实践的三种主要形式包括消费者权利、员工权利和环境保护。在消费者权利方面领先的是美国的立法，其中规定了消费者享有的 6 项基本权利：安全、知情、选择、投诉、消费者教育和适当服务。员工权利包括平

等雇用和对待以及培训的权利，为失业人员和极度缺少就业机会的人员提供培训和就业。环境保护责任是企业所采取的所有旨在减少水、空气、土地、噪音污染的主动行为。

专 题

用互联网服务照亮没有光明的世界

在一年一度的中国经济年度人物的颁奖典礼上，每位获奖嘉宾即席演讲的时间只有100秒。2005年的获奖者、百度创始人李彦宏用其中的60秒讲述一对盲人夫妇的故事："今年3月19日，我到北京南城一个旧的居民楼里看望了一对盲人夫妇，他们10岁的小女孩教会了他的父母上百度。我看了以后觉得非常感动，百度的搜索拉近了人和信息之间的距离。每个人，通过百度的搜索，离信息的距离都是一样的。"

2007年4月25日，百度盲道（dao. baidu. com）宣布上线。百度在中文世界中为视障人士首次实现了无障碍网络搜索。视障人士可以随着读屏软件的语音提示，用鼠标找到搜索框，输入关键词，就可以完成搜索。盲道的页面非常简洁，与搜索内容不直接相关的东西都不会出现在盲道页面上，结构也做了分类显示的简化。

2007年8月9日，百度宣布对盲道进行升级。"盲道上线后，盲人朋友们除了高度评价外，还强烈地表示，不仅要通过百度'看'，更希望和百度社区上的数千万网友沟通。"百度产品市场总监边江表示，"这次百度盲道的升级，充分考虑到改善沟通功能。如使用百度贴吧等沟通性产品需要的注册环节，以前需要填写10余个选项，但现在两步就能完成。"

2006年12月，联合国经济和社会事务部发表了一份研究报告指出，目前全球100家主要网站中只有3家能够满足残障人士的需要。在中国，盲人群体超过600万，但主流网站针对盲人开发无障碍设计的工作还处于比较初级的阶段。

本章小结

1. 企业是通过提供产品和服务满足顾客需要而获得利润的社会组织。

2. 企业家精神是指在市场上发现和利用机会，通过创新承担风险并获得利润的企业活动，是一种重要的生产要素。企业家通过对社会资源进行新的组织来实现创新，为社会创造财富。

3. 企业环境是指促进或阻碍企业发展的外部因素。产权是指排他性的买卖、使用和支配财产的权利，产权保护是对企业家最基本的激励。价格、质量、速度、顾客响应是企业竞争力的主要因素。企业应当发展面向全球的竞争能力。

4. 经济学的基本问题是"生产什么，生产多少"、"如何生产"和"为谁生产"。在市场经济中，这三个问题是由个人、企业、政府以及市场中的组织自由做出的，包括自由决定价格和自由进行商品和劳务交换。

5. 产权保护激励企业家提高经济效率，这是因为"看不见的手"在起作用。政府的职能是提供公共品。个人、企业和政府的经济决策都要考虑机会成本。降低交易成本有助于提高效率。

6. 需求供给模型指出，自由市场交易能

够让需求和供给在均衡价格的水平上实现相等。企业在市场上的竞争形态包括完全竞争、垄断竞争、寡头垄断和垄断。

7. GDP 增长反映经济活动的活跃程度，价格指数是衡量通货膨胀的指标。商业周期是循环发生的经济现象，包括繁荣、衰退、萧条、复苏 4 个阶段。长期来看，GDP 增长的决定因素是生产率。

8. 企业的组织方式是由法律规定的，包括个人独资企业、个体工商户、合伙企业和公司。公司是具有法人地位的企业，以其全部财产对公司债务承担责任。公司是现代经济中最重要的企业形式。

9. 公司治理是由委托人实施的、调整委托人和代理人积极性并对代理人进行监督和控制的机制。委托人和代理人利益不一致会导致代理人问题，损害委托人利益。

10. 商业伦理是适用于商业环境的伦理标准。伦理困境是指企业经营中遇到的两难伦理问题。很多企业发布伦理规范鼓励员工的伦理行为。

11. 社会责任是指企业在经营决策中考虑企业活动对社会的影响并承担责任。自觉履行社会责任的企业称为企业公民。

关键概念

利润 风险 企业 非营利组织 企业家精神 生产要素 产权 知识产权 顾客体验 市场经济 经济学基本问题 稀缺 机会成本 看不见的手 公共品 交易成本 需求 供给 均衡价格 完全竞争 垄断竞争 差异化 寡头垄断 垄断 GDP 通货膨胀 价格指数 商业周期 生产率 法定代表人 个人独资企业 个体工商户 合伙企业 公司 有限责任公司 股份有限公司 公司治理 代理人问题 股票期权 商业伦理 伦理困境 伦理规范 社会责任 企业公民

思考题

1. 什么是企业？举例说明制造企业和服务企业如何满足顾客需要。

2. 利润和风险之间的关系如何？

3. 企业对利润的追求受到哪些限制？

4. 企业家精神在生产要素中居于怎样的地位？请分析。

5. 政府如何鼓励企业家精神？

6. 政府如何为企业创造有利的国际环境？

7. 经济学的三个基本问题是什么？市场经济是如何解决这些问题的？

8. 在市场经济条件下，价格如何指导生产的决策？

9. 产权保护对企业家的重要性是什么？

10. 画出鸡蛋的需求和供给曲线示意图(纵轴为价格，横轴为数量)。假定其他条件不变，猪肉价格的变化将如何影响鸡蛋的均衡价格？

11. GDP 增长的决定因素是什么？

12. 商业周期会经过哪 4 个阶段？

13. 公司制组织形式的主要优点是什么？

14. 代理人问题是怎样发生的？如何控制代理人问题？

15. 判断伦理困境时可以使用的三步法的具体内容是什么？

16. 企业承担社会责任的方式有哪些？请举例说明。

网络练习

访问中国建设银行网站（www. ccb. com），根据“今日建行”和“投资者关系”栏目中提供的信息回答以下问题：

1. 中国建设银行主要满足顾客的哪些需要？

2. 中国建设银行的企业组织形式是什么？

3. 国家宏观经济政策的变化对建行的业务有何影响（例如利率提高）？

4. 中国建设银行采用哪些措施履行社会责任？

开篇案例讨论题

1. 新东方的企业目标是什么？它为学生创造了怎样的价值？

2. 新东方为什么在教学中强调积极的人生观？

3. 作为企业家，俞敏洪有哪些优点，有哪些不足？

第 1 章附录

中国现代企业：历史和今天

现代企业是中国现代化过程的一部分，是中国参与世界竞争的成果。在讨论现代企业时，我们不仅要关注这些企业的产品、服务和财务成就，更要关注的是现代化过程中所形成的新的企业制度和竞争环境。

现代企业的早期尝试

早期的现代企业在很大程度上是受到西方军事入侵和由军事入侵引导的贸易活动的刺激而兴起，主导者则是在太平天国战争中崛起的洋务派，以曾国藩、李鸿章、左宗棠、张之洞为代表。从纯粹出于军事目的兴办的江南制造局、福州船政局，到后来的民用企业，如轮船招商局、电报局、汉冶萍煤铁厂等，在这些企业兴办的背后，是当时中国社会力求建立自主的现代经济体系、强国富民、阻止外国势力控制中国经济的强烈愿望。1872 年，清政府批准轮船招商局成立，这是中国第一家股份制企业。1904 年，清政府颁布了《公司律》，承认了民办企业实体与国家相独立的法律地位。1920 年，上海证券物品交易所成立。期间经过国民党统治相对稳定的“黄金 10 年”（1927—1937 年），以上海地区为代表的中国现代企业的发展一度进入了极为活跃的时期，围绕着纺织、面粉和火柴等产业，出现了一批具有很强竞争力的产业。抗日战争开始后，中国现代企业的发展进程被打断。

国企和国企改制

中华人民共和国成立之后，中国社会获得了主权完整、和平、稳定的社会环境。在这一背景下，以国家力量为主导，开始了建立现代经济体系的庞大工程。在前苏联援建的 156 项重点工程和东欧等社会主义国家的支援下，中国很快建立了相对完整的工业体系和以计划经济为主导的、自有体系的、相对独立的企业制度。在这一体系中，企业，特别是国有企业的经营活动，包括生产计划、资源的分配、产品的销售、人员的管理和员工福利，都被置于政府的管理之下。国有企业是在计划经济下建立的由国家主导的、缺乏市场机制的企业。国有企业主要是政府计划的执行者，而不是市场上的独立主体。

20 世纪 80 年代，随着社会经济商品化和市场化的发展，这一企业制度的弊端开始暴露出来，出现了效率低下、福利负担重和缺乏竞争力等国有企业病。相当一部分国有企业逐渐从政府的财政来源变成了负担，由此开始了长达 20 多年的国企改制的艰难探索。国企改制主要解决的问题包括改变所有制度结构，从国有企业转变为国有资产；改变企业的治理，从政府的附属品转变为独立决策的市场主体；改变企业的经营方式，从依赖政府资源转化为利用社会资源，从政府指令、政府保护转化为市场竞争。由于国企改制牵动诸多社会利益以及意识形态上的冲突，其间引发了激烈争论，一度对社会安定构成了很大的压力（例如下岗职工和困难职工的问题）。

专　题

中国为什么没有世界级的企业

财经作家吴晓波 2007 年 7 月 12 日在《金融时报》中文网的专栏中描述了 20 世纪 90 年代中期中国政府和企业对列名世界 500 强的渴望。1997 年，国家经贸委宣布，未来几年重点扶植宝钢、海尔、江南造船、华北制药、北大方正、长虹等 6 家公司，每年向每家公司投入不少于 2 000万元人民币，力争使它们在 2010 年进入世界 500 强。学者张维迎评论道："中国是唯一将进入《财富》世界 500 强作为政府方针的国家。"

在《财富》2010 年公布的世界 500 强企业中已经有了 30 家中国的中央企业（一共 43 家内地企业上榜）。中石化、国家电网和中石油进入前 10 名。但是，"什么时候我们才会有一家世界级企业"仍然是一个令人尴尬的问题。在拥有了规模和收入之后，我们才发现，仅有这些还不足以称得上是世界级企业。

在这篇文章中，吴提出了自己的标准：(1) 世界级的企业，应该诞生于一种先进的商业制度之中，而进入世界 500 强的中国企业中没有一家是在完全竞争领域中诞生的；"世界级的企业，应该经历过伟大的冒险和征服。当今被我们冠之以世界级企业的那些名字，从可口可乐、通用电气、德国大众到索尼、三星，没有一家不是经历了全球化的洗礼，没有一个不是在激情的竞争中征服万千，冲杀而出"。(2) 世界级的企业，应该有伟大的管理思想和伟大的企业家。一个让人惭愧的事实也许是，中国已经诞生了全亚洲最赚钱的公司而且将诞生越来越多的"最赚钱的公司"，但是它们贡献的可能是令人乏味甚至"反动"的管理思想。

在对传统企业进行了批判之后，吴将他的激情倾泻到新一代的企业家身上。"目前，唯一可以让人投注期望的是，成长于空白之上的中国互联网公司。跟所有的前辈相比，它们天然地具有产权的清晰性，它们与全球资本市场有血脉之连，它们遇到的制度壁垒是最少的，而在商业思想的贡献上，年轻的中国互联网企业家们可以与所有的同行在一个思想起点上思考。"

思考题：请举出中国世界级公司的例子并证明。如果没有，你认为是什么原因？

今天，中国国企改制已经度过了危险期。国有企业退出了大部分竞争领域，保留下来的多是国家大型企业和对国民经济有重要影响的企业。在改革初期，哪怕出售一家乡镇企业都会引发狂热争论，而近年来连国有商业银行这些巨型国企也实现了顺利转制，这标志着国企改制已经形成了成熟的制度和社会共识。争议仍然不断，但已经转向了需要保留多少国企、如何管理国企在垄断性领域中的非市场行为和低效率等问题。与前苏联和东欧国企改制中遇到的社会危机相比，中国的国企改制获得了独特的成功。

外资企业和民营企业

20世纪70年代末，受亚洲新兴市场国家经济发展成功的启发，中国意识到外向型经济可能是未来经济增长的一个主要方向。但是，仅凭国内的力量难以筹集新一轮的经济建设所需要的资金，更重要的是国内新建成的企业可能缺乏在国际市场上竞争所必需的管理经验和技术。从1979年开始，《中外合资经营企业法》、《中外合作经营企业法》和《外资企业法》陆续颁布，为吸引海外资本进入中国市场提供了法律规范。此后，外资开始高速进入中国。到2008年，世界500强企业中已经有480家在中国实现经营，外商直接投资排名世界第一位。在一段时间里，引进来自海外的资本成为地方政府的政绩指标，在引进一些大的、技术水平较高的项目时地方政府间往往会出现激烈的竞争。2006年，外资企业进出口占全国进出口总额的55%（资料来自商务部网站）。

第一批可口可乐上市、第一家肯德基开业，都曾经引起社会轰动。除了实体的投资和技术引进之外，外资企业在国际市场规则、企业经营主体地位、公司治理、信用建设等方面为我国带来了稀缺的知识。在管理现代化方面，包括战略管理、市场营销、人力资源管理、企业社会责任方面也起到了推动和教育作用。由于多年与国际市场隔绝，外资企业还在很大程度上扮演了企业社会公民角色的教师和示范者。普通民众在消费行为方面往往表现出对外资企业和国外品牌的更大信任。与中国本土企业相比，外资企业的经营活动也表现相对出较高的透明度。应当指出的是，外资在中国市场的经营是在中国政府和社会公众的监督下进行的，是一种市场行为。

近来，关于外商投资在中国经济增长中的作用及其长期效应，也出现了很多批评意见。例如，认为外资获得了超国民的待遇，外资的竞争加剧了国有企业的困难、压抑了民营经济的成长，外资企业只是利用中国的廉价劳动力和廉价资源整合其全球的供应链，在国内投资的往往属于低技术、高污染项目，以及外资可能危及民族产业的安全等。经济学家蔡昉提出了另一种看法，他认为，如果我们承认中国不发达的核心是资源配置能力不足，那么引进外资的实质是引进（世界级的）资源配置和效率。这可以解释为什么在近年来中国在不缺少资金的情况下仍然需要大力引进外资，并且这一趋势仍将持续下去。

如果说，外资的进入对中国企业构成了挑战和威胁，那么中国企业的成长在很大程度上也得益于这种竞争。在家门口上演的竞争让本国企业能够在最近的距离内获得观摩现代经营方式和经营策略、亲身体会其竞争策略的机会，同时本国也从外资企业培养的人才以及人才交流中获益。在这方面最值得关注的是民营企业的崛起。

民营企业是指没有政府和外资投入和参与的、由本国公民组建的企业。在20世纪50年代社会主义改造完成之后，民营企业在中国内地成为历史名词。改革开放之后，政策开始放宽，一些民营企业开始发展起来，但在早期这些企业曾经受到严格的监控。许多初期的民营企业不得不借用集体的名义或挂靠在国营企事业单位之下，今天我们可以看到许多脱胎自乡镇和街道企业的民营企业。另一方面，这一时期政策和法律的不明确也为日后的许多争执埋下了伏笔。在国有企业或集体企业转制为民营企业的过程中，出现了大量资本与权力勾结、侵害国有财产的现象，这被称为民营企业的“原罪”。同时，民营企业则抱怨国家权力侵害私人财产权利的现象也十分严重。2004年《中华人民共和国宪法修正案》规定“公民的合法的私有财产不受侵犯”，2007年《物权法》赋予私人财产平等的保护地位，在很大程度解决了民营企业的顾虑，但如何执行还是很大的考验。

除了法律地位和保护的问题，民营企业还面临着许多歧视性的政策。有些行业在准入问题上的政策不利于民营企业（例如汽车、金融、石油）、在与国有企业竞争时面临不利的局面、民营企业融资的困难等。2008年中国政府宣布了总投资达4万亿人民币的经济刺激方案，其中民营企业的份额相对很小。2009年以山西煤矿整合为代表的“国退民进”引发对民营企业竞争环境的更多争议。

尽管有种种不利的条件，民营企业家们仍然表现出了极大的勇气、智慧和创新精神，利用市场经济发展初期市场主体供应不足、产品和服务缺乏的有利条件开始了多姿多彩的成长。据全国工商联《中国民营经济发展报告（2005—2006）》的统计，2004年，民营企业贡献了GDP的66%，就业人员占90%，在全国500强企业中，民营企业占150席。与此同时，民营企业在自有知识产权的开发、世界级竞争能力的培养和利用中国特殊的条件同外资企业进行竞争方面表现出中国企业的独特力量。华为公司、格兰仕微波炉、新希望集团、吉利汽车、浙江的低压电器产业群、纺织品产业群和小商品产业群、珠江三角洲的家用电器产业群、重庆的摩托车配件产业群都发展出了世界级的竞争力。

近30年来的中国企业史的主题就是国企改制、外资进入和民营企业成长。随着中国加入WTO以及外资超国民待遇的取消，不同企业之间出现了融合的趋势。越来越多的企业通过海外上市或海外注册的形式从民营企业和国有企业转化为国际企业，而近年来国家所鼓励的海外投资则将本国的投资利益与许多外资公司的绩效联系在一起。

思考题

请举例说明国企、外资企业和民营企业对中国经济的贡献。

第 2 章

全球化与电子商务：现代企业的新生活

本章学习要点

- 理解什么是世界级的企业
- 如何用比较优势的概念说明贸易的利益
- 政府用哪些方法来影响国际贸易
- 企业进入全球市场的主要战略
- 如何适应企业国际经营的全球环境
- 电子商务的主要模式和电子商务企业利润的来源

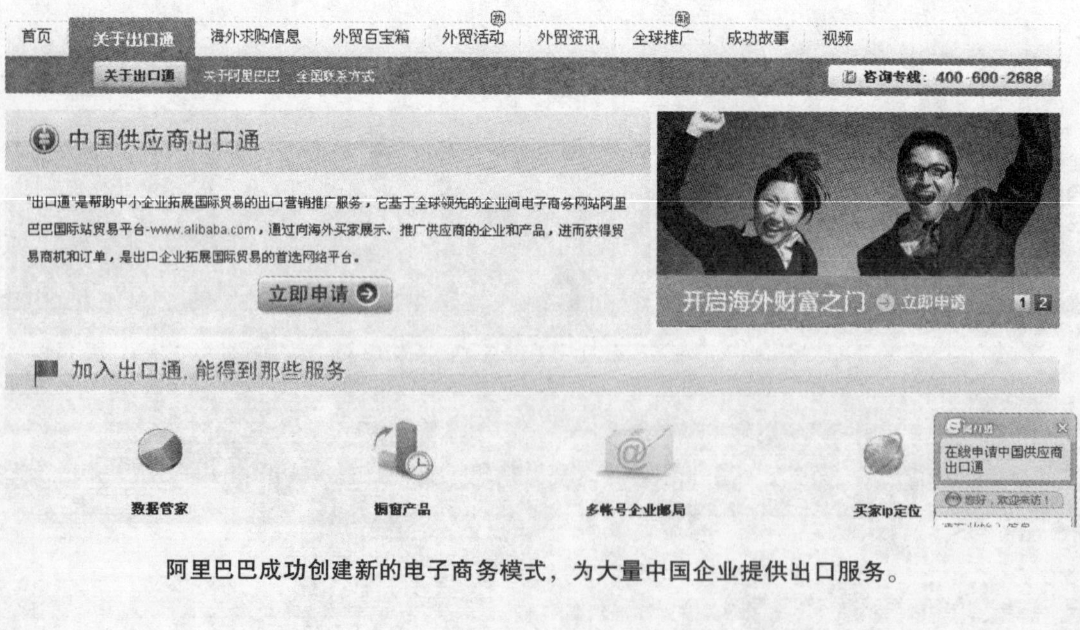

阿里巴巴成功创建新的电子商务模式，为大量中国企业提供出口服务。

开篇案例

阿里巴巴：让客户赚钱是第一等的生意

1999 年的春天，马云从北京回到杭州，跟随他回来的共有 8 个伙伴，他们在杭州城郊湖畔家园马云的家里开始创办阿里巴巴网站。这些人本来可以留在北京工作，可以去一些电子商务新贵那里得到很高的薪水，而跟随马云回到杭州，一个月只有 500 元的工资。但他们还是决定和马云一起回去，建立一家马云口中的“伟大的公司”。

阿里巴巴是所谓的 B2B 网站，为小型企业提供网上交易、出口产品的机会。对于受到资金和渠道局限而难以开展海外业务的小企业，阿里巴巴向它们提供了低成本的产品展示和接触外商的机会，凭借其平台可以进入任何一个开放的市场。而对来华采购的外商，阿里巴巴提供了海量的供应商信息和信用服务。

阿里巴巴是小企业的梦，马云曾经用“全球最大的网上集贸市场”来向企业家们介绍阿里巴巴。今天，阿里巴巴国际站拥有来自全球 240 个国家和地区的1 200万专业买家，每天新发布超过3 000条的求购信息。《福布斯》、《朝日新闻》、《远东经济评论》、《亚洲商业》等商业报刊将阿里巴巴评为领先的 B2B 网站，赞扬它对中小企业电子商务的贡献。阿里巴巴也并不排斥实体的交易会，甚至还代表自己的客户参加广交会，这也是为了帮助客户赚钱。

2002 年底，互联网开始转暖。有的公司靠短信实现了赢利，有的公司靠网络游戏发了大财，但阿里巴巴还在坚持电子商务。马云认为，赚钱很容易，但能够做出一个商业模式则很难。电子商务企业都要解决一个问题——如何获利，也就是从网站运营到企业运营的过程。当时的互联网深受免费的影响，尽管阿里巴巴有了很大的流量，但如果在原有的服务上开始收费，必定会引起用户的不满。马云说：“一定要增值，只有增值了，客户才会为你的服务心甘情愿地掏钱。”

阿里巴巴最早的收费项目就是卖排序。这是一个建立在阿里巴巴网站巨额流量基础上的收费服务模式，阿里巴巴让用户通过缴纳费用让自己在专业类别网页搜索结果的首页出现一段时间，以此来增加成交的机会。这就是阿里巴巴主要业务——“中国供应商”项目的由来。“中国供应商”是阿里巴巴最成功的项目，在推出之后的三年时间里，每年都实现了销售翻番。“我们在阿里巴巴里找出一批资格最老的会员，以他们为发起人来启动这个市场，因为他们了解阿里巴巴，知道在一个产品类别中占据首位的价值。”马云回忆道。

阿里巴巴公司对待客户的原则是“简单、可信、友好”。马云认为，“一等产业”是能够帮助客户赚钱的项目。阿里巴巴的经验表明，中小企业对利润的追求十分强烈，只要能为他们赚钱，就会受到空前的欢迎。互联网研究所的一份报告指出，90% 以上的会员认为阿里巴巴对他们有用。而阿里巴巴自己的数字显示，“中国供应商”和另一个主要收费项目“诚信通”的续签率都在 70% 以上。

马云是阿里巴巴的造梦人。作为中国最重要的电子商务公司的当家人，他除了发 email 和浏览之外没有任何技术专长。马云说："立志要高远，那样你才能聚集人力、财力和团队。"马云和创业团队之间的感情是令人羡慕的。阿里巴巴最初时的18个创业元老到现在一个也没有离开阿里巴巴，这支队伍是在公司极为困难的开创时期形成的，它成为阿里巴巴公司吸引投资者的一项关键性因素。一位元老级人物评价说："他很幽默，让人愿意和他在一起。什么事经过他一说就变得生动起来。""马云喜欢交朋友。"另一位熟悉马云的人士说。

2003 年 5 月，阿里巴巴公司模仿 eBay 公司的产品"淘宝网"开通。马云和他的同事们继续着让客户赚钱的生意，这一回是一个更大的客户市场——有志于成为网商的企业甚至是个人。现在，淘宝网已经成为这一市场上无可争议的领导者。

财经作家吴晓波认为："在互联网诞生之前的所有产业中，后发的中国公司都已经没有了'创造未知'的可能性……只有在互联网的世界里，中国公司还有开拓疆域和重建游戏规则的可能性。"马云和阿里巴巴正在试图证明这种可能性。

如果说阿里巴巴有机会成为一家伟大的公司，那在很大程度上是因为它帮助众多的小企业取得了成功。同样，理解了阿里巴巴及其小企业客户的成功，也就在很大程度上理解了全球化时代中国企业的位置和机会。本章以全球化的主题开始，然后我们将注意力转向电子商务。电子商务的成长为全球化定义了新的内容和方向，而全球化和电子商务则构成了现代企业新的社会生活方式。

2.1 全球市场上的中国企业

2010 年夏天，中国的官员和学者以自信的口气开始讨论什么时候中国 GDP 能够超越日本成为世界第二。从 1978 年改革开放算起，中国经历了连续 30 年的经济高速成长，在经济上崛起为世界强国。这一成就在很大程度上得益于 20 世纪 80 年代确立的外向型经济的政策，它推动中国进入世界贸易兴盛的大潮，中国的国际贸易总额也从 1978 年的 206 亿美元（全球第 32 位）上升为 2009 年的 2.21 万亿美元（全球第二）。这项政策不仅帮助中国企业打开了国际市场，更重要的是让中国企业和政府学习和适应了国际规则，甚至帮助建立了现代企业制度。

近几十年来国际贸易发展的一个重要现象是跨国公司的地位日渐突出。跨国公司将产品和服务提供给世界各地的顾客，同时将自己的分支机构发展到全球各地。在这一过程中，它也将全球性竞争带到了世界上的每一个角落（我们还将在第 18 章深入分析跨国公司的经营）。当然，参与全球竞争的企业远远不止我们传统上所说的跨国企业本身，全球化也不仅仅是跨国企业的现象。很多企业通过与跨国企业的业务关系进入全球市场，还有很多企业则受益于国际贸易壁垒的解除而直接进入国际市场。有趣的是，如果说中国竞争力在近年来有了长足的进步，那么在很大程度上要归功于跨国企业进入了中国市场。中国市场上的竞争在很多方面已经达到甚至超过了其他地区国际竞争的激烈程度。这一方面为中国企业积累与国外企业竞争经验创造了难得的条件，同时也为中国企业的发展培养了大量的管理人才。许多中国企业聘用海外企业管理人员，包括外籍人员。联想从戴尔公司延聘高级管理人员，华为和平安保险也聘用了外籍的高管。

1995 年，哈佛商学院首席管理学教授坎特（Rosabeth Moss Kanter）在其《世界级》一书中分析了现代企业必定要发展全球竞争力、能够整合全球资源的观点。世界级的企业并不意味着在规模上取胜，而是指拥有世界级的价值创造能力。与世界级企业相联系的一个观点是国际贸易活动从早期的产品互补、资本输出发展到今天的（基于信息流通的）全球供应链整合。也就是说，只要一个企业真正具备了世界级的竞争力，它将有可能在全球的供应链网络中找到最能发挥自己价值创造能力的位置，并取得成功。这在很大程度解释了为什么中国企业在自身技术含量还不高的情况下仍然能够在国际贸易中占据如此大的份额。

中国经济和中国企业的成功在很大程度上是因为在全球供应链中找到了最能发挥自己竞争优势的位置。尽管这个位置可能并不那么理想或技术含量偏低，却清楚地体现了中国企业的竞争力。例如，中国生产的玩具占全球消费量的 70% ~ 80%。尽管玩具产业中主要的利润被美国莫泰公司这样的品牌占有，但中国厂商在配套能力和灵活的生产组织方面却表现出了世界级的水平。阿里巴巴的例子也告诉我们，只要具有整合全球资源的能力（交易、人力、商务模式）和面向全球的视野，中国企业在本地也可以实现国际化运营，参与全球供应链整合。

国际贸易与国际竞争中的另一对主题词是制度和规则。中国积极加入 WTO 的努力也是在为自己营造一个资源配置制度的供给市场，因为靠国内自发形成这些制度可能需要很多年，而通过主动加入国际竞争并且遵守规则，这一过程将短得多。如果没有外资的进入和国际市场规则的约束，资源的配置将主要依赖政府、国有企业和民营企业。然而，在外向型经济政策的推动下，外资加入并且成为资源配置的一支主要力量。在进出口贸易中，外资企业占据了 55% 的份额（2009 年数据）。外资的进入从效率和效益两方面对资源配置都起到了极大的提高。当然，现在也出现了依赖出口、企业生存受制于人的问题，由于出口在很大程度上控制在国外企业的手中，中国要赢得制定国际竞争规则的权力还有很长的路要走。

2.2　国际贸易的历史和观点

中国在很早的时候就已经是一个世界性的贸易大国，无论是陆地上的丝绸之路，还是海上的丝绸之路，都反映了当年中国以丝、茶、瓷器为主要代表的出口品在国际市场上的显赫地位。在这些贸易中，中国获得了巨大的顺差。在《白银资本》一书中，美国学者弗兰克估算16世纪中叶至17世纪中叶全球（中国以外）白银产量的1/4～1/3以贸易逆差的形式流入中国。这一局面直到英国人发明了向中国输出鸦片的不光彩手段才发生逆转。中国逐渐丧失了国际贸易中的主导地位。此后，技术、政治制度、法律制度、企业制度的弊端逐一暴露出来，中国在国际贸易中的地位一落千丈。

国际贸易是一种自然发生的现象，历史上最闭关锁国的国家也不能完全禁止人民的贸易活动。经济学者认为，运用比较优势的理论可以很好地解释国际贸易的利益。

绝对优势和比较优势

贸易的目的是为了实现贸易利得，也就是通过商品和劳务的交换令贸易双方获得利益。在国际贸易中，如果一方对某产品的生产具备更高的效率，则称其具有**绝对优势**（absolute advantage）。绝对优势对贸易的推动是直观的。但是，如果一个国家在各个方面都不具备绝对优势，它仍然能够从国际贸易中获得利益吗？经济学家的回答是：是的，这样的国家同样可以从国际贸易中获得收益。为了理解这一观点，我们首先要介绍比较优势的概念。当某个人或某个国家可以比其他人或其他国家以更低的机会成本来生产，他/它就具备了**比较优势**（comparative advantage）。

我们用个人来代替国家进行分析。假设张军是编写软件的程序员，王娟是销售人员，他们可以各自独立营业，也可以合作营业。不过，张军不光是一个优秀的程序员，他也是比王娟更优秀的销售人员。也就是说，张军在两方面都具有绝对优势。可是，张军仍然需要聘用王娟。因为两方面的优势比较起来，张军在程序设计方面的优势更大一些。如果他放弃程序设计而从事销售，尽管销售的业绩会好于王娟，但公司的利润反而会下降。这样算下来，王娟尽管没有任何一项绝对优势，但拥有一项比较优势，也就是销售方面的比较优势。因为她放弃编写程序的机会成本小于张军。反之，尽管张军在两方面都拥有绝对优势，但他只在编程一方面拥有比较优势。因此，张军编程、王娟销售的这种（贸易的）组合要比双方各自分别完成这项工作都有利。

请回顾我们在前一章中所讨论的机会成本的概念，机会成本是由于作出了某一个选择而放弃的所有其他选择当中价值最大的一个选择的价值。从上面的例子来看，也可以说王娟从事销售的机会成本较低。同样，以国家为例。即使美国在飞机发动机生产和衬衫生产方面的效率都高于中国，但只要中国在衬衫生产方面拥有比较优势，那么这种美国向中国出口飞机发动机、中国向美国出口衬衫的贸易仍然对双方都有利。

比较优势原理是由英国经济学家大卫·李嘉图在19世纪初提出的，美国经济学大师萨缪尔森认为它是经济学中"最重要的一个原理"。

进口和出口（importing and exporting）

进口和出口是产品和服务跨越国境的流动。市场上存在着各式各样的国际贸易公司，它们将海外产品或服务（例如国内稀少的或缺乏竞争优势的原材料和制成品）进口到本地市场，将国内企业的产品出口到海外市场。许多企业自行开发进出口的业务，在阿里巴巴、敦煌网这样的网站上，成千上万家企业在寻找出口商品的机会。

根据WTO的报告，中国是世界上最大的商品出口国之一，2009年的出口额为12 016亿美元，排名世界第一（数据参考 *World Trade Report* 2009，WTO）。在通向港口、机场和连接口岸的高速公路上，你可以看到货柜车满载各种商品经过海关出口到世界各地。到国外旅游的人很容易在当地市场（例如沃尔玛和家乐福等超级市场）发现中国的产品。今天，便捷的交通和信息以及贸易壁垒的下降令出口这一贸易形式变得高度活跃。在电子商务高度发展的市场上，任何一家国内生产商都可以通过像阿里巴巴、中国制造网这样的B2B网站找到海外的客户。现在，有很多企业完全围绕海外的订单组织生产，我们可以说，这类企业是为出口而存在的。

中国经济具有典型的出口导向的特征，也就是自己生产的产品往往不是自己消费，而是为了在国际市场上销售。在这样的经济中，你会观察到"两头在外"的现象，也就是从国外大量进口原材料或半成品加工后再出口，也称加工贸易。2008年，加工贸易进出口占全部进出口总值的41%。有批评者认为，这样的产业结构将加工过程中的能源消耗和环境污染留在中国，而中国劳动者所赚取的不过是少量的差价。以运动鞋为例，一双运动鞋在美国的销售价格为70美元，而在中国的全部生产成本则只有1.3美元，绝大部分的利润没有留在中国。2008年全球金融危机爆发，中国企业海外订单大幅度减少。政府部门和企业将希望转向内需，希望通过提供本国人民愿意购买的产品来增加产品开发和服务设计方面的竞争优势，但这一过程将是十分漫长的。

国际贸易关系

在理解国际贸易关系时，有两个概念特别重要：贸易差额和国际收支平衡。贸易差额（balance of trade）是指一定期间国家进出与出口的差额。如果出口高于进口，则称贸易顺差或贸易盈余。如果进口高于出口，则称贸易逆差或贸易赤字。国际收支平衡（balance of payment）是指一定时期内国家所有对外现金收支的记录，包括经常项目（有形贸易、无形贸易和援助）和资本项目（资本的流入和流出）。与贸易差额的叫法类似，国际收支平衡也分为国际支付顺差和国际支付逆差两种情况。贸易顺差和国际支付顺差是国家追求的目标，这是很好理解的。但是，顺差的高低并不是衡量国家经济力量的唯一指标。美国是世界上最大的贸易国，却拥有世界上最大的贸易逆差，美国的贸易逆差主要来源于中国和日本。表 2.1 列出了中国近 10 年来进出口增长及贸易差额。

表 2.1

2000—2009 年中国进出口总体情况

单位：亿美元

年 份	进出口		出 口		进 口		差 额
	总 额	增速（%）	总 额	增速（%）	总 额	增速（%）	
2000	4 742.97	31.5	2 492.03	27.8	2 250.94	35.8	241.09
2001	5 096.51	7.5	2 660.98	6.8	2 435.53	8.2	225.45
2002	6 207.66	21.8	3 255.96	22.4	2 951.70	21.2	304.26
2003	8 512.07	37.1	4 383.71	34.6	4 128.36	39.9	255.34
2004	11 547.92	35.7	5 933.69	35.4	5 614.23	36.0	319.46
2005	14 221.18	23.2	7 619.99	28.4	6 601.18	17.6	1 018.81
2006	17 606.86	23.8	9 690.73	27.2	7 916.14	20.0	1 774.59
2007	21 738.33	23.5	12 180.15	25.7	9 558.18	20.8	2 621.96
2008	25 616.32	17.8	14 285.46	17.2	11 330.86	18.5	2 954.59
2009.1—6	22 072	-13.9	12 017	-16	10 056	-11.2	1 961

资料来源：中国海关统计。

国际贸易在很大程度上受到国家政策的影响，政府会根据国内的需要（特别是政治需要）调节国际贸易的政策，而国家间的政治关系是影响国际贸易的最大的因素。近年来，我们经常从媒体上听到的贸易保护主义就是影响国家贸易政策的主要政治因素之一。贸易保护主义（protectionism）是指利用政府的规定来限制商品和服务的进口。这一主张的拥护者认为，通过政府的规定可以保护国内生产者和扩大国内就业机会，因此这是一种保护竞争的策略。表 2.2 列出了中国主要贸易伙伴的情况。

政府影响国际贸易的政策工具很多，包括关税、倾销、非关税壁垒（配额、外汇控制、货币贬值、环境）、出口控制（技术控制）等。

关税（tariffs）是最常见的贸易限制措施，它是对进入某国的特定的外国产品征收的税赋。关税可分为收入性关税（revenue tariffs）和保护关税（protective tariffs）。收入性关税是为了增加政府的财政收入而征收的关税，也称财政关税。显然，财政关税的税率不宜太高，否则会导致贸易额下降，税收收入反而会减少。保护关税则不同，它是为了提高进口商品的价格以保护本国生产。这方面较为典型的领域是农产品，如果没有关税的保护，法国、日本和韩国的农业将受到重大打击。

表 2.2

2008 年中国进出口贸易伙伴情况

金额单位：亿美元

主要出口贸易伙伴的情况				主要进口贸易伙伴的情况			
位　次	国家或地区	出口金额	增速（%）	位　次	国家或地区	进口金额	增速（%）
	总值	**12 016.6**	**−16.0**		**总值**	**10 055.6**	**−11.2**
1	欧盟	2 362.8	−19.4	1	日本	1 309.4	−13.1
2	美国	2 208.2	−12.5	2	欧盟	1 277.6	−3.6
3	中国香港	1 662.3	−12.8	3	东盟	1 067.1	−8.8
4	东盟	1 063.0	−7.0	4	韩国	1 025.5	−8.5
5	日本	979.1	−15.7	5	中国台湾	857.2	−17.0
6	韩国	536.8	−27.4	6	美国	774.4	−4.8
7	印度	296.7	−6.1	7	澳大利亚	394.4	5.4
8	澳大利亚	206.5	−7.2	8	巴西	282.8	−5.3
9	中国台湾	205.1	−20.8	9	沙特阿拉伯	236.2	−23.9
10	俄罗斯	175.1	−47.1	10	俄罗斯	212.8	−10.7

资料来源：商务部网站。

有些国家在贸易限制中频频使用反倾销的政策。倾销（dumping）是指以低于本国市场的价格大量出口特定产品的行为。反倾销是指进口国政府对倾销行为进行立案、调查和处理的过程。中国是世界上遭受反倾销调查最多的国家之一，纺织品则是最容易受到反倾销调查的产品类别（摘自“WTO 反倾销统计报告”）。

非关税壁垒（nontariff barrier）是政府所采取的非关税形式的贸易限制措施。

- 进口配额（import quota）是对某一商品进口总额实行的限制，配额可以是针对某一国家的。例如，自 2006 年开始，美国对中国 21 类纺织品实施配额限制。
- 外汇管制（foreign-exchange control）是对外汇交易额度的限制，政府通过控制外汇供应的数量控制商品的进口。
- 货币贬值（currency devaluation）是通过本国货币的贬值降低出口产品的相对价格、提高进口产品的相对价格，以扩大出口、阻碍进口。
- 绿色贸易壁垒（green barrier）是通过限制乃至禁止对环境有害的产品、服务、技术等的贸易，以达到保护环境的目的，也称环境贸易壁垒。例如制定绿色技术标准、绿色包装、绿色生产等，影响的产品既包括农产品，也包括电子产品。

出口控制（export control）是指出口国对本国产品或技术的出口贸易进行限制的政策。典型的出口控制包括欧盟对华武器禁运、美国对华高技术和战略物资出口控制。中国也对部分战略物资实行出口管制，例如对一些稀土资源的出口采取了取消出口退税、实施出口配额以及加强环境监管等措施。

关税与贸易总协定、WTO 和经济共同体

关税与贸易总协定（General Agreement on Tariffs and Trade，GATT）是第二次世界大战后由 132 个国家缔约成立的旨在减少或消除妨碍贸易的关税壁垒和非关税壁垒的组织。最惠国待遇（most favored nation treatment MFN）是关税与贸易总协定最著名的原则，它指所有缔约国地位平等，成员国作出的任何一种关税减让都将自动适用于所有的成员国。1995 年 1 月 1 日，WTO（世界贸易组织）取代了关税与贸易总协定的地位。中国于 2001 年加入 WTO。

如果说 WTO 是为了在世界范围内减少贸易壁垒，那么国际经济共同体（economic community）就是由少数国家组成的促进资源和产品在成员国间流动并形成一致性的经济政策的组织。主要的经济共同体包括欧盟（EU，也称欧共体）、北美自由贸易协定（NAFTA）、中美洲自由贸易联盟（CAFTA）、东盟自由贸易区（AFTA）、南方共同市场等。

2.3 进入全球市场的战略

在决定进入全球市场之后，企业必须选择一种合适的进入战略。按风险程度排列主要包括以下几种。

许可。许可（licensing）是指一家企业授权另一家企业生产和销售该企业的产品、使用该企业的品牌以获得版税或其他报酬的协议。这一形式适合不希望在本地涉足实际生产运营和不希望投入大量资金并承担风险的企业。例如，美国迪斯尼公司授权东方乐园公司（Oriental Land）经营东京和中国香港的迪斯尼乐园，而东方乐园公司则向迪斯尼缴纳管理和咨询费用。

出口。企业可以直接向海外市场出口，或通过专业的贸易公司出口。出口也是一种风险较小的海外发展战略。许多国家为了鼓励出口还实行了各种支持出口的政策。中国政府提供的这方面的政策包括出口退税（符合国家规定要求的产品出口后可以返还增值税）和出口信贷（对出口提供财务支持）等。

外包和 OEM。外包（outsourcing）是指将企业的部分职能交给效率更高的外

联想在一级方程式赛车上的广告。联想集团成为 AT&T 威廉姆斯车队在 F1 世锦赛中的顶级赞助商，让 Lenovo 的标志在全球范围内建立起高技术、高端消费的形象。

部组织完成。例如，耐克公司本身不生产运动鞋，而是将制造工作外包给东南亚和中国内地的企业，它本身则专注于设计和营销。OEM（Original Equipment Manufacturer）是指品牌生产者通过合同订购的方式委托其他同类产品厂家生产，也称“代工”和“贴牌生产”。承接这一加工任务的制造商就被称为 OEM 厂商，其生产的产品就是 OEM 产品。在新闻报道中，我们经常会听到 OEM 这个词，特别是在电子产业中。像 IBM、微软、思科这样的国际厂商往往采用 OEM 方式组织生产，而中国企业则很多都是 OEM 厂商。台湾富士康公司是世界上规模最大的 OEM 厂商之一，它在深圳制造中心的员工多达 20 万，客户包括苹果、摩托罗拉、诺基亚等。

国际合资公司和战略联盟。国际合资公司（joint venture）是由两家以上的来自不同国家的企业结成的伙伴关系。对于缺乏本地市场经验和不希望独自承担运营风险的企业，合资公司是一个有吸引力的选择。改革开放后进入中国的外国企业几乎都采取了合资的形式。

战略联盟（strategic alliance）是为了在全球范围内获得竞争优势而建立的伙伴关系。如果说设立合资公司多少有些无奈，那么战略联盟的意图则更加明确，与企业独特竞争力发展的关系更为密切。最著名的战略联盟也许是微软和英特尔建立的 Wintel，它们联手在个人计算机领域中形成的优势持续了几代产品。在汽车和计算机产业中，战略联盟已经成为一种主流的竞争方式。通过战略联盟，企业可以获得互补性资源、进入新市场、分担研究与开发（R&D）的成本与风险、在合作中获得新的增长点以及新产品或新技术等。

不过，由于参与各方的利益和目标以及公司文化方面的差异，合资公司和战略联盟的经营往往会遇到很多困难。合资公司和战略联盟的缺点还包括可能流失技术秘诀等。

国际子公司。国际子公司（wholly owned subsidiary）是指企业在海外开设的全资拥有的生产或营销部门。子公司的形式有助于母公司在全球范围内高效调配资源，母公司还可以对海外机构的运营保持严密的控制，担心技术泄露的企业往往偏爱这种形式。建立国际子公司的方法包括建立新的机构和收购东道国的企业。联想公司收购 IBM 的个人计算机部门就是这样的例子。当然，由于没有伙伴的支持和分担风险，国际子公司是进入海外市场风险最大的选择。

2.4 企业国际经营的全球环境

与本国经营的企业相比，国际企业面临的环境更加复杂、多变和难于控制。开展国际经营的企业必须注意以下几个环境因素：文化环境、经济金融环境、政治与法律环境。

文化（culture）包括所有指导行为的价值、符号、信仰和语言，是将一类人群与另一类人群区分开来的集体心理程序。不同文化的国家或地区可能表现出极大的文化差异，可能对企业的经营产生重大的影响。一种很明显的文化差异是对守时的态度，通常北美和欧洲人比较注重守时，而亚洲和拉美则容忍不守时的行

专　题

中央情报局网站的商业用途

在很多人眼中，美国中央情报局（CIA）的名字往往与一些不太讨人喜欢的活动联系在一起。不过，对于从事国际商务活动的人士来说，中央情报局的网站也许可以提供一些用得着的资料，这就是《世界各国概况》（The World Factbook）。登录中央情报局网站（www.cia.gov）首页，在右侧的上方，你将可以看到这本书的快速链接。这本书在国别资料部分汇集了 250 多个国家和地区的基本资料，包括概况、地理、人民、政府、经济、通信、交通运输、军备、外交等，尤以地图的资料查询最为方便。

《世界各国概况》最早是为美国官方准备的世界各国的国情资料，特别是地图资料，最早可以上溯到第二次世界大战时期的基础情报工作。1961 年 CIA 出版了保密版本，1971 年出版了解密版。此后每年一版，进行汇总和更新。由于得到美国政府的支持，世界各国概况的编辑工作保持了较高的品质，多年的积累和更新令它所收集的资料的质量得到不断的改进，特别是它的公开和便捷的特性让它成为许多国际商务人士、学生的常用工具。（对国家间资料的对比和统计资料感兴趣的读者还可以登录 www.nationmaster.com 网站，这家网站的资料是根据 CIA《世界各国概况》和联合国及其他国际组织的公开资料编辑而成的。）

为。由于历史原因所形成的文化偏见也是需要特别小心的。更为重要的是，不同文化中个人行为的态度也呈现出清晰的差异。荷兰学者霍夫斯塔德（Geert Hofstede）根据对十几个国家中职员的研究总结出五种不同的文化维度，图 2.1 对此进行了描述。

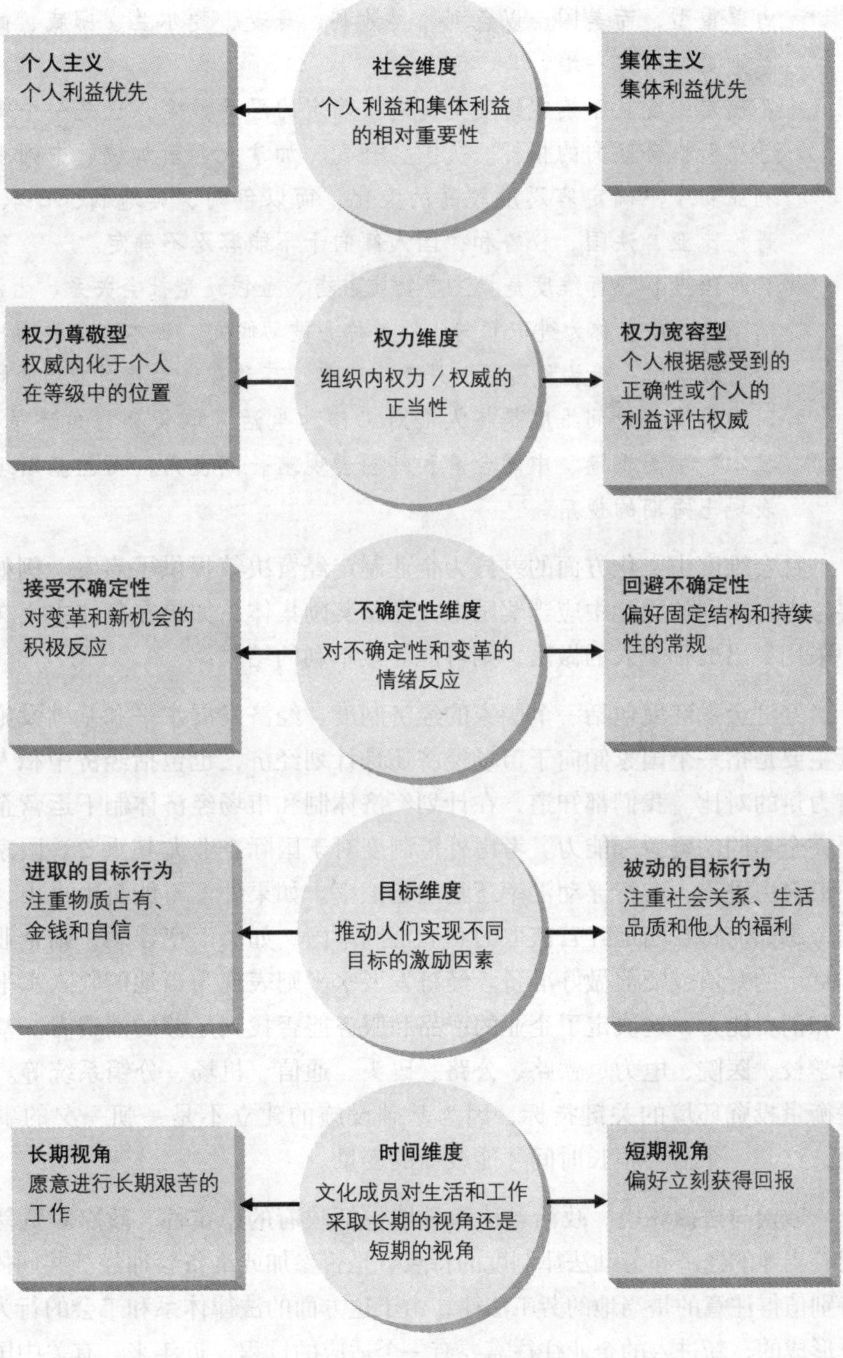

图 2.1　不同文化中的个人行为

- 社会维度。个人主义还是集体主义？从研究结果来看，美国、英国、加拿大、澳大利亚、新西兰倾向于个人主义，而墨西哥、秘鲁、新加坡、哥伦比亚和巴基斯坦倾向于集体主义。
- 权力维度。有些文化尊重权力，强调服从，另一些文化则可能质疑上级的决定。法国、西班牙、墨西哥、日本、巴西、印度尼西亚和新加坡属于权力尊重型，而美国、以色列、奥地利、丹麦、爱尔兰、挪威、德国和新西兰则更倾向另一端。
- 不确定维度。不确定维度是指对不确定的忍受程度，这是一个衡量创新和寻找新机会倾向的指标。美国、丹麦、加拿大、新加坡、中国香港和澳大利亚属于不确定容忍度较高的文化，而以色列、奥地利、日本、意大利、哥伦比亚、法国、秘鲁和德国人倾向于不能容忍不确定。
- 目标维度。目标维度是指注重物质占有、金钱还是社会关系、生活品质的不同倾向，前者称为进取倾向，后者称为被动倾向。日本文化表现出比较强烈的进取倾向，荷兰和挪威、丹麦、瑞典、芬兰表现为相对被动的倾向。
- 时间维度。时间维度是指人们对工作和生活采取长期视角还是短期视角。日本、中国香港、中国台湾和韩国表现出长期视角，而巴基斯坦和西非则表现出短期的视角。

社会维度中文化方面的差异为企业制定经营决策提供了启发。例如，企业需要考虑在不同的文化中应当奖励个人还是奖励集体，如果在集体主义文化的国家中采用突出奖励个人的做法，则可能导致不利的结果。

经济金融环境包括一个国家的经济制度、经济发展水平和基础设施。经济制度主要是指一个国家倾向于市场经济还是计划经济，也包括经济中私人力量和政府力量的对比。我们都知道，在计划经济体制和市场经济体制下运营企业可能需要完全不同的资源和能力。考虑外汇制度对于国际企业尤其重要。国家是否限制外汇自由进出，实行浮动汇率还是固定汇率。如果外汇不能自由进出，则企业必须考虑如何将在当地经营获取的利润汇回本国。如果汇率浮动，则企业必须为该国货币的升值或贬值做好准备。经济发展水平则表现为当地的收入水平、就业水平和消费能力，这决定了企业的产品和服务能否找到足够的消费者。基础设施包括学校、医院、电力、铁路、公路、码头、通信、机场、分销系统等。基础设施是衡量投资环境的关键指标，因为基础设施的建立不是一朝一夕的事。也就是说，这是一个需要很长时间才能改变的变量。

政治与法律环境。政治与法律环境包括政府的稳定性、政府对贸易管制的态度、当地的经济和劳动法律制度的特点、是否参加或准备参加经济共同体等。其中特别值得注意的是当地的劳工法律，由于这方面的法律体系和工会的行为传统是历史形成的，新进入的企业往往需要有一个适应的过程。近年来，有关中国企业在海外处理工会矛盾方面的报道不断见报。下面的专题为我们提供了一个例子。

专 题

首钢秘铁的罢工难题

又一场罢工开始了。这是在秘鲁伊卡省马科纳的首钢秘鲁公司（Shougang Hierro Peru），一家由中国首钢公司拥有的企业。2007年4月，这家矿山通过劳务中介公司雇用的数百名外包合同工堵塞了进出工厂的道路，用石头和棒球棍砸坏了员工宿舍和食堂玻璃，甚至放火烧毁了办公室。

首钢秘铁的前身是一家美国企业，1975年秘鲁军政府实行国有化后收归国有。滕森政府时期对效益不佳的国企实行私有化，1992年，首钢经过投标斥资1.18亿美元买下了这家企业。然而，自首钢收购这家企业之后，却发现自己尴尬地陷入了当地传统性罢工风潮中。情况在近几年愈演愈烈，2001年之后几乎每年都要爆发一次大规模的罢工。而罢工的主体也多种多样，从正式员工的矿工工会、职员工会，到中介公司派遣的劳工都可能发动罢工。2007年的罢工背景就是秘鲁最大的全国矿工工会组织的全国大罢工。

马科纳是一个矿山型城市，首钢秘铁为当地民众提供了重要的就业机会。但当地社区和工会仍然对首钢秘铁的行为提出了批评。例如，他们指责首钢未能按照收购时的协议投资1.5亿美元进行矿山改造（首钢为此支付了罚款，2006年底实际投资已经达到2.35亿美元）。他们还以1946—1972年间经营当地矿业的美国公司进行对比。一位工会领导人指责道，“当年美国公司修建的学校至今还在使用，他们建造的码头、医院和道路为社区带来了福利。”当地供水和供电状况不佳，首钢也被认为应当对此负责。

秘鲁的矿山大多数控制在跨国企业手中，历史上当地矿工为争取劳工权益曾经发起多次罢工，首钢只是诸多面临劳工问题的企业中的一家。现在，矿产出口占秘鲁全部出口的一半，当地政府也希望能够尽量平息劳资纠纷，对于罢工通常能够作出快速的反应。但是，在工会和政府间也存在着矛盾，工会认为政府的劳工政策对当地员工的工作条件保护不够，反对外包，要求工人从国际矿产价格上升中获得更多的利益等。秘鲁国内政治格局的动荡也限制了政府在处理劳资纠纷中发挥主导作用。政府官员也强调指出文化差异对劳资纠纷的影响（Robin Emmot，路透社2005年7月21日）。

当年收购秘铁还是我国冶金行业第一次进行大规模海外扩展，首钢的管理层恐怕很难预见到这一局面的出现。据说1993年收购秘铁时，首钢曾邀请秘铁工会方面的人到首钢本部参观。回去之后，他们一口气提出35项福利条款，当时效益良好的首钢几乎全部给予满足。但是蜜月期很快过去了。1995年首钢高层震荡，结束了秘铁产品的包销，经营危机全面爆发。1996年，秘铁产品积压，秘铁工会发动了42天大罢工。在一次罢工后，首钢秘铁强硬地开除了工会主席坎查理，这反而令此人声望大增，在两个月后荣任秘鲁劳工部部长。20世纪90年代后期，首钢秘铁的经营陷入困难。由于经营环境不理想，2004年传出了首钢有意脱手秘铁的传闻，国内媒体进行了报道，其中劳工环境是一个被屡屡提到的因素（《环球企业家》，2004年9月）。

不过，随着国际铁矿石价格的大幅上升，秘铁的经营有了显著的好转，2006年净利润2 300万美元（Forbes，2007年5月31日）。同时，首钢在处理工会罢工问题时也表现出更多的灵活性。2006年的罢工从6月1日开始至8月26日结束。在此期间，首钢秘铁动员了各种社会资源寻求有利的解决方案。例如，针对工会关于低工资的指责，首钢在当地报纸上公布员工的实际收入（超过全国平均水平），还向秘鲁国会劳工委员会的议员进行说明，澄清事实。尽管罢工以首钢妥协，满足大部分罢工者条件而结束，但首钢在此过程中也在努力争取政府、社会和媒体的支持（《国际先驱导报》，2006 年 7 月 13 日；《参考消息》，2006 年 8 月 24 日）。此外，首钢还在公开发布的报告中介绍了自己承担社会责任的积极性，例如为当地渔民提供水电、为教师和警察提供住房、支持当地医疗卫生服务、赞助当地文化、社会和体育活动等。在 2007 年的秘鲁地震中伊卡省是受灾最严重的地区，首钢秘铁迅速向当地派出了救灾队、医疗人员和设备，还采购和捐赠了大量的救灾物资，

2007 年 5 月，全国性的矿业罢工宣告结束。根据首钢秘铁 2007 年上半年发布的简报，尽管受到全国性罢工的影响，但首钢秘铁仍然保持了增长的势头。但是，秘鲁的劳工问题仍然缺乏根本解决的希望，看来，首钢秘铁还必须在相当长的时间里学会和罢工共处。

思考题：首钢秘铁的政治风险是可以避免的吗？首钢秘铁还可以采取哪些措施改进自己的处境？

2.5 什么是电子商务？

正如我们已经习惯了全球化的思维方式和生存方式一样，今天，我们已经很难设想没有互联网的生活。互联网不仅是生活的必需品，它还为企业开创了无限的商业机会。从新浪、搜狐、网易这样的提供无所不包的海量信息的门户网站，到提供商务旅行服务的携程、e 龙，再到寻找便宜货的淘宝网，互联网时代的创业英雄创造出了许多过去不可能实现的商业形态。互联网还为全球化提供了新的内容和发展的前景。在一定意义上，全球化的未来将更多地由电子商务定义。

定 义

电子商务（e-business）可以定义为在网络条件下生产和销售产品与服务，通过满足顾客需求获得利润的组织化的活动。

电子商务令传统的企业活动发生了革命性的变革，这包括产品的生产和销售、供应商和客户关系的改进、供应链的提升等。在电子商务时代，许多企业传统职能的成本大大降低而效率却显著提高。以淘宝网为例子，以前需要在具备硬件条件的场所进行的极为有限的交易，今天可以在任何地方任何时间进行。产品展示、价格搜寻、信用评价、产品交付和货币支付这些过去令人头疼的问题在电子商务的环境下几乎是很轻松地得到了解决。

电子商务企业的类型

绝大多数参与电子商务的企业可以归入三个类别：通信与计算机硬件生产商和互联网服务供应商、互联网软件生产商，以及在线销售商和内容供应商。图 2.2 描述了这三种企业。

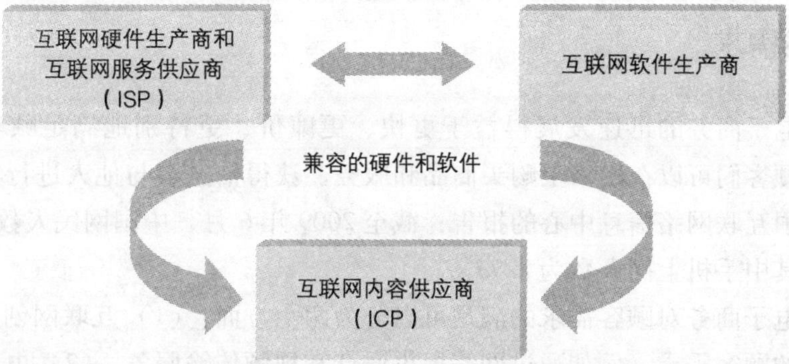

图 2.2　电子商务市场中企业的主要类别

通信与计算机硬件生产商和互联网服务供应商（ISP）。通信和计算机硬件生产商是互联网设施的建造者，它们为互联网提供了物理的基础。除了电脑之外，它们的产品还包括光纤网络、交换机和终端设备，在这个领域中的著名企业有朗讯、北电、思科、华为、中兴，它们的产品是互联网工作的基础；戴尔、苹果、联想、宏碁主要生产供企业和消费者使用的电脑；惠普、IBM 和 Sun 微系统公司则生产负责企业网络运行的设备。互联网服务供应商（ISP）是向用户提供互联网接入服务的企业，它们向通信与硬件生产商购买技术和设备。中国电信、联通、网通和铁通是传统接入业务的主要 ISP。随着无线网络的发展，移动和联通也成为主要的 ISP

互联网软件生产商。互联网软件生产商是从事网络软件开发的企业，它们开发的软件能够帮助企业和用户在互联网上完成特定的功能。浏览、搜索、通信、论坛、购物、社交这些网络活动都需要特定的软件支持。以浏览软件为例，市场上占主导地位的是由微软公司开发的 IE 软件，Firefox 则是近年来用户量增加很快的主要浏览软件。搜索软件的快速发展催生了世界上最成功的互联网企业之一——Google 公司。此外，客户关系管理（CRM）软件为企业提供了提高客户服务效率的有力工具。像 e 龙和携程这样的服务型企业，当顾客打入电话时，接线小姐可以在电脑上实时调出这位顾客的登记资料、过往的销售记录和偏好，例如旅行的频率、消费水平等。这些资料不再需要依靠员工自己的记忆，而且可以供全体员工分享和分析。供应链管理（SCM）软件是另一种主要的互联网管理软件，它可以帮助企业将控制库存、提高生产效率的努力沿互联网延伸到供应商。企业资源规划（ERP）软件则为开展电子商务的企业提供了管理信息系统的骨架。

在线销售商和内容供应商。在线销售商和内容供应商是消费者上网时接触的主要电子商务企业。在线销售商包括互联网时代之前不存在的企业，例如 Google 和阿里巴巴，也包括向电子商务转型的传统企业，例如海尔和联想。今天，几乎所有的企业都建立了自己的网站。互联网内容供应商（ICP）是向用户综合提供互联网信息业务和增值业务的企业，新浪、搜狐和网易是著名的 ICP。

满足在线需求

电子商务的迅速发展得益于更快、更廉价、更特别地满足顾客的需求。今天，顾客们可以在网络上购买商品和服务、获得信息、与他人进行实时交流。根据中国互联网络信息中心的报告，截至2009年6月，中国网民人数已经达到4.2亿，其中手机上网人数为2.77亿。

电子商务对顾客需求的满足可以分为两个方面：(1) 互联网创造了此前并不存在的顾客需求，例如通过网络提供语音和视频传输服务。(2) 电子商务与传统业务一样可以满足顾客的需求。例如，与传统书店相比，网络书店在顾客服务方面同样有特色。

与传统的业务相比，互联网的重要优势突出表现为顾客的定制权和互动。例如，在雅虎公司的金融网站上，你的个人设置将被保留下来，下次登陆时网站会自动提供你所感兴趣的资料。同样，像卓越和当当这样的购书网站也会根据你的购买记录在你登陆时自动向你发布可能令你感兴趣的产品。在顾客互动方面，网络能够以极低的成本创造出极高的顾客满意。在传统业务中，顾客的互动主要通过促销活动、邮件反馈、电话联系、短信等方式进行。这些活动需要投入很高的成本，而且难以发挥持续的作用。而在电子商务时代，大量的、密集的网络评论可以保留在相关的网页上供其他读者或后来的浏览者进行参考。甚至可以创造出完全由顾客自己对活动进行管理的模式，顾客可以按自己的喜好、在自己方便的时间随时选择参与或退出，这样强烈的体验能够极大地提升顾客的满意度。顾客关系管理软件的发展为企业开发出有效的数据库提供了便利，而网络联系的低成本意味着企业可以直接同无限多的顾客群建立联系。

电子商务利润的来源

企业热衷于电子商务是因为它们相信或希望电子商务能够带来更高的利润，相信电子商务能够帮助企业增加销售和降低成本。

增加销售。绝大多数传统企业发现它们可以通过互联网增加销售。电子商务增加销售的主要方法是：(1) 增加顾客接触；(2) 协助顾客消费。

互联网提供了很好的展示企业形象和产品的平台，更多的广告和更多的促销能够带来更多的销售。企业可以通过网络打破实体商务活动的局限，接触世界各地从前很难接触到的顾客，从而扩大自己的顾客群体。第三方付费的商业模式更是在网络上得到了淋漓尽致的运用。所谓第三方付费模式是指由消费者（第二方）之外的第三方向生产者或服务供应商（第一方）付费的商业模式。当我们在网络上免费浏览新闻的时候，是广告商在向制作新闻的网络公司付费，这就是一种第三方付费的模式。我们知道，大量的网络活动是免费的，那么支持这些活动开发和维护费用的也就是第三方付费的模式。

实体商店或实体商务活动受到时间、空间和信息的局限往往会失去一些顾客接触和购买的机会。电子商务，特别是网络销售，为消费者提供了不同于传统店面购买和服务的体验，构成了极为独特的消费经验。例如电子商务在私密性、时间自由、购物无打扰等方面具有特别的优势。网络世界中消费信息、消费经验的传递、沟通和价格透明（容易进行价格对比）增加了消费者的购买意愿。从商家的角度看，电子商务通过数据库和定制化服务可以实现更加准确的营销，从而更深入地开拓市场和增加销售。

降低成本。许多企业通过电子商务降低了运营的成本。戴尔公司是世界上第二大电脑公司，它的主要原材料是生产电脑所需要的电子元件。由于这些电子元件的更新速度很快，价格往往迅速下降，新一代产品上市后，旧的元件也许变得一钱不值。在这样的产业中，持有库存的成本可能是很高的。为了尽量减少库存，戴尔公司通过网络向供应商通报自己订单的执行情况。这样，上游厂家可以实时准确地掌握戴尔公司的需求，在最短的时间里提供它所需要的元件。戴尔公司因此不需要持有过多的库存，从而大大减少了成本。在服务业，电子商务的运用更加广泛。过去，银行业为了减少出纳的人工成本而安装了大量的 ATM 机。今天，它们找到了比 ATM 机更省钱的办法：网络银行。通过鼓励自助服务和提供更加方便的交易方式，银行在减少传统客户服务人员的同时还增加了客户的交易次数。

电子商务中的社会和法律问题

电子商务也带来了一些新的社会问题和法律问题，如果处理不好，可能影响电子商务企业的经营和形象。这方面的问题主要包括知识产权、伦理与社会责任、网络安全。

电子商务活动对知识产权保护提出了新的课题。由于在网络上数字作品传播和复制的速度快、成本低、范围广，相应的知识产权问题也比较明显。P2P 技术、搜索引擎、博客与播客、在线音乐影视收听收看下载等活动的普及，对图书、音乐、电影和其他文献的复制与传播引发了著作权人、作品使用者和广大公众的利益冲突。网络环境下知识产权的保护是一个世界性的难题，对于企业来说，重要的是向盗版者发出明确的信号，表明企业为了保护知识产权将采取积极的行动。

电子商务同样带来了一些新的伦理与社会责任问题。例如保护个人隐私，消费者在通过网络进行消费时可能不得不提交一些在实体交易中不会提供的个人资料。普通消费者可能会担心这些个人资料被泄露。现在，许多网站在吸收会员时都会提示他们注意自己的隐私政策。再比如，消费者在登录或浏览某一网站后往往会在自己的电脑中留下记录 cookie，在下次登录时 cookie 可以帮助网站识别你的身份和偏好。这一技术当然有商业上的价值，但是如果网站在这样做的时候不向消费者通报，同样是对隐私权的不尊重。有些企业利用软件监控员工对互联网的访问。还有的企业利用数据挖掘技术（data mining）将消费者在注册时提交的资料进行整理从而获得有商业价值的信息。这些都是目前在电子商务中引起人们重视和争议的问题。

电子商务中的安全更像是一种老生常谈。每当新的病毒信息发布时，总会引起媒体、企业和电脑用户的高度重视。由此也催生了一个新产业——反病毒软件行业，诺顿、卡巴斯基、趋势、瑞星、金山、360、江民是活跃在这一产业中的领导企业。考验人类耐心的垃圾邮件（spam）在一定意义上也可以归入这一类别。网络盗号和盗取游戏资产则是近年来频频见诸报端的新问题，由此引发了许多诉讼。显然，在享受电子商务为我们带来的新奇体验的同时，我们也必须忍受与之相伴的种种危险。

2.6 电子商务的商业模式

商业模式（business model）是指企业经营的基本逻辑，也就是企业运用资源获得收入和控制成本的基本原则。电子商务的商业模式主要有两种：B2B 模式和 B2C 模式。

B2B 模式。B2B（business to business）模式也称企业间电子商务，它的特点是电子商务活动发生在企业之间，我们可以将企业间通过网络发生的交易活动（包括实物和信息）都归入这一类别。今天，绝大多数电子商务活动属于 B2B 模式。在 B2B 模式下，企业可以通过网络直接向其他企业销售自己的产品，例如许多小企业在戴尔公司的网站下订单购买定制的电脑。

B2B 模式的一个更为重要的应用在于改进企业与供应商之间的合作。这包括提高反应速度、降低库存、减少交易费用等，能够为合作的所有各方带来实际利益。网络企业巨头思科公司将产品的生产外包给供货商，而专注于产品的开发和服务，这样的经营模式要求供应商做到及时、准确、可靠，电子商务在支持这一模式方面发挥了重要的作用。2006 年思科的销售额是 285 亿美元，在它所卖出的产品中，93% 是直接经过公司网站在线交易完成后由上游供货商直接出货给下游经销商的。这中间包括了从查询产品价格、下订单、确认仓库存货数量、通知制造商生产、付款到交货等所有过程，全部利用网络完成。

在国内，B2B 的另一种模式十分活跃，这就是像阿里巴巴、慧聪网、中国制造网、中国化工网等类似企业和产品集市的电子商务模式。这些 B2B 平台一方面为大量的中小企业拓宽了获得出口订单的渠道，在全球市场中整合和发挥了国内生产资源的优势，另一方面也提高了国内企业间交易市场的透明度和便捷性，突破了传统实体市场中由于交易规则不透明所导致的局限性。这类电子商务呈现出典型的中国特征。

B2C 模式。B2C（business to consumer）模式也称企业对消费者模式，它的特点是电子商务活动发生在企业与消费者之间，服务于广大的消费者群体。这一模式的电子商务中最常见的就是综合性的购物网站、网上书店、网上专卖店、订票服务和金融服务等。如果说 B2B 电子商务主要是企业传统业务的延伸，在竞争层面上也只是原有竞争的继续，那么 B2C 电子商务则力求代替实体世界中的活动，转变消费者的行为方式，表现出极强的竞争性。对于实行 B2C 模式的企业，"人气"在很大程度决定了企业的命运。很多 B2C 电子商务需要同传统企业争夺顾客，因此，研究网络消费者行为是至关重要的。实行 B2C 模式的企业还需要特别注重信息的挖掘能力，在准确性上建立优势。同样重要的是维护客户关系，通过与客户建立长期的联系以获得终身价值。绝大多数传统企业十分重视将自己的竞争优势延续到 B2C 领域，如苏宁电器、肯德基，最值得一提的是，银行业从整体上来说都取得了转变的成功。传统企业开展 B2C 业务成功的前提包括：（1）建立互动；（2）支持品牌；（3）提供综合服务。表 2.3 描述了 B2C 电子商务模式中应当注意的主要问题，表 2.4 列举了 B2B 和 B2C 之外其他的电子商务模式。

表 2.3

B2C 电子商务模式的可靠性

实行 B2C 电子商务模式时应当考虑的问题
1. 哪些产品和服务适合在网站购买？
2. 哪些产品和服务当前还不适合在网站购买？
3. 顾客使用网站会不会只是为了节省搜寻信息和价格的时间？
4. 顾客会在你的网站上购买吗？还是他们会在浏览并作出决定后到实体商店购买？

表 2.4

其他电子商务模式

电子商务模式	收入来源
广告收入模式	向在网站上做广告的企业收取费用，例如弹出广告、标板广告。门户网站和搜索网站在很大程度上依靠这样的模式。
注册收费模式	向申请加入的会员收取注册费、使用费或订阅费。专业性网站、娱乐性网站往往采取这一形式。
C2C 模式	一种在线集市的形式，利用网站提供交易平台，向成交者收取服务费用或交易费用。eBay 和淘宝是这方面的代表。

全球电子商务。电子商务的技术基础是网络沟通，而网络沟通从一开始就是面向全球的。电子商务的出现让全球化的进程和方法产生了戏剧性的转变，许多

过去认为成本太高而无法实现的设想在电子商务的支持下一下子成为现实。前面已经提到过的国际贸易条件的改善还只是电子商务对企业活动的最表面的影响。电子商务还意味着任何企业在今天都将面对以往所难以想象的全球化的竞争。当然，电子商务也为企业带来了新的、获得竞争优势的机会。电子商务所带来的组织内外活动方式和内容上的重大变革令企业得以将全球化打造为一个主动的和动态的过程，从而持续地收获全球化的利益，这就是全球电子商务。

全球电子商务（global e-business）是在企业 IT 系统、互联网和知识管理工具支持下的一系列协作过程，在这些过程中企业可以促进员工、供应商、合作伙伴、顾客、专家和其他利益相关者在全球范围内的协作，减少地理、文化和时间因素所导致的障碍。一些企业已经意识到，全球电子商务能力的开发对于提高企业的国际竞争力具有战略性的意义。例如，像麦肯锡、埃森哲、安永这样管理咨询和专业服务公司非常重视在全球客户咨询中所积累的知识的管理，对于这些企业，知识的分享和快速检索决定了企业的竞争力。

专 题

电子商务的趋势

由 Comergent 公司在 2006 年进行的一项调查指出，推动企业电子商务的三大动力是：(1) 改善顾客体验，让顾客在适当的时间快速、方便地找到适当的产品和服务，实现交易过程的无缝化和透明化；(2) 提高运营效率，运用电子商务整合组织内外系统、降低沟通成本、提高响应速度；(3) 保持竞争力，运用电子商务扩大顾客接触和提高销售效率，在新的市场和顾客群体中开展业务。在接受调查的企业中，只有30%认为自己在电子商务方面领先于竞争对手，这反映出企业对电子商务发展方向不确定的焦虑。在电子商务应用中，排名第一的是订单管理，订单管理要求打破传统职能的界限，将 ERP、CRM 和 SCM 结合起来，实现全球范围内的“由机会到现金”的流程。在线促销和产品目录在电子商务应用中排名第二，排名第三的是企业用户入口。

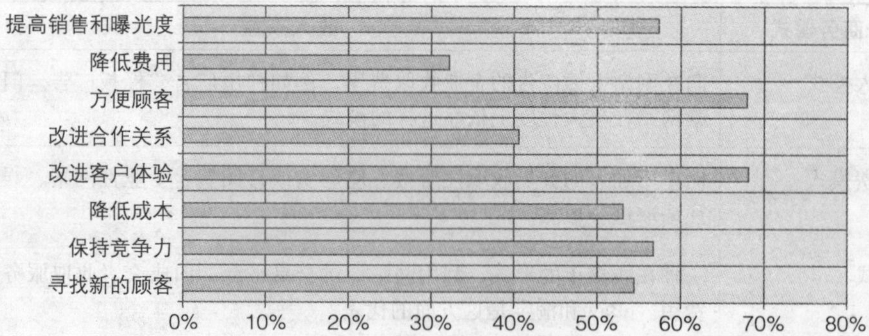

图 2.3 电子商务的主要驱动因素

2007 年欧盟发布的电子商务观察（e-business w@ tch）对上述结果给出了支持。欧盟报告指出了以下几项重要趋势：

- 在整体分销网络的层面实行供应链管理的整合成为实现竞争优势的关键。
- 面向中小企业的解决方案（ERP、CRM）得到了改善，中小企业获得了能够与大型企业对接的电子商务平台。
- 通过电子商务与顾客发展持续的关系成为更多企业的战略目标。
- 新的应用技术开始成熟，如 RFID（射频识别）、VOIP、移动电子商务等。

本章小结

1. 世界级企业是拥有世界级价值创造能力、能够整合全球资源的企业，是现代企业的发展方向。

2. 比较优势是指某个人或某个国家能够比其他人或其他国家以更低的机会成本来生产。比较优势原理解释了国际贸易如何对参与各方带来利益。

3. 贸易差额是一定期间内国家进口与出口的差额，进口大于称为顺差，相反则称为逆差。国际收支平衡是一定期间内国家所有对外的现金收支。

4. 政府影响国际贸易的工具包括关税、反倾销、非关税壁垒和出口控制。WTO 是国际间消除妨碍关税和非关税壁垒的最重要的组织。

5. 按风险和投入程度排列，进入国际市场的方式包括许可、出口、外包和 OEM、国际合资公司和战略联盟和国际子公司。

6. 文化包括所有指导行为的价值、符号、信仰和语言，是将一群人与另一群人分开的集体心理程序。霍夫斯塔德总结出 5 种文化维度，即社会维度、权力维度、不确定维度、目标维度和时间维度。

7. 电子商务是在网络条件下生产和销售产品和服务、满足顾客需要和获得利润的企业活动。电子商务通过增加销售和降低成本帮助企业创造利润。电子商务的主要模式是 B2B 和 B2C.

关键概念

世界级企业　绝对优势　比较优势　贸易差额　顺差　逆差　国际收支平衡　关税　倾销　非关税壁垒　WTO　最惠国待遇　许可　外包　OEM　战略联盟　文化　社会维度　电子商务　B2B　B2C

思考题

1. 跨国企业是一个世界性的现象，在你看来，中国企业应当如何利用跨国企业进入中国所提供的竞争机会？本地企业有可能打败跨国企业吗？请举例说明。

2. 运用比较优势的概念说明国际贸易的利益，并举出真实的例子。

3. 什么是贸易差额？去年中国的贸易差额是多少？请说明数据来源。

4. 请说明有哪些限制进口的手段？限制进口的后果是什么？

5. WTO 的主要目的是什么？

6. 为什么企业要进行海外扩张？举例说明。

7. 为什么说电子商务提供了传统企业经营方式所不能提供的客户互动？举例说明。

8. 电子商务利润的来源有哪些？

9. 电子商务有哪些模式，各有什么特点？

10. 在B2C电子商务发展的早期，网络书店曾经是最有号召力的电子商务模式，请说明这一现象的合理性。开展B2C电子商务的新企业从中可以获得哪些启发。

网络习题

在新闻报道中经常可以看到OEM和ODM，请从网络上查询这两个缩写的定义并举例说明两者有何不同？

开篇案例讨论题

1. 简要说明阿里巴巴的赢利模式。

2. 举例说明阿里巴巴如何为客户创造价值。

3. 全球环境中有哪些因素可能影响阿里巴巴的业务。

现　代　企　业　管　理

第 3 章

小企业、创业和特许经营

本章学习要点

- 理解什么是小企业，哪些产业吸引小企业
- 了解创业和创业的主要类型
- 了解商业计划书的要素
- 分析小企业经营的优势和劣势
- 分析小企业竞争力的来源
- 理解什么是特许经营，特许经营的优势和劣势
- 区分特许经营的类型

如家提供简化、清洁和友好的客户服务，满足商务旅行的基本需求。

开篇案例

如家的快捷之路

2006年，中国酒店“金枕头奖”最佳经济型连锁酒店品牌授予了一家成立只有5年时间的酒店——如家快捷酒店。在竞争激烈的传统的酒店行业，如家创造了一个崛起的奇观。这是一个抓住客户独特体验、运用正确的战略快速成长的典型案例。

2001年8月，携程网的创始人梁建章、沈南鹏和季琦决定进入酒店连锁行业，他们创办了唐人酒店连锁品牌，通过加盟的方式发展3星以下的宾馆成立连锁加盟店。携程网是当时国内最主要的旅游服务电子商务网站，业务以酒店预订为主。根据携程网当时所掌握的订户数据，经济型酒店的入住率很高。因此，尽管他们没有行业经验，但仍然满怀信心地投入到新的经济型酒店的建设之中。

由于加盟方式的弊端，尽管可以通过携程网进行推广，但唐人的运作并不顺利。2002年6月，携程网找到国内规模最大的旅游集团企业——首旅集团，两家共同出资成立以直营店为主要发展目标的连锁酒店，并把原有的唐人酒店连锁改名为“如家快捷酒店”连锁。携程的电子商务和经济型酒店的商业模式与首旅的资源（资金、物业、管理）相结合，这一举措成为如家酒店经营史上的转折点。

经济型酒店是一种在国外已经成熟的酒店经营模式，这类酒店基本设施齐全，价格适中，只提供有限服务（limited service)，而区别于提供全套服务（full-service）的中高档饭店。经济型酒店业务单一，利润率低，必须维持高的住宿率。如家在发展之初就将客户体验作为实现竞争优势的关键环节。如家的定位是低廉价位、方便与舒适，目标市场是年轻的商务散客（商务人士占80%，年龄在20~40岁的客人占80%），其价格在这一市场上属于低端。如家一般选址于经贸、旅游比较发达的城市；在城市中的选址又讲究交通的便利，如靠近地铁站、公交车站等，为客人出门办事提供方便。而相对于这些地段常见的旅馆和招待所，如家在干净、房间管理和安全方面则拥有优势。

互联网时代的营销元素是如家成长过程中的特色之一。如家从一开始就发挥了电子商务的优势，借鉴携程的经验，通过自己的网站或携程等开展网络预订服务，几乎每家店面都可以在网络上搜索到独立的住宿评论，这些服务和信息传播方式受到年轻的网络一代商务人士的偏好，而这一群体恰好是如家主要的目标市场。如家还建立了功能强大的中央客源系统，顾客预订只需要打一个免费电话即可。如果所预定的酒店客房已满，网络系统立刻会推荐顾客到最近的如家分店。凡此种种转化为独特的客户体验，强化了品牌的价值。2003年，如家推出了家宾俱乐部，为会员提供定制化的服务。

如家拥有统一的品牌形象和经营模式，

而且通过精心的设计让消费者很容易识别并强化“年轻、有活力”的品牌印象，如清新明快的店面设计风格以及店内无所不在的明黄弯月的品牌标示，都给消费者以强烈的视觉冲击，特别吸引年轻一代的商务人士。在其他酒店还没有意识到上网也是一项核心住宿服务时，如家已经做到在每一间酒店里向顾客提供免费、方便的上网服务。如家的CEO孙坚认为，如家与中高档酒店的区别在于如家将经营关注聚集于住宿一项。而在住宿的核心价值方面——床和卫生间——如家下了很大力气，房间墙面以淡粉、淡黄色为主，其他如卫生间的设计、床具的选择都力求迎合商务人士对清洁和个性化风格的追求，而对于利用率低的辅助设施（例如冰箱）则一律舍弃。由此所形成的强烈的差异化体验也会转化为顾客忠诚。

2001年，原百安居中国公司副总裁孙坚出任如家CEO，他不仅带来了零售连锁业中的成功经验——“可复制、简单化、标准化”，更重要的是建立了对这些原则的有效执行。孙坚意识到，如家作为经济型酒店所首创的一些特色相对门槛不高，而要构筑可持续的竞争优势，更需要的是管理系统。

如家公司编制了16本厚厚的“运营文件汇编”，其内容囊括了从服务、管理、硬件到客房等几乎能想到的一切关于酒店运营的细节标准，从台风应急预案到台面胡椒瓶如何摆放等都有规定。这16本手册，如家的雇员人人必看，而且还要每月就此考试。有人说，如家制胜的秘密，就存在于员工对这16本“圣经”“奉若神明”后产生的执行力之中。如家规定，检查部门每半年对各地酒店做一次多达460多项的检查。在店长的办公室里贴着他们长达13项的日自查表和周自查表；店长按照规定每天要抽查至少3间客房，而关于客房质量检查的细目就有57项。此外，网络上的顾客反馈系统也是一种“问题发现”渠道。在员工激励方面，如家现在执行的是一套全员绩效考评的管理系统，店面员工的收入与该店的经营业绩直接挂钩，店长的收入与整个如家的经营业绩挂钩。这些都是为了保证如家的执行力。

伴随着经济型酒店市场的高速成长，如家充分地享受着先行者的优势。它能将长期保持这样的优势吗?

不论经济繁荣还是衰退，企业家们总能找到好的投资机会并将其发展为创业的行动。像如家这样激动人心的创业故事不胜枚举。但是，绝大多数创业企业没有能够像如家这样发展起来，许多企业长期稳定在一个较小的规模上。这些小企业为社会提供了就业、特色的产品和服务、税收，是经济中一个极为重要的部分。本章我们将对小企业的特点、创业的机会、小企业的经营管理进行讨论，我们还将特别分析近年来常见的小企业经营形式——特许经营。

3.1　小企业的重要性

小企业的定义

我们将小企业（small business）定义为由一位或少数几位个人持有的、其销售和资产不足以影响企业经营环境的企业*。小企业必须是独立的，大企业集团下设的企业，尽管规模很小，但不符合小企业的定义。小企业的另一个特点是对所在产业影响很小。当然，在不同的行业中，小企业的规模有所不同。例如，同样是一家拥有1 000名员工的企业，在制造业中也许只能算小企业，但在高技术产业中却可能是大企业，其产品完全有可能在所在产业中居于支配地位。由于小企业往往可以享受政府的支持，因此各国都按照行业划分的原则对小企业用定量指标出作出定义，我国有关中小企业的标准请参见《中小企业标准暂行规定》。

吸引小企业的产业

有些产业中小企业多一些，而另一些产业中小企业则数量较少，这是很容易理解的。不同的产业对企业资源的要求不同。一般来说，企业经营要求的资源越多，越不利于小企业和新企业。例如，新建一座汽车厂需要在设备和人力上投入巨资。在这样的产业中，企业必须从一开始就是大规模的。而在另一些产业中，初始投资要求可能不高，只需要一些特殊的技能和知识，这些产业对小企业很有吸引力。新企业和小企业较多的产业包括：

- **服务业**。服务业向来是小企业成长的最佳土壤。服务业中小企业种类繁多，从考试培训、语言学习、会计师事务所、管理顾问公司到婚姻或心理咨询，从快递到特色餐馆等。随时都会有创新的点子出现，而且只要相对较少的资金就可起步。近年来服务业小企业发展的一个显著特点是大量基于互联网的电子商务企业的出现。例如在餐饮方面，有大众点评网和饭桶网；在旅行住宿方面，有e龙网、携程网、芒果网。这些网站在很短的时间内吸引了大量的会员。
- **零售业**。零售企业将制造商生产的产品直接卖给顾客。零售企业的类型也非常多，经营项目不可胜数。零售业还是多元化的细分市场机会极为丰富的产业，在这一产业中经营的小企业往往着眼于满足特定人群的需求，如宠物用品店、大号衣服专卖店或有机食品专卖店。在一些人流量大的服务机构附近往往聚集着一些小的零售店，如在学校附近的文具和冷饮店，在

---

* 美国小企业管理局的定义。

医院附近的花店等。

- **批发业**。批发业人手要求相对较少，有些小企业在这方面做得很好。批发商从制造商处大量进货然后转卖给零售商。批发商有时会集中在一个地区经营批发业务，国内有很多大型的专业批发市场。例如，在著名的北京马连道茶叶一条街上有4000多家经营茶叶的茶商，其中大多数是家庭经营的茶叶批发商。马连道市场一年的成交额高达15亿元。
- **制造业**。制造业传统上是大企业的领地，但是，许多小企业在制造业中成功地生存和发展起来。为大企业生产配套产品是小企业的常见业务形式。另一种形式是大量的小企业组成产业集群，在某些产品上形成世界级的竞争力。"中国低压电器之都"浙江乐清市柳市镇是一个常住人口只有10万人的小镇，却拥有1 000多家低压电器生产企业，全国市场份额高达40%。同样位于浙江省的诸暨市大唐镇本地人口只有3万人，却拥有2 000家袜子生产厂，每年在这里生产的袜子多达90亿双。大唐镇是全球最大的袜子生产基地，其产量占全国的65%、全球的1/3。
- **运输业**。运输业，特别是货运业，往往是本地化色彩很强的产业。许多地方将一些公交或旅游线路交给当地的企业进行经营，出租车公司往往也是运输业中的小企业。
- **建筑业**。建筑业中小企业较多主要是因为建筑业涉及许多工种，小企业往往有机会从大企业那里获得转包或分包的业务。还有许多有技术的建筑企业员工自立门户，凭借自己的技术和声誉经营小企业。

小企业的重要性

一部中国改革开放的历史几乎就是说明小企业重要性的最好的教材，小企业改变了中国经济的面貌。从早期沸腾的乡镇企业，到后来的苏南模式、温州模式，到今天很多地区所培育的具有世界级竞争力的产业集群。当大型的国营企业和集体企业遇到改革瓶颈的时候，是大量的地方中小企业的活力推动着经济的增长。具体来说，小企业对社会的重要意义包括：

- **小企业对就业的贡献**。根据学者蔡昉的统计，2006年农村外出的劳动力达到1.3亿（第三届中国经济50人田横岛论坛）。他们的就业方向往往是小企业，沿海地区的劳动密集型小企业（包括乡镇企业、民营企业和小型的外资企业）。农村劳动力转移是推动中国社会现代化发展的主导力量之一。
- **小企业是满足社会需要的重要力量**。许多社会需要表现出地方性、个人化和零散化的特点，大企业由于成本的关系无法满足这些需要无法。小企业往往为大企业提供销售和分销、分包、配件生产、发送方面的服务。例如，由于项目的规模和特点变化多端，大型承包商不可能提供所有必要的专业人员，这就为小承包商和分包商提供了生存的机会。

- **创新**。创新不仅来自大企业，也来自小企业和个人。美国中小企业局认为，小企业提供了投入市场的所有“创新”中的55%。在网络经济时代，这一点表现得尤其突出，许多最具创新性的软件和平台都是由小企业开发的。

3.2 创业的时代

大约从20世纪80年代早期开始，在宏观层面上，创业作为一种经济增长的驱动力而受到高度重视。20世纪90年代以来，随着网络公司和高新技术企业作为一种特殊的企业形态展现出特殊的活力，创业的研究、理解和实践形成了一股潮流。企业界、政府、教育界对此投注了大量资源，从学位教育课程设计、创业园区建设到企业内部创业精神的培养，创业成了社会上最热门的流行词汇。

那么究竟什么是创业？创业（entrepreneurship）可以定义为一种心态或思维方式，它是专注于机会、创新和成长的企业活动。创业往往和新企业的创建联系在一起，但创业同样可以发生在大企业的内部、政府机构与非营利组织中。创业是由企业家（entrepreneur）发起和组织的，企业家是发现机会、利用资源和推动创业活动的个人或群体。

创业驱动成长

早期的经济学认为经济成长主要取决于资本和劳动的投入。20世纪80年代，以罗默为代表的美国经济学家发现，响应市场要求的技术变革是经济成长中的一个关键变量，这样的技术变革正是企业家创业活动的结果。罗默所称的技术变革*指的是企业家找出：（1）新的、正在出现的顾客群体；（2）新的顾客需求；（3）现有的但未能得到满足的顾客需求；（4）生产和分销的新方法。技术突破和变革推动了生产力的迅速提高，创造出了像微软、Google、戴尔这样的能够在很短时间内成长为产业主导力量的新兴企业（请回忆第1章中熊彼特对企业家精神的定义）。需要指出的是，技术变革不一定是技术上的突破，在已有技术的基础上进行改进或重新定位也是创业活动。这方面的例子包括集装箱的使用、超市对百货公司的挑战以及连锁店的兴起。图3.1对此给出了总结。

创业活动对新产业的形成具有重要的意义。新产业的出现往往是新的技术变革提供的机会被企业家所把握的结果。一些重大技术变革往往带来一个完整的新产业的兴起，例如电子管、半导体、个人计算机、互联网、激光技术和基因技术。

* Romer, 1986, “Increasing Returns and Long-run Growth,” *Journal of Political Economy*, 94: 1002 - 1037.

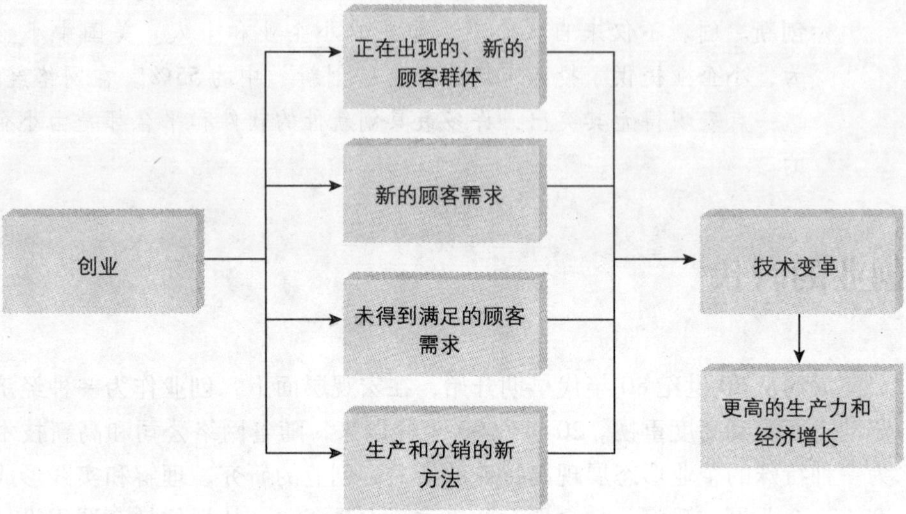

图 3.1 创业与技术变革

创业的类型

创业包括三种类型：小企业、创新企业和企业内部创业。

创业往往和新企业的创建联系在一起，创业企业更多的时候是小企业，这些企业利用自己所掌握的资源或优势与市场上原有的同类企业进行竞争。很多国家的政府对新的小企业创建提供支持，体现为办理手续的简便、管理咨询和指导、税收优惠等。

有时政府还会以更为特殊的方式支持新企业的创建，特别是创新企业。创新企业是发展出原来市场上不存在的企业经营行为的新企业。这些企业或是为市场提供新产品或服务，或是采取了新的营销方式，或是开发出提供产品或服务的新方法。它们要么在市场上创造出原来没有的职位，增加了就业，要么则发现了原来没有得到满足的细分市场，扩大了市场的边界。在我国，全国各地的高新技术园区往往有企业孵化器之类的机构，它的功能就是向新设立的创新企业提供经营便利，包括低租金的办公室和优惠贷款。很多创新企业在很短的时间里成长为大型企业，这一点在 IT 产业中表现特别明显。

创业也包括在原有企业的内部设立新的部门、团队、进入新的市场和建立联盟来发现并利用新的机会，这称为企业内部创业。例如，联想本来是计算机产品的分销商和代理商，1994 年才成立 PC 事业部。对于联想公司，这是一个关键性的创业决策。今天，联想公司已经连续多年蝉联中国 PC 销售第一名。事实上，大型企业在今天比以往任何时候都更加强调创业。

创业的个人动机和企业家的性格特征

为什么一个人或一个团队会选择创业？有时是因为他们在原来组织中的发展空间受到限制，有时则是因为他们发现了一种新的、更好的经营或作业方式，还有的人则是单纯想看看自己的想法是否有效。当俞敏洪决定放弃令人羡慕的北京大学教职时，他已经清楚地意识到自己在这样的体制内没有大的发展空间，而他在新的英语教育市场中却如鱼得水。

创业活动是由企业家发起和推动的，一般来说，成功企业家所表现出的素质往往也出现在普通经理身上，甚至出现在所有的成功人士身上。不过，管理研究还是发现了一些企业家所共同拥有的素质，其中包括风险承担、成就期望、独立性、内在控制点和容忍不确定性。

- **风险承担**。研究发现，企业家的风险承担倾向不是特别高，属于中等水平。但是，他们是对风险进行精密计算的一个群体，他们擅长把握项目的内在风险的范围。同时，企业家还是一个乐观的群体，这种乐观令他们在复杂的局势中保持对机会的关注。
- **成就期望**。企业家往往对个人成就的期望较高，他们在解决问题、设定和实现目标方面对自己提出了很高的要求。这种心态可以称为“激情”，企业家是受到内在动力的驱动进行创业活动的。他们不会被失败吓倒，而是进行反复尝试以取得成功。对环境机会的认识和把握则提供了创业和成就的方向。
- **独立性**。主动寻求独立性也是企业家的性格特点，他们渴望对自己的决定和成就负起责任，自己指导自己对机会的追求。有些企业家对独立性的过分强调甚至导致他们无法进行授权。
- **内在控制点**。控制点指的是个人将发生在自己身上的事情归因于什么。认为自己对环境和结果拥有控制能力的人称为具有内在控制点，反之，认为自己受到环境控制的人则称为具有外在控制点。许多研究指出，企业家拥有强烈的内在控制点，从而对自己管理创业的能力赋予了更大的信心。
- **容忍不确定性**。创业的过程必定是动态的、不确定和复杂的。企业家在这种环境下往往能够做到安之若素，这是因为与结构化的环境相比，这种富于挑战和激情的环境提供了更大的机会。研究发现，企业家们表现出对不确定性更大的容忍，而具备这一素质的人也更有可能从事创业活动。

3.3 小企业的经营和管理

在选择了参与竞争的产业之后，企业家们就开始面对经营和管理创业企业和小企业的严峻课题。下面我们将从几个不同的方面对此进行讨论。

小企业的创办与商业计划书

企业创办者通常首先会将自己的创业思想体现在商业计划书里。商业计划书（business plan）是描述创业企业战略与结构的指导性文件。在商业计划书中，企业家应当描述自己或团队的能力与某一特定的产品或服务的生产与营销间的关系。商业计划书中还应当对生产和营销的战略、企业的组织形式和法律形式、财务和会计制度作出定义。

商业计划书除了有助于企业家和团队在开展企业经营前确定经营原则、方向和目标，还有另一个重要作用，那就是说服贷款人和投资者对企业进行投资和融资。为此，企业家应当特别注意在商业计划书中回答三个问题：（1）企业家创办这家企业的目标和目的是什么？（2）企业家采用何种战略来实现这些目标和目的？（3）企业如何将这些战略落到实处？表3.1列出了商业计划书的要素。

表3.1

商业计划书的要素

1. 基本信息。包括名称、地址、电话；本计划发布的时间；保密要求。
2. 摘要。一至两页，对商业计划的整体说明，扼要说明商业计划成功的理由，注意要对读者有吸引力。
3. 对社会的贡献。包括对经济发展、社区改进和人类发展的贡献。
4. 企业与历史。企业的背景、法律形式，企业的产品和服务，企业的客户、竞争对手和企业的未来。
5. 管理团队。包括技能、才能和工作描述，管理团队的报酬、培训和发展需要以及所需要的专业支持。
6. 生产和运营计划。包括设备、工厂条件、资本、劳动力、存货和采购流程。
7. 员工。包括是否能够招聘到符合技能要求的员工，员工的培训、报酬和激励。
8. 营销计划。讨论市场和趋势、竞争、市场份额、定价、促销、分销和服务政策。
9. 财务计划。需要多少投资、销售和现金流预测、损益平衡分析以及资金的来源。
10. 退出战略。后续计划或上市计划。或者将公司出售给谁。
11. 重要的风险和假定。对企业弱点的评估以及企业如何应对这些问题。
12. 附录。包含重要的补充信息，例如企业家和管理团队成员的简历、广告样本、组织结构图和其他相关信息。

小企业的融资

小企业最常见的资金来源是家庭、朋友、个人储蓄、投资人和政府机构、银行或财务公司的贷款。政府贷款和银行贷款往往需要符合严格的条件，小企业的创办者通常主要依靠个人的资源。

个人资源。包括个人的存款以及借自家庭和朋友的资金，是小企业的主要资金来源。著名的通信设备制造商华为公司在起步时的注册资金只有2万元。电脑分销商威达高科技公司创始人周桐宇在创业初期不得不利用人际关系用赊账的方式购入20台IBM电脑进行销售。在这种情况下，起步的规模往往就只能很小，这当然给经营带来极大的约束。事实上，这也正是许多小企业不能快速发展的一个重要原因。

战略联盟。小企业的创办者往往是已经在某个领域中有一定的经验或有一定人脉关系的人士，这就为他们与其他企业建立战略联盟提供了条件。例如，当企业决定剥离部分业务的时候，由原企业的人员独立出去创立大企业的外围服务企业，由于他们可以获得原企业的订单（包括租赁设备），这样就在很大程度上解决了资金不足的问题。向供应商融资也是常用的方法。

贷款。贷款一向是小企业经营中困难的一项，这是因为小企业往往历史短、规模小、缺乏抵押物，信用记录不完整。不过有的商业银行也提供一些相对灵活的贷款方式，例如浙江台州商业银行的贷款80%是贷给中小企业的，而民生银行也将中小企业的贷款作为经营的重点。参加大企业的创业活动也有机会获得银行的贷款，例如柯达公司联合多家银行推出了个人助业贷款，为申请开办柯达快速彩扩店的业主提供融资。近几年发展起来的以包头市商业银行为代表的微贷业务也是专门面向小企业的信贷服务（参见第15章专题）。

风险资本。风险资本公司（venture capital，简称VC）由一组小规模投资人构成，通过寻找具有快速增长潜力的企业而获得收益。风险资本公司通过为新企业提供资本来获得股份，并且期望在将来股份价值大幅度增加后退出获利。高新技术产业中的企业是风险资本的主要投资领域，由于这样的产业无法预测收入，很难取得银行贷款。但是它的成长空间很大，初期的股权投资的价值往往快速增长。日本风险投资家孙正义是这一产业中最著名的人物之一，他的投资对象包括雅虎、阿里巴巴和UT斯达康。

小企业的组织

小企业往往围绕着创始人进行组织，由于人手很少，通常在开始阶段采用非正式的组织结构。这样的组织形式具有灵活性，但同时也意味着更高的不确定性和不稳定性。

小企业在员工招聘方面没有大企业那样大的选择余地，在收入和福利方面往往也缺乏竞争力。小企业员工的工作满意度相对较高，因为他们往往可以同老板直接接触、发挥影响，在工作中拥有更大的自主权，可以获得更大的工作成就感，工作场所中人与人之间的关系也较为亲密。重要的是，企业在挑选员工时不仅要考虑教育背景和技能，还要注重候选人在企业文化方面的适应性和团队合作的表现。对于小企业来说，员工的流失或错误人选造成的影响比大企业严重得多。

对于小企业中占相当数量的家族企业，员工的管理和晋升往往要面对特别的挑战。也许在早期创业中只有家族成员愿意冒险支持，但是随着企业的成长，在员工管理方面往往会出现一些问题：期望得到晋升的家族成员也许并不适合较高的职位，外来员工同家族成员间的关系微妙。重要的是，在企业中对待家族成员应当遵守企业的规则和伦理。

小企业的组织涉及的另一个重要问题是员工授权，我们看到太多的创业者热衷于由自己作出一切决策。但是，为了企业的成长，授权是不可避免的。从创业者向管理者角色的转变对于许多企业家来说都是一个重要的转折。我们会在后面的章节中详细讨论与授权相关的主题。

创业团队。创业团队的组合不仅是新企业取得成功的关键因素，也是决定风险资本、客户、供应商对新企业态度的关键因素。技能、经验多元化的创业团队往往更能吸引投资人，这样的团队更有可能分享经验和资源，从而为企业带来竞争优势。但是，小企业的特点决定了它所需要的不是全明星阵容，胜任某一岗位的合适的人选才是最重要的。

许多小企业还建立了顾问委员会或利用私人关系中的顾问为企业的决策提供咨询，有时也可以从供应商或客户那里找到这样的资源。

3.4　小企业的竞争力

在大企业主导的市场环境下，能够生存下来的小企业必然具备独特的竞争力。小企业可以根据自身的特点扬长避短，创造良好的经营业绩。

小企业为什么失败

小企业失败率很高，根据美国小企业局的报告，大约60%的小企业活不过6年。小企业失败的原因主要可以归结为以下4项：

- **资本不足**。新企业可能要经过几年努力才能获利，在此之前，除了开办资本之外，企业还在很长一段时间中需要运营资本。现金不足是新企业的常见困难，也是企业倒闭的主要原因之一。
- **管理不善**。有些企业家缺乏管理知识和经验，以为只凭常识或努力工作就可以管好公司。如果他们违反了基本的管理和决策的原则，那么企业在长期中很可能会失败。有时在初期取得成功的企业会由于不适当的扩张而陷入失败，这是因为扩张可能导致企业失去以往在某个领域中的特殊优势，结果因为资源、人才的不足而受挫。

- **投入不足**。小企业的成功需要在时间、精力上大量的投入，甚至是全心全意的投入。有些人在业余时间管理自己的企业或者在生活中有更多其他追求，在企业的经营上不够投入。
- **控制系统缺陷**。控制系统的缺陷导致企业不能及时发现经营中的危险信号并给予处理，或者企业家获得的信息是误导性的，导致错误的决策。控制系统缺陷也是企业扩张时失败的主要原因之一，往往等到管理层注意到问题时却发现为时已晚。

当然，将小企业的失败简单地归结于上面几种原因对小企业也有不公平的地方。事实上，大企业由于这些原因陷入失败的例子也很多。只不过大企业由于资源丰富，比小企业更经得起打击。但是，商业史上由小企业成功地控制风险，快速成长为大型企业的例子同样比比皆是，从苹果公司、麦当劳到宝洁公司都是伟大的榜样。

小企业经营的优势和劣势

有的企业家希望自己的企业成长为大企业，有的企业家则欣赏小企业的特点而乐于控制企业规模。他们都应当了解小企业的优势和劣势，从而更好地发挥自己的竞争优势。

小企业的优势包括：

- **同客户的亲密关系**。在小企业中，喜欢同人打交道的企业家可能会觉得适得其所。许多店主可以叫出每一位顾客的名字，能够及时和准确地提供切合个人需要的服务。客户关系是小企业一项重要的竞争优势。小企业还很容易营造出一种与客户平等的气氛，而大企业则很难做到。
- **同员工的亲密关系**。在小企业中，老板有机会与员工密切合作，甚至建立朋友式的关系，更了解员工的绩效，也更了解员工的心态，从而有助于留住优秀的员工。
- **适应变革**。小企业在需要变革时顾虑较少，与大企业相比，组织内部对变革的阻力较小。由于小企业更贴近客户，它们对客户需求的变化更敏感，更有可能发动变革。

小企业的劣势包括：

- **失败的风险较高**。
- **小企业发展潜力受到制约**。由于受到资源、能力和市场环境的各种制约，许多小企业利润很低，只够维持生活。

- **人才缺乏**。由于小企业员工的待遇水平相对较低，往往难以招聘到员工。小企业发展潜力不大，又意味着难以保留优秀的员工。
- **融资困难**。小企业融资以个人资源为主的现实反映了小企业实际上很难从银行、风险资本公司获得所需要的贷款和投资。

专 题

从新生活方式中找到机会

社会生活的转型往往为新企业和小企业提供了发展的良机。例如，现代城市生活节奏加快，人们在外就餐的频率大大增加。特别是中等收入的人群，就餐时间不确定，但他们对营养和环境的要求却并不降低。在这样的背景下，西式快餐开始大举进入中国市场。

在经历了肯德基、麦当劳为代表的快餐冲击之后，市场开始进一步的细分。今天，麦当劳和肯德基主要是以中小学生为主要消费者，其环境开放、喧闹、安全、食谱简单。但是，年纪稍长、进入约会年纪的青年人则需要另一种风格，他们较为注重座位区隔、更有情调的光线、异域风格的装修和精致新奇的饮食，而价格又不能太高。成年白领则更注重就餐者的群体、营养和健康的食谱、安静的谈话环境。

这些多样化的要求，为小企业的成长创造出理想的土壤。即使是传统的中式早餐或快餐，也在西式快餐的启发下有了很大的改变，一些中式快餐厅在顾客就餐环境和加工环节透明方面有了很大的提高。如果考虑到中式快餐风味几乎无限的创新前景，小企业完全有可能通过产品或服务的创新占据一个特殊的市场。

思考题：请描述必胜客、永和豆浆、丰裕生煎、赛百味、真功夫、香港茶餐厅的主要顾客群体的特征。

小企业独特竞争力的来源

在现有市场上找出新的利基市场。现有的市场往往是已经建立了标准并且由大型企业主导的市场。例如，在个人计算机市场发展早期，几家大企业包括IBM、DEC和惠普等控制着这一市场。它们之间的竞争基本围绕着三大产品标准：计算能力、服务和价格，研究机构和大型企业是这一市场中的主要顾客。在这一市场上，计算能力和服务的品质持续上升，而价格（相对于计算能力）则持续降低。新进入的企业将很难同现有的企业进行竞争。

苹果公司的出现则打破了这一格局。它的竞争基础不是计算能力、服务或价格，而是用户友好。苹果公司以个人、学生和家庭为自己的主要用户。苹果公司没有发明新的技术，但提出和主导了一种新的计算机类型以及在市场上竞争的新方法，并因此而大获成功。苹果的方法就是在现有市场上找出一个利基

以原盅蒸饭为特色的真功夫快餐1994年从街边小店起步，凭借保存营养的品牌定位吸引了注重烹调中保持营养成分的消费者，今天已经在全国主要地区发展起数百家连锁店，在拥挤的餐饮产业中发现了新市场。

(niche)，也就是目前尚未开发的市场细分。一般认为，小企业比大企业更善于发现市场利基。对于多数小企业，企业的生存取决于能否找到大企业没有发现或没有能力服务的市场利基。

找到新市场。不断地、成功地找到新市场是企业家的本质能力。这包括两个方面，首先是将其他市场或行业中的成功经验移植到新的市场中。例如，在中国内地市场化的过程中，许多海外企业和熟悉海外市场的人士将成熟市场中的一些企业经营方式移植到国内。在快餐店、影楼、快递、文具、电器、超市、食品饮料市场中都可以找到很多这样的例子。例如户外运动装备的销售和服务曾经仅仅局限于少数专业人士，但随着收入水平的提高，越来越多的业余人士对这一产品产生了需求。在号称中国户外用品第一商圈的北京马甸，近十几年来已经发展出数十家户外用品商店，其中的本土品牌“探路者”成为创业板首批上市公司之一。另一个例子是专业体检，体检本来只是医院的一项附属业务，慈铭体检等新企业通过提供差异化服务和体验将其发展成为一个独立的产业。

另一个方法是创造一个新的产业。例如互联网搜索技术的发展催生出一大批获利丰富的公司，如雅虎、Google、百度等都成为资本市场上的宠儿，这一技术还衍生出许多与其相关的服务企业如广告销售代理等，创造出大量的就业机会。同样，微软公司的成长在很大程度上反映了当时主导市场的IBM公司对操作系统的市场价值估计不足。创立小企业的企业家们通常不受历史经验的约束，在发现新的市场机会方面可能比大型的、成熟的企业做得更好。

先行者优势。先行者优势是由于一家企业比其他企业更早利用一个市场机会所带来的优势。有时候，大企业和小企业同时发现了现有市场中的利基市场，但大企业也许不能像小企业一样快速利用这些机会。小企业决策机制灵活，不像大企业需要考虑供应商、原有的分销系统和顾客的约束。例如，当戴尔公司早期通过直销模式取得很大成功的时候，市场上原来的大型 PC 企业却因为担心损害自己同分销商的关系而不能采用这种销售方式。

破坏性技术：小企业成长为市场支配企业的机会

哈佛大学商学院的教授克里斯滕森（Clayton Christensen）提出了一种在高技术圈子中非常有影响的破坏性技术理论。正如我们在第 1 章所提到的，**破坏性技术**（disruptive technology）指消除了原有产品或服务需要的技术。这种技术在起步时并不进入市场主流，然后通过长时间的功能性改善打入主流市场。它们的破坏性表现在能够带来产业结构和竞争的革命性变化，往往导致现有企业的衰落。

有趣的是，现有的企业在破坏性技术上失手的原因往往并不是因为它们不了解这项技术，而往往是因为它们从顾客中得到的反馈是顾客不需要这项技术。一个经典的案例是液压挖掘机的发展。液压式挖掘机刚刚上市时，在强度和可靠性方面并不令人满意，当时主流的机械挖掘机企业也很重视这项新技术，它们在顾客中进行了仔细的调查，得到的反馈是这项新技术不能满足顾客的需要，因此它们决定不向这项技术投资。这就给一些新进入的企业创造了获得领先液压机械生产技术的机会。它们先是集中于大型机械挖掘机不擅长的小型工程作业，随着技术的改进再逐渐扩展到大型机械，最终彻底改变了这一产业的格局。

与已有的技术相比，破坏性技术开始的时候往往在主要功能方面表现落后。数码相机是另一个例子，在发展初期，它在技术指标上远远落后于传统相机，但改进的速度却很快，从而对传统的相机产业造成了破坏性影响。破坏性技术往往能够吸引现有企业无法服务的用户，这样的用户可能是无法支付高价格而愿意接受功能稍差的产品，也可能是代表一种新的消费方式。数码相机就属于后者，它首先的用户群体是电脑技术爱好者。今天，集成了照相功能的手机对于传统数码相机可能又构成了一种破坏性。

此外，新技术开始时往往市场很小，利润也很低。它们通常服务于现有企业不愿意服务的利基市场。而大企业则根据商业法则对大客户和高利润的部门提供最大程度的关注，往往很乐意将不太赚钱的业务让给小企业。这也给小企业提供了发展技术和培养客户的机会，它们会从市场的下方对现有企业发起进攻。如果它们在低利润、低功能的情况下能够生存，那么一旦技术改善，它们就可能成长为市场的主导力量。

破坏性技术是大企业的噩梦，未雨绸缪是它们的共同选择。各个行业中的大企业，例如英特尔、微软、IBM、宝洁公司和辉瑞制药，往往都会选择同小企业建立广泛的战略联盟，它们对高技术小企业进行投资，支持研发，目的就是为了利用小企业的创新成果加强自己的战略优势，以免自己受到破坏性技术的打击。对于小企业，颠覆大企业主导的市场固然好，但利用大企业对破坏性技术的重视同大企业结盟求得发展也是一个办法。

小企业的全球化

尽管人们往往将国际化与大企业联系起来，但是，小企业已经发现了许多在海外进行扩张的方法。对于中国的小企业，承接海外订单是参与全球竞争的一种重要形式，很多企业甚至主要为海外市场生产产品。

除了传统的广交会、专业市场等实体的和现场交易形式之外，近年来网上海外交易也发展得很快，像阿里巴巴、中国制造网等的出现在很大程度上帮助小企业克服了距离和成本带来的障碍，也给小企业的海外业务提供了许多机会。

专　题

美国肯德基店里的中国餐具

在美国，林立的肯德基快餐店每天要消耗大量的塑料刀叉、包装盒和吸管。这些顾客不知道的是，他们使用的不少产品来自于中国一个不大知名的滨海小城——浙江省温岭市松门镇，这里是肯德基一次性塑料餐具在中国的唯一指定供应商——台州富岭塑胶有限公司的所在地。

富岭塑胶有限公司是由江桂兰在1992年创办的小企业，创业资金只有20万元。由于本地市场的饱和，这家企业很早就开始转向外贸订单的承接。1995年，江桂兰参加了广交会，以4万元的价格租下了1/6个柜台，做成了公司第一批直接的外贸生意。

在2001年的广交会上，江桂兰同肯德基公司进行了接触。在肯德基公司发来餐具试制样品后，富岭公司花了4个月的时间进行设备改造、试单以及厂区环境和程序管理方面的改动，特别强调了在清洁生产标准方面达到对方的要求。此后，肯德基派代表对公司卫生消毒、虫害控制等六大项59条标准逐一进行了打分，结果每一项都在80分以上，这样的分数甚至要好于美国国内的同类供应商。

经过一年多的准备和等待，富岭公司终于等来了肯德基的巨额礼单：一份1 200多万美元的订单。仅此一个单子就让富岭公司忙了一年，装了整整600个集装箱。与肯德基的良好合作还使得江桂兰的公司在美国市场上声名鹊起，迪斯尼等大公司都向该公司伸出了橄榄枝。

3.5 特许经营

特许经营是小企业创业的一种重要选择。在我们的日常生活中，以特许经营形式建立的企业比比皆是：肯德基、味千拉面、李宁服装、联想电脑1+1销售店、21世纪不动产、恒源祥、如家经济型酒店都采取了特许经营的形式。2007年5月1日，《商业特许经营管理条例》开始施行，对特许经营进行了法律规范。

什么是特许经营

特许经营（franchising）是根据特许经营合同由特许人向被特许人拥有和管理的企业发放许可，在统一的经营模式下开展经营。特许人是发放许可权利的组织，被特许人是购买许可权利的个人或组织。

特许经营合同是规范特许经营活动中特许人和被特许人相互间权利义务关系的关键性文件。在特许经营合同中，特许人提供知名的企业名称、广告支持、管理经验、培训和材料以及规定企业经营的方法。被特许人提供劳动力、资本，负责企业的经营，向许可方支付特许经营费用，并且遵守特许经营合同的要求。我国法律规定，特许经营合同必须以书面形式订立。

以肯德基在国内的特许经营为例，它的做法是只转让经营成熟的店面，所谓“不从零开始”，经营者可以从肯德基公司获得这家店面的财务报表作为评估依据。特许经营的期限为10年，被特许人要一次性支付购入费、特许经营初始费、培训费，持续经营的费用还包括特许经营权使用费和广告分摊费用（按销售额的一个百分比提取）。被特许人不要求有餐饮业经验，但要求有成功的管理经验，参与经营者必须得到肯德基公司的批准。图3.2描述了特许经营的基本模式。

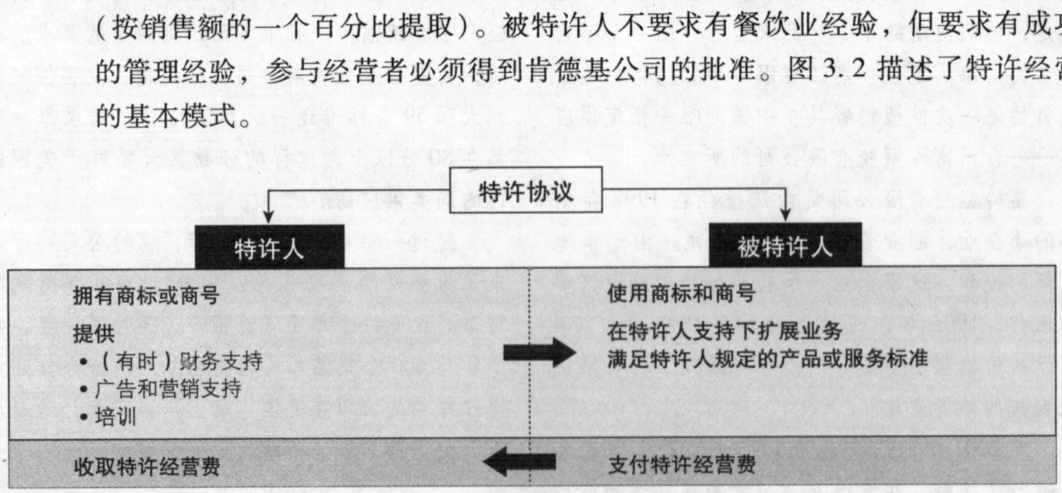

图3.2 特许经营的基本模式

特许经营的类型

特许经营可以分为两大类型：特许分销和特许经营。表3.2列出了一些常见的特许产业和企业。

表3.2
一些常见的特许产业和企业举例

餐 饮	保健和美容	清洁和保养	不动产	经济型酒店	教育培训
好利来	自然美	福奈特	21世纪不动产	如家	英孚
仙踪林	良子	象王	我爱我家	速8	吉的堡
全聚德	青鸟	普兰德	中原地产	锦江之星	

零 售	家居装饰	汽车服务	便利店		
华联超市	东易日盛	各品牌4S店	7-11		
苏果	业之峰	威力狮	可的		

- **特许分销**。这是一种最古老的特许经营形式，由制造商授权零售店销售某一品牌的产品，例如汽车4S店、联想1+1和中石油加油站。

特许分销中还有一种较为特殊的形式，称为特许生产。这是指许可方授权被许可方生产产品并销售给零售商。在软饮料产业中，可口可乐和百事可乐会授权其他企业（装瓶厂）进行灌装后在指定区域销售给零售商。2008年北京奥运会的特许生产商也属于这一类型。

- **特许经营**。由特许人提供品牌、技术或其他服务，但不负责提供制成的产品。尽管特许人可以提供一些生产或服务方面的支持，但它的主要角色还是产品开发和市场推广。这也是目前最为主流的一种形式。

选择特许经营的利弊

特许经营模式由于能够同时满足一些特定行业成长和整合的需要，因此在发达国家已经有了长足的发展。根据美国《特许经营时代》（*Franchise Time*）的报道，全美前200家最大的特许经营企业2009年销售收入为4 686亿美元。

特许经营的利益。特许经营中的特许人，可以不必投入建造和运营全资分部的巨额成本，在实现快速发展的同时又不丧失对业务的控制。特许人可以省下更多的资本用于产品开发和营销。特许人通过特许经营合同约束被许可人保持运营的标准。

特许人相信被特许人——通常是个人——具有强烈的成功愿望。被特许人的成功也就是特许人的成功，因为更多的销售会带来更多的特许费。

对于特许经营中的被特许人，可以有机会用有限的资本建立自己的企业并得到他人成功商业经验的支持。一个拥有广泛知名度的特许人可以保证被特许人开业就能吸引到顾客。

如果在经营中遇到问题，被特许人可以向特许人求助，这种时候提供的咨询和帮助使得许多特许经营企业掌握了经营的诀窍，走上了正轨。通常，这种咨询是不需要被特许人付费的。

被特许人还会得到来自特许人的物料用于广告（例如招贴广告），并且从特许人发布的全国性广告中受益。例如，自2004年以来，肯德基每推出一款新产品，促销广告都会利用中央电视台招标资源中的黄金时段为主要宣传平台，整合其他媒体进行高效传播，迅速启动全国市场。

最后，由于可以在一个共同体中享受协同物流、广告和其他商业运作的支持，被特许人可以有效地降低经营成本。

特许经营的不利方面。特许经营中的不利方面主要是由被特许人承担的，这是因为在特许经营中，特许人保留了大部分的控制权。特许人可以在特许经营合同中作出各种规定：装修、服饰、标志以及所有的经营细节。站在特许人的立场上，只有这样才能保证所有的产品和服务在任何一家特许经营店中都是一样的。但是，这方面的规定往往会限制被特许人的经营，而且问题往往在相当长一段时间之后才出现，被特许人很难在开始就注意到这些限制。

产生纠纷的常见原因包括：一方指责另一方没有用心经营，而对方则反驳说经营不佳是因为提供的支持不够；虚报或瞒报收入；由于特许人不同意转让特许经营权而导致被特许人无法出售自己的企业以获利。有时成功也会带来麻烦，例如，有一位十分成功的被特许人发现特许人在自己的旁边开了一家新店直接进行竞争，因为合同中没有对地区和商圈提供保护的规定。

特许经营中的欺骗行为是对创业者和投资者最大的危害。典型的欺骗行为是打造商业成功的光环，用低投入、操作便捷和高回报吸引加盟，而在收取加盟费用后以种种方式退出经营，令被特许人蒙受重大损失。

特许经营尽管在中国发展时间较短，但发展速度较快，2009年中国特许经营连锁百强企业实现销售3 109亿元，加盟店94 789个。当然，高速成长的背后必然是泥沙俱下。除了欺诈性的特许人造成的损害之外，一些创业者对这种商业模式没有很好的理解，往往急于求成。在成为特许加盟商后，缺乏对特许人的文化与战略目标的充分理解，这就会引起被特许人不重合同、不守信用、不愿接受特许总部的指导监督、任意修改核心要素等问题，从而对特许品牌和特许体系造成破坏。对于创业者，重要的是仔细分析具体的特许经营方式是否适合自己。表3.3以较为直观的形式列举了创业者选择特许加盟的利弊。

表3.3

创业者选择特许加盟利弊对比

选择特许加盟的利益	选择特许加盟的弊端
☞“拥有企业而不必从头开始” ☞拥有一定的独立性 ☞得益于许可方的品牌认知 ☞特许可以提高企业成功的机会，因为所经营的产品和服务已经在市场上立足 ☞消费者相信被许可方与许可方在品质上的一致性 ☞特许人在开业前提供的重要支持： • 选址 • 设计和建造 • 财务支持（有些情况） • 培训 • 开业典礼 ☞特许人在经营中提供的支持 • 培训 • 全国性和地区性广告 • 运营程序和运营协助 • 管理支持 • 购买力提高，参与大宗采购（某些情况）	☞被特许人缺乏充分的独立性，必须按照特许人在特许经营合同中规定的程序和约束开展经营，包括可以销售哪些产品和服务、定价和经营地区限制 ☞除了特许经营初始费，还要支付持续经营期间的特许经营权使用费和分摊广告费 ☞被特许人要考虑在特许人的约束和支持与自己的管理能力间的平衡 ☞如果其他被特许人或特许人本身发生问题，可能累及所有的被特许人，而且影响难以消除（例如著名的罗杰斯快餐店） ☞特许经营期限通常是有规定的，而被特许人对此毫无影响力

本章小结

1. 小企业是由一位或少数几位个人持有的、销售和资产不足以影响企业经营环境的企业。包括服务业在内的一些产业特别吸引小企业。小企业对社会很重要。

2. 创业是专注于机会、创新和成长的企业活动。创业推动技术变革，是经济增长的驱动力。企业家是发现机会、利用资源和推动创业活动的个人和群体。创业包括小企业、创新企业和企业内部创新三种形式。发起创业的企业家拥有一些共同的性格特征。

3. 商业计划书是描述创业企业战略与结构的指导性文件，是说服贷款人和投资者对企业进行投资和融资的重要工具。小企业可以采取多种方式融资。创业团队是小企业成功的关键因素。

4. 小企业竞争力的来源包括找出新的利基市场、新市场和先行者优势。破坏性技术是小企业成长为市场支配企业的机会。

5. 特许经营是指特许人根据特许经营合同许可被特许人拥有和管理的企业在统一的经营模式下开展经营。特许经营合同必须以书面形式订立并具备法定的内容。特许经营的主要类型是特许分销和特许经营。

关键概念

小企业　企业家　创业　创新企业　企业内部创业　企业家性格特征　商业计划书　资本　创业团队　市场利基　先行者优势　破坏性技术　特许经营

思考题

1. 什么是小企业？小企业的重要性表现在哪几个方面？

2. 什么是创业？创业是由什么人发起和组织的？

3. 举例说明创业的主要类型。

4. 企业家的性格特征主要有哪些？

5. 什么是商业计划书？商业计划书主要是为了回答哪些问题？

6. 小企业通常靠哪些方法来筹集资金？

7. 小企业失败的主要原因有哪些？

8. 小企业可能拥有哪些优势？

9. 小企业建立独特竞争力的方法有哪些？

10. 举出当前可能发展起来的破坏性技术的例子，企业应当如何面对？

11. 什么是特许经营？特许经营中涉及哪些主体？

12. 特许经营合同的主要内容是什么？

13. 什么样的创业者更有可能选择特许经营？

14. 在网上找出一些著名的商业计划书大赛，总结商业计划书的主要要求。

网络练习

在网络上查询有关淘宝第一店“柠檬绿茶”的资料，回答以下问题：

1. 柠檬绿茶的愿景是什么？如何体现它的经营特点？

2. 柠檬市场在网络市场上竞争的主要优势是什么？

开篇案例讨论题

1. 如家选择的目标客户是什么？

2. 如家采取了哪些措施吸引和保留自己的目标客户？

3. 竞争对手能否复制这些手段？如果这些手段被复制，如家怎样应对？

4. 如家在发展加盟方面较为谨慎，你认为可能的原因是什么？如何提高加盟经营的成功率？

创业者自测题

开办一家成功的企业需要付出极大的精力，还必须具备一些特定的个人性格。阅读下面对个人性格的描述并按照 1～10 的程度标出你的得分。

性　格	描　述	你的得分（从低到高）
激励	追求成功的决心	1 2 3 4 5 6 7 8 9 10
热情	全心全意	
风险承担	愿意争取机会	
信心	对自己能力的信心	
竞争性	渴望获胜	
坚韧	拒绝半途而废	
创造力	想像思考的能力	
组织性	整理秩序的能力	
愿景/领导力	清楚自己的方向	
信服力	说服他人的能力	
诚信	可信度	
适应性	能够适应新的形势	
自我约束	遵守计划或时间表	
独立	相信自己	
目的性	不会盲目行动	
目标导向	不达目的不罢休	
问题解决	提出解决问题的方案	
驱动力	愿意努力工作	
乐观	积极的态度	

测验时间：　　　　总得分：

企业家成功倾向：

得分160～200：你有很强烈的企业家性格，对你来说，创业是一种你所追求的、令人激动和充实的生活方式。

得分120～159：中等程度的企业家性格。你会觉得创业是值得追求和刺激的，但你还需要经过培训才能获得企业家的能力。

得分120以下：企业并不令人向往，困难重重。通过为他人工作你更有可能取得成功，并在此过程中培养自己的创业能力，而在决心自己创业时不要轻易放弃。

2

第二部分

管理、组织与人力资源

第 4 章

管理和领导

本章学习要点

- 定义管理和管理的基本职能
- 理解计划的类别与决策的方法
- 企业核心竞争力分析
- 描述管理中的组织职能
- 理解管理中的领导
- 描述管理中控制的过程
- 列举管理者的角色要求

2002年客户微笑年----------万科以你的生活为本

万科努力让全体员工形成统一的价值观和行为规范。图为万科主题年“客户微笑年”的宣传图片。

开篇案例

万科：追求专业化、规范、透明

万科公司成立于1984年，1988年进入房地产行业，1993年将大众住宅开发确定为公司核心业务。在1993年之前，万科是一个多元化经营的企业，涉及房地产、饮料、超市、电器制造、进出贸易等10多个业务方向，多数缺乏长期增长的核心能力。1994年，万科决定退出除房地产之外的所有产业，即使在这些产业中仍然能够获得利润也在所不惜，这就是著名的万科“减法”。万科由此确立了专业化的企业价值观并坚守至今。

在房地产产业中，万科选择了专注于住宅开发。万科在住宅产品和服务上进行了一系列的创新，形成了自己专业化的竞争优势。例如，万科早期缺乏土地资源，所得到的地块通常位于城郊。万科根据对城市发展趋势和中产阶层置业需求的分析，在主要城市的城郊结合部位开发大型的、生活服务设施配备齐全的中档社区，将原本受冷落的地区变成了住宅的热点，“四季花城”、“城市花园”、“金色家园”等品牌得到各地消费者的接受和喜爱。

2004年，万科制订了10年发展计划：到2014年，销售额从2003年的63亿元增长到1 000亿元，占全国住宅市场的份额从目前的1%增长到3%。万科依靠设在29个城市的173家分公司开发当地市场，负责购买土地、计划、建设和销售。深圳总部主要负责资金管理、投资决策、产品开发、客户服务和人力资源管理。

专业化、规范和透明构成了万科的企业价值观。规范是指摆脱对个人（例如明星经理人）的依赖，建立一支团队合作基础上的职业经理队伍。万科经理队伍来源五湖四海，总部和分公司领导人可以配合公司的战略随时灵活调整。在决策中，公司强调领导团队而不是个别人的判断能力。万科内部曾有一个不成文的规则，“董事长的指示要过夜”，意思就是董事长王石的意见，经过管理层理解与沟通甚至反馈之后，觉得正确的才会执行。

透明是指对内平等、对外开放，万科称之为“阳光照亮的体制”。对内透明是指万科公司内部不搞权谋，尊重规则。例如，万科建立了三个层面的领导力发展方案：高管人才储备与晋升计划（LPP）；培养超越部门范围领导的经理晋升计划（MPP）；培养部门级领导的人才晋升计划（TPP）。MPP和TPP人员在网上公示，让所有员工知道，只要取得成绩，都有机会成长。对外开放是指公司和员工的行为对利益相关人透明。房地产行业是最容易遭受社会批评的行业之一，而万科坚持在土地购入中不参与潜规则并作出不行贿的承诺。

为了保证企业全体成员的行为统一到公司的发展战略上，万科建立了基于平衡计分卡的绩效管理系统。万科的绩效考核包括4个方面：业绩指标、客户满意度、员工满意度和可持续发展（学习成长），这个系统的特点是不仅注重结果，同时还注重实现结果的各个环节。业绩指标之外的三个指标是为了保证未来业绩的可持续性。万科在绩效考核中强调客观性，在公司高管考核中，客户满意度和员工满意度的评估都是由外部的独立第三方调查公司进行的。万科还在公司网站上建立了万科投诉论坛，让业主们自由发表批评意见。这一设计除了能够极大地改善万科与客户的关系之外，还是一个时刻发挥评价作用的业绩监督机制。

除了薪酬、奖励和管理制度，万科还注意运用企业文化来凝聚员工的力量。万科创办了堪称全国最高水平的企业内刊《万科周刊》，传播企业的经营策略和文化理念，让员工和客户通过这个载体对企业产生认同和尊重。

从万科公司的管理实践可以看到，管理工作是一项专业，需要技能和激情，也需要培养和训练。本章将给出管理的定义，描述管理者的工作、技能和角色。我们将学习管理工作的4项职能：计划、组织、领导、控制，并逐一进行详细的讨论。接下来我们要讨论管理决策制定中的一些问题。最后，我们将对如何成为一名有效的管理者进行总结。

4.1 当代管理的挑战

什么是管理

管理（management）是通过资源的组合和协调，以有效率和有效能的方式实现组织目标的过程。组织（organization）是以结构化和协作形式共同工作来实现一定目标的群体。企业是以利润为目标的组织，其他的组织目标还包括知识的发展（大学）、国家安全（军队）等。

绩效（performance）是组织表现出期望行为和完成期望目标的程度，用来评价组织的管理水平。高绩效的企业能够为股东创造价值、满足顾客的需求、为员工提供发展、对社会承担责任。

绝大多数企业在经营中需要运用4种资源：人力资源、财务资源、物质资源和信息资源。人力资源包括管理才能和劳动力。在现代企业中，人力资源的开发和运用对企业绩效的影响大于其他任何一种资源。财务资源包括组织保持运营和长期运营所需要的资本。物质资源包括原材料、办公场所和制造设施与设备。信息资源是组织制定有效决策所必需的有用的数据。当然，对资源进行这样的分类只是为了便于理解，在实际的企业经营中情况要复杂得多。表4.1给出了不同企业资源利用的例子。

表4.1
企业对资源的利用

组 织	人力资源	财务资源	物质资源	信息资源
中石化	管理人员、化工技术人员、专业工人	国有资本、股东的投资、银行贷款、公司债券	办公楼、炼油厂	OPEC产油情况、地质和化学研究进展、经济形势
麦当劳	管理人员、营养专家和服务人员	股东投资、公司债券	门店、生产设备	食品口味、健康偏好、收入信息
国航	管理人员、飞行员、航空技术人员和服务人员	国有资本、股东投资、公司债券	飞机和维修设备	燃料供给、经济形势、安全统计
个人花店	服务人员	个人资本	店面	社区居民收入和消费偏好、顾客流量

效率、效能与竞争优势

管理活动是一种竞争性的活动，包括对资源和市场的竞争，而效率和效能则决定着竞争的结果。所谓效率（efficiency），是指聪明地利用资源和实现成本效益。格兰仕公司在微波炉生产方面位居世界第一，因为它能够做到低成本和高品质，这样的企业就是有效率的企业。而效能（effectiveness），是指制定正确的决策并且成功地予以实施。格兰仕公司在决定投入微波炉生产后，卖掉了原来很赚钱的其他业务，专注于微波炉的设计和生产，成为行业的领导者，这表明它是一家有效能的企业。

有效率的企业不一定是有效能的企业，一家企业也许能够比其他任何企业成本更低、品质更高，但如果它生产的产品或提供的服务是市场所不需要的，这样的企业就是没有效能的。成功的企业通常既有效率又有效能。

赢利能力综合反映企业的效率与效能，通常用投资资本回报率（ROIC）来衡量。ROIC是指投资产生的净利润（税后利润）与投资资本（包括股东权益和负债）之比，即ROIC=利润/投资。如果一家企业的赢利能力高于行业平均水平，我们就称它拥有竞争优势（competitive advantage）。领先的差距越大，竞争优势越强。如果一家企业能够多年保持高于行业平均的赢利能力，则称这家企业具有持续的竞争优势。持续的竞争优势是所有企业追求的目标，它能够实现股东价值的最大化，是衡量一家企业管理水平的最终指标。

基本的管理职能

前面提到了管理中运用的4种资源，那么管理者是如何运用这4种企业资源的呢？他们是通过执行 4 种基本的管理职能——计划与决策、组织、领导、控制——来完成这一工作的。图 4.1 将管理的定义、管理的资源和管理的基本职能结合起来进行了描述。

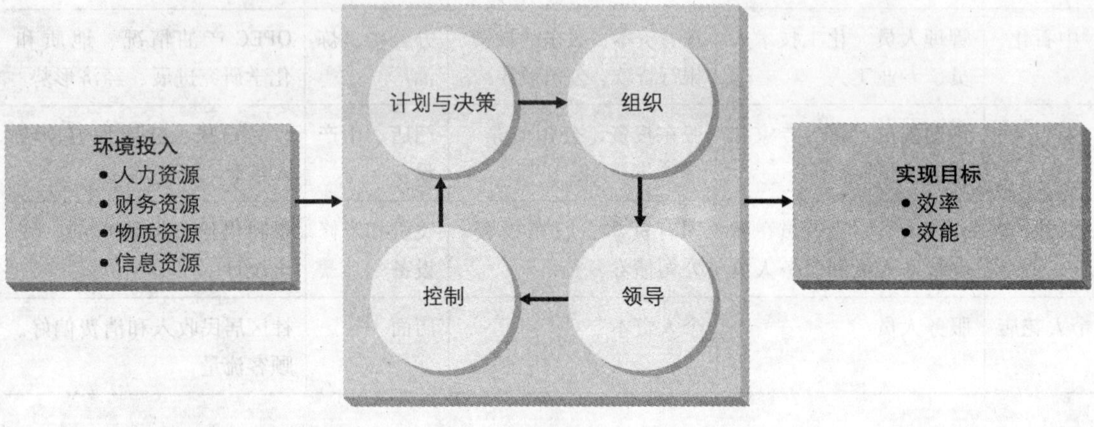

图 4.1　组织中的管理

在开篇案例中我们介绍了王石和他的管理团队在万科公司中的角色。他们必须为组织创建一套清晰的目标和计划，要让员工清楚地知道管理层希望公司成为什么样子。接下来是建立有效的组织结构来实现这些目标和计划。他们还要对员工进行培训和发展，对公司的绩效时刻留意。这些活动都可以归结为图 4.2 中所描述的 4 项基本活动：目标设定属于计划和决策，建立组织属于组织工作，关心员工发展属于领导活动，而考核绩效则属于控制活动。具体来说：

- **计划**（planning）是设定组织的目标和决定如何最有效地实现这些目标。**决策**（decision making）是计划过程的一部分，是从多种可能中选择行动的方案。
- **组织**（organizing）是动员人力和必要的资源来实施计划，它决定了组织如何对活动和资源进行组合。
- **领导**（leading）是指通过激励和鼓舞他人实现组织或群体目标的过程。
- **控制**（controlling）是对组织活动进行监督和评估，保证组织的行动朝向组织的目标。

将管理活动归结为计划与决策、组织、领导、控制 4 项基本职能是现代管理学的核心模型，是分析和理解管理活动的最有用的工具，这一模型在本书中将反复出现。本章主要介绍计划与决策和领导的职能，其他职能将在后续章节中陆续介绍。

需要注意的是，管理者的实际工作并不像上述 4 项管理职能的排列顺序那样，1 月进行计划，2 月开始组织，3 月主抓领导，4 月考核控制。在实际工作中，管理者可能需要同时发挥这 4 项职能。而且，在管理活动中，这 4 项基本职能并不是相互孤立的，而是相互影响的。图 4. 2 是图 4. 1 中间部分的一个扩充，请注意虚线部分描述了各项职能间的相互影响。

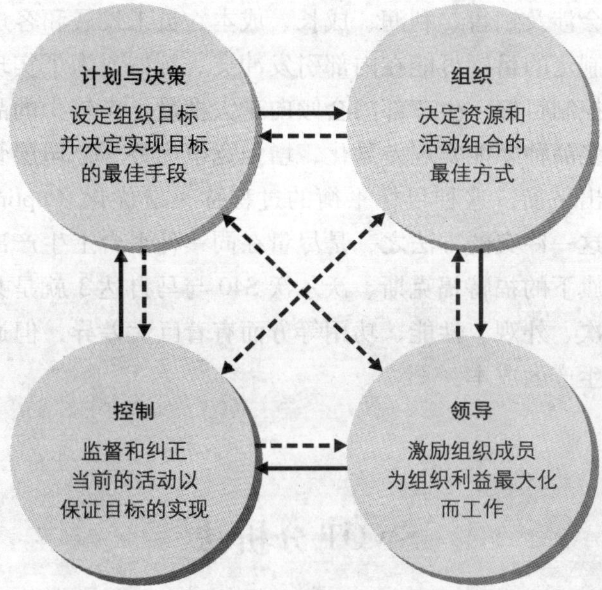

图 4. 2　管理过程

4. 2　计划与决策

计划经常被称为"第一位"的管理职能，因为所有其他的职能都取决于计划。许多组织将建立使命陈述作为计划的第一步。

使命、价值观和目标

使命（mission）是组织的基本目标，它将组织与其他组织区别开来（有的时候，企业也会用愿景来替代使命）。阿里巴巴公司的使命是"让天下没有难做的生意"。Google 公司的使命是"整合全球信息，使人人皆可访问并从中受益"。

价值观（value）是指导公司管理层和员工的一系列行动原则，决定了企业将如何实现自己的使命。阿里巴巴的价值观"客户第一"表明它将客户的利益放在股东之前，Google 的价值观"不作恶"表明它清楚地认识到作为一家社会服务企业的责任。今天，越来越多的管理者相信坚持正确的价值观对于提高企业绩效是至关重要的。

为了实现企业的使命，还需要进行战略计划。战略计划过程（strategic planning）是建立组织的主要目标以及决定如何配置资源以实现这些目标的过程。

目标（objective）是组织在一定期间内期望达到的结果。例如，2009 年奇瑞汽车的销售目标是41.9万辆。目标可以是多元的。对于小企业，用一年期销售额或销售量作为目标可能就足够了。但大企业往往要考虑未来数年行业的发展和变化，因此会涉及销售、利润、成长、成本、员工发展和客户满意等多个方面。

组织所制定的目标可能在内部引发冲突。例如，为了实现企业的利润目标需要加强成本控制目标，生产部门会倾向于大批量生产较少的品种。而营销部门则认为，只有多品种才能实现差异化，增强竞争优势。公司层管理者必须在不同的要求之间作出平衡，这种目标平衡的过程称为最优化（optimization）。当前，汽车产业解决这一冲突的方法之一是尽量在同一种平台上生产出差异化的产品。例如长安福特旗下的福特福克斯、沃尔沃S40与马自达3就是共享平台，这些车辆在品质、档次、外观、性能、功用等方面有着巨大差异，但通过同一技术平台降低了开发和生产的成本。

专　题

SWOT 分析法

在建立目标之前，组织首先要对自己当前的状况进行分析，SWOT分析是常用的一种方法。SWOT分析是对组织的优势、劣势、机会和威胁进行分析。在分析的过程中，先是从组织的内部分析组织的优势和劣势。组织可以了解自己在哪些领域中能够取得绩效，而在哪些方面则可能遇到挫折。然后，通过对外部环境的分析确认机会和威胁。机会是有可能在未来提高绩效的因素，而威胁则是可能导致绩效降低的因素。SWOT分析可以帮助组织制定更现实的目标。

优势（strengths）	劣势（weaknesses）
• 独特竞争力 • 公认的市场领导者 • 研发能力 • 高品质 • 成本优势	• 设备和技术过时 • 市场过剩 • 人才流失 • 管理不力 • 市场形象不佳
机会（opportunities）	**威胁（threatens）**
• 新的市场或海外机会 • 技能延伸到新产品 • 竞争对手出错或退出市场 • 经济形势好转	• 市场饱和 • 替代产品的增长 • 低成本竞争 • 政府管制 • 消费者的要求改变

思考题：对你们所在的学校（或专业）进行SWOT分析。

计划的制定

在确定了企业的目标之后，管理层要制订相应的能够实现目标的计划。计划是组织为了实现其目标而采取的行动方案。组织计划可以分为4个不同的种类，如图4.3所示。

战略计划（strategic plan）是战略计划过程的产物，是组织最宽泛的计划，为组织的其他政策和决策提供指导。战略计划通常是由董事会和最高管理层制定的实现组织长期目标的方案。战略计划说明企业经营业务的种类和它希望自己成

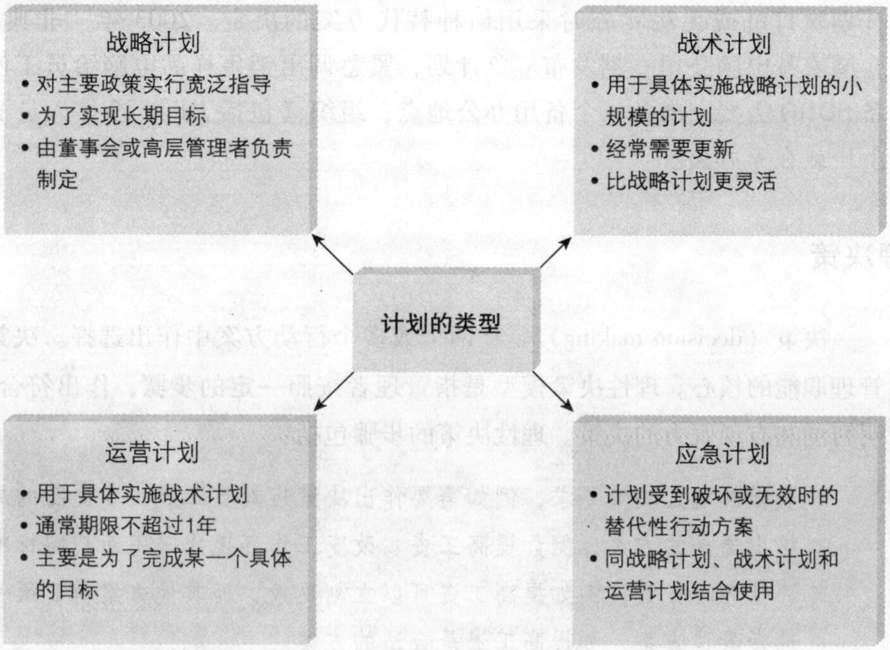

图 4.3　组织计划的主要类别

为一家什么样的企业。

2004 年，万科发布了未来 10 年的战略计划。它的目标是到 2014 年将公司占全国住宅市场的份额从 1% 提高到 3%，而它的战略行动则包括三项：（1）从以项目为中心转向以客户价值为中心；（2）聚集于城市圈，特别是环渤海、长江三角洲和珠江三角洲，成为三大地域的市场领导者；（3）走产业化道路，建立住宅标准，通过工厂化生产，提高住宅的品质和性价比，在各项目中进行未来可能住宅的研发。这个计划表明，万科是一家追求高速成长的住宅开发商，而三大战略行动则说明了它将如何实现这一目标。

战略计划往往激动人心，但要实现战略计划中的目标和方法，企业还必须制定更具体的战术计划。**战术计划**（tactic plan）是用来实施组织战略的规模较小的计划。与战略计划相比，战术计划往往期限较短，经常变化。战术计划的目标往往比战略规模更具体，组织通过一个个具体的战术目标来实现战略目标。例如，万科在全国范围内的市场份额增长要通过不同地区市场来实现，而每个地区也许都要采取不同的方案。对于万科，各个地区的计划就是战略计划之下的战术计划。**运营计划**（operational plan）是为了实施战略术计划而制定的方案。运营计划往往针对战术计划中的某一项任务。例如，万科为某一城市花园项目的销售制定了销售目标。为了实现这一销售目标，需要组织力量进行宣传推广，如何安排广告、动员媒体力量、组织顾客互动就是运营计划。

不论管理者和员工如何努力，总会有一些活动不能按计划完成。今天，绝大多数企业还会制订应急计划。**应急计划**（contingency plan）是当原订的行动计划被打乱或无法实施时采用何种替代方案的决定。2003 年“非典”爆发，台湾宏碁电脑公司立刻发布应急计划，紧急调出销售样品电脑给员工使用，以备 SOHO 需要；准备三个备用办公地点；组织（包括工厂）全体人员演习异地上班或在家办公。

管理决策

决策（decision making）是在两个或多个行动方案中作出选择。决策是所有管理职能的核心。理性决策模型是指管理者按照一定的步骤，作出符合逻辑的、明智的和有说服力的决策。理性决策的步骤包括：

- 认识和定义决策要求，例如需要作出决策应对员工流失率提高的局面。
- 提出选择的方案，例如提高工资、改变工作环境或采用新招聘标准。
- 评估各种方案，例如提高工资可以立刻见效，而其他方案需要很长时间。
- 选择最佳方案，如提高工资是合适的方案。
- 实施方案，这包括请示、批准和人力资源政策的调整。
- 事后跟踪和结果评估，如员工流失率是否减少，是否需要新一轮的决策。

理性决策模型是一种理想的决策方式，绝大多数管理者也认为自己是理性决策者。但在现实生活中，很多决策根本不符合理性决策模型的要求。这首先是因为在大多数情况下我们无法获得决策所需要的全部信息。其次，人们有时候并不按照理性的要求来进行决策，价值观、知识局限、心理因素、风险偏好都会对决策产生影响。

组织中经常遇到一些缺乏信息、无从下手，而时间要求又很紧迫的问题。问题解决（problem solving）是解决组织中日常发生问题的过程。与决策相比，问题解决更快速、相对不正式。目前在组织中常用的头脑风暴法就是一种问题解决方式。这种方法要求小组成员在尽可能短的时间内尽可能打破限制，列出所有可能的方案，而不对这些方案进行评估，从中找到解决问题的线索。

今天，在越来越多的组织中，群体决策和团队决策是主要的决策方式。群体决策的优势包括拥有更多的信息、更多的方案和群体参与所带来的更有效的执行。但群体决策也有缺点，例如速度慢、妥协导致决策无效和群体思维（维护群体的愿望压倒了理性分析）。

决策是组织绩效的决定性因素，外部的威胁和机会，内部的资源和困难，一切都要通过决策反映到组织的活动和组织的绩效中。世界上不存在一个尽善尽美的决策模型，组织需要灵活运用各种决策形式，控制弊端，以实现效能。

专　题

可口可乐公司历史上最从容的决策

20 世纪 70 年代，百事可乐对可口可乐形成了很大的威胁，盲目测试的结果表明百事可乐的口味胜过可口可乐。1983 年，可口可乐开始秘密测试一种新的可乐配方。这是一次规模空前的测试，对 19 万名不同地区、不同人群顾客盲目测试的结果都表明，新配方比原配方和百事可乐都更受欢迎。在告诉他们这将是可口可乐的新口味时，多数顾客表示愿意接受，只有不到 10% 的顾客反对并声称不会购买这样的可口可乐。

可口可乐的管理层决定以“新可口可乐”的名字将这款新产品上市并停止原配方可口可乐的生产。1985 年 4 月，可口可乐举行了盛大的产品发布，据说全美国 80% 的人口在 48 小时内知道了这一信息，公司 CEO 称其为“可口可乐公司历史上最从容的决策”。巨大的营销投入令新可口可乐在上市初期取得了一定的成功，在一个月的时间里已经有 1.5 亿消费者品尝过新可口可乐。消费者似乎接受了新配方的口味，可口可乐的股票价格也开始上升。

反对的意见很快就出现了。许多美国消费者将可口可乐视为生活中不可改变的部分，他们不能接受更改配方的做法，愤怒指责公司的电话和信件总数超过了 40 万。由于旧可口可乐停止生产，一些死硬的旧可口可乐消费者开始囤积老可口可乐或从海外市场进口。这些言论和活动引起了各种媒体的广泛讨论，形成了巨大的社会压力。接受了新口味的消费者也开始对新可口可乐取代原配方感到不安，还有人将保卫可口可乐原配方和爱国主义联系起来，要求可口可乐公司恢复原配方的呼声越来越强烈。

1985 年 7 月 10 日，可口可乐公司恢复向市场上供应原配方的可口可乐，改名为经典可口可乐。美国最大的电视台之一 ABC 电视台中断正常节目播放了这条新闻，无数祝贺和感谢的电话和信件再次涌向可口可乐公司，当天打入可口可乐公司的电话有18 000个。对于可口可乐公司，可乐配方之争的结果是喜剧性的。由于争论所引起的关注效应，经典可口可乐的销售反而取得超出以往的增长。新可口可乐在当年年底的市场占有率不足 3%，此后逐渐走向边缘化。

公司总裁基奥在回顾这一决策时说：“人们对可口可乐原配方的热情使我们大吃一惊。花了那么多时间、金钱和技术来调研消费者对新可口可乐的看法，却测不出有那么多人对老可乐有着那么深的感情。”可口可乐对新配方的调研是成功的，决策者的错误在于忽视了问题的另一个方面，也是更难测量的方面。

思考题：可口可乐公司更换配方的决策是理性决策吗？

4.3　资源、能力与核心竞争力

本章第一节给出了竞争优势的定义，持续的竞争优势是指企业多年保持高于行业平均水平的赢利能力。那么竞争优势来源于哪里呢？我们需要从企业的资源和能力入手进行分析。

资源与能力

资源（resource）是企业拥有的、能够为顾客创造价值的要素禀赋的总和。企业的资源可以分为有形资源与无形资源。有形资源是实物形态的，例如土地、建筑物、设备、存货和资金。无形资源是非实物性的，由企业和员工在企业活动过程中所创造的。无形资源的例子包括品牌、商誉、通过经验所掌握的知识和有利于价值创造的习惯，还包括知识产权如专利、版权和商标。有形的资源往往可以通过购买获得，因此并不具备独特性。而无形的资源因为受到专有权的保护以及不透明的资源特性而更具价值。

能力（capability）是企业协调各种资源为顾客创造价值的技能。这些技能隐藏在企业的组织结构、流程和控制系统之中，让企业以独特的方式发挥资源的价值。能力表现为企业决策过程、管理内部流程和行为的风格，包括由谁做出决策、如何做出决策，企业鼓励怎样的行为和价值观。例如，作为一家高技术企业，深圳华为公司在企业发展的早期主要是模仿国外的先进技术，没有强大的专利组合，可以说企业不具备高价值的资源。但是，华为公司在营销方面表现出超强的能力，通过出色的客户关系管理在省级以下对技术不敏感的市场中取得了极大成功。华为公司依靠由此积累的利润投入研发，最终转化为资源。能力是无形的，它不是企业中某个人的素质，而是企业环境中个人间互动、协作和决策的方式。

即使一家企业拥有了专有的和有价值的资源，但是，如果它们没有能力有效地运用这些资源，仍然谈不上竞争优势。在中国，像航空、移动通信、石化行业中的国有企业掌握了稀缺的资源，但未能提供令顾客满意的服务，表明他们在能力上存在缺陷，难以建立可持续的竞争优势。

核心竞争力

企业能够生存，说明它必然拥有某些资源和能力或资源和能力的组合。显然，绝非所有的资源和能力都具有战略意义，也就是能够为企业带来竞争优势。能够为企业带来竞争优势的资源和能力还必须达到以下4个标准，我们用Google公司的例子来给出说明：

- 有价值。资源和能力的价值表现在企业能够通过满足顾客的需求创造利润。例如Google的搜索可以满足全球范围内不同顾客对信息的需求，而庞大的搜索服务需求又为获得广告收入创造了条件。
- 无法替代。无法替代意味着其他企业的资源和能力的组合无法创造出相同的价值，无法削弱企业的赢利能力。Google的竞争对手只能在某些局部市场上替代其产品和服务，Google 得以保持高水平的赢利能力。

- 稀少。资源和能力的稀少意味着只有少数企业能够掌握。目前有能力提供全球资源搜索并获利的企业为数很少，这就保证了 Google 在市场上的地位。
- 难以模仿。竞争对手无法学习或无法在成本上竞争。Google 创新的速度和质量以及顾客体验在市场上居于领先地位，这是竞争对手最难学习和竞争的能力，也是 Google 长期竞争优势的来源。

符合上述4项标准的企业资源和能力的组合称为核心竞争力。**核心竞争力**（core competencies）是企业所特有的、比竞争对手更高明的创造价值的方法，它是企业在经营过程中学习和总结所形成的运用资源和能力的独特方法。核心竞争力是持续竞争优势的来源。图4.4 对上述分析进行了总结。

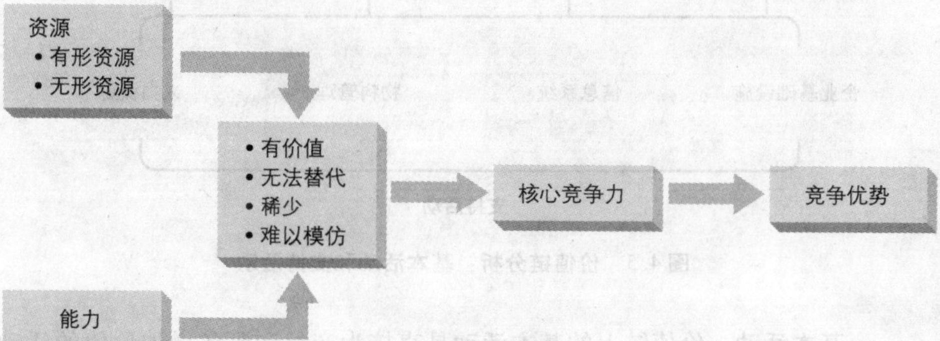

图4.4 资源、能力与核心竞争力

核心竞争力对于管理者的一个重要启示是企业不需要追求在各个方面都超越竞争对手，而应当专注于自己所独有的、优于竞争对手的价值创造过程。例如，沃尔玛为顾客创造的价值是在提供质量适当、价格低廉的商品方面做到最好。它应当优化信息系统、提高货运效率，沿着这一方向加强资源和能力。而改进商店装潢、提供贴身服务，尽管也能够为顾客创造价值，但这些都属于百货公司的核心竞争力。许多企业在价值观中强调了核心竞争力的重要性，像 Google 公司的价值观要求员工“将专业做到极致”。

在动态的竞争环境下，构成核心竞争力基础的资源和能力都是动态的。柯达公司在化学成像方面的资源和能力至今仍然是世界第一，但由于这项资源为顾客创造的价值被数码成相所取代，柯达公司的竞争优势逐渐下降。在企业外部环境激烈变化的今天，学习能力在企业的核心竞争力中居于特别重要的地位。例如，新闻出版产业正在经历数字化转型的过程，只有通过学习建立起基于数字化出版、数字化版权管理和收益管理的核心竞争力，企业才有机会保持长期的竞争优势。

价值链分析

核心竞争力分析告诉我们企业应当专注于提高自己比竞争对手更有优势的资源和能力，价值链分析则向企业指出哪些资源和能力符合这一要求。**价值链**（value chain）是企业将投入转化为对顾客有价值的产出的一系列活动，这一过程中包含许多为产品增加价值的基本活动和支持活动，如图 4. 5 所示。

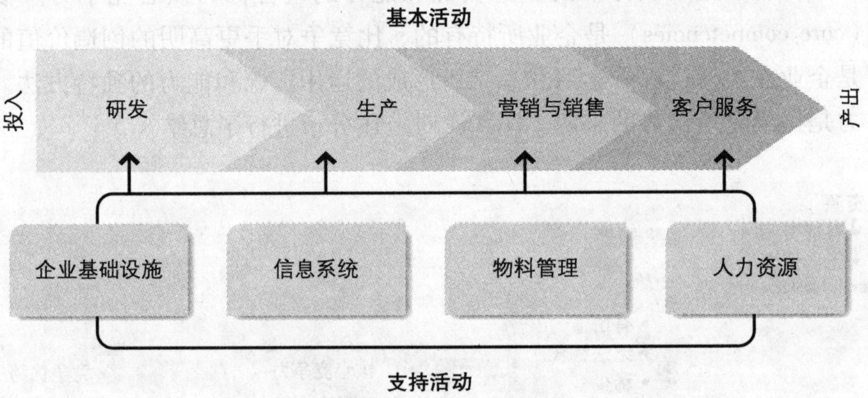

图 4. 5　价值链分析：基本活动和支持活动

基本活动。价值链上的基本活动是直接为产品和服务增加价值的活动，包括产品的研发、生产、运送、营销、销售和售后服务。

- 研发可以改进产品的性能、降低生产的成本。
- 生产活动通过提高质量和效率来降低成本，提高产品的价值。
- 营销与销售通过准确地寻找顾客和说服顾客增加产品的销售和利润。
- 售后服务通过为顾客解决产品和服务使用中的问题创造顾客价值。

支持活动。价值链上的支持活动为基本活动提供赖以进行的条件，包括物料管理、人力资源、信息系统和公司基础架构。

- 物料管理负责实物资源从采购开始经过制造最终进入分销的移动过程，通过提高效率和降低成本来为顾客创造价值。
- 人力资源管理为企业提供价值创造所需要的适当的人员并对他们进行恰当的培训和激励，通过提高员工生产力为顾客创造价值。
- 信息系统通过提高企业的效率和支持决策为顾客创造价值。
- 公司基础架构是价值链上所有其他价值创造活动发生的背景，包括组织结构、控制系统和企业文化。基础架构提供优化的管理职能，支持企业的核心竞争力。

价值链分析围绕顾客价值创造这一核心，在价值链上找出企业做得比竞争对手更好或竞争对手做不到的地方，也就是有可能为顾客创造最大价值的机会。通过优化资源和能力的组合，在这一机会上建立起优势，发展企业的核心竞争力。

许多企业通过价值链分析找到了最重要的价值创造环节，它们选择将价值链上不涉及核心竞争力的活动交给其他企业来进行，这就是外包。第二章介绍过，外包（outsourcing）是指将企业的部分职能交给效率更高的外部组织完成。例如耐克公司专注于设计和营销，而将生产运动鞋的工作外包。在耐克看来，设计和营销才是核心竞争力，是自己真正做得比世界上任何其他组织更好的地方。

价值链分析还有助于企业发现市场上尚未得到满足的顾客需求。例如通过对邮政和货运行业价值链的分析，以联邦快递为代表的快递企业发现快速送达能够为顾客创造出新的价值，推动了这一产业的兴起。

新技术的发展和环境的改变也影响着价值链上的活动。网上销售的成长改变了零售、运输和银行业的价值创造方式，这些企业需要重新审视自己在价值链上的优势和机会。

（思考题：网上零售企业的核心竞争力是什么？请举例说明。）

4.4 组织

有了目标和计划，管理者下一步的工作就是组织。作为一种职能，**组织**（organizing）是指动员人力和必要的资源来实施计划，它决定了组织如何对活动和资源进行组合。组织工作往往依托一定的结构来实现，我们经常听到的组织结构图（organization chart）就是表明组织中人员之间关系和工作分配情况的视觉图，它告诉我们谁负责什么，谁向谁报告。本节涉及组织职能中的三个主题：管理者的层次、人员配置和利益相关者的管理。关于组织职能更多的分析请参见第5章到第8章。

管理者的不同层次和类型

组织职能中的一项重要工作是建立组织的结构，在组织结构中配备适当的管理者。组织中管理者的层次可以分为三种：高层管理者、中层管理者和基层管理者。图4.6描述了管理者的不同层次。

高层管理者负责组织的全面管理，包括CEO、总裁和他们的主要助手。高层管理者负责组织目标、战略和运营政策，他们对外代表组织。

中层管理者负责执行高层管理者制定的政策和计划，监督和协调基层管理者的活动。中层管理者常见的职位包括部门经理、工厂经理等。

基层管理者负责监督和协调进行实际操作的员工的工作，他们的职位往往是主

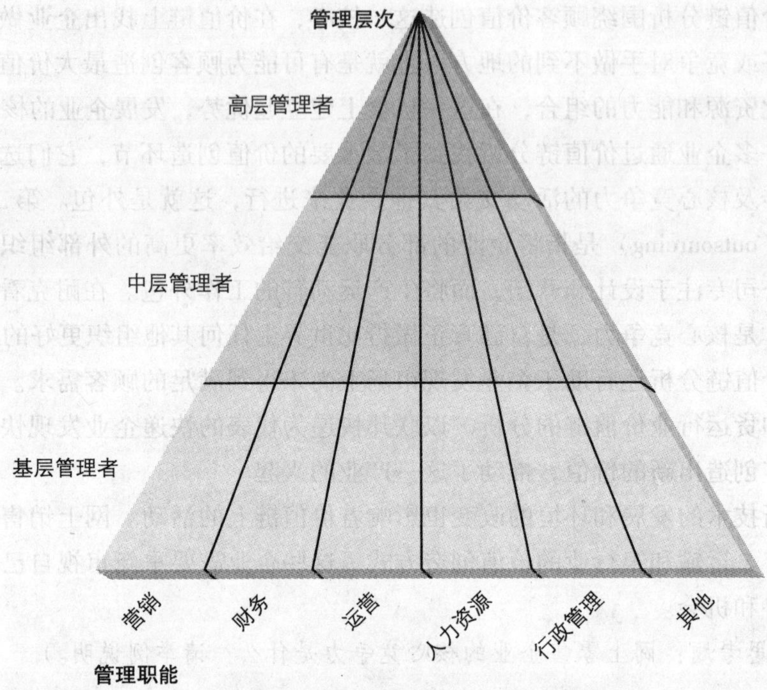

图 4.6　组织中管理者的不同层次

管、店长等。基层管理者花费大量时间监督下属的工作、解决日常工作中的问题。

另一种划分管理者的方法是根据他们的工作类型：营销经理（负责吸引消费者和顾客购买组织的产品或服务）、财务经理（安排组织的财务资源）、运营经理（负责组织如何提供产品和服务）、人力资源经理（招聘员工、安排福利和员工发展）等。除此之外，有些组织可能还设有负责企业形象的公关经理、负责产品开发的研发经理等。

人员的配置和激励

我们经常可以在大学校园中看到一些大型企业的招聘说明会，这些活动属于企业人员配置的工作，往往由人力资源部门根据组织战略计划安排。人员配置（staffing）包括招聘、雇用、激励并留住能够帮助组织实现目标的人员。招聘优秀的员工一向是组织最关键的挑战，对于高技术企业和依赖于员工知识获得和保持竞争优势的组织，人员的招聘更为重要，它在很大程度决定着企业的竞争力。经验表明，好的员工不仅能够直接为企业作贡献，还能够帮助企业吸引和留住更多的优秀人才。招聘到适当的员工只是第一步。企业还必须为员工提供培训和发展的机会，给予公平的收入和福利，这样才能留住员工。

今天，大多数组织将人员配置作为战略问题来看待和运作，制订出自己的人力资源战略计划。例如，企业需要对未来人力资源的供应和需求形势进行预测，并同本企业的战略计划进行配比。如果企业的计划是高速成长，则要保证企业拥有充足的、持续的人力资源供应，或通过调整人力资源政策降低员工的流失。在全球化的背景下，人员配置的工作经常突破传统国界的约束。例如，美国戴尔公司在中国大连设置了大型的呼叫服务中心，为日本市场提供客户服务的支持。大连地区日语人才供应丰富，而成本却比日本本地员工低得多，同时在地点上还靠近笔记本电脑的生产中心，这样的配置能够为戴尔带来竞争优势。

人员配置并不是一劳永逸的，还必须对企业的员工进行激励以保持员工对工作的投入，鼓励员工进行创新。我们将在第8章深入探讨这一主题。

利益相关者的管理

现代管理学越来越强调组织对客户和利益相关者的互动。**利益相关者**（stakeholder）是所有受到组织政策和产品影响的个人和群体——股东、员工、客户、供应商、交易商、社区等。

在过去，组织设计和管理往往强调便于管理者发挥控制的职能，但在今天，快速满足客户的需要才是组织最重要的能力，这种转变也称为客户导向的组织。客户导向的组织建设在技术上得到了很大的发展，例如通过网站实现客户与组织的对话，以及更灵活的产品与服务定制。此外，ERP软件也可以帮助组织在结构和流程设计上改进客户导向。

现代生产管理对效率和品质的要求很高，越来越多的组织超越本身的边界与供应商和销售商建立更紧密的联系。除了在合伙伙伴处常驻人员之外，更显著的改变体现为信息的共享、鼓励创新以降低成本和品质。

管理者在股东、员工（包括家属）、社区的关系中花费的精力也在增加，他们越来越多地认识到处理好这些关系对企业成功的重要性。社会发展的多元化（包括个人价值观、员工来源）对组织提出了新的挑战，发挥多元化员工队伍的优势也是企业竞争优势的来源。

4.5 领导

管理的第四个职能——领导——是我们日常所熟悉的概念，在生活中、在电影中，我们经常可以看到各式各样的领导。**领导**（leading）是指通过激励和鼓舞他人实现组织或群体目标的过程。在领导的定义中，首先要注意的是组织或群体的目标，没有目标，也就没有领导；其次是影响他人的能力，领导表现为对他人的影响；最后，这种影响不是强迫的，而是通过激励和鼓舞，唤起被领导者自身的积极性。从领导的定义中可以看出，领导不是组织高层或职位的特殊行为，没有任何正式领导职务或管理职务的人也可以运用这种影响。例如，急诊室的护士也许没有任何头衔，但在紧急施救的过程中，她的经验和专业能力可以帮助她发挥领导作用。领导定义的这一特点为组织发展员工的能力和多方面、多层次获取领导来源提供了依据。

理解领导概念中另一个需要注意的问题是领导与管理的区别。例如，一个人可能既是管理者又是领导者，也可能只是管理者或只是领导者。管理者和领导者的区别之一是管理者努力维持组织的秩序和稳定，而领导者则热爱和管理变革。组织需要管理者，也需要领导者。相对而言，领导者的培养更为困难。IBM公司发布的《2008年全球人力资本研究》中报告说，超过75%的企业对自己培养未来领导人的能力表示担心。由于当代组织所面临的环境变化的速度和幅度都超过了以往任何时候，越来越多的企业现在都强调领导力的培训和开发，让企业具备更高的前瞻性，更好地发起变革和管理变革。表4.2对两者间的区别进行了对比说明。

表4.2

管理与领导的区别

活　动	管　理	领　导
制订计划	管理和预算。制定实现目标的详细步骤和时间表，分配必要的资源。	建立方向。建立一种对未来（通常是较远的未来）的愿景以及为实现这种愿景而制定变革的战略。
建立人力网络或实现计划	组织和人员配置。建立完成计划所需要的结构，根据结构配置人员，分配责任和权力，制定政策和程序，拟定监督的方法和系统。	步调一致。为了培养理解上述愿景和战略并接受其有效性的团队，通过言语和行为，向任何有关联的人士传达方向。
执行计划	控制和问题解决。将结果同计划进行细节上的比较，发现偏离计划的情况，然后计划和组织解决问题。	激励和鼓舞。通过满足人们基本的但往往未得到满足的需要来鼓励人们克服重大的政治、官僚和资源障碍。
成果	建立某程度上的可预见性和秩序，并且有可能为不同的利益相关者创造一致的和重大的成果（例如，对于顾客可能是准时，而对于股东是完成预算）。	往往带来戏剧性的变革，有能力制造极端有用的变革（如顾客需要的新产品、令企业更有竞争力的新方法等）。

正式的领导和非正式的领导

在任何组织中，我们都可以用职位作为一个人的领导地位的判断标准。正式的领导是指拥有组织授予的权力、带领下属实现组织目标的领导者。而非正式的领导则是拥有影响力，但没有组织正式授权，或者用他们的影响力来反对组织的领导者。正式和非正式的领导者都会运用各种各样的权力，例如奖励、惩罚、专家权力和来自个人魅力的权力。对于组织而言，认同组织目标的非正式领导是一种有价值的资产，而反对组织目标的非正式领导则可能是麻烦的来源。

魅力型领导和变革型领导

魅力型领导（charismatic leader）。魅力（charisma）是能够激发支持和接受的一种人际吸引力。魅力型领导是指主要依赖个人魅力发挥领导作用。魅力型领导的理论基础是，在其他条件相同的情况下，拥有魅力的人更有影响力。

魅力型领导包括三种要素。首先是制定愿景，设立高的预期，并且让自己的行为与这些预期一致。其次，魅力型领导能够用个人的兴奋、信心和成功模式激发他人的热情。魅力型领导者往往具有精湛的沟通能力，能够赢得他人的信任，精力充沛且乐于行动，具有承担风险的勇气。最后，魅力型领导通过支持、同情和表达信心来帮助他人实现目标。

乔布斯

苹果公司的 CEO 乔布斯是魅力型领导的卓越代表，他不是技术天才，也不是管理大师，而更像是狂热的布道者。他在电脑、动画和音乐播放产业中创造出了多项传奇，吸引了大批的追随者，人们都认为是他将苹果公司从困境中拯救出来，再一次走向辉煌。很多中国企业的领导人属于魅力型领导，特别是那些长期担任重要领导职位的个人，例如联想的柳传志、海尔的张瑞敏、TCL 的李东生、华为的任正非等。魅力型领导的缺点是强调个人忠诚和情感依赖，这可能影响下属的发展。可以想像，魅力型领导者的继任往往会成为组织的一个难题。

变革型领导（transformational leader）。变革型领导从另一个角度强调了领导的本质特征：目标，而不是领导者自身的特点。变革型领导是指通过提升下属完成组织中积极的和重大的变革，包括提升下属的目标、荣誉、智力和道德等。

变革型领导是对魅力型领导的拓展，具备魅力型领导的所有特征。但变革型领导更强调领导在组织变革过程中发挥的作用，动员下属为了组织的目标而转换和改变自己的行为，在此过程中实现对自我的突破。因此，变革型领导能够将组织变革和员工成长结合起来。变革型领导鼓励下属用新的观点看待问题和解决问题，有效地运用授权和团队参与帮助员工的成长。1992 年，在 IBM 公司最困难的时候，郭士纳出任公司 CEO。他保留了原有的高层管理团队，但同时也向公司明确发出了变革的信号。他加强了与员工的沟通，让每一个员工都能及时了解公司的方向。在他的率领下，IBM 成功实现了从销售硬件到销售服务的战略变革。国资委李荣融、中粮集团宁高宁、招商银行马蔚华、搜狐公司张朝阳都是变革型领导的代表。

专　题

李荣融领导中央企业实行大变革

2003年，李荣融出任新组建的国有资产管理委员会主任，负责管理直属国务院的中央企业。李荣融将国资委的任务概括为“把交给我们的国有资产搞好”。他并不回避前方的挑战，“国有企业改革20多年来，能改、好改的问题已经基本得到解决，剩下的都是难啃的骨头”。

首先是中央企业的优化问题，哪些保留，哪些合并或退出。李荣融认为，“主业突出”是需要解决的当务之急。2004年底，李荣融提出，中央企业三年内“要做到各自所在行业的前三名，做不到的，你就自己找婆家，你找不到的话，我给你找”。有人戏称他的这番表态让一些中央企业的负责人两个月睡不好觉。2007年，中央企业已经由196家调整到155家。“再用4年的时间，将中央企业调整和重组到80～100家的目标，是可以实现的。”李荣融说，“我感觉任务最重的，就是要培育30～50户具有国际竞争力的大企业大集团。”

接下来就是经营业绩的考核。2003年公布的《中央企业负责人经营业绩考核暂行办法》中确定的基本指标非常简单，只有年度利润总额和净资产收益率指标。2007年的修订中仍然采用了这两项基本指标。此外，根据行业不同还规定了成本指标和资金周转率指标。李荣融说：“一个企业只有四个指标……指标越少越好。”不仅有任期考核，还有年度考核。李荣融与中央企业负责人逐一签署年度经营业绩责任书，任期目标和每年的考核结果公布在国资委的网站上。国资委还一手推动了面向全球的中央企业高管（包括正职）招聘活动。

2007年，中央企业负责人第一任期考核结束，15名中央企业负责人因考核不称职而被免职。2004—2006年中央企业利润年均增长36.7%，净资产收益率达到10.1%，创造了历史上最好的纪录。2007年，中央企业负责人考核的第二个任期开始。

但是李荣融还面临着很多的难题。对国资委的批评从成立之日起就从来没有停歇，批评者认为它强行实行合并和重组的做法是管死企业。中央企业主导所在产业的格局也引起了垄断的批评，对民营企业的政策歧视阻碍了更有活力的民营企业的成长。在近年来房地产利润暴涨的背景下，国资委公布的以房地产为主业的企业多达15家。虽然在2010年共有30家中央企业进入了世界500强，但这些大企业的管理水平、竞争力和社会形象似乎都不理想。例如，中央企业利润大幅增加而在上缴红利方面的表现却不尽如人意，这已经引起了广泛的批评。

李荣融认为，解决这些问题的方法是建立现代企业制度，建立新的公司治理结构，特别是董事会的制度。这是国资委的重大挑战，也是国有企业要搞好的关键。2005年10月，宝钢集团依照《公司法》改建为规范的国有独资公司，成为第一家外部董事全部到位且超过董事会成员半数的中央企业。在具体操作过程中，李荣融还表现出高度的灵活性。比如，针对大多数中央企业不愿意搞董事会试点，在选择试点时就找那些变动中的企业——领导人即将退休、企业面临重组，等等，在这种处境中的中央企业领导更愿意积极引入变革。“我希望，这项工作能够在我的任期内完成。”李荣融说。

（国资委网站：www.sasac.gov.cn）

思考题：李荣融的哪些做法表明他是一名变革型领导？

领导风格

领导风格（leadership style）是指领导者相对一贯的行为模式。领导风格主要包括独裁型、参与型和放任型。

独裁型领导是指独自作出决定而不向他人咨询。独裁型领导认为完成任务是首要的，他们要求群体服从领导的决策而不考虑群体对决策的感受。典型的独裁行为包括告诉他人做什么和如何做、坚持自己的权力和树立榜样。娃哈哈公司的宗庆后的领导风格属于这一类别，他本人能够快速作出许多重大决定，不需要太多来自他人的咨询意见。

参与型领导是指由团队成员共同作出决策。典型的参与型领导行为包括信息分享、对团队成员进行培训、就他们的需要进行商谈以及与他人进行合作。参与型领导风格可以改进员工满意度，更适合发挥团队合作的效力和满足以专业人员为主的员工队伍参与决策的要求。有趣的是，研究表明，参与型领导并不能提高决策的质量。

放任型领导是指由管理者制定目标，而员工可以采取自由方式实现目标的领导风格。在由高度专业化的知识工作者构成的组织中，管理者往往不能在技术上提供指导，员工的成就更多地取决于同行的评议。例如，医院、研究机构、演出团体就属于这一类型的组织。在制定目标后，管理者的工作主要是理解和创造有利的环境，采用这一领导风格的组织正在增加。

人们往往希望知道哪一种领导风格是最好的，研究的结果对此给出了否定的回答。在实践中，任何一种领导风格都可能是有效的，而同一位领导者在不同场合下可能采用不同的领导风格。优秀的领导者有能力针对具体情况和具体员工采用适当的领导风格，他在这样做的时候可能是无意识的，这也反映了领导行为的高度复杂性。

授　权

中国的父母在子女教育中常犯的一个错误是包办一切，尽管做父母的一般也知道这样做的弊端，但在现实中却往往忍不住要这样做。在管理者的工作中，我们也经常看到类似的情景。有的管理者事必躬亲，自己疲惫不堪，而员工却抱怨根本无从发挥主动性。这样的管理者就是在授权方面出现了问题。

授权（empowerment）是将管理者的决策权和责任授予群体中的成员，让他们能够更好地对客户的要求作出反应。授权有几项优势：第一，员工比管理者更加靠近客户，他们更了解客户的需要。通过授权，组织可以更好地满足客户。第

JP 给自己戴上许多帽子，他就是不懂授权。

二，授权减少了请示报告的环节，从而能够对客户要求更快速地作出反应，提高竞争力。第三，授权可以发挥员工的主动性，组织可以获得更多更好的决策和结果。在知识型的企业中，由于信息的透明和决策的专业性，员工的决策水平并不低于管理者。第四，授权是员工发展（能力更强、绩效更高）的重要途径。今天，组织的成功在很大程度上取决于员工的发展。

很多管理者抵制授权，认为授权可能导致削减他们的权力。还有一些管理者则在授权时受挫而不愿意授权。授权的成功也取决于几项因素：第一是要保证信息透明，员工必须充分理解他们的行为对公司绩效的影响；第二是权利和责任要平衡；第三是建立可靠的监控系统，对授权可能引发的问题建立预备方案。最后，管理者通常至少会保留一部分关键的工作在自己手上。授权并不是让管理者退出工作，而是让管理者脱离细节。通过合理的授权，管理者可以获得提高绩效、发展员工的成果。

4.6 控制

控制（controlling）是对组织活动进行监督和评估，保证组织的行动朝向组织的目标。

控制是一种机制，当组织活动偏离了目标和组织的重要原则时，控制可以帮助组织发现问题并做出处理。控制还可以帮助组织更好地适应环境的变化，提醒组织及时作出反应。如果没有控制，组织连自己是否实现了目标都不知道。

控制过程的步骤

控制过程包括 4 个基本的步骤，图 4.7 对上述步骤进行了描述，注意上面的虚线部分表示控制是一个循环的过程。

- **建立标准**。标准是组织设立的用于对绩效进行比较的一个目标。标准应当是可衡量的。例如，麦当劳的汉堡的保质期是 10 分钟。标准还应当体现出组织的战略。例如，注重研究能力的大学可能要求学生在毕业时必须发表若干篇论文。

- **衡量绩效**。绝大多数组织持续不断地进行绩效衡量，而且将绩效分解为不同的方面来进行衡量。绩效衡量的难点在于制定适当的绩效指标，即使有了适当的绩效指标，还要随着环境的改变进行调整。对于企业来说，财务绩效是最主要的绩效指标。预算、报销、会计报告和审计报告是常见的衡量形式。
- **对绩效与标准进行对比**。当绩效指标简单和单一的时候，对比的工作就比较容易。如果绩效指标复杂，需要进行多重对比时，以及在目标间存在冲突时，对比的工作就相对较难。例如对政府绩效进行评估就非常复杂，政府工作报告中涉及的主题非常多，人们很难由此作出一个一致的评定。
- **采取纠正的行动**。经过对比，管理者面临三种选择：维持现状、纠正偏差和改变标准。如果绩效与指标一致，通常管理者会维持现状。如果绩效低于指标，则需要努力让两者靠近。管理者首先会检查运作过程中的问题，这就是纠正。如果这方面没有问题，那么就要考虑标准是否恰当。

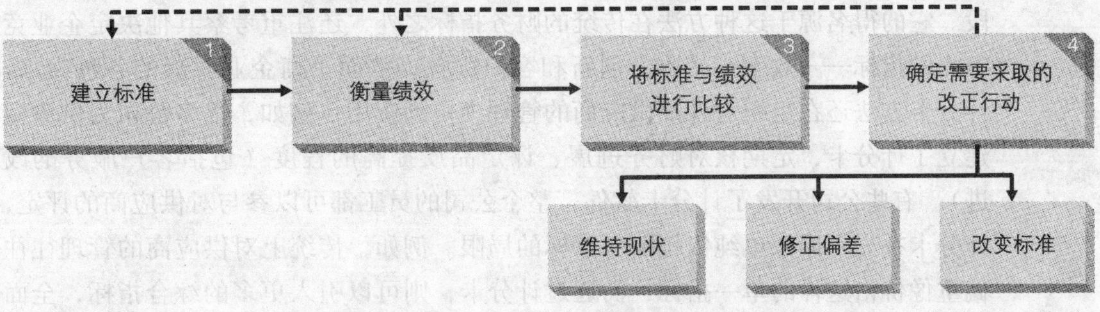

图4.7 控制过程的4个基本步骤

非财务性的控制

尽管财务性指标仍然是当前企业所使用的主要控制指标，但来自其他高效能组织的运营经验也启发管理者更多采用非财务性的控制方法，组织文化就是其中重要的一种。

组织文化。组织文化（organization culture）是组织成员所共同拥有的一组价值观、信仰、行为、习惯和态度。组织文化帮助组织成员理解组织的立场、行为方式和组织所关心的问题。组织文化在塑造组织行为方面扮演着重要的角色。有些组织表现出明显与众不同的行为特点，例如华为公司在竞争中往往采取高压的手段，而联想公司则强调不达目的誓不罢休的精神，这些持续、稳定、外在的特征是组织文化的体现。

组织文化是组织长期发展的结果，创始人往往对组织文化有强烈的影响。人们很难将苹果公司所表现出的对创新的追求与乔布斯个人区分开来。组织历史上的成功与经验对文化的形成起着重要的作用，同仁堂就是在多年成功承办御用官药的历史过程中形成了独特的高度重视药品质量的文化，并以此建立了强大的优势。组织可以对本身的文化进行管理。例如，沃尔玛和戴尔公司都很强调聘用与公司价值观相近的员工，从而强化已有的组织文化。

组织文化也可能对组织的发展带来阻碍，特别是在组织通过自我改造适应环境要求时。组织文化一旦形成，变革起来将极为困难。因为组织文化是无形的，很难用具体的指标来规定它的改变。在国有企业转制的过程中，组织文化的变革往往被视为难度最大的一项。

客户满意。除了组织文化之外，有的组织还会特别强调客户满意。客户满意（customer satisfaction）是以客户为导向的企业的评估标准，因为满意的客户能够提高组织利润和实现竞争优势。以信用卡服务为例，在这样的企业中，单纯强调财务目标可能导致牺牲长期性，因为企业可能变得以客户利润而不是客户满意为导向。

平衡计分卡（balanced scorecard）是近年来得到广泛重视的一种绩效监测手段。它的得名源于这种方法在传统的财务指标之外，还注重考察其他决定企业竞争力的指标——效率、品质、创新和客户服务，从而平衡企业发展的各种需求。计分卡方法还在组织对外部供应商的管理中得到应用。例如，很多公司为供应商建立了计分卡，定期核对财务进展、评定品质提高的程度（包括客户服务的改进）。有些公司开发了计分卡软件，整个公司的员工都可以参与对供应商的评定，计分卡补充了原来单纯依赖财务指标的局限。例如，传统上对供应商的管理往往偏重像价格这样的单一指标，而通过计分卡，则可以引入更多的综合指标，全面衡量合作的成果。计分卡的评定还有利于双方找出流程中的问题，共同改进，建立伙伴关系。

4.7 什么是有效的管理者

管理者可以享受权力和高收入带来的满足，但同时也要承担起管理者的各种责任和压力。现代组织对绩效的要求越来越高，考察的方法也越来越细致，管理者的工作变得越来越繁忙，他们必须满足组织、下属、外部组织的各种要求。

管理者的角色要求

不论管理者在组织中处于哪个层次，也不论他们的具体工作如何，他们都必须承担起一些共同的角色，具备类似的技能。

我们对管理者角色要求的理解主要来自管理学大师亨利·明茨伯格教授的研究。在研究中，明茨伯格仔细地观察了管理者的日常工作，他发现管理者扮演着 10 种不同的角色。表 4.3 对这些角色进行了归纳，分为三个大类。

表 4.3

10 种基本的管理角色

类 别	角 色	典型活动
人际关系	精神领袖，领导者，联系人	参加新工厂落成典礼，与员工交谈进行鼓励，协调项目组之间的活动
信息	跟踪者，传播者，发言人	分析产业发展，发布组织新的行动计划，发言说明组织对某一问题的看法
决策	企业家，干扰排除者，资源分配者，谈判者	提出创新的观念，解决下属或部门间的冲突，审查和修改预算，与关键供应商达成协议

- 人际关系角色包括精神领袖、领导者、联系人。

  管理者往往应邀在某些场合出现，即使他本人没有参与这些活动，这是精神领袖的角色。管理者通常扮演领导者的角色，组织下属为某一目标而努力。此外，管理者还要负责他所在的群体或团队对外联系的角色，例如争取资源、建立对外合作关系。

- 信息角色是指管理者对信息的收集和处理。

  作为跟踪者，管理者要通过各种渠道收集对组织有影响的信息。作为传播者，他还要负责在组织中正式地传播信息，包括讲解新的政策和注意事项。最后，管理者负责对外发布信息，是组织或群体的发言人。

- 管理者的决策角色包括 4 种形态。

  作为企业家，管理者是变革的发动者。作为干扰排除者，管理者需要及时处理提交给他的各种问题。作为资源分配者，管理者决定着如何分配资源可以获得最大的绩效。作为谈判者，管理者代表自己的组织或群体进行对内或对外谈判。

管理者的技能要求

管理者只有具备特定的技能才能承担起管理工作。最基本的管理技能包括技术技能、人际关系技能和概念技能。

- 技术技能是完成一个特定项目（如销售或开发）或部门（如财务、营销）相关任务的能力。
- 人际关系技能是有效的沟通、理解和激励个人与群体的能力，不仅包括与下属之间的关系，还包括与上级、同级和外部组织之间的关系。

- 概念技能是进行抽象思考的能力，管理者要理解组织的各个部分如何结合为一个整体，进行战略性的思考。

不同层次的管理者对技能的要求是不同的，表4.4描述了管理层次与技能要求之间的关系。我们可以看到，对于高层管理者，概念技能和人际关系技能非常重要，而技术技能的重要性相对下降。但对于基层管理者，技术技能的要求则很高。

表4.4

管理层次与技能要求之间的对应

	技术技能要求	人际关系技能要求	概念技能要求
高层	普通	很高	很高
中层	较高	较高	较高
基层	很高	较高	普通

21世纪管理者面临的新挑战

与他们的前辈相比，21世纪的管理者在两项技能上面临着日益严峻的考验：全球管理和信息技术。

全球管理。新一代管理者必须具备在全球环境中竞争所需要的工具、技能和技术。他们必须理解海外市场、文化差异、外国竞争对手的行为。越来越多的管理者被派往海外从事管理工作，他们往往肩负着将本公司文化和优秀实践转移到海外的使命。拥有海外经历的员工成为企业竞争优势的来源。

信息技术。信息处理向来是管理者工作中的一项中心活动。今天，管理者面临着海量的信息。同时，新的、帮助管理者处理信息的技术也层出不穷，而对这些技术的有效掌握和使用则是组织竞争力的一项标志。在产业内部，高绩效的组织往往是信息技术的领先使用者和管理者。计算机网络可以帮助管理者打破传统的自上而下的交流，打破地区和时间造成的间隔，为群体和团队的建设提供无限的可能性。

本章小结

1. 管理是通过资源的组合和协调，以有效率和有效能的方式实现组织目标的过程。高绩效的企业通常既有效率又有效能。

2. 竞争优势是指企业的赢利能力高于行业平均水平，持续的竞争优势是指企业的赢利能力多年高于行业平均水平。持续的竞争优势是衡量企业管理水平的最终指标。

3. 管理的基本职能是计划与决策、组织、领导和控制。

4. 使命是组织的基本目标，价值观是指

导组织完成使命的行动原则，目标是组织在一定期间内期望达到的结果。

5. 企业为实现目标制定战略计划、战术计划和运作计划。决策是在两个或多个行动方案中做出选择。理性决策模型描述了理想的决策形式。

6. 企业的竞争优势来源于独特的资源和能力组合所形成的企业核心竞争力。核心竞争力的四项标准是有价值、无法替代、稀少和难以模仿。价值链分析有助于企业明确和提高核心竞争力。

7. 组织是动员人力和资源实施计划的职能。组织职能决定企业的结构和层次划分，根据企业的战略计划配置人员。组织职能还包括利益相关者的管理。

8. 领导是通过激励和鼓舞他人实现组织目标或群体的过程。魅力型领导依靠个人魅力发挥领导作用，变革型领导通过提升下属完成组织的变革。

9. 领导风格是领导者相对一贯的行为模式，包括独裁型领导、参与型领导和放任型领导。合理的授权有助于发展员工、提高管理者的绩效。

10. 控制是根据组织的目标对组织活动进行监督和评估的职能。组织文化、客户满意和平衡计分卡是主要的非财务性控制指标。

11. 管理者在工作中需要扮演人际关系、信息和决策三类角色。管理者的技能要求包括技术技能、人际关系技能和概念技能。不同层次的管理者对技能的要求是不一样的。

关键概念

管理　效率　效能　可持续的竞争优势　管理职能　使命　价值观　目标　战略规划　SWOT分析法　资源　能力　核心竞争力　价值链分析　决策　问题解决　组织职能　利益相关者　领导　魅力型领导　变革型领导　独裁型领导　参与型领导　放任型领导　授权　控制　组织文化　平衡计分卡

思考题

1. 根据管理的定义说明企业如何做到有效率和有效能。

2. 现代管理学认为基本的管理职能有哪些？

3. 战术计划和运营计划有何区别？

4. 什么是理性决策模型？为什么人们的决策经常不符合理性决策模型？

5. 人员配置主要包括哪些工作？

6. 企业的资源和能力越多越好吗？试分析。

7. 核心竞争力的4项标准是什么，举出一个企业的例子来说明。

8. 价值链分析对企业有何帮助？

9. 只有拥有领导职务的人才能进行领导吗？简要分析。

10. 领导与管理的区别主要是什么？

11. 什么情况下企业更需要魅力型领导？

12. 医院、交响乐队和大学更有可能适合哪种领导风格？

13. 授权的主要优点是什么？

14. 组织文化如何起到控制的作用？

15. 平衡计分卡在绩效考核上的主要突破是什么？

网络练习

2009年3月，以创始人身份复出担任联想集团董事长的柳传志给全体员工写了一封信，解释公司当前的困难和对未来的信心。请在网络上找到这封信，阅读后回答下列问题：

1. 柳传志在这封中承担着哪几种管理角色？

2. 柳传志在信中表现出魅力型领导还是变革型领导的特点？

（如果查找困难，可以向教师索要这封信的原文。）

开篇案例讨论题

1. 根据案例提供的信息分析万科管理层如何实现管理的4项基本职能。

2. 分析万科减法决策的合理性。万科是否还有其他选择？

3. 万科的企业价值观对提高企业竞争力有何作用。

自我评价测试

你是或可能是哪种风格的领导者

指导语 回答下面的问题，在情境中或所描述的态度中，回忆你是怎么做的，或你会怎样做。

	非常正确	非常不正确
1. 对于那些影响重大的任务，我宁愿自己亲自处理，而不愿交给小组成员处理。	____	____
2. 我更喜欢领导者工作中分析性的那方面，而不喜欢那些直接和组员接触的工作。	____	____
3. 我管理团队的方法中重要的一条是，几乎每天都告知成员那些会影响他们工作的任何信息。	____	____
4. 把一个问题交给两名组员，然后从中选择一个最好的解决方法，这是一个不错的想法。	____	____
5. 作为一名领导者或管理者，和组员保持适当的距离是有道理的，因为这样可以在必要时制定强硬的决策。	____	____
6. 在制定决策前，我会寻找机会获得组员的信息，即使这个问题很容易解决。	____	____
7. 如果许多组员都给出证据说明我是错的，我就会推翻我的决定。	____	____

	非常正确	非常不正确
8. 工作团队中的观点差异是有益的。	____	____
9. 我认为把时间花在建设团队精神的行为上是很明智的，例如在周六的时候大家一起帮助一个穷困的家庭修补房屋。	____	____
10. 如果我的团队要雇用一名新人，我希望整个群体的人都可以面试一下这个人。	____	____
11. 当今一名有效率的团队领导者采用电子邮件处理98%的沟通问题。	____	____
12. 许多最好的想法都来自于群体成员，而不是管理者。	____	____
13. 如果我的团队要举行一个宴会，我会收集每位成员对于应该提供哪种食物的看法。	____	____
14. 我从未在博物馆或公园里看到过一个委员会的塑像，所以如果你想要名垂青史，何必要费力地进行群体决策呢？	____	____
15. 我非常不喜欢团队成员就我对一个问题的立场提出挑战。	____	____
16. 我通常会向团队成员解释他们应该如何（用什么方法）成功完成工作任务。	____	____
17. 即使我离开办公室一个星期，部门中大多数重要的工作仍然会被完成。	____	____
18. 将重要的工作授权对于我来说可能是（或根本就是）相当困难的事情。	____	____
19. 当一名团队成员因为有问题来找我时，我倾向于马上给出自己的解决意见。	____	____
20. 当一名团队成员因为有问题来找我时，我通常会这样问这个人：“到目前为止，你还想到过哪些别的解决方法呢？”	____	____

第 5 章

创建灵活的组织结构

本章学习要点

- 理解管理中的组织工作
- 分析组织构建过程中的问题
- 理解组织中职位间的报告关系
- 分析委派和分权
- 了解组织结构的模式
- 描述组织变革的类型

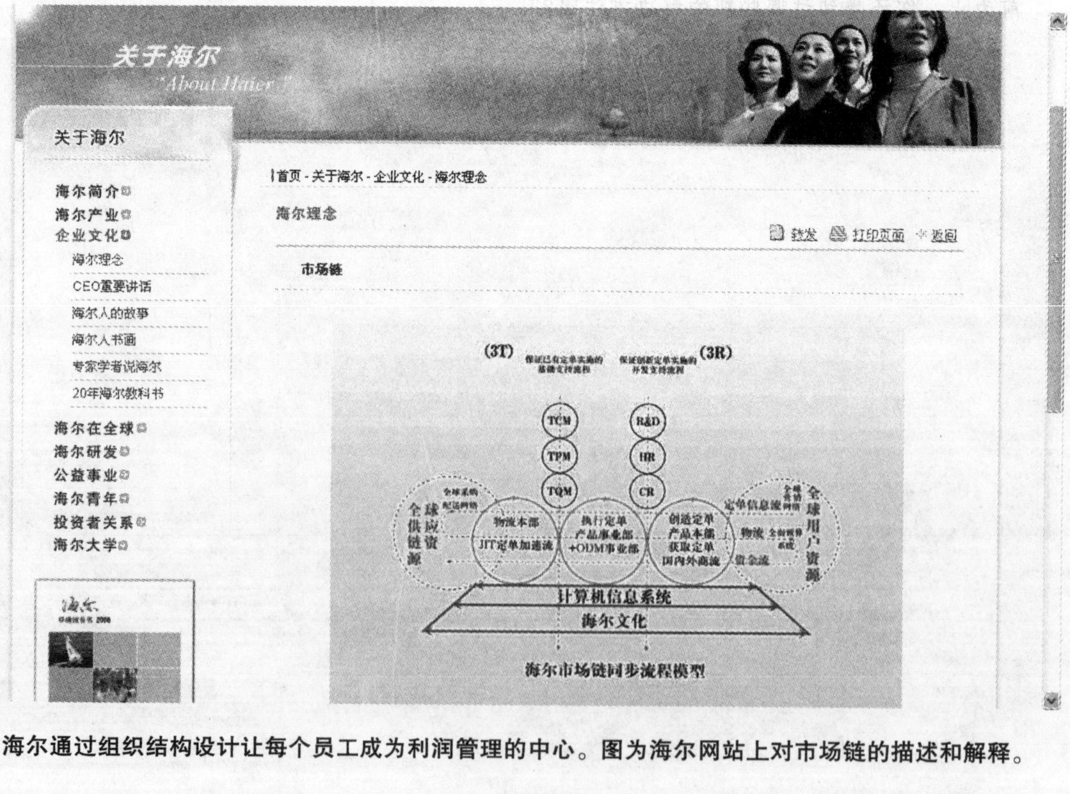

海尔通过组织结构设计让每个员工成为利润管理的中心。图为海尔网站上对市场链的描述和解释。

开篇案例

海尔集团组织结构的演变

海尔集团是世界第四大白色家电（冰箱、空调、洗衣机等）生产商，2008年的销售额超过了1 200亿元人民币。这样庞大的销售额来自多元化的产品线，从家用电器到商用空调、金融服务等。海尔的员工超过5万人，管理如此庞大的企业，当家人张瑞敏最担心的是“困扰中国企业的三座大山”：不良品、应收账款和库存。

张瑞敏认为，解决这个问题的办法在于让每一位员工都对自己的工作充分负责，让每一位员工都承担起决策的责任，也就是成为自主经营的主体。而要做到这一点，不能靠CEO个人，甚至也不能仅仅靠管理团队，而要靠制度和组织设计相配合。对于海尔来说，这样的制度就是市场链和人单合一的理想。其组织设计则经历了变化多样的发展阶段。

1985—1994年，海尔采取的是直线型的组织结构。公司按部门划分职能，实行命令式管理。这种结构的特点是行政集权，效率高。它在海尔迅速成长的初期是一种有效的模式。但是，当海尔的销售额超过10亿元、产品线开始多元化之后，它的弊端就逐渐暴露出来。高层领导花费大量时间用于部门间的协调，而不同产品对企业经营的要求不尽相同，事实上无法有效管理。1994年之后，海尔采取了事业部制，建立了冰箱、洗衣机、空调等事业部，“集中决策、分散经营”。每个事业部都拥有自己的职能部门，可以专注于自己的产品线，提高市场反应，改进客户服务。总部只负责投资决策，对事业部进行利润考核。我们看到，海尔组织设计力图在两个维度之间保持平衡：集权和市场反应。

但张瑞敏并不满足，他希望将企业的经营压力落实到每一个人，让每个员工直接面对市场。为此，海尔进行了大规模的流程再造。从面向职能的管理转变为面向流程的管理，让组织中的员工不再服从于具体的职能部门的需要，而是围绕流程展开作业，最终做到服从于客户满意的需要。

1998年，张瑞敏提出了市场链流程再造的观点。所谓市场链是指从订单获得开始到结算结束的贯穿整个企业的流程。在这个流程上，客户的真实需求是企业活动的起点，没有订单则一切活动都是亏损。所有的人都根据市场的要求来工作——以订单信息流来带动物流、资金流的运转。因为这是有订单的，所以生产出来不会形成库存，而且可以做到现款现货，产品到用户手里就可以拿到资金。这使整个企业运作流畅，搬掉“三座大山”。

在企业内部，将所有的部门和人员都围绕市场链组织起来，订单流入意味着所有的部门都被激活，采购、生产、发货、收款环环相扣。为了引入市场的压力，在上下流程、上下工序和岗位之间形成索酬和索赔的关系。例如，生产部门完成了营销部门的订单，则可以向营销部门索取报酬。反之，如果生产部门没有按照订单要求执行，则营销部门可以向其索赔。在市场销售方面，销售人员完全对订单负责。比如一个销售人员下了一万台订单，这一万台对他来说就是负债，卖了就有收益，卖不了就是亏损。海尔将这些指标进一步细化到每个人，把外部市场订单转变成一系列内部市场订单，形成以“订单”为中心、人人负责、自行调节运行的业务链。员工不再是对主管负责，而是直接对市场负责。由于指标明确，信息透明，员工可以计算出自己的报酬。

信息技术为海尔实现流程再造提供了基础。2002 年开始，海尔全面推行条形码制度，实现了对每个产品每个工位的跟踪。现在，海尔已经可以做到跟踪从订单开始到结算的全部过程，产品有问题可以追究到每一道工序中具体的员工，而产品的销售也是以扫描条形码的方式得到确认，从而实现了人、单、收入的合一。2007 年 4 月，海尔开始实行二次再造，其订单响应速度由 15 天缩短到 7 天。

在传统层级组织中，高层管理者思考，而基层人员行动；经过市场链再造，张瑞敏要做到，海尔每一个人的思考与行动合为一体。正如管理大师杰克·韦尔奇所说：“旧的组织建立在控制之上，但是世界已经改变……你必须在自由和控制之间取得平衡，但是你会有比想像中还多的自由。”

目前，以市场链为核心的流程再造还在进行当中，学界和企业界也提出了许多不同的意见。有人认为市场链的概念没有理论依据，有人认为市场链的做法不近人情，与以人为本的现代企业精神相对立，也有人认为市场链只是一种理想，其中涉及的工作量太大，不可能实现。同时，市场链将责任分解到个人的做法会导致员工之间和组织内部的冲突，破坏团队合作的精神。海尔还需要用自己的进一步成功来回应这些疑问。

从海尔的案例中我们可以看到，海尔一直在对自己的组织方式进行调整。例如，在组织发展的不同阶段需要不同的组织方式，不同的组织战略和组织目标也意味着不同的组织形式，而不同的组织结构和组织方式决定着组织的不同效能。事实上，不存在一种适合于所有组织的最佳组织形式。随着环境的变化，组织的形式必须作出相应的改变以更好地利用机会和克服威胁，实现长期的、可持续的竞争优势。

本章我们先来讨论组织的定义和组织设计的过程。然后分析组织设计过程中可能遇到的具体问题，包括工作的设计、部门的设计、如何做好授权以及管理幅度的控制。接下来，我们对 4 种基本的组织结构进行描述。我们还对组织文化的概念进行了阐述。最后，我们讨论了组织创业和如何在组织中实行变革。

5.1　组织工作

管理中的组织工作（organizing）是指如何对组织的活动和资源进行组合以保证组织的计划得到实施。小到夫妻店，大到像联想和中国移动这样拥有成千上万员工的企业，都需要通过组织工作来实现自己的目标。

任何组织都要决定员工从哪里来，让每个人做什么，由谁来领导一项工作，等等。这些活动就是组织工作的基本要素，现代管理学强调从结构的角度来理解组织的这些活动。组织结构图是帮助人们认识这些组织要素的基本方法之一。

组织结构图（organization chart）是代表组织中职位和报告关系的图示，图5.1是一个典型的企业组织结构图。每个方块代表一个职位，最上面是总裁，然后是副总裁。连接总裁和副总裁职位的实线代表两者位于指挥链之上。**指挥链**（chain of command）是从组织最高层到最基层的权力伸展链条。链条上相邻两点代表着报告关系，位于下方的职位向位于上方的职位报告和负责。在组织结构图中，与法律、公关、人力资源等部门联系的线条是虚线。这代表这些部门中的成员没有直接纳入指挥链上，他们扮演的是咨询或辅助的角色。

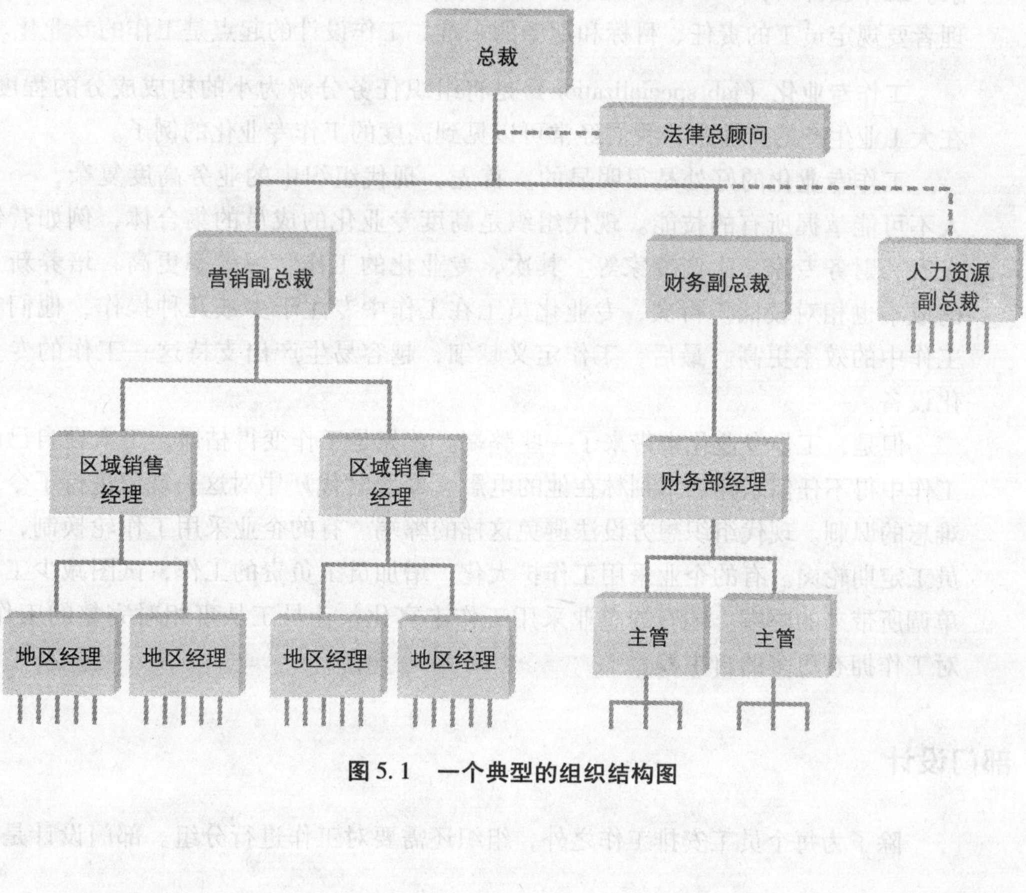

图5.1　一个典型的组织结构图

通常在新员工入职时，组织都会派人专门讲解组织结构图，它以直观的方式告诉员工自己在组织中的位置和报告、责任关系。在组织为适应新的战略而作出重大调整时，通常也伴随着新的组织结构图的发布。不过，对于大型组织而言，清楚地描绘组织结构图是一件非常困难的工作，因为大型组织的职位数量大、种类繁多。此外，大型组织的职位总是处于变化之中，很难描绘出准确的组织结构图。

5.2 组织构建过程中的问题

在组织的构建过程中，管理者必须对5个基本步骤作出决策：工作设计、部门化的方法、建立指挥链、管理幅度的大小和委派。我们在下面分别对这些步骤进行分析。

工作设计

在组织构建的过程中，需要将员工安置在不同的岗位上，并且提出具体的要求。**工作设计**（job design）是与个人有关的工作职责的确定。在工作设计中，管理者要规定员工的责任、目标和期望的水准。工作设计的起点是工作的专业化。

工作专业化（job specialization）是将组织任务分解为小的构成成分的程度。在大工业生产的产业中，我们经常可以见到高度的工作专业化的例子。

工作专业化的好处是很明显的。首先，现代组织中的业务高度复杂，一个人不可能掌握所有的技能。现代组织是高度专业化的成员的集合体，例如营销专家、财务专家、生产专家等。其次，专业化的工作学习效率更高，培养新人的成本也相对较低。再次，专业化员工在工作中专注于少数几种操作，他们在工作中的效率更高。最后，工作定义越细，越容易生产出支持这一工作的专业化设备。

但是，工作专业化也带来了一些弊端。首先是工作变得枯燥，工人在自己的工作中得不任何乐趣，卓别林在他的电影《摩登时代》中对这一现象进行了令人难忘的讽刺。现代组织想方设法避免这样的弊端。有的企业采用工作轮换制，让员工定期轮岗。有的企业采用工作扩大化，增加员工负责的工作，试图减少工作单调所带来的弊端。还有的企业采用工作丰富化，让员工从事相对完整的工作，对工作拥有更多的自主权。

部门设计

除了为每个员工安排工作之外，组织还需要对工作进行分组。部门设计是组织对工作进行分组的方法，也称部门化（departmentalization）。

在规模较小的组织中，老板或经理可能自己亲自管理所有的工作。但是，随着组织的成长，工作越来越多、越来越复杂，这种管理方式就不适用了。组织会建立一些部门来负责专门的工作，这样的过程不是随便发生的，它遵循着部门化的逻辑。

2007年，海尔将旗下业务组成六大集团：白电集团，包括冰箱、冷柜、空调和洗衣机等12大产品；数码及个人产品集团，包括彩电、手机、电脑等；客户解决方案集团，包括商用空调、三菱空调、家居等；还有装备品制造集团、金融集团和商业流通集团。海尔认为，这样的部门设计有助于它提高在国际市场上的竞争力。

常见的部门化方法包括职能、产品、顾客和地域。图5.2是一家虚拟的IT公司的组织结构图。

- 职能部门化。这是最常见的部门化方法，组织将同类或类似的职位组合起来形成部门。例如IT公司计算机事业部包括了制造、财务、销售三个部门，每个部门代表一种组织职能。职能法的优点是指挥便利、专业化和内部协调好。它的缺点是容易僵化。
- 产品部门化。这是一种围绕产品和产品群组来组织和安排业务活动的部门化方法。我们看到，这家IT公司将公司业务划分为计算机事业部和软件事业部。产品部门化的优点是产品和产品群组的优势得到充分体现、决策的速度较快、绩效衡量相对容易。它的缺点是部门会形成自己的利益以及职能的重复。

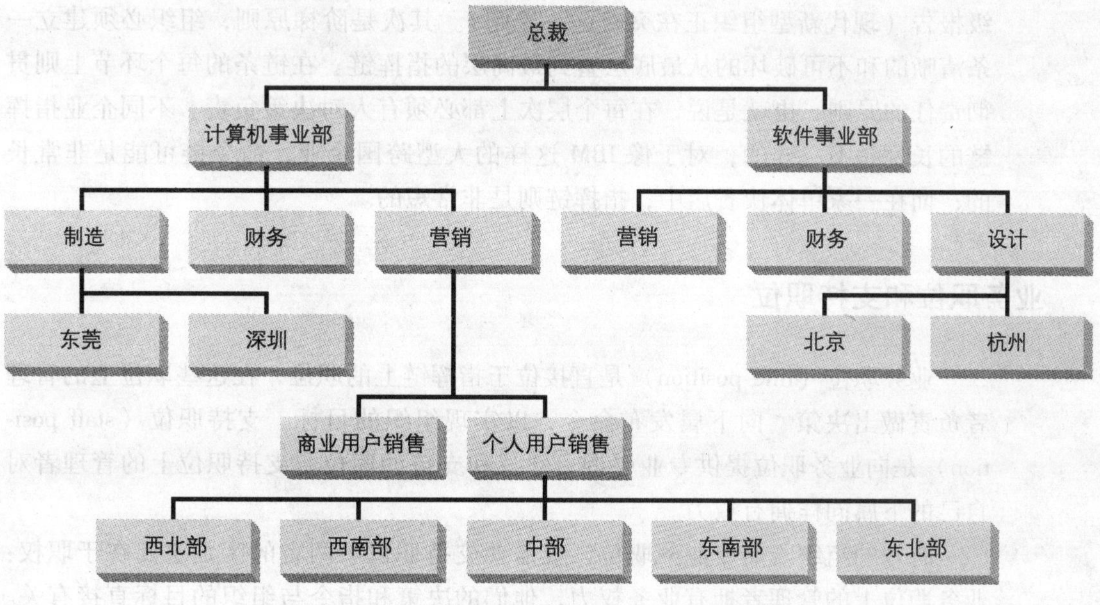

图5.2 一家虚拟的IT公司的组织结构图

- 顾客部门化。这是一种围绕顾客或顾客群体的响应和互动组织业务活动的部门化方法。例如，IT公司将销售业务划分为商业用户销售和个人用户销售，这两类顾客的行为特点差别很大，因此适用不同的销售方式和服务方式。顾客部门化的优点是服务满意度高，缺点是成本较高。
- 地域部门化。这是一种根据规定的区域组织业务活动的部门化方法。地域的划分非常灵活，可以是一个城市中的不同街区，也可能是跨省的地区。地域部门化是销售和服务业务最常用的部门化形式，主要是根据组织活动中的交通因素、地域消费行为特点所决定的。

5.3　职位间的报告关系

在对工作和部门作出规定之后，组织还需要对职位间的关系作出规定。例如，如果总经理下设营销部和生产部，那么是营销部向生产部报告，还是相反，或是两者都向总经理报告？在建立职位间的报告关系时，主要考虑是两个方面的问题：指挥链和管理幅度。

指挥链

本章前面部分提到的指挥链（chain of command）是20世纪初叶开始流行的概念，描述了组织内各职位间清楚而明确的命令关系。指挥链包括两个原则：首先是指挥的统一性，组织内任何一个人都必须明确地向一位上级并且只向一位上级报告（现代新型组织正在突破这一原则）。其次是阶梯原则，组织必须建立一条清晰的和不可破坏的从最底层直到最高层的指挥链。在链条的每个环节上则贯彻责任的原则，也就是说，在每个层次上都必须有人对决策负责。不同企业指挥链的长度是不一样的，对于像IBM这样的大型跨国企业，命令链可能是非常长的；而在一家单体快餐店中，指挥链则是非常短的。

业务职位和支持职位

业务职位（line position）是直接位于指挥链上的职位，在这些职位上的管理者负责做出决策、向下属发布命令，以实现组织的目标。支持职位（staff position）是向业务职位提供专业咨询、建议和支持的职位。支持职位上的管理者对自己的下属同样拥有权力。

有效的组织既需要业务职位，也需要支持职位。两者的区别主要在于职权：业务职位上的管理者拥有业务权力，他们的决策和指令与组织的目标直接有关。而支持职位上的管理者则没有这样的权限。他们的权力是属于建议权或职能权。

咨询权是对决策提供咨询，职能权是在自己的专业范围内享有的决策和指令权。人力资源经理、法律顾问、公关经理都是支持性职位的代表。与支持职位相比，业务职位直接促成组织目标的实现，因此组织倾向于尽量减少支持职位在全部管理性职位中所占的比例。

宽幅与窄幅

指挥链明确之后，还需要决定指挥链上的每位管理者管理多少名报告者。管理幅度（span of management），也称控制幅度，是指有多少人向一位管理者报告。许多研究者试图了解是否存在最优的管理幅度，有些研究者主张管理幅度不要超过6个下属。影响管理幅度的因素主要是下属数目的增加对管理复杂性的影响，包括管理者和下属、下属和下属之间以及下属群体之间的关系的复杂程度。这意味着，从9个下属增加到10个下属要远比从3个下属增加到4个下属复杂得多。管理工作的性质也是影响因素之一，例如管理操作性员工的管理幅度可能大一些，而中高层管理者的管理幅度则要小一些。此外，管理者和下属的能力也会影响适当管理幅度的确定。由于上述因素的组合变化多端，事实上不存在一个片面的最优管理幅度。表5.1列出了一些影响管理幅度的因素。

表5.1

影响管理幅度的因素

1. 管理者和下属的能力（能力越强，管理幅度越宽）。
2. 下属的物理分布（分布越广，管理幅度越窄）。
3. 管理工作中非监督性工作的多少（非监督性工作越多，管理幅度越窄）。
4. 互动的要求（互动要求越少，管理幅度越宽）。
5. 程序标准化程度（标准化程度越高，管理幅度越宽）。
6. 管理任务的相似性（相似性越高，管理幅度越宽）。
7. 新问题出现的频率（频率越高，管理幅度越窄）。
8. 管理者和下属的偏好。

高大的组织和扁平的组织

管理幅度影响着组织的层次高度，如图5.3所示。假设一家组织有32个成员，如果管理幅度较窄，必然导致层次增加，在这个例子的上图中有5个层次。相反，如果管理幅度较宽，则组织层次将会减少，下图的组织只有3个层次。高大的结构将导致成本高昂贵，组织可能需要大量的中层经理。此外，高大的结构还会导致沟通的困难。管理专家们几乎总是赞美扁平结构，认为在这样的结构下士气和生产力水平更高。信息技术的发展为削减中间层次提供了条件，因为高层管理者可以更方便和更准确地获得信息和监督活动，而不像之前那样依赖中层经理。但是，过度扁平的组织设计可能导致管理者负担过重，最终损害组织的绩效。

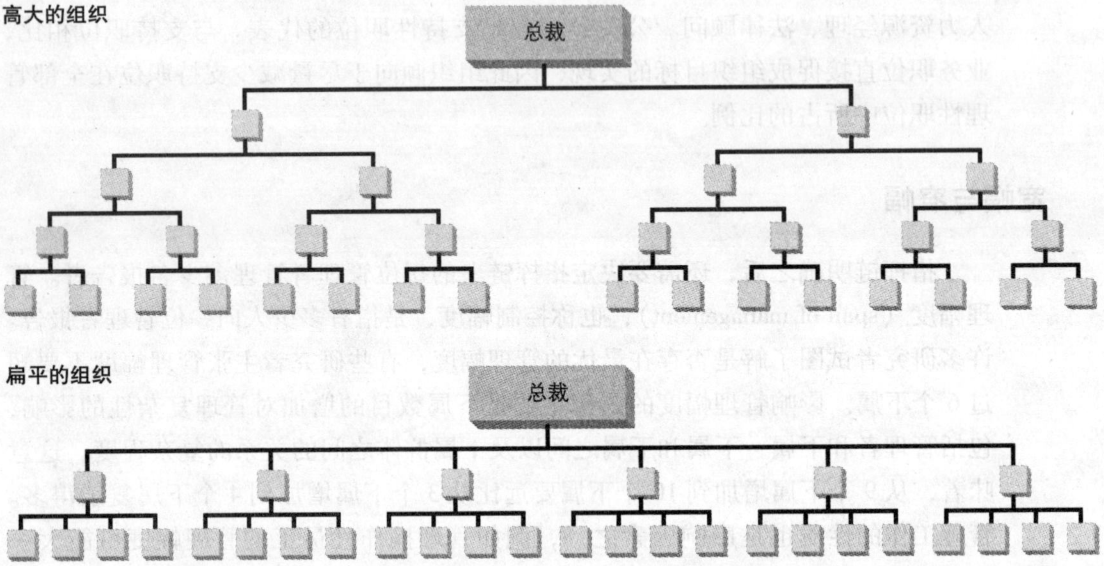

图 5.3　扁平的组织与高大的组织

5.4　委派和分权

在前面的部分中，我们谈到了职位间的报告关系，下面我们来讨论权力在职位间的分配。职权是组织授予其成员的合法权力。例如，一名销售人员在销售活动中并不需要事事请示。他会根据管理者的规定在某些问题上自行决定，在某些问题上和同伴商议决定，而在另一些问题上则进行请示，组织给予的职权是这名销售人员在作出判断时的依据。管理者依靠员工来完成工作，而不是事事亲力亲为。在分配职权时，管理者需要处理的两个问题是委派和分权。

委　派

委派（delegation）是管理者和一个或多个下属间的职权模式，是管理者将部分工作转移给他人的过程。委派是从组织职位间关系角度处理前一章中所讲过的授权问题。

委派的合理性。一个人包打天下是行不通的，委派是为了让管理者可以完成更多的工作，因为管理者可以通过委派下属完成大部分的工作。在某些情况下，委派是必需的，因为下属可能比管理者在专业上更权威。例如，下属也许在某项技术方面掌握着更具体的知识和经验。委派还有助于下属的成长，他们在此过程中参与了决策和问题解决，提高了管理能力。

委派的程序。委派过程包括三个步骤。首先是管理者分配职责或交代下属完成某项工作，例如准备一份报告。在分配职责之后，下属获得了相应的职权。例如，管理者可能赋予下属接触公司敏感资料的权力。最后，管理者规定下属的责任——完成报告的时间和报告的技术性要求（篇幅、准确性和视觉效果等）。对于有能力或有默契的管理者和下属，上述步骤可能同步进行。

委派的困难。管理者委派不当的例子很多，有时是因为不善于对任务作规划，有时则是因为担心下属表现过于出色而威胁到自己的职位。下属也可能不愿意配合，有的下属不愿意承担责任，担心失败会带来不好的影响，或即使成功，收益也并不大。还有的下属则认为不应当为管理者承担工作，因为自己并不真正拥有相应的职权，而且并不享有管理者的种种福利。

没有委派，就不会有真正的管理工作。管理者有责任为下属创造一个能够发挥自己能力的委派机制，鼓励员工通过这种机制实现成长。但是，管理者应当明白，最终负责任的还是自己，也只能是自己。

专 题

5种改进委派效果的方法

有的企业家习惯于亲力亲为，他们觉得难以进行工作委派。委派可以帮助企业家从他人的经验和知识中受益，并且可以有更多的时间来管理自己的企业。下面是5种改进委派效果的建议：

- **明确任务**。哪些任务是非常重要的、必须由管理者本人亲自完成的？哪些可以委派给能干的员工？
- **清楚地解释任务**。不仅说明要做什么，而且说明为什么要这样做。要向员工说明这项工作对企业的利益，他可以学习从更高的层次观察自己的工作。
- **提供适当的工具**。受委派的员工应当拥有完成任务所需要的信息、设备、人际接触和培训。
- **专注于结果**。管理者不要盯着员工的每一个动作不放，在你的眼中员工的动作或方法往往十分笨拙。要扮演教练的角色，引导员工实现目标。要让员工自己发挥创造性，在工作中提高技能。
- **舍得花时间**。尽管委派在一开始会消耗管理者很多时间，但它最终会帮助你节省很多时间。

分权和集权

除了个人之间的职权分配，部门和管理层级之间也存在着职权的分配问题，特别是在上下层次之间。分权（decentralization）是组织内系统化地将权力和职权分配给中层和基层管理者的过程，分权是组织将权力和职权沿着指挥链尽可能向下伸展。分权的对立面是集权（centralization），集权是组织内系统地将权力和职权保持在高层管理者手中的过程。娃哈哈公司总裁宗庆后和巨人网络的史玉柱是集权管理的代表。联想的柳传志、万科的王石则是分权管理者的代表。

在现实中，绝对的集权和分权都是不存在的，只能说某些组织倾向于某一方面。此外，集权的组织和分权的组织都有非常成功的例子。组织在作出分权和集权的决定时往往有自身的理由，而不仅仅是管理者的个人偏好。哪些因素影响组织分权和集权的决策？首先是外部环境。通常情况下，环境越复杂、不确定性越强，则组织越倾向于分权。其次是组织的历史，特别是成功的历史会影响到当前的职权模式。再次是决策的性质。决策风险越高、代价越大，则集权的要求也越高。最后是基层管理者的能力。能力越高，越适于分权。

5.5 组织结构的模式

前面所讨论的是组织的片断，现在我们来分析构成组织总体特点的组织结构。我们首先介绍组织设计的早期理论，然后探讨几种常见的组织形式以及如何建立适用的组织结构。

法约尔和韦伯的组织模式理论

在早期组织理论的发展过程中，法国管理学家亨利·法约尔（Henri Fayol）和德国社会学家马克斯·韦伯（Max Weber）作出了最主要的贡献。他们试图提出一种适合于所有组织的通用模式。

法约尔的组织原则包括：

- 命令统一。每位员工只向一个管理者报告。这样可以避免组织内部任务和命令的混乱。
- 权力的等级。所有的员工都应该知道自己向谁报告，管理者有权发布命令并且得到执行。权力和责任是一致的。
- 劳动分工。组织应当按照专业划分职能。
- 个人利益服从整体利益。组织的目标高于个人的目标。
- 集权的程度。组织集权的程度受环境的影响。在大型组织中，将权力委托给下层的管理者和员工是不可避免的。
- 清晰的沟通链。能够快速和容易地找到对某一问题负责的人。
- 秩序。人员和材料的配置与摆放合理和有序。
- 公正。管理者应当尊重员工，行事公正。
- 团队精神。应该在组织成员之间创造自豪感和忠诚的精神。

法约尔的原则注重在组织中建立清晰明确的指挥关系，以实现组织的效能。与此相似的是韦伯的官僚主义组织模式。在这里，官僚主义（Bureaucratism）是指基于合法性的正规的权威体系。官僚主义在今天的日常生活中已经成为一个贬义词，但韦伯认为，官僚主义是理性的和有效率的组织模式。理想的官僚主义模式应当表现出5个特征：

- 明确的分工和岗位描述，每个职位均由专家担任。
- 具备内在一致性的规章制度和统一的任务规划。
- 清晰的等级，自上而下的指挥链。
- 管理者非人格化，相互间以及与下属间保持适当的社会距离。
- 聘用和晋升以专业技术为依据，不能任意解雇员工。

政府机构、法院、军队和大学今天仍然是符合韦伯标准的官僚主义机构，强调专业、规则、制度和标准化的程序。官僚主义的确有助于提高效率（称职的专家和明确的规则），可以防止任人唯亲（专家资格），实现程序上的公正（透明的程序）。官僚主义模式最为人们所诟病的是缺乏灵活性，例如人们经常抱怨政府机构冷漠。这主要是因为一旦规则建立，规则（办事程序）本身可能成为组织的目标，而忘记了组织本来的目标（服务于民众）。对于在激烈市场竞争中运营的企业来说，适应环境、快速满足顾客需求的能力决定着企业的竞争地位，因此企业总是尽可能克服官僚主义的弊端。

法约尔和韦伯的理论是以现代大工业兴起为背景的。当时，在传统的社会组织机构之外需要建立新型的社会组织，特别是企业组织。他们的理论为现代企业组织奠定了基础，其中的原则今天仍然是组织设计的出发点。但是，他们的理论强调组织整体的效能而忽视成员个人需要的满足，对组织职能部门化的约束也在现代实践中被突破。现代组织设计发展的方向是更加注重组织中个人的需要、更加快速地满足顾客的需要。我们将会在下面的组织结构分析中看到组织如何实现这些要求。

职能结构、联合结构和事业部结构

职能结构（functional design）是指根据职能来实行部门化，也称U型（单一型）组织。在U型组织中，根据像营销、生产、财务这样的职能将成员进行分组。在这一结构下，组织能否有效运营取决于部门间协调工作的水平，由CEO和其他高层管理者负责。图5.4是一个小型企业的组织结构。U型组织的另一个特点是每一个职能部门都要依靠其他职能部门才能运营。它的优点和缺点类似于职能部门化，这样的结构常见于单一产业的企业和中小型企业，CEO可以方便地监督和协调全部的活动。如果从数量上讲，采用这一结构的企业是最多的。贵州茅台、北京西单商场、如家公司采用了职能结构（www. homeinn. com）。

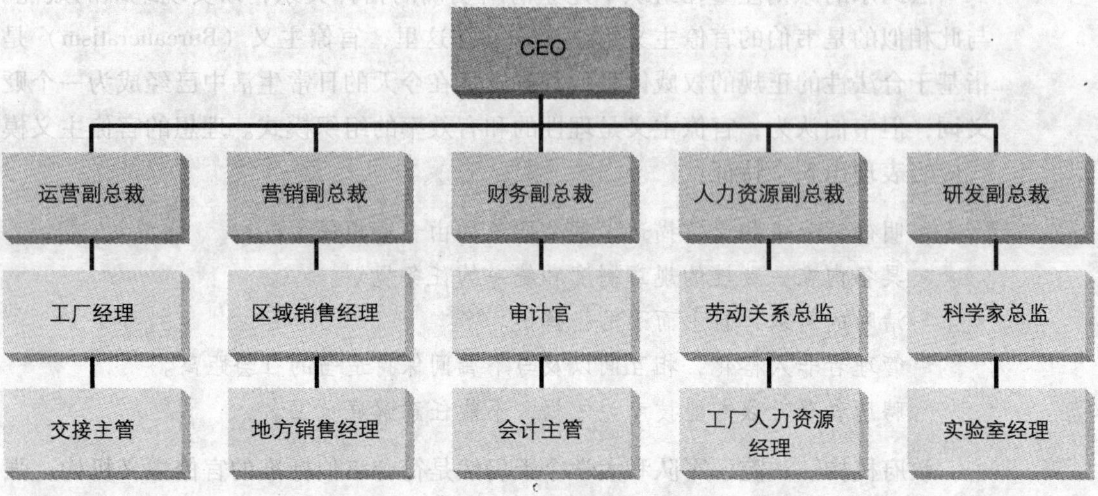

图 5.4　一家小型企业的职能型组织结构

联合型结构（conglomerate design）是指由多种不相关业务组成的组织，也称H型（控股型）组织。这一方法大致类似于产品部门化。组织在每一个业务单位或业务组合中设一位总经理，负责其运营。各个业务单位间相互独立。韩国三星集团实行联合型的组织结构，由4个业务集团所组成，如图5.5所示。其他采用H型设计的组织还包括美国通用电气公司和中国的中信公司（金融业务和非金融业务，www.citic.com）以及联想控股（联想集团、神州数码、联想投资、融科智地，www.legendholdings.com.cn）。

在联合型组织中，公司层管理者的工作是对各个分支部门进行绩效考核，在下属部门间分配资源，制定对业务单位进行整体收购和出售的决策。它的主要缺点是管理分散的、不相关的业务的难度很大。在我国的大型国企中，这种结构比较普遍。

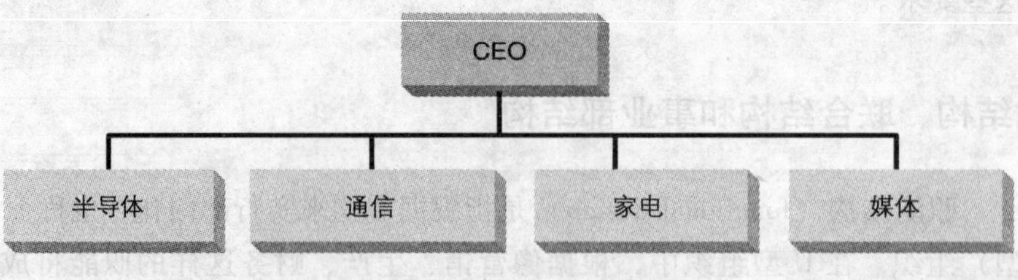

图 5.5　联合型的组织结构

事业部结构（divisional design）是大型组织内部对相关多元化业务的组合形式，也称M型（事业部）组织。这种组织形式既保留了产品部门化的形式，但又不像H型组织那样业务间互不相关，是一种比较流行的组织形式。图5.6是上海宝钢股份公司2009年发布的M型组织结构。我们看到，宝钢设立了4

个事业部，分别是碳钢、不锈钢和特殊钢事业部，另有一个宝钢股份本部。宝钢改组为事业部结构的主要目的是“每个品种事业部都要以利润为中心，采购、生产、销售环节都聚集在了一起……考核利润，同时……决策过程也可以加快”。

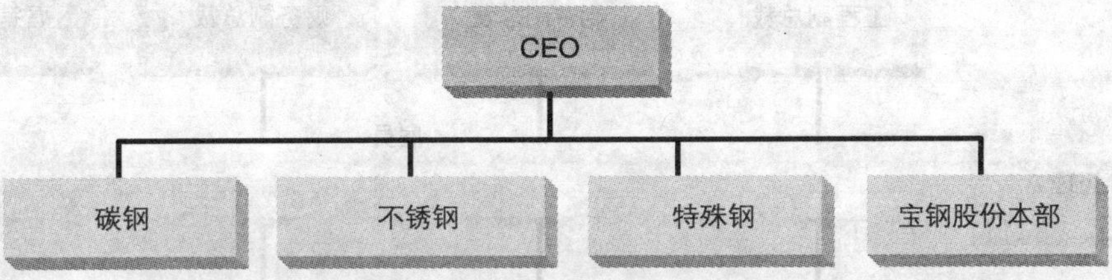

图5.6　宝钢公司的事业部结构

在M型组织中，某些业务活动完全分权给业务层事业部，而公司层则保留其他的权限。以海尔公司为例，业务层事业部的任务主要是运营，包括降低成本、发展新的营销模式，而发展战略、投资决策、并购决策则保留在集团。协调和共享资源是M型组织结构的主要优势。例如海尔集团在采购和市场调研上实行集中，极大地节约了成本。采用这一结构的企业还包括上海文广集团、海信集团、民生银行、高等教育出版社，它们都致力于发挥下属企业间的协调优势。以上海文广集团为例，集团拥有广播、电视、报刊和网络媒体，同一个新闻题材可以在不同的媒体间进行共享，实现更高的效益。

事业部结构的缺点在于，如果每个事业部自己建立一套职能体系，会导致成本上升。而如果共享平台，有可能因为不能深入理解本事业部的要求而导致反应速度和服务质量的问题。例如，客户可能需要购买属于不同事业部的多种产品或服务，结果会出现同一家公司不同政策的情况，造成客户满意的下降。为此，有些企业建立了专门面向不同类型客户的销售部门，在事业部的结构下引入了客户部门化。

矩阵结构

矩阵结构（matrix design）是由两种部门化类型重叠而成的组织形式。先有一组职能部门，另一组产品集团或临时性部门则叠加在职能部门之上。矩阵中的成员既是职能部门的成员，同时又是项目团队的成员。图5.7是一个基本的矩阵结构，图的上部是工程、制造、财务和营销各个职能单位，分别由相应的副总裁负责，每位副总裁均配有相当数量的下属人员。在图的侧面，我们可以看到许多被称为“项目经理”的职位。每位项目经理负责一个项目组，其成员就是来自上述职能部门中的代表或人员。请注意矩阵图中所反映出来的双重命令结构，每个成员既要向职能部门的上级报告，又要向项目经理报告。

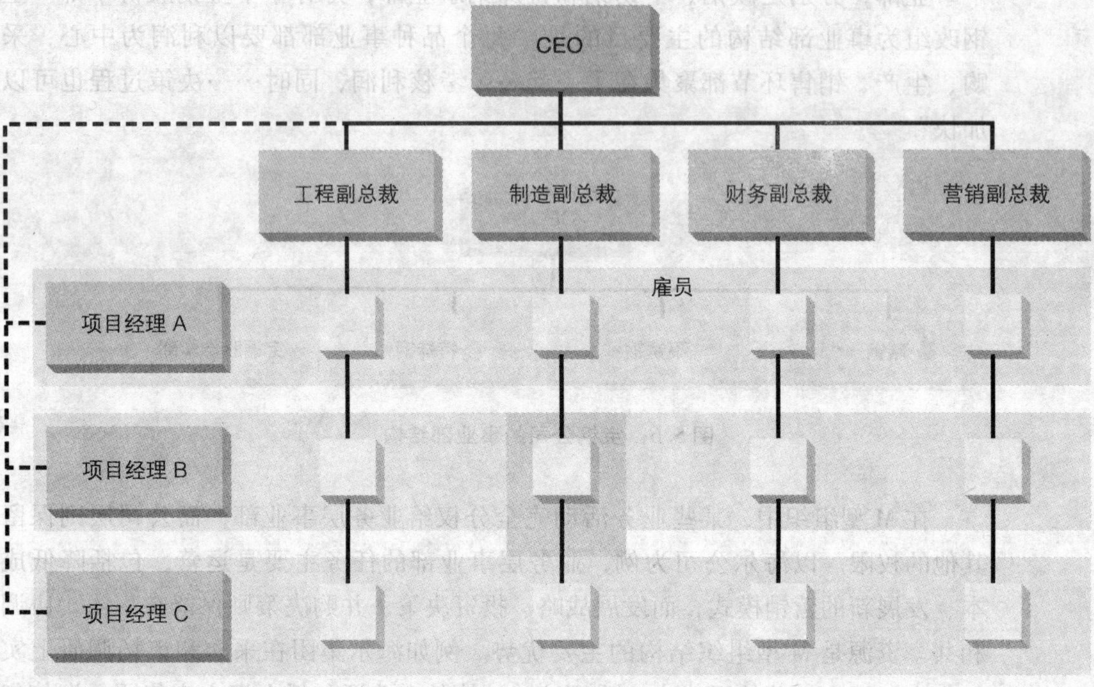

图 5.7　矩阵结构

在矩阵结构中，职能部门是相对稳定的，组织成员与职能部门的隶属关系也是相对固定的，而项目小组或项目团队则是灵活的。例如，当企业需要开发一种新产品时，需要来自多个部门的协作。除了研发之外，还需要生产和营销部门的成员加入。生产部门的加入可以保证产品在设计出来后便于生产，而营销部门则提供了产品所需要的特性和功能。福特公司在开发福克斯车型时曾经采用这一方法，组建了由设计、工程、产品管理、营销和其他部门的专家构成的福克斯团队，将产品成功上市的时间提前了一年。

矩阵结构的主要优点是提高了组织的灵活性，可以方便地组建和解散团队，充分利用人力资源。矩阵结构有助于组织处理大量的信息和增加员工的决策权。但是，矩阵结构直接同传统组织中的命令统一相矛盾，报告关系上的困难是矩阵结构的最大挑战。如果处理不好，项目团队主管的权限可能变得难于控制。一般来说，矩阵结构下协调任务的活动可能要花更多的时间。

矩阵式管理在外企设立中国分公司时是一个常用的结构。通常这样的组织会设立一个地区总经理负责总体业务，在总经理之下再设立产品线的经理。产品线经理既要向总经理负责，又要向总部的产品线总裁负责。

需要注意的是，组织在实行某种或某些结构时考虑的是战略和竞争的需要，而不是理论上的需要。上面所讨论的组织结构的形式并不是绝对不相容的。现实中的组织结构复杂得多，历史的因素也会影响组织的结构。因此，我们往往可以看到在同一个组织内部可以容纳多种结构。此外，组织对外界环境的反应（例如新的战略）也往往要求结构的调整。我们经常听到IT公司结构重组的报道，因为技术市场变化很快，顾客要求也在变化，组织结构必然相应调整。在企业新战略的新闻发言稿中，组织结构的变化及其说明通常是不可缺少的部分。组织结构调整通常反映了组织目标的重大变化，影响到一线员工的工作任务、环境和绩效考核。

5.6 组织变革

在动态的竞争环境中，组织结构倾向于更加灵活以适应环境的变化，现代组织中的成员必须习惯于组织结构的改变。同时，在组织层面上出现了规划变革的活动，对预见到的环境变化作出反应，赢得竞争优势。**组织变革**（organization change）是对组织中的任何一个部分所进行的重大调整。变革可能涉及组织中的各个方面：工作流程、部门化原则、管理幅度、设备、结构和人员。组织变革是系统化的工程，例如新的产品线引进之后，需要对工人进行新的培训，薪酬系统可能也需要相应调整，管理幅度会发生改变，员工招聘的标准也会不一样，品质控制开始采用新的系统，等等。

流程创新

企业的成功不仅有赖于产品的创新，同样也有赖于流程的创新。**流程创新**（process innovation）是对产品和服务的制造、创造或分销方式的变革。对于技术较为成熟的产业，流程创新极为重要。例如，戴尔公司对PC产业的贡献主要表现为流程创新。戴尔并没有在PC领域中做出重大发明，但它极大地改进了PC生产的组织，从直销、按单生产、网上订单，到整合供应商和库存的供应链一体化，这些流程上的创新构成了戴尔公司的竞争优势。服务业也从流程创新中获得了效益。2007年春天，中国很多地方的银行网点出现了严重的排队现象。建设银行在成都锦城支行试行新的服务流程，大堂经理不仅引导客流，还对所有的服务窗口实施管理。如果排队客户多了，大堂经理会增加柜员数量、调整柜员岗位，并将复杂业务分流到专门窗口办理。试点后，这家支行的客户排队时间减少了68.2%。

流程创新是后发企业赢得竞争优势的常用方法，这方面的成功例子在日本企业中体现得最为明显，例如汽车、照相机、家电等。中国企业如TCL、格兰仕、华旗、鸿海集团（台湾）、台积电（台湾）等也在流程创新中取得了优势。

流程变革

许多企业认为组织不仅仅需要在产品和服务的层次进行变革，还需要进行包括组织设计、技术和人员在内的系统性变革。**流程变革**，也称**业务流程变革**（business process change）或**再造**（reengineering），是对业务的各个方面彻底重新设计以实现成本、服务或时效方面的重大收益。

业务流程变革要求组织做到从头开始，也就是说，不再将组织现在的出发点视为理所当然，不是简单的修补。组织应当首先问自己如何做才能更好地服务于客户和如何化解竞争，然后检查为什么没有这样做。很多时候组织会发现障碍往往在于自己内部控制或协调的需要，变革的目标就是找出这些障碍并创造出能够克服这些障碍的新的流程。

海尔公司作业现场

"没有人对全程负责，各个部门之间推委扯皮的现象十分严重，现在我们反而成了这么多部门科室的协调人。"这样的客户抱怨也许你并不陌生。提高客户满意度正是流程变革的一项主要动力之一。从前面所讲到的海尔的例子中可以看出，流程变革的目的是让所有的员工围绕市场订单（客户要求）而不是各自的职能展开工作，"抓住客户"是这类变革的核心。一切妨碍客户订购和降低客户满意的做法都应当被废除，市场的动态必须不受阻碍地、快速和准确地体现在流程中。许多服务企业也开始实行流程变革，例如在整个产业的竞争形势正在发生急剧改变的银行业，几乎家家都在境外战略合作伙伴的帮助下进行着流程的变革。今后几年，银行业的服务水平将会有极大的提高。

组织在进行这样复杂的变革时必定涉及大量的信息处理，包括信息的采集、分析、报告和共享，因此往往需要借助一种称为ERP的软件系统。ERP（enterprise resource planning）是一种大型的信息系统，它将组织中的各种活动进行整合和同步化。企业内部的流程，例如物料管理、制造计划、订单管理和财务报告，都可以通过ERP来进行。绝大多数组织需要向外部购买这种系统，然后由供应商（如SAP、Oracle、用友、金蝶等）根据组织的具体要求对其产品进行调整。组织重大的流程调整往往同新的ERP系统的应用联系在一起。ERP系统将企业关键业务流程中所有的活动和信息流加以整合。它可以记录实时的信息，例如刚刚完成的交易和收款、在途货物目前的状态、向供应商和伙伴发布实时的生产和采购信息以及预测，还可以随时生成财务报表，报告运营不正常的活动。

流程变革体现了企业在竞争环境下的一种焦虑和困境，为了提高竞争力，为了服务于新的战略，企业需要不断地开展流程变革。流程变革是高度复杂的工程，往往涉及组织内部权力和资源的重新分配，改变组织成员习惯的行为方式，同时还不能破坏组织当前的运营。因此，最高管理层的强力介入对于流程变革的成功至关重要。CEO必须向组织阐明流程变革的紧迫性并且亲自主持、参与，直到完成。柳传志（联想）、张瑞敏（海尔）、任正非（华为）、侯为贵（中兴）、马蔚华（招商银行）这些领导者的名字总是与他们企业的流程变革紧紧地联系在一起。

专　题

惠普公司植入创业企业的文化

惠普公司长期以来一直是硅谷中其他企业学习的榜样。在工程师导向的文化引导下，惠普创造出许多流行、有用和价格适中的产品。但是在近年来，一度极为成功的惠普的产品却逐渐成了自满和高价的代名词。

2006年，惠普成立了创新项目办公室，为个人系统集团（负责PC、移动设备和工作站等产品）收购时尚的和机敏的创业企业，在惠普文化中直接注入创造性养分。如果说过去惠普的战略是开发“酷”的技术，现在则是开发顾客想要的产品。过去的收购是为了新的技术和产品，现在则是为了引入能够复制的创新的基因。

Voodoo公司是惠普收购的一家创业公司，这家公司的产品深受游戏玩家的喜爱，它的CEO雷哈·苏德（Rahul Sood）现在担任惠普公司新的全球游戏业务部门的首席技术官。Voodoo公司生产个性化的PC，从口红色的外观到专门定制的装饰珠宝和皮革的价值5 000美元的PC，专门为游戏玩家开发复杂的产品。雷哈本人就是一个游戏迷，他说：“我们从顾客那里得到他们最需要的特性，然后体现到产品线中。”这是一家由游戏迷而不是由技术人员驱动的公司，这也是惠普希望它能够为自己带来的新意。在雷哈的主持下，惠普推出了黑鸟002型号的PC。这款PC配置了个性化的黑金属面板，外观独特，而且采用了水冷而不是有噪声的风扇降温。它的设计强调用户友好，甚至不用工具就可以进行改装。它装配了5个硬盘，图像处理功能强大。此外，换装一个硬盘只要10秒钟时间，而通常可能要花30分钟。尽管当初是为顶级游戏玩家设计的（售价2 500～5 000美元），但实际上购买者还包括电影制作人、动画设计、医学影像专业人员、能源期货交易员、整形医师，甚至还有军方。

在收购来的企业中，惠普学到了如何开发新潮的、高价格的产品来吸引新的顾客群体（例如狂热的游戏爱好者），还学到了如何用社会媒介进行基于网络的消费者研究，更重要的收获则包括鼓励工程师们更快地将概念转化为产品。今天的惠普产品更强调用户友好，而不仅是功能和速度。例如，惠普销售的不是快速打印机，而是难忘的打印体验。惠普的新口号是“惠普电脑掌控个性世界”。

标杆管理

标杆管理（benchmarking）是指将企业的作业程序、方法等关键流程同世界上最好的企业（标杆）进行对比，以标杆达到的水平为标准进行改进的管理方法。标杆管理最早是美国施乐公司在20世纪70年代提出的，它向美国运通公司学习客户服务，向福特公司学习生产布局，向玫琳凯公司学习大型仓储和分销，向目录销售商 L. L. Bean 学习库存管理。标杆管理的原理是，在竞争中，企业不仅要分析世界上最好的公司所提供最终的产品和服务，还要学习生产产品和服务的过程。

万科公司在不同的发展阶段也分别设立过管理标杆，向索尼学服务、向香港新鸿基学习专业化和向美国帕尔迪公司学习战略管理。

标杆管理也是一种竞争的手段，例如，计算机公司往往以戴尔的存货周转率为标杆，而连锁零售企业则以沃尔玛的存货周转率为标杆。这种做法的局限性是可能导致竞争企业间战略趋同，而忽视了发挥企业的自身优势。

其他组织问题

组织内创业。许多大企业发现，随着规模的扩大，组织的创业精神却变得迟钝了。因此，它们开始在组织内鼓励“内部创业”（intrapreneurship）。大型组织内部创业的实施主要依靠三种力量：发明者、产品大师和赞助者。发明者是构思和开发新理念、新产品或新服务的人。产品大师是帮助发明者将新的理念转化为实际产品的人，他知道如何在组织内获取发明者所需要的资源。赞助者则是批准和支持这一项目的高层经理，负责在组织层面为项目提供支持。通过这样的职能安排，组织可以提高组织内创业的成功机会，并将其转化为竞争优势。

虚拟组织。虚拟组织（virtual organization）是一个很少或没有正式结构的组织。这样的组织通常只有少数几个人或规模很小的行政总部。随着组织需求的变化，虚拟组织的管理者会聘用临时工、租赁设备和外包基本的支持性职能。当经营情况改变时，临时性员工的队伍也会跟着改变，外包的合同也会发生变化。网络技术的发展为虚拟组织提供了有力的工具。现在，如果虚拟组织需要，可以在全球范围内聘请专业的人员，而基于数字化的沟通和监督技术可以组织起不同地点、不同时区的员工为同一个目标而工作。

学习型组织。学习型组织（learning organization）是协助员工终身学习和个人发展，同时持续对变化的需求作出反应的组织。学习型组织将组织的改进和员工的发展结合起来，这类组织的常见目标是品质提高、持续改进和绩效提高。学习型组织认为，只有持续地提升员工的能力、技能和知识，才能实现组织的持续改进。学习的方法主要不是传统的培训和离岗学习，而是组织成员的一种自觉。它要求在各个层次上展开学习，在团队中学习，在工作中发现、总结和提升，注重应用和绩效。

非正式组织和传闻。除了正式地体现在组织结构图中的关系之外，组织中往往还存在着一些非正式的组织。非正式组织（informal organization）是来自人际关系而不是正式的组织关系的行为模式和交互影响的模式。非正式组织主要表现为非正式群体和传闻。

非正式群体是组织成员自行创建的群体身份，其目标可能同组织目标一致，也可能不一致。例如，员工可能在业余组成参加体育运动的群体，也可能联合起来一起反对某个管理者。有的非正式群体可以帮助新来的员工很快融入团队，也有的非正式群体则会抵制变革或阻碍产出标准的提高。非正式群体是组织中的现实，不以人的意志为转移。成功的管理者能够引导非正式群体促进组织目标的实现。

传闻（grapevine）是组织内非正式的沟通网络。它独立于正式的沟通网络，其传播速度往往比正式网络更快。这是因为正式的网络发布必须遵循规范的渠道，而传闻则可以向各个方向高效传播。同非正式群体一样，传闻也是组织中不可能消除的一个部分。有效的管理者可以通过迅速发布真相、增加透明度等方法来遏制传闻的影响。另一方面，传闻也是管理者了解组织内部问题并进行解决的一个工具。第7章还会在组织沟通中对传闻作进一步的介绍。

本章小结

1. 组织工作通过安排组织的活动和资源保证计划的实施。组织结构图反映组织中的职位和报告关系。

2. 工作设计是与个人有关的工作职责的确定。部门设计是对工作进行分组的方法，常见的部门化方法包括职能、产品、顾客和地域。

3. 指挥链和管理幅度描述了职位间的报告关系。指挥链是组织内各职位间清楚而明确的命令关系。统一性和阶梯是指挥链的两个原则。管理幅度是指有多少人向管理者报告。管理幅度受很多因素影响。

4. 委派是管理者与一个或多个下属间的职权模式。没有委派，就没有真正的管理。委派遵循一定的过程。分权或集权的选择受组织具体因素的影响。

5. 法约尔强调了清晰明确的指挥关系对组织效能的作用。韦伯指出官僚主义是理性的和有效率的组织模式。

6. 职能（U型）结构是根据职能来进行部门化，联合结构（H型）是由多种不相关业务组成的组织，事业部结构（M型）是大型组织内部相关多元化业务的组合形式。矩阵结构是两种部门化类型重叠而成的组织结构。战略和竞争的需要决定组织的结构设计。

7. 组织变革是对组织中任何部分所进行的重大调整。组织变革是一项系统性的工程。

8. 流程创新能够为企业带来竞争优势。

流程变革是对企业业务的各个方面彻底重新设计以实现成本、服务和时效方面的重大收益。流程变革往往需要 ERP 系统的支持。高层领导对流程变革的成功至关重要。标杆管理是指导企业改进流程的一种方法。

关键概念

组织工作　组织结构图　工作设计　部门设计　指挥链　业务职位　支持职位　管理幅度　委派　分权　集权　官僚主义　U 型组织　H 型组织　M 型组织　矩阵结构　组织变革　流程创新　流程变革　ERP　标杆管理　内部创业　虚拟组织　学习型组织　非正式组织　非正式群体　传闻

思考题

1. 地铁车厢中的人群是否构成一个组织？在什么情况下可能构成组织？
2. 请比较产品部门化与地域部门化各自的优点和不足。
3. 官僚主义模式的主要优点是什么？
4. 指挥链的设计主要是为了解什么样的组织问题？可能有什么缺陷？
5. 信息技术有助于扩大管理幅度吗？
6. 为什么说“没有委派，就不会有真正的管理工作”？
7. 在什么情况下企业会考虑从 U 型结构转变为 M 型结构？
8. 举例说明流程变革的主要动力是什么。
9. 在 U 型组织中进行组织内创业的困难有哪些？在 M 型组织中呢？
10. 虚拟组织的优点和缺点分别是什么？
11. 非正式组织在什么情况下可能妨碍组织的目标？

网络练习

2009 年，PC 产业中的领导者联想集团和戴尔公司分别宣布了组织结构调整，查找最近有关两家企业的新闻，了解这两个企业主要进行了怎样的调整，分析调整的原因。

开篇案例讨论题

1. 原有组织结构为什么让海尔不满意？
2. 市场链设计如何体现海尔的组织目标？
3. 从案例的描述来看，市场链的缺点主要是什么？

第 6 章

生产世界级的产品与服务

本章学习要点

- 定义什么是运营管理
- 掌握运营计划和运营控制的要点
- 了解质量改进的主要方法
- 了解服务部门运营管理的改进
- 理解制造部门的运营管理
- 了解值得注意的现代生产技术
- 了解供应链管理和改进的方法

ZARA 致力于发挥供应链的优势，为顾客快速提供多样化的产品。

开篇案例

ZARA：速度制胜

在混搭成为流行时尚的今天，西班牙服装连锁店 ZARA 的前景空前美好。ZARA 的独特之处在于“根据客户的需要提供时尚产品”，不断引进新风格使其产品更加迎合潮流和顾客的品味。

ZARA 一年能够推出12 000多种新款服饰，是一般品牌的 4～5 倍。最快的时候可以在两周的时间里完成从设计到店面的过程，而产业内的平均水平是 6 个月。除了自身设计师的作品之外，ZARA 竭力吸收主要时装品牌的设计风格和流行趋势，再利用自己的速度很快地跟进。ZARA 还实行“缺货”的政策，对于同一款式的服装，零售点的库存一般只有几件。只要一时犹豫，就会错失拥有它的机会。顾客购买欲望的挫折改变了顾客的购买行为，ZARA 顾客光顾的次数是其他店铺的几倍。

中高档服装公司如 Benetton、Gap、H&M、Nike 大多将服装生产转移到亚洲等低劳动成本的地区，这样做的好处是成本低，但反应速度却慢下来了。ZARA 坚持将主要的生产工序控制在自己手中，通过供应链的控制和优化抵消成本的压力。无论任何事情，只要有助于提高和巩固整条供应链的运行速度与响应速度，ZARA 都会投入资金去做。

ZARA 投资数十亿欧元打造先进、灵敏的供应链。它将生产基地设在西班牙，只有最基本款式的 20 种服装在亚洲等劳动力成本较低的地区生产。ZARA 建立了 20 个高度自动化的染色、剪裁中心，将人力密集型的工作外包给周边 500 家小工厂。每天根据新订单准备面料，下达生产指令，用高速裁床按要求迅速裁剪布料。裁剪好的面料及配套的拉链、纽扣等通过地下传送带运送到当地外包缝制厂，从而保证了总体上的前导时间（指从设计到把成衣摆在柜台上出售的时间）要求。通常订单收到后 8 个小时货物就可以运出，每周给专卖店配货两次，欧洲的专卖店由物流中心用卡车直接送达，美国和亚洲的市场则从物流中心附近的机场空运，再由当地的第三方物流卡车送达。

ZARA 的一切运营都围绕着“快”字做文章，让供应链协同的效力发挥到极限。ZARA 每年管理的库存单位（SKU）高达 30 万个，涉及的面料和其他设计元素更是数目惊人。为了确保每一笔订单准时到达它的目的地，ZARA 采用光学读取工具识别衣服上的条形码，每小时能挑选并分捡超过 6 万件衣服。为了节省时间，在设计时就定好的价格被换算成多国的货币额，并与服装的条形码一起印于标价牌上，在生产之初即附着在服装上，生产后无需再定价和安装标签。衣服大部分挂在衣架上运输，节省了熨烫的时间，送达世界各地的专卖店之后就直接放在货架上出售。

服装是需求波动极为剧烈的产业，ZARA 的许多工厂只安排一个班次，保持了强大的补货能力。ZARA 还采用延迟制造的策略，提前买来白坯布和标准化的半成品，在缩短了产品生产周期的同时，通过保持对染色和加工领域的控制，具备了按需生产的能力，避免了成品的积压。

ZARA认识到，如果供应链环节很多，则不可避免地导致反应时间长，因此取消了信息的中间传递环节，要求产品订单从门店直接发出，配送也是从配送中心直接配送到门店。ZARA专门为每位店长配备了PDA（手提数据传输设备），内置ZARA标准的订货系统和产品系统等模块。当顾客看中某款衣服而门店缺货时，可以向ZARA的门店经理申请免费的特别订单服务。店长将通过PDA发出订单，在总部不缺货的情况下，从订单开始网上发送直到货物送达门店，最快只用3天时间。每晚10点以后，ZARA的每个门店便开始和总部的数据交换。ZARA的专卖店每周根据现有的销量和需求订货两次，这样就基本上保证每次的订货量能满足未来几天的需求，减少了库存的损失。ZARA坚持开设直营店，而不开展特许经营，通过强化控制来保证需求信息的准确。尽管ZARA产品成本比竞争对手高大约15%，但由于生产出来的产品能够在几天内销售出去，它的运营资金需求很少，从而有更多的现金被解放出来用于投资。

埃森哲咨询公司在一份报告中总结道："对于每个行业的标杆企业来说，其供应链管理水平一般来说都大大超出同行业其他竞争对手。供应链管理正是这些企业的核心竞争力。"2008年，ZARA的销售额超越Gap，成为世界上最大的服装连锁店。

就像ZARA的案例所展示的，企业在组织产品和服务的生产、将投入转化为产出时必须做到及时、低价和高品质，这些目标在实际中可能是相互矛盾的，高明地解决这些矛盾可以为企业带来持续的竞争优势。这就是运营管理所要探讨的主题。本章首先对运营管理的基本内容进行说明，然后介绍运营管理中的计划与控制，包括质量控制。接下来我们分别对制造业和服务业的运营管理进行分析，对现代生产技术和流程管理进行介绍。我们以供应链管理的探讨结束本章。

6.1 什么是运营管理？

什么是运营管理

今天，即使普通的消费者也能够体会到生产和服务效率的提高。网上购物为我们提供了低成本的货比三家的条件，还能够很快地送货上门。要寄东西吗？只要打个电话就会有快递公司上门服务。繁忙的航空、海运和陆上运输将世界各地联系在一起，你从外表上根本就看不出一件产品中可能包含了来自不同国家的贡献。生产和服务的改进得益于运营管理水平的提高。

运营管理（operation management）是组织对资源转化为商品和服务、为客户创造价值这一过程的系统性的指导和控制，包括生产管理、库存管理、品质控制等。运营管理者负责制订计划，保证资源在生产过程中提到有效的运用，满足客户要求的生产和服务的期限、数量和品质，同时还要控制好成本、库存和设备。我们所谈论的产品和服务的区别主要是制造业和服务业的区别。制造业主要提供有形的产品，例如汽车、电脑和护理用品，而服务业则主要提供无形的产品，例如金融投资、教育、娱乐、保健等。无论是制造业还是服务业都需要通过运营管理提高效能。

转化过程

转化过程是组织将资源转化为产品或服务以供出售的过程。在转化过程中，组织为客户提供了**效用**（utility），效用是产品或服务满足人们需要的能力。

典型的转化过程包括三个部分：首先是确定所需要的资源；其次是确定资源转化的方式；最后是产出的控制和检验。如图6.1所示。

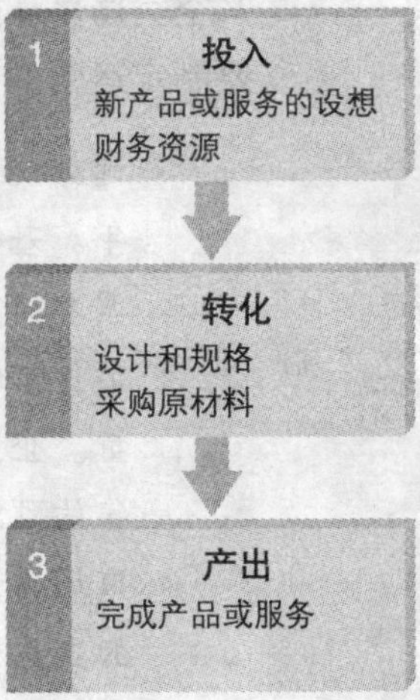

图6.1　资源转化的过程

大规模生产、定制与大规模定制

大规模生产（mass production）是在相当长一段时间里大量生产同样的或类似的产品以限制生产成本的制造过程。福特汽车公司早期的流水线生产是大规模生产的典范，它是工业时代的传统生产方式。定制（customization）是指根据客户的需要进行生产。一般来说，大规模生产和定制是相互矛盾的，大规模生产可以做到低成本，但很难照顾客户的特殊需要，客户满意度不高。而定制则会导致成本上升，客户可能无法接受定制产品的价格。在激烈的竞争中，供应商们通过采用一些创新的方法实现了同时满足两者的运营管理，这就是大规模定制。

大规模定制（mass customization）是以类似于标准化和大规模生产的成本和时间，提供客户特定需求的产品和服务。PC生产商戴尔是大规模定制的一个典范，戴尔公司实行按单生产，也就是在接到客户的订单之后才进行最终的生产。在网上订购戴尔电脑的客户可以自行在戴尔提供的选项中选择自己所需要的功能和配置。惠普公司则将半成品的打印机部件运到分销商的仓库，由分销商根据客户订单进行最后的装配。这样的运营方法当然比单纯的大规模制造的成本略高，但它在客户满意方面的收益远远超过了增加的成本。与制造业相比，服务行业的定制更为灵活。例如，我们在通信服务方面（包括手机服务）

拥有非常多的选择，对于电信服务供应商来说，它为定制所增加的成本可能非常小。网络技术的发展令客户可以更频繁和更低价地实现定制，例如，现在已经可以方便地在网络上订购或取消特定的服务。

6.2 运营规划与控制

运营管理要解决的核心问题是需求和供给不匹配以及由此造成的成本。很多时候，企业生产了很多超过市场需要的产品，造成了积压，有时又未能估计到市场的需要而来不及生产出足够的产品。航空公司的航班中有时人满为患，有时却又空空荡荡。运营管理者力求缓解由于上述缺陷而造成的成本上升，为此他们需要制定运营的规划，包括以下 4 个步骤：

- 选择规划的基准期间。基准期间是指运营规划所覆盖的期间，通常是一年。基准期间的设定通常要照顾到企业生产的周期和季节性因素，同时为调整留有余地。
- 估计市场需求。市场需求指的是在特定的价格下客户愿意购买的产品数量。企业需要估计出整体基准期间的市场需求，这主要依赖营销部门对销售的预测。
- 市场需求与产能的匹配。产能是企业在一定时期内能够提供的产品和服务的数量，它可能低于、高于或等于市场需求。如果两者不相等，企业需要设法让产能与需求协调起来。
- 调整产品和服务以适应需求。企业生产计划改变的最主要原因来自销售上的改变，企业必须建立起快速反应的能力，如延迟最后的装配、减少材料库存、保留一定的生产能力等。

专　题

诺基亚的生产柔性

诺基亚是最成功的手机生产商。与其他领先的竞争者不同，诺基亚拥有自己的制造工厂，其中一些甚至设在劳动力成本很高的地方，例如芬兰。但这没有造成诺基亚的竞争劣势，因为诺基亚为它的手机产品设计了生产柔性：不同型号产品的配件可以共享，甚至不同的配件具有相似的构造，所以不同型号的手机可以在相同的生产线上生产，而切换不同型号手机生产的准备时间很短。方便快捷地实现不同型号手机生产线切换的柔性有效地利用了诺基亚不同型号产品的生产能力。在 2002 年夏季当需求迅速转向彩屏手机的时候，这种能力尤其有效：诺基亚将原本计划生产其他型号的生产能力进行重新调整以生产畅销的彩屏手机。

运营控制

在具体的生产过程中有三个方面需要特别重视，它们是采购、库存控制和流程管理。

采购。采购（purchasing）包括所有的从其他企业获取必要的材料、供应、部件（或半成品）的活动。采购的目标是保证在需要的时候以合适的数量和最低的价格提供符合要求的物料。采购中比较重要的指标包括：

- 价格，采购中最基本的比较标准。
- 品质，必须符合企业的最低要求。
- 可靠性，指供应商按要求履行订单的能力。
- 账期和现金折扣。
- 运输成本。

采购的重要性往往被低估。对于许多产品，采购材料可能占到产品批发价格的50%，有效的采购管理能够为企业创造价值。对于采购业务复杂的产业，供应商的管理以及与生产计划的配合是一个高度复杂的工程。例如，海尔公司的产品涉及9 000个品种，物料 15 万种。采购管理者要同供应商建立密切的联系，以及时掌握情况的变化，相互信任的关系有助于提高采购的效率。另一方面，采购管理者还要注意掌握备用的供应商并作好应急计划。

库存控制。库存控制（inventory control）是尽可能降低库存成本（包括持有库存的成本和库存不足的成本）的管理过程。库存大致分为三种：原材料库存、在制品库存和成品库存。今天，企业普遍采用计算机系统跟踪库存、生成周期性的库存报告以提醒管理者注意可能的库存不足。

一种最复杂的库存控制方法是物料需求计划（MRP)，这是一个将生产计划和库存控制结合起来的计算机系统。MRP 的一个主要优势是将交货期和提前期进行有效的匹配。像汽车和家电这样的复杂产品的生产往往涉及大量的部件，超出了人力管理的限度，MRP 可以帮助运营管理者有效地管理订单和交付期，要求供应商在指定的时间提供特定类型和数额的部件。现代企业的运营管理已经突破了生产部门本身的限制而要求整个组织的参与。MRP 的扩展形式包括 MRP Ⅱ 和 ERP，这些新的系统为整个组织中的管理者提供了制定有效决策所需要的信息。

以汽车制造为代表的大型企业往往会产生巨大的库存成本，因此在库存控制方面发展出了一些有效的方法。准时制生产（JIT，just-in-time）就是这一努力的产物。所谓 JIT 系统是指一种保障物料或供应在工厂正好需要的时候到达，从而将持有库存的成本最小化的系统。客户方面的责任是判断需要什么、何时需要和需要多少。供应商方面的责任是在商定的时间将需要的数量送到适当的地点。

专　题

提前期的利润贡献

对于像沃尔玛这样的销售企业，库存周转率是一个决定利润的关键指标。当然，持有最少数量的存货是比较理想的，但是需求的不确定性和波动让企业必须持有一定水平的库存。另一个可以动脑筋的地方就是订购的提前期。显然，如果提前期可以缩短，那么企业所必须持有的库存就可以大大减少。因此，沃尔玛公司十分重视提前期。下图显示出在过去20年里沃尔玛一直在坚持不懈地提高其年库存周转次数。

这一巨大的进步可以由很多方面的因素来解释，但提前期的缩短显然是其中的重要因素。这样的进步来自很多的相关措施。沃尔玛为缩短从供应商到分销中心的提前期，建立了与供应商之间的电子数据交换系统，这一系统可以保证转移订单和处理订单的过程不浪费时间。更为重要的是，它们帮助沃尔玛实现了与供应商之间的信息共享。例如，宝洁公司可以实时获得其产品在沃尔玛商店货架上的存量，从而可以更准确地安排自己的生产计划，也保证了沃尔玛可以及时获得补货（供应商生产计划的改进可以将提前期压缩）。

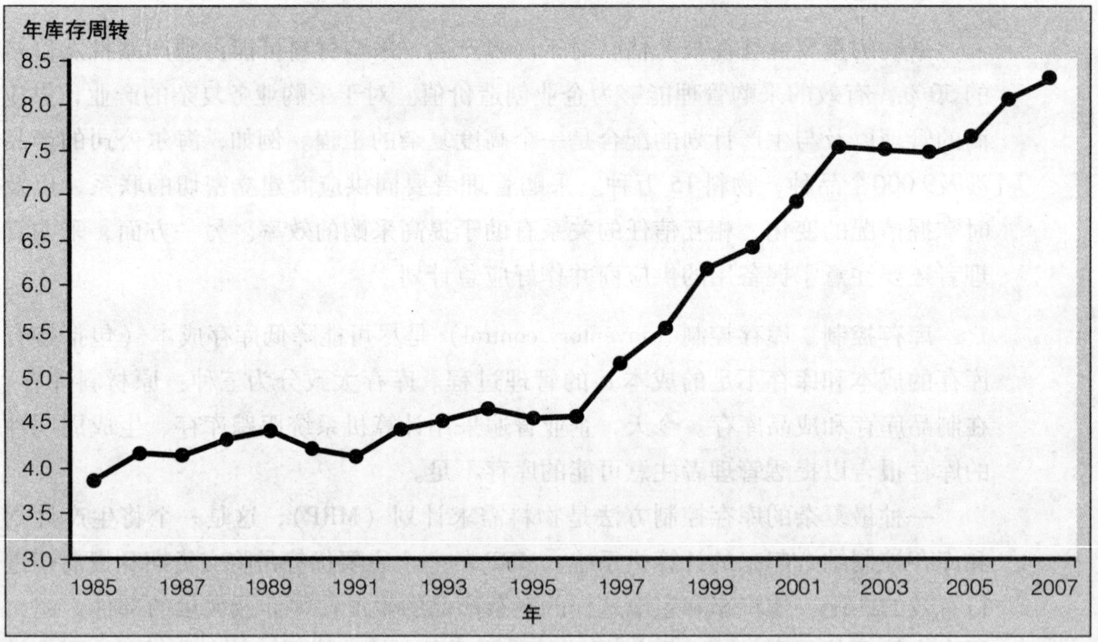

沃尔玛的年库存周围次数

为了让库存在分销中心停留的时间最短，沃尔玛对分销中心和物流系统进行了设计。畅销的产品，例如佳洁士牙膏，在分销中心的逗留时间一般不超过8小时。分销中心的作业采用交叉理货（cross docking）的方法，货物可以从运入货车直接转移到运出货车上，这些货物根本就不需要进入分销中心的货场。沃尔玛还通过计算机处理补给并且控制其本身的运输车队，这样可以最大限度地缩短从分销中心到卖场的提前期。这一系列的措施综合在一起，使得沃尔玛几乎在还没有为货物支付货款之前就已经把大部分的货物卖出去了。

流程管理排程：甘特图与PERT技术

现代企业的生产和服务组织可能十分复杂，只要想想消费品公司在超市货架上令人眼花缭乱的产品或医院里令人生畏的各种名目的科室就可以理解了。如何保证产品和服务能够按时、保质和足额交付呢？这就需要流程的管理，也就是将投入到产品和服务的产出视为一个过程，通过控制投入品移动的路径、时间安排和工序之间的协调来保证满足客户的需要。两个常用的流程管理工具是甘特图和PERT技术。

甘特图。甘特图（Gantt chart）是一种流程管理条形图，纵轴表示需要完成的任务，横轴为每项任务所需要的时间。甘特图的用途是清楚地显示正在进行怎样的项目，以及在给定的时间中项目的完成情况，这对于管理多头并进的复杂项目特别适用。图6.2是一个生产计划编制任务的甘特图。现在，甘特图已经可以通过计算机生成，管理者可以随时检查工作的进展。

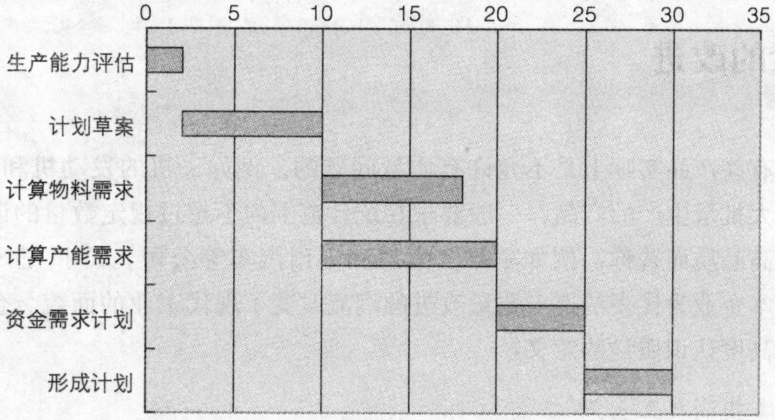

图6.2 生产计划编制任务时间流程图

PERT技术。PERT技术（program evaluation and review technique，过程评估和检查技术）可以对如何完成复杂的多重任务进行分析，估计完成每项任务所需要的时间。这一分析对于判断完成任务所需要的最短时间特别有效。图6.3描述了一本图书生产的PERT分析。在这张图中，所有的工作任务都必须按顺序完成，例如编辑在排版之前，设计在印刷之前。箭头将不同的工作按照顺序连接起来。然后我们需要估计完成每一项工作任务所需要的时间，特别是找出关键路径。关键路径（critical path）是完成整个任务需要时间最长的顺序过程。在这个路径上的工作任务需要特别仔细地加以管理，因为它们的延误会导致整体任务的延误。反之，改进这个过程中的工作也可能加快整体任务的完成。从图中我们可以看出，1-4-5-6-8-9-10是图书开发的关键路径，这些需要投入资源尽快完成，否则会影响整个图书的出版工作，而不在关键路径上的活动则有相当大的灵活安排的余地。今天，复杂的 PERT 图是由计算机来绘制的。

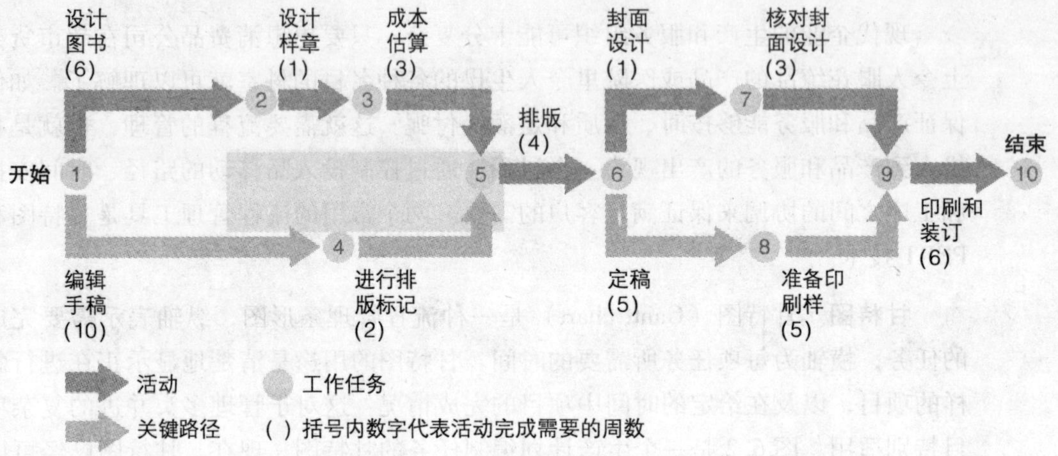

图 6.3　图书生产的 PERT

6.3　质量的改进

有些产品实际上是不允许有质量问题的，例如飞机的发动机和心脏起搏器。对于大批量生产的产品，一般要求在统计范围内不超过规定数量的误差。很多企业以高品质而著称，例如苹果、索尼和丰田汽车等公司。20 世纪 80 年代以来，以日本企业为代表的追求质量改进的潮流改变了现代工业的面貌。企业开始从战略的高度认识质量的意义：

- 提高员工士气
- 提高生产力
- 提高客户满意
- 增加市场份额
- 增加利润

质量控制

质量控制（quality control）是保证产品或服务按照设计标准生产出来的过程。质量标准高的企业通常在市场上可以制定更高的价格，例如德国汽车和日本、韩国的电器，客户通常能够认识到这样的差别并在价格上进行投票。

质量控制的方法主要有两种：统计过程控制（SPC）和统计质量控制（SQC）。统计过程控制是用抽样方法在生产流程的重要环节上进行检查，以确定生产是否正常并找出有问题的步骤。统计质量控制是运用特殊的统计技术来监测生产过程以保证在制品和制成品符合质量标准。企业可以运用由此获得的数据纠正问题、提高质量。企业在生产过程中进行的检查包括采购物料的检查、半成品部件的检查以及发货前的成品检查。

专 题

青啤的"洋沙子"

青岛啤酒是国内最大的啤酒集团，"青岛啤酒"品牌拥有世界级的声誉。但是，青啤也认识到，与世界级企业相比，自己在运营方面还有很大的差距。2002年，美国AB集团入股青岛啤酒。2003年，青啤启动了"最佳实践交流活动"。双方都派出了高级别的经理主持，AB集团将管理经验和模式大规模、深入地输入青啤，青啤上下称之为掺入"洋沙子"。

青岛啤酒的高品质源于自己的一套完整严谨的操作规程，是全国啤酒业学习的典范。在与AB集团的交流中，他们发现对方的规程比自己做得更细。溶解氧的含量是啤酒保持口味一致性的关键指标。以前青岛啤酒的溶解氧指标很高，基本在0.45ppm。在从AB公司引入关键工序控制点回顾法（CRCRP）之后，青啤找出了几百个关键控制点。技术人员和操作工人一起研究操作细节中的问题，将溶解氧内控指标定在0.2ppm，实际操作水平可以达到0.05～0.06ppm。"现在我公司酿制的每一瓶、每一罐啤酒的口味基本一致。"青啤五公司总工程师冉群说。

通过与AB公司的最佳实践交流，青啤在没有增加任何设备和人员的情况下，生产能力提高了25%。总裁金志国评论说："增长的产能相当于兼并了4～5个年产10万吨的啤酒厂，却没有兼并的成本与风险。"

通过员工参与改进质量

在历史上，人们往往认为质量和成本是一对矛盾的关系，提高质量就意味着增加成本。现在，已经有越来越多的管理者认识到，质量本身就是产品或服务的一项关键内容，而不是产品的外部指标。这一认识带来了许多新的改变：

- 缺陷率大幅降低（零缺陷），利润提高。
- "第一次就做对"的要求减少了退货和返工。
- 员工质量意识的提高意味着检查工作的需要减少了，因为员工在观念上已经将质量视为自己工作的责任。
- 在提高质量的努力过程中，企业还发现，质量是一个系统性的工程，从产品开发到流程管理，任何一个环节的设计和运作都与组织产品和服务的质量密切相关。在全球竞争的压力下，越来越多的企业采取了全面质量管理的体系。

5S

5S 管理。这是由日本企业率先采用的现场管理方法，5S 是指整理、整顿、清扫、清洁、素养（5 个单词首字母都是 S）。5S 管理法要求在生产现场或工作现场对人员、机器、材料、方法等生产要素进行有效的管理，让现场一目了然。

- **整理**。留下必要的，其他都清除掉，防止误用，减少时间浪费和盘点错误。
- **整顿**。必要的物料分门别类，规定位置，有效标识。减少寻找物料浪费的时间，消除积压的成本。
- **清扫**。看得见的和看不见的地方都要保持清洁，改进工作环境，减少作业伤害。
- **清洁**。时刻核查，保持上述作业的成果，建立责任到人的考核制度。
- **素养**。长期坚持良好习惯，成就高素养的员工队伍。

5S 管理法彻底改变了人们对传统工厂作业现场的印象，整洁高效的现场是最好的产品推销员。5S 可以减少浪费，提高工作效率，有助于实现生产作业的标准化，还可以为员工创造出更友好的工作环境。在我国，大多数生产型企业已经实行了 5S 法，海尔就是较早采用这一方法的知名企业。

全面质量管理。全面质量管理（total quality management，TQM）是旨在提高客户满意、员工参与、加强供应商伙伴关系和在组织整体中倡导持续质量改进的综合努力。具体而言包括：

- **客户满意**。生产高质量的产品，提高客户服务的水平，表明组织对客户利益的高度关注。
- **员工参与**。鼓励员工参加决策、建立自我管理的团队，让员工承担起提高质量的责任。
- **供应商伙伴关系**。与供应商建立良好的工作关系，提高物料和部件的品质，降低成本。丰田汽车公司建立了一个专门的机构帮助供应商改进产品质量，最终提高了本企业产品的质量。
- **持续的质量改进**。质量改进不是一个短暂的项目，而是组织长期的努力方向。

六西格玛管理法

六西格玛（six sigma，6δ）是近年来众多企业用于提高质量和总体经营绩效的一项技术。六西格玛是运用统计数据和改进方法消除产品与服务缺陷的技术。西格玛是统计学中的标准差，六西格玛意味着在100万次操作中只有3.4次错误。这是一个挑战性很高的目标。但是，能够做到这一水平的企业将获得极大的收益。实行六西格玛的企业包括通用电气、摩托罗拉等国际知名企业。在我国，成功实行六西格玛的企业包括中兴通讯、潍柴动力、平安保险、建设银行、携程网、中远集团等。

六西格玛的成功实行要求高层的坚定支持、大量的培训、团队合作和整体组织态度与文化的转变。在六西格玛的运用中，首先要制定测量的标准，在此基础上形成改进的目标。其次是流程的不断改进，对于缺陷不是就事论事，而是从设计、流程各个角度进行分析，找出关键环节。

2005年，美国银行（Bank of America）发现，在网上银行账户开设业务中，最重要的客户体验是开设网上账户所用的时间以及远程验证用户的能力。IT和业务人员运用六西格玛方法，把开设网上账户时需要浏览的屏幕从10个减少到4个。这项改进使美国银行当年成为网上客户服务的顶尖银行之一。考虑到这家银行的1 980万网上客户通常会申请更多的贷款，存款也更多，而且给银行带来的利润比其他客户高出30%，这项改进的战略意义是很清楚的。

专　题

中兴通讯的六西格玛实践

2001年11月，中兴从研发、市场、综合管理、物流等部门选了27名业务骨干，送到摩托罗拉大学开始第一期六西格玛培训。在实施阶段，中兴选择康讯公司做试点。康讯电子是中兴旗下的一家主要生产单板机的公司，也是整个公司的采购和生产制造中心，员工1 500多人。六西格玛的实施在康讯公司取得了“令人震惊”的成果。最为显著的一个项目就是“焊接直通率”。一位中兴人士说：“原来我们的废品率很高，这与焊接工艺息息相关。一块电路板上有很多个焊点，每个焊点都要考虑到焊盘的大小、锡膏的厚度、温度，要保证每个焊点良好，不要虚焊。”通过六西格玛的实施，几个月后，康讯的“焊接直通率”从原来的90%升至99%以上。

试点成功后，中兴加快速了在整个公司范围内全面实施六西格玛的步伐。公司成立了由总裁侯为贵挂帅的六西格玛战略委员会，要求所有的部门经理以上的管理人员必须通过绿带（六西格玛方法中一种初级项目实施人员的资格）认证。为了保持六西格玛战略的激情和活力，公司打破了绿带和黑带（比绿带更高级的资格）的终身制度，实行定期复审。复审不合格者将被取消资格，其待遇和晋升都会受到影响。

经过3年的努力，中兴通讯已经培养了120多名黑带、800多名绿带，在公司内部累计完成六西格玛项目近2 000项，经济收益高达5亿元。作为国内唯一一家有能力为电信运营商提供六西格玛咨询服务的公司，中兴通讯提供的六西格玛管理咨询服务已经覆盖了国内主要的电信运营商。

国际质量标准：ISO 9000 和 ISO 14000

不同的企业对质量有不同的标准，消费者和企业如何判断哪些企业的产品质量符合要求？全球化竞争令这个问题变得更加严重。国际标准化组织（ISO，一家非政府组织，设于瑞士日内瓦，拥有 156 个国家成员）组织质量专家组制定了企业保证产品质量的方法。1987 年，专家组发布了 ISO 9000，规定了企业接受认证必须遵守的质量管理程序。这些认证由独立的审计人员进行，可以证明一家企业在设计、生产、流程、产品测试、员工培训、记录保存和缺陷改正方面达到了质量控制程序的标准。ISO 认证不是强制性的，但国际标准组织中的 156 个成员国家都已经批准了这些标准。在欧洲，很多企业会拒绝与没有通过 ISO 认证的企业进行业务往来。ISO 标准不是单一标准，而是一组标准，它是定期更新的，例如 ISO 9001：2000就是一个新的标准体系。

在近年来强调“绿色”社会的潮流中，ISO 14000 标准族日益受到重视。ISO 14000 是对企业运营中环保要求的国际标准，欧盟国家在进口产品方面对 ISO 14000 标准普遍要求较高。跨国公司越来越多地要求供货商证明自己的环保资质，小型企业也逐渐感受到了全球变暖的压力。很多行业中的知名品牌如

专　题

中国移动绿色包装

一直以来，木材都是移动通信工程设备最主要的包装材料，然而每次拆封都是破坏性的，所有包装材料全部当成废品处理，不仅加大了设备成本，更重要的是对生态环境造成了严重的影响。中国移动 2007 年与供应商合作开始“绿色包装”实验，通过建立包装运输标准和体系，推进包装新材料的替代和重复使用，减少木质包装和过度包装。

“周转架”包装及运输是一种典型的可循环使用的包装运输方案。周转架是传统木材包装的替代品，它采用模块化拼装设计，由底座（含支脚）、侧支架、横梁以及固定螺钉组成，并通过安装和拆解相关组件实现反复使用。“以前没有周转箱的时候，我们建设一个基站需要用 5 个木箱，这些木箱拆开后只能丢弃。”广西移动工程管理中心工程师冼永海说。与现有通信设备的木箱包装、纸箱包装解决方案相比，周转架节约木材使用量约 50% 以上，减少包装重量 20% ~ 30%，延长包装使用寿命 2 ~4 倍，降低生命周期内综合成本 5% ~10%。据合作方华为统计，仅华为公司一家通过周转架每年就可以减少木材消耗 1.2 万立方米，减少石油消耗 270 万升，节约电能 75 万度，减少二氧化碳排放 617.2 万吨。

传统包装的弊端：包装一次使用，资源消耗多；箱体尺寸不一，装储运不便。

“绿色包装”的优点：周转架循环使用，节约资源；箱体尺寸标准，装储运方便；“以纸代木”节约资源。

戴尔、欧莱雅、百事可乐、惠普等，都已宣布将要求一些供货商测量并公布自己的“碳足迹”（carbon footprint），即它们的温室气体排放量。一些中国企业也在这方面做出了很大的努力，西安开米公司是国内第一家通过该标准认证的洗涤剂企业，生产过程无“三废”排放，厂区还设有环保参观走廊，向来访者和学生介绍环保的知识和理念。

6.4 服务部门的运营管理

服务部门在现代经济中的重要性与日俱增，根据2009年第二次全国经济普查的结果，服务业在中国GDP中所占的比重为41.8%。在香港这样的中心城市，服务业的比重达到了90%。提高服务的生产力是运营管理的重要内容。

服务业的特点

服务业的行业种类非常多，金融、物流、零售、餐饮、娱乐、旅游都属于服务业。与制造业相比，服务具有自己的一些特点：

- 服务业的产出往往立刻被消费掉，而不像制造业的产品可以储存。
- 服务必须在客户想要的时间和地点提供。
- 服务业通常是劳动密集型的。
- 服务的产品通常是无形的，因此很难衡量客户的满意程度。

与制造业相比，服务业与客户的距离更近，往往能够更快地获得客户的反馈并作出改进。尽管客户满意相对而言比产品缺陷更难测量，但许多企业还是开发出自己的方法来提高客户满意度。如家连锁酒店利用携程网的平台在国内率先建立了全国性的网上订房系统和800免费订房电话，同时减少了客户和酒店中不需要的附加服务，而更强调整洁、安全、地点便利、免费上网服务等商务群体所重视的服务指标，极大地提高了客户的满意度。

服务业生产力的提高

与制造业一样，技术的进步对服务业生产力的提高起到了极大的推动作用。在医疗领域中，新的检测设备让病人获得了过去无法想象的服务体验。条形码的普及不仅减少了超市排队等待的时间，而且极大地提高了整个分销过程的效率。ATM机的普及让银行减少了人力费用，网络交易的盛行让人们搜寻信息、购买商品的效率变得更高。IT技术的出现令互动服务的效率大为提高，服务业变得比以往任何时候都更加贴近客户。

专　题

航空业的收入管理

在服务业，供给和需求不匹配的问题有特殊的表现。航空公司提供了这方面的案例。对于航空公司来说，每架飞机的座位数是固定的，也就是说，供给是固定的。而有研究指出，航空公司的座位利用率只要提高1%～2%就可以让一家亏损的公司转为赢利。因此，航空公司具有很大的积极性提高每一航班的顾客人数。由于经常会有顾客在订票后由于各种原因而未能成行，对于航空公司来说，这部分座位如果能够加以利用，自然会给企业带来很多利润。因此，它们往往采取超额预订的做法。但是，如果航空公司不走运，顾客全都来了怎么办？此时航空公司将不得不和顾客进行协商，支付一定的费用请超额的顾客转到下一个航班。例如，航空公司会发起一场拍卖，向推迟行程的顾客提供优惠（通常是免费升舱和机票折扣），优惠条件不断上升，直到愿意接受的顾客数量达到起飞的要求。从一个固定的供应中获得最大收益的技术称为收入管理（revenue management，yield management）。收益管理是航空业、酒店、运输和广告业中常用的运营管理技术。

6.5　制造部门的运营管理

制造部门运营管理的主要内容是设计规划、选址和设施规划。

设计规划

企业在决定生产某种产品之后，还需要进行设计规划。设计规划是将产品从概念转化为实际产品或服务的过程。设计规划中要解决的问题主要包括产品线、产能和技术。

产品线。产品线是指一组类似的产品，只在小的特性上有所区别。例如，联想公司要决定推出多少种笔记本电脑的产品，或者招商银行会向客户推荐哪些理财产品。产品线决策的一个重要方面是如何平衡产品种类和客户需要。产品线中的产品过多导致成本增加，而太少可能影响客户满意。

产能。产能（capacity）是在给定时间内组织能够生产的产品和服务的数量。我们经常听到汽车公司上马了一条生产线的消息，消息中通常会提到这条生产线的设计生产能力是多少（例如为每年20万辆）。产能决策对于组织往往是非常严峻的考验。如果产能过剩，组织将不得不在一个很高的成本水平上运营；而如果产能不足，市场可能会被竞争对手抢走。服务业中也同样有产能的问题，对于单位顾客利润较低、依赖流量来获利的快餐店来说，座位数量就是它的产能。

技术。技术主要可以分为劳动密集的技术（大部分工作由人力完成）和资本密集的技术（大部分工作由机器完成）。玩具、衬衣或鞋类产业更多使用劳动密集的技术，而芯片和汽车生产则属于资本密集的技术。

选址和设施规划

选址。在确定了生产线、产能和技术之后，组织还必须作出在哪里生产的决策。如果需要的产能超出了原有的能力，组织可能需要考虑在新的地址建立产能。组织要考虑是在同一地点建立更大的产能，还是分散到不同的地点。下列因素通常影响选址决策：

- 主要客户所在地和运输成本。
- 供应商或原材料的地点。
- 当地劳动力的技术水平。
- 当地的生活条件。
- 土地的建设成本。
- 税收和法律条件。
- 特殊需要，例如交通、能源供应、廉价天然资源、金融服务水平等。

设施规划。设施规划（facility planning）是指对生产过程中的各种资源（包括人员）进行物理上的安排，以获得最高水平的生产力。在制造业中，厂区和设施都代表着重大的费用，如果利用不合理将导致极高的成本。服务业也是一样，超市中的过道设计和产品排放的顺序就是设施规划的内容，不同的规划方式可能导致不同的营业收入。图 6.4 描述了常见的三种设施规划：产品布局、流程布局和固定布局。

产品布局适用于大批量生产单一产品的情况。大多数装配线采用产品布局，例如汽车生产或电脑装配。

流程布局是同时需要生产不同产品或在不同区域开展工作的情况。修车厂和医院是典型的流程布局。每一辆车和每一个病人都是不同的，需要分别处理。在流程布局中每一个功能或部门完成不同的任务。例如在修车厂，焊接、钣金、发动机检查是在不同的地方。而在医院中，门诊、内科、外科也在不同的地方。

固定布局是指产品位置固定，而设施和人围绕产品移动。飞机组装和造船业是这种布局的典型例子。

单元式布局是近年来新兴的一种设施布局方法。当一系列产品的生产遵循类似的流程步骤时，就会采用单元式布局。例如，服装生产商可能设立一个单元或指定区域专门生产口袋。不同衣服上的口袋所需要的设备和方法基本上是类似的，这样就可以在一个地方完成所有口袋的加工，再送到不同的装配线。

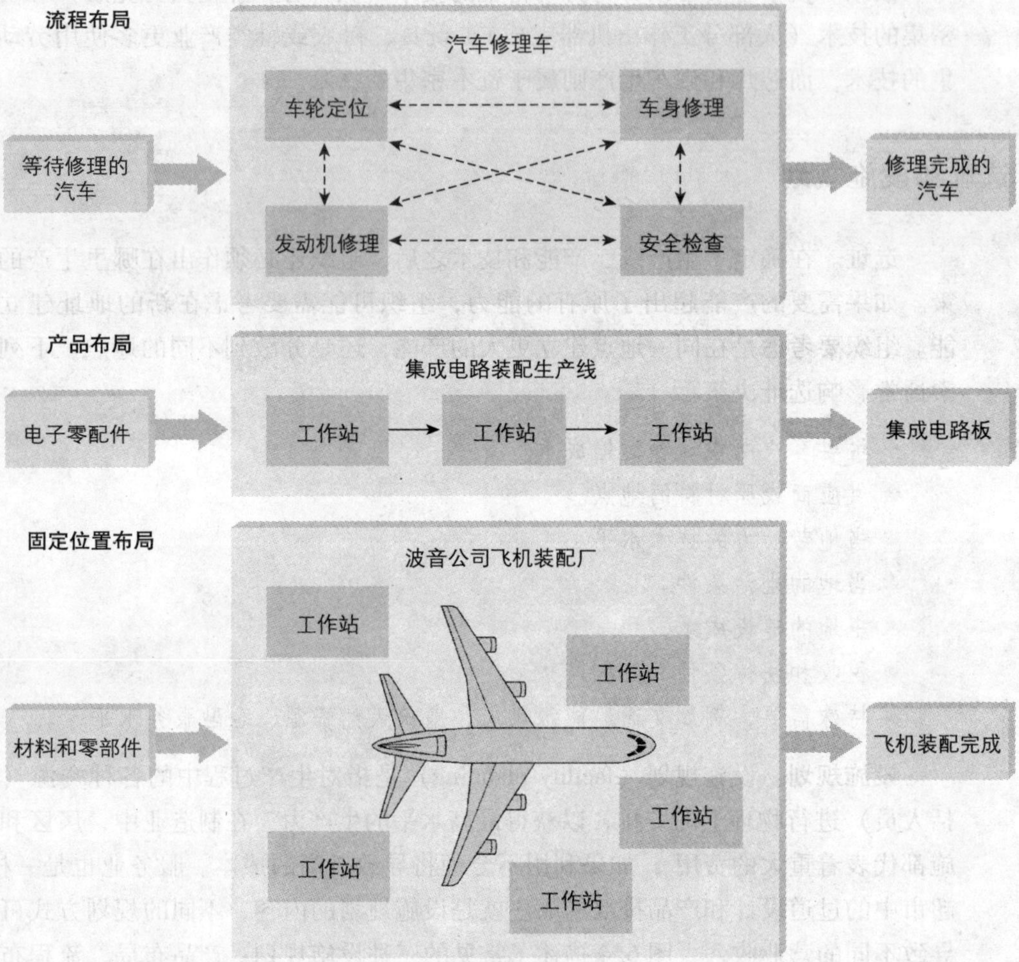

图 6.4　常见的三种设施规划

6.6　现代生产技术

机器人

机器人（robotics）是指根据程序完成多种物料和工具操作的机器。机器人工作稳定、快速而准确。机器人特别适用于乏味的、重复性的装配线工作，以及在危险的环境下工作。汽车产业是目前采用机器人最多的产业，其他较多采用机器人的产业还包括采矿、管道内表面探测、计算机组装以及建筑清洗业务。

计算机辅助制造

在工业革命时期，人类已经采用了自动化的技术，大大提高了产品和服务的质量。早期的自动化主要基于机械或电动机械控制。现代意义上的自动化主要是围绕着计算机辅助制造而发展的。计算机辅助制造技术包括计算机辅助设计（CAD）和计算机辅助制造（CAM）。计算机辅助设计是用计算机对部件和最终产品进行设计并对其表现进行模拟，而不再需要制作原型机。从飞机、电子设备到服装产业都受益于CAD方法。计算机辅助制造是指用计算机对生产过程进行规划和控制。CAM方法可以提高生产的数量，也有助于提高产品的质量和生产速度，因为所有的数据和操作要求都储存在计算机中，可以快速、准确地加以利用。

将上述两种方法结合在一起的一种新方法称为计算机整合制造（CIM）。CIM是一种不仅能够帮助设计，还能够进行生产设备控制的计算机系统。在CIM系统中，计算机可以自动调整机器的布局，以提高生产安排的效率。CIM系统还可以接入公司的其他信息系统，是一种极为强大的制造控制工具。

柔性制造系统

柔性制造系统（flexible manufacturing systems，FMS）是在一个单一的系统中将机器人和CIM系统结合起来，能够灵活、迅速适应加工对象多变的自动制造系统。传统流水线有一个严重的缺点，即如果要生产一种新的产品，就必须花费很多时间重新装配生产线。在柔性制造系统中，生产新产品时只需要将电子设备中的程序进行改变就可以做到。由于柔性制造系统大大降低了转产的时间和成本，企业可以在不明显增加成本的情况下减少生产批量，扩大产品品种。对于大多数制造企业，采用柔性制造系统的动力来自客户。例如，戴尔公司实行按订单生产，这意味着公司必须能够在收到客户订单后迅速调整自己的生产设备以生产客户需要的品种，这样的要求离开不先进的柔性制造系统，尽管柔性制造系统的成本比流水线高，但它的灵活性弥补了成本上的缺陷，成为更普遍和更有效的制造系统。

6.7 供应链管理

现代运营管理的一个突出特点是将传统的企业内部的生产与运作管理纳入企业所处的供应链的管理上。也就是说，企业在进行运营管理时，不仅要关注内部运营，还要关注整个供应链上自己所处的地位并作出相应的调整。

供应链管理

供应链（supply chain）是由各种各样的企业组织共同从事的一系列有序的、

连贯的商品移动活动，从最开始的原材料供应一直到将商品送达最终消费者手中。**供应链管理**是对原材料、零部件、加工程序、最终产品以及供应链中所涉及的组织的相关信息进行管理的过程。运营管理是供应链管理的一部分。

在供应链上，绩效取决于供应链所有成员的行为，一个薄弱的环节可能对整条供应链和其他各个点构成负面影响。虽然所有的成员都支持最优化供应链的原则，但每个企业自身的首要目标是最优化其自身的绩效。供应链中每个成员的利己行为会导致整个供应链不能发挥最佳绩效。不过，我们可以通过改进运营协调来提高供应链的绩效。

从供应链的角度看，作为一种战略方法的采购管理的改进趋势之一是减少供应商的数目而增加供应商的协作。企业不再将供应商看成是压榨成本的对象，而是通过与供应商的合作提高整个产业的收入。我们在前面所列出的采购管理的关键指标都可以通过密切的协作关系来得到改进。

- **价格**。协作有助于帮助供应商降低成本，稳定的订单会促进供应商增加投资和提供更周到的服务。
- **品质**。向供应商提供更透明的运营信息可以帮助供应商理解生产要求，从而提高供应品的质量。
- **可靠性**。信息的分享有助于供应商按照生产的要求安排供应品的生产，从而保持供应的稳定。更密切的协作是将供应商纳入产品开发的流程。由于在实际生产过程中需要用到供应商的产品，在设计阶段就让供应商参与进来可能会大大减少未来生产中的问题。

电子商务和全球采购是改进供应链绩效的另一个重要方法。通过电子商务，企业可以整合全球最有效的资源。例如，海尔通过整合内部资源、优化外部资源，使供应商由原来的2 336家优化至978 家，国际化供应商的比例却上升了20%。强大的全球供应链网络有力地保障了海尔产品的质量和交货期。不仅如此，更有一批国际化大公司已经以其高科技和新技术参与到海尔产品的前端设计中，目前可以参与产品开发的供应商比例已高达32. 5%。

牛鞭效应

牛鞭效应是改进供应链绩效的一个典型案例。**牛鞭效应**（bullwhip effect）是指越靠近供应链的上游需求波动越大的现象。直观的理解是因为在最前端的需求量波动导致订单在向上游传导的过程中逐级放大，因此上游的供应商经常会遇到订单暴涨或暴跌的情况。例如，零售商发现需求提高，订购量要增长25%。但是，它担心需求进一步增长，为保险起见多订购了50%。在其上游的批发商注意到零售商的这种变化，为了保险也会进一步加大其向上游分销商的订购量。同样的心理会导致分销商也作出增加订购的决策，而此时供应商所看到的数字已经比原始的需求波动大了很多倍。如果供应商依照这样的订单来生产，必然会导致产品在渠道中大量积压。

导致牛鞭效应的企业行为包括同步订购（所有的企业都在月初订购，而在其他时间又没有人订购）、批量订购（一次订购满足一段时间的需求）、促销订购（在促销期间订购量超出正常需求）、反应过度（一次需求的偶然增加导致订货的大幅度增加）、短缺博弈（由于担心订不到货而超过正常需求订购，寄希望于在比例分配中得到较多的数额）。这些原因是企业经营环境的一部分，不可能完全消除。20世纪90年代发展起来的有效客户反应（efficient consumer response，ECR）技术通过信息共享和供应商管理库存减轻牛鞭效应。

信息共享。在供应链的各个阶段之间更好地实现信息共享可以减轻牛鞭效应。这不光是指共享当前的需求数字，还包括共享零售商可能的促销、广告等前瞻性的计划。另一方面，如果供应商能够向下游零售商发布配件短缺的信息，同样可以使零售商避免由于供货能力问题而导致促销计划不能实现。供应商和零售商共享信息还有助于控制恐慌性订购。

供应商管理库存。宝洁和沃尔玛公司是最早定义牛鞭效应的公司，也为减轻牛鞭效应发挥了很大的作用，它们的做法被称为供应商管理库存（vendor-management inventory，VMI）。VMI主要有以下特点：

- 零售商不再决定订购量和订购时机，而由供应商决定何时向零售商运送多少货物。补货的目标额度则由双方相互商定。
- 零售商和供应商分享销售数据，建立自动补货系统。零售商和供应商分享自身的促销计划。
- 取消促销订购，维持订购价格稳定或更低。

全球竞争和中国制造

烟囱林立、烟雾弥漫的城市和大规模流水线生产曾经是现代工业的象征。今天，即使在像中国这样的在劳动密集型制造产业中拥有比较优势的国家中，工厂的面貌也有了很大的改变。信息技术的应用已经极大地改进了工人的生产条件，机器变得比从前更快、更清洁、更安全。生产的地点也发生了巨大的变化，大量的制造企业向发展中国家转移，中国、印度、越南等国家成为这一趋势的受益者。在制造业方面还出现了整合全球制造业的趋势，例如纺织加工产业、制鞋业、机床产业、手机、家电、PC等，一些观察家预测这一领域中将会出现中国主导的市场。

近30年来，中国企业所学到的一个重要经验是找到自己在全球化时代国际供应链上的优势位置。企业只要将这一优势进行充分发挥，就有可能充分实现供应链效率提高的利润。另一个关键性的因素则是创新，特别是核心技术的创新。随着中国企业从初级加工向先进制造的转变，我国的国际专利申请数量增加很快，2009 年增长了 29.7%，专利申请总量全球排名第五。其中华为公司一家就申请专利1 847项，在全球公司中排名第二。中国企业在全球化竞争中面临的另一个挑战在于西方企业将品牌、渠道和资本市场的力量发挥到一个更高的水平，而力图将中国制造业压缩在价值链的低端。

为了提高自己生产方面的竞争力，中国企业还应当注意以下几点：

- 发挥员工的智能潜力，提高生产力。
- 重视客户。
- 与供应商和其他公司保持密切的联系以满足客户的需要。
- 持续的生产改进和设备更新。
- 选择合适的生产地点。
- 采用新的制造技术如 ERP、计算机集成制造、柔性制造和制造。

本章小结

1. 运营管理是对资源转化为商品和服务的价值创造过程进行指导和控制的管理活动。大规模生产是有效率的资源转化形式，大规模定制在降低成本的同时提高了客户响应。

2. 运营规划解决需求和供给不匹配以及由此造成的成本问题。运营控制主要包括采购、库存控制和流程管理。JIT 系统和提前期有助于提高库存管理。甘特图和 PERT 技术是两种常用的流程管理工具。

3. 质量控制是保证产品或服务按照设计标准生产出来的过程。质量不是一项外部指标，而是产品和服务本身的关键内容，对于企业具有战略上的重要性。

4. 5S 是指导现场管理的有效方法。全面质量管理将客户满意、员工参与和供应商伙伴纳入质量改进的活动。六西格玛管理法运用统计和改进的方法消除产品和服务中的缺陷。企业需要高度重视国际质量标准。

5. 服务业运营管理突出客户满意的重要性。制造业运营管理的主要内容是设计规划、选址和设施规划。现代生产技术主要包括机器人、计算机辅助制造和柔性制造系统。

6. 企业不仅要关心内部运营，还要关注自己在整个供应链上的地位。供应链管理是对整个供应链中所涉及的组织的相关信息进行管理的过程。改进供应链绩效的方法包括协作、电子商务和全球采购。

关键概念

运营管理　大规模生产　大规模定制　运营规划　采购　库存控制　JIT　提前期　流程管理　甘特图　PERT　关键路径　质量控制　5S　全面质量管理　六西格玛　ISO9000　产能　设施规划　柔性制造系统　精益生产　供应链　供应链管理　牛鞭效应　供应商管

理库存

思考题

1. 制造业和服务业的运营管理中有哪些相同的问题?

2. 大规模定制在经济上可行的前提条件有哪些?

3. 运营管理的核心问题是什么?举例说明。

4. 运营控制如何改进运营管理的核心问题?

5. 全面质量管理如何帮助企业提高竞争力?

6. ISO认证在商业上的主要利益是什么?

7. 哪些指标可以用来衡量服务业的生产力?

8. 分析服务业运营管理和制造业运营管理的主要差异。

9. 改进供应链上利已行为的方法有哪些?

10. 如何减轻牛鞭效应?

11. 谈谈中国企业提高竞争力的可能性。

网络练习

在网上查询创想世纪翻译公司的网站(http://www.fanyi51.com.cn),在主页左侧的栏目中点击“作业流程体系”和“质量保证体系”,阅读其中的内容并回答以下问题:

1. 翻译作业流程涉及哪些人,负责人是谁?

2. 质量控制如何体现在作业流程的各个环节?

3. 质量保证体系是否符合全面质量管理的精神?为什么?

开篇案例讨论题

1. 分析ZARA如何控制供应链的每一个环节以实现产能和需求的匹配?

2. ZARA能够避免牛鞭效应吗?

3. 从ZARA的运营管理看,它应当采用怎样的组织结构?

第 7 章

员工激励与团队建设

本章学习要点

- 解释什么是激励
- 理解激励的历史观点
- 描述当代三种主要的激励理论：公平理论、期望理论和目标设定理论
- 理解提高员工激励的几种方法
- 理解团队的定义、类型、发展

海底捞成功地激励员工在服务上超出顾客的期望，图为海底捞员工为顾客表演舞面。

开篇案例

海底捞火锅店：燃起服务的激情

在北京，一家名为海底捞的四川火锅店门口常常有很多人等位，这些客人并不焦躁，海底捞利用等位的时间为他们提供擦鞋、美甲和免费上网的服务。在餐桌上，服务员会提供围裙、擦眼镜布、手机防油袋，为长头发的女士提供了扎头发的皮筋和夹刘海儿的小夹子，当然最多的还是他们的微笑。来到海底捞火锅店的消费者对店员的服务热情无不留下深刻的印象。2006 年，在中国拥有“必胜客”、“肯德基”的百胜集团组织 200 多名区域经理到海底捞参观取经。他们想要学习的，是海底捞公司如何燃起员工的服务激情。

1994 年，张勇在四川简阳创办了海底捞火锅店，以经营川味火锅为主。到 2008 年，海底捞已经拥有了 26 家直营店，3 000名员工。在谈到激发员工热情时，张勇认为：“标准化固然重要，但是笑容是没有办法标准化的。”“最重要的是如何让员工喜欢这份工作。”

海底捞的副总经理袁华强认为，要想让员工在工作中充满激情和自信去面对顾客，首先要给他们提供良好的生活环境。很多餐饮店让员工住在地下室，海底捞不是。在海底捞，服务员和经理一样住公寓套房；空调、洗浴、电视、电脑上网一应俱全。公司有专门的家政服务人员，负责员工宿舍卫生的日常清扫以及员工衣服、床单、被褥的清洗等，让服务人员也享受到他人的服务。在简阳，张勇还建了一座私立学校，海底捞员工的子女可以免费上学。

在尊重与善待员工的问题上，海底捞还有不少“创意”。例如，将发给先进员工的奖金直接寄给他的父母。张勇说：“这不仅仅是 400 块钱的事情……重要的是，他的父母有了家庭荣耀。”也许海底捞的员工并不比高档餐厅服务员赚得多，但是他们所得到的关怀和享受到的福利超过了普通打工者的待遇。

海底捞的员工有机会通过内部晋升成长。除了财务和工程岗位，海底捞的高层都是从基层成长起来的。副总经理袁华强几乎干过海底捞所有的职务：门童、厨师、洗碗工……至今他还记得刚进入海底捞时，曾有连续 3 个月吃菜花的经历。在一次高层会议上，他提出了员工早餐的问题。“希望能够尽量让员工每天都可以品尝到不同的饭菜，如果某日员工不吃饭，我们会反省，是不是你给他提供的饭菜不够好？”张勇笑着举例，“如果将北京区的总经理换成一个从美国回来的博士，相信不到半年就乱套了。员工不认可你，你讲得再好，你的理念再好，员工与你不是一条心，不听你的，没办法！”

海底捞在工作中给予员工充分的尊重和很大的权限。海底捞的员工有权利给客人免单，比如听到顾客说多算了一份牛肉钱，除了立刻纠正之外，服务员可以马上拿出名片写上：下次就餐赠送一份。袁华强解释道：“任何一个员工可以在他的权力范围内给客人处理问题，这样做首先让员工觉得自己是餐厅的主人公。其实做餐饮难免会出现问题，比如餐具、菜品没洗干净，出现这种问题最好的处理办法不是你领班、经理去解决，而是由直接与客人接触的服务员解决，他可以第一时间解决问题。”在海底捞吃饭会发给顾客一个防止手机被溅湿的袋子，而这个袋子有个特殊的名字“包丹袋”，这是海底捞一名叫包丹的员工想到的方法，被公司采纳并且用她的名字命名。

激情要同专业能力相结合。海底捞在北京昌平区建有海底捞北方培训中心，负责新员工的入职培训以及在职员工的再培训。培训的成绩交给店面作为在职培训的参考。每位新员工还会配一名师傅，传授工作流程、标准和运作要领，徒弟出师的时间由师傅决定。海底捞还为员工提供了轮岗的机会，员工可以尝试在不同的岗位上发展，同时也减少了长期在一个岗位上工作的厌倦。在员工的考核中，海底捞重视关键事件法，根据实际服务过程中发生的事件进行讲解和评议，特别重视顾客对员工的评价。

对员工工作激情的重视还体现在公司对管理层的考核中。海底捞考核店长或区域经理的主要标准只有两个：顾客满意度和员工满意度，而被很多企业视为最高指标的营业额和利润居然没有入围。用袁华强的话说：“超越顾客期望为海底捞赢得了名声，而让为顾客创造满意感觉的员工过得舒适才是海底捞的安身立命之道。”从2003年7月起，海底捞实行了“员工奖励计划”，给优秀员工配股，2005年公司决定今后每开办的第三家分店均作为员工奖励计划店。

海底捞在自己的成长和探索中发展起来的激励员工的办法，由于带有浓厚的平等色彩而被戏称为“海底捞公社”。不过，随着店面越开越多，如何在保持激情的同时实现标准化，将是海底捞面临的一个重要考验。

在工作中投入多少努力是员工个人的决定。有些企业能够激发和保持员工的工作热情，这样的企业拥有更大的竞争优势。另一些企业的员工则情绪消沉，缺乏工作的动力。在这些差异背后的关键因素是激励。现代管理学认为，任何组织都有可能开发和保持一支适度激励的员工队伍，重要的是要创造出一个系统，员工可以通过符合组织目标的行为获得奖励。本章首先研究激励的本质，然后介绍激励的主要理论，包括历史的理论和当代的观点，我们还探讨了提高激励的技术。领导与激励的关系是一个非常重要的主题。团队作为一种越来越普遍的形式，它的激励问题是我们最后讨论的一个主题。

7.1 为什么激励很重要？

什么是激励

到政府机关或国有垄断性企业——派出所、工商局、考试书店以及水、电、煤公司等——办事时，我们对其态度冷淡、手续复杂的情形并不陌生。在这些场合中，你碰到的就是缺乏激励的组织成员。人们在从事工作或活动时会表现出不同的精神状态，我们称一心一意取得好成绩的运动员为“充分激励的”，而将逃避工作的员工称为“激励不足的”。**激励**（motivation）是引导人们做出特定行为的力量的组合。在工作的时候，员工可以选择尽心尽力，或者满足于最低标准，也可能选择尽可能少地工作。管理者的目标是令第一种情况尽可能多，而令最后的一种情况尽可能少。

为什么激励很重要?

个体的绩效通常由三种因素决定：激励（愿意完成工作）、能力（拥有必要的技能）和工作环境（足够的资源），如图 7.1 所示。如果员工缺乏能力，可以进行培训或通过替换人员解决。如果资源不足，管理者可以设法寻找并解决。但如果问题出在激励上，管理者就会遇到很大的困难，因为激励是无形的。在制造企业，受到激励的员工会努力提高生产力，推动创新。在服务企业，受到激励的员工更有可能做到让客户满意。激励措施恰当的组织可以吸引更优秀的员工加入，留住这些优秀的员工，而缺乏激励的组织则可能造成员工流失、缺勤。招募一个新员工的成本很高，更不要说智力资源流失或由于缺乏激励导致的质量下降、客户不满意或商业伦理方面的问题给组织声誉造成的影响。做好激励对于组织非常重要。

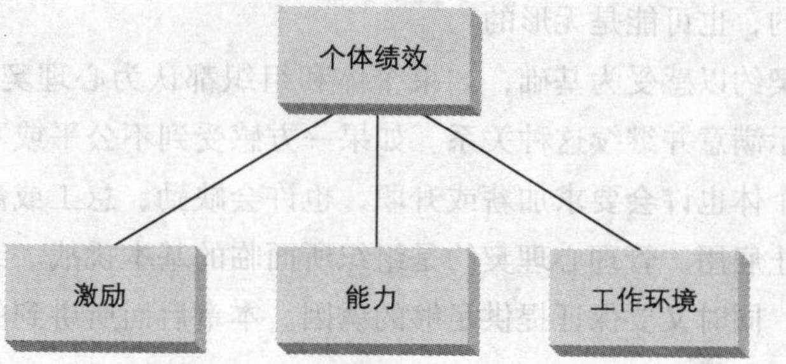

图 7.1　个体绩效的决定因素

只要认同工作的意义并且在工作中得到认可，绝大多数人愿意努力工作。管理者应当找出能够激励员工的因素，包括收入、认可、成就、地位等。激励可以分为两种，内部（intrinsic）激励和外部（extrinsic）激励。内部激励是指完成工作和实现目标本身所带来的满足感。例如认识到自己的工作对于社会的重要意义。外部激励是指由于工作所获得的东西，例如收入、表扬、地位等。

心理契约

对员工的激励总是在组织环境下发生的。要更深入地研究组织中个体与组织的关系，心理契约是个有用的概念。心理契约与日常生活中的契约类似，但不像常见的契约那样正式和严格。**心理契约**（psychological contract）是个体就自己对组织的贡献以及组织对个体贡献回报的总体期待。心理契约不是书面的，也不是公开谈判的结果。图 7.2 对心理契约进行了简单的描绘。

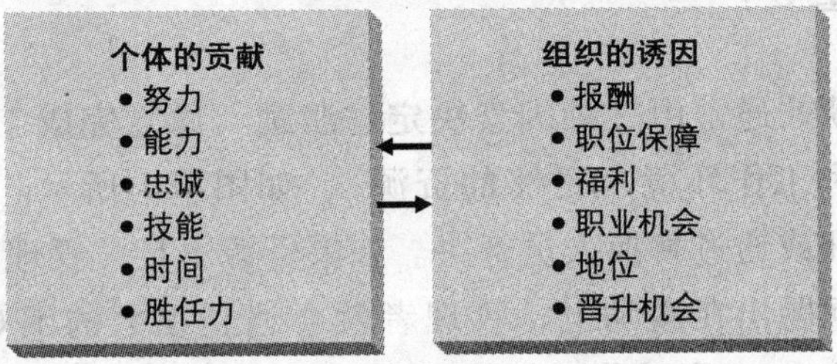

图 7.2　心理契约

在心理契约中，个体向组织作出贡献——努力、技能、时间、忠诚等，这些贡献是组织为了完成目标所需要的，也是组织在雇用成员时期望他能够做到的。作为对这些贡献的回报，组织向个人提供诱因，例如报酬、晋升和工作保障等。组织所提供的诱因是个体在加入组织时期望能够获得或兑现的。贡献和诱因既可能是有形的，也可能是无形的。

心理契约以感受为基础，如果个体和组织都认为心理契约是公平和平等的，双方会表示满意并继续这种关系。如果一方感受到不公平或不平等，就会主动发起改变。个体也许会要求加薪或升职，也许会缺勤、怠工或离职，组织则会调整职位或终止雇用。管理心理契约是组织所面临的基本挑战。组织必须从员工那里获得价值，同时又要保证提供足够的诱因。本章后面所讲到的许多激励方法都会体现在心理契约上。

7.2　激励的历史观点

管理学者很早就注意到了激励的重要性。但是，最早的研究者所关注的主题比较狭窄，而现代的学者则将员工激励的主题大大拓宽了。

科学管理、计件制

19 世纪末，工厂管理人员泰勒（Frederick W. Taylor）发现企业中浪费、无效率和怠工的现象十分普遍。他开始研究如何提高工人的工作效率，以泰勒为代表的运用科学方法管理工作和工作者的思想被称为科学管理（scientific management）。泰勒认为，管理者的工作应当是：（1）将每一项工作划分为较小的任务；（2）规定完成每一任务的最佳方式；（3）规定正确完成工作的员工可以期望的结果。泰勒认为，人们工作最主要的目的是为了赚钱，他主张将工作结果和报酬直接联系起来，实行计件工资制。计件工资制（piece-rate system）是根据员工的产出单位支付酬金的报酬系统。计件工资制今天仍然在许多企业中得到应用。

泰勒的思想对管理实践产生了重大的影响，例如许多组织对员工的工作标准化提出了很高的要求，从车间环境要求、操作规程到服务业的工作规程等。海尔公司的“日事日毕，日清日高”和“联效计酬”都是科学管理的实践。但是，人们也注意到，泰勒对激励的总结过于简化和狭窄，人们在工作中不仅仅受到报酬的激励。

MODERN BRICK-LAYING IN CHICAGO.

霍桑实验

20 世纪二三十年代，哈佛大学的梅奥（Elton Mayo）在美国西屋电气公司的霍桑（Hawthorne）工厂进行了一系列的试验，得到了非常有价值的成果。

这项实验的最初目的是为了检验工作环境对员工生产力的影响。实验者对一组工人的照明水平进行改变，然后测量这一组和对照组工人的生产率变化。结果发现两组工人的生产力都提高了，而且即使光照下降，实验组的生产力仍然提高，直到几乎看不见为止。另一个实验是测试调整工人小组计件工资标准对产出的影响。实验者吃惊地发现，工资标准的改变对产出几乎没有影响。

实验的结果促使研究者思考人类因素在激励中的作用。在第一个实验中，员工认为参加实验说明自己受重视，因此产出得到提高。而在第二个实验中，工人们非正式地设定了小组中可接受的产出水平。为了得到或保持小组中的社会接受，工人们选择了产出不变。产出多的工人和产出低的工人都受到压力调整自己的节奏。

霍桑实验表明，人类因素至少和报酬一样重要。这项实验和其他的研究一起推动了人际关系运动（human relations movement）的发展。这一学派主张，在工作中感到快乐和满意的员工得到了更好的激励，管理者应当设法创造出令员工满意最大化的工作环境。

马斯洛的需要层次论

美国心理学家马斯洛（Abraham Maslow）在20世纪六七十年代提出了激励的需要层次论（hierarchy of needs）。马斯洛认为人类是一种寻求满足需要的生物，他根据自己的观察将需要划分为5个层次，如图7.3所示：

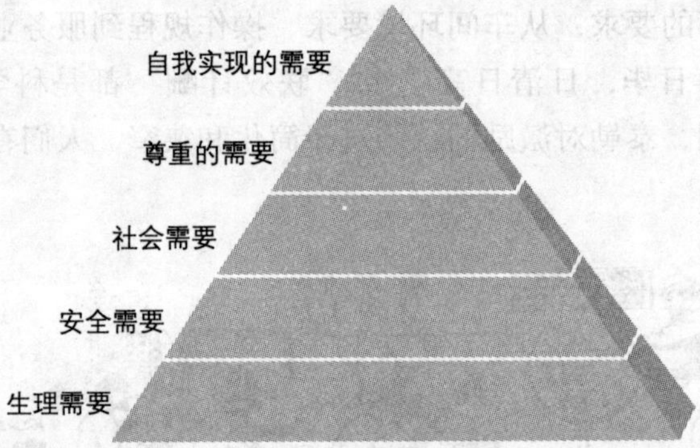

图7.3　马斯洛需要层次论

- **生理需要**（psychological needs），是指生存所需，包括食品、衣物、住所和睡眠。对于组织中的员工，生理需要主要通过工资得到满足。
- **安全需要**（safety needs），是指情感和身体安全的要求。在组织环境中，这包括工作的保障、医疗保险、工作场所的安全等。
- **社会需要**（social needs），是指对爱、情感和归属的需要。在组织环境中，这包括工作中的人际关系和非正式组织。像维基百科这样的组织甚至能够在成员相互不见面的情况下建立起有效的工作和社会关系，让大家感受到同一组织中的归属感。
- **尊重的需要**（esteem needs），是指对个人成就和价值的认可和尊重的需要，包括晋升、奖励和其他有助于提高个人声望的举措。
- **自我实现的需要**（self-actualization needs），是指成长和发展并充分实现自我的需要。这是最难满足的需要，个体间的差异也最大。学习新的技能，开展新的职业生涯，投身于一项有意义的社会工作，这些都可能是为了满足自我实现的需要。

马斯洛认为，人们首先要满足基本的需要，然后才会追求更高层次的需要。但是需要的层次并不是严格依次上升的，在基本需要完全满足之前人们也可能会追求高层需要。马斯洛的需要层次文化对企业实践产生了很大的影响，大多数企业能够较好地满足基本的需要，但高层需要的满足是非常困难的。

赫兹伯格的双因素理论

赫兹伯格（Frederick Herzberg）在一项面向200名专业人员的调查中发现，有些因素与员工满意相关，而有些则与员工不满意相关。例如，“低收入”可能是不满意的原因，但“高收入”却不一定是满意的原因。反之，认可和成就则既是满意的原因，也是不满意的原因。

赫兹伯格发现，传统的理论假定满意和不满意是一个维度中的两个极端，但事实上还存在着另一种维度，其中的两端是不满意和没有不满意。前者称为激励因素（motivation factors），往往同工作的内容有关；而后者则称为保健因素（hygiene factors），往往同工作环境有关。故此，该理论称为双因素理论（dual factors theory），图7.4描述了双因素理论。

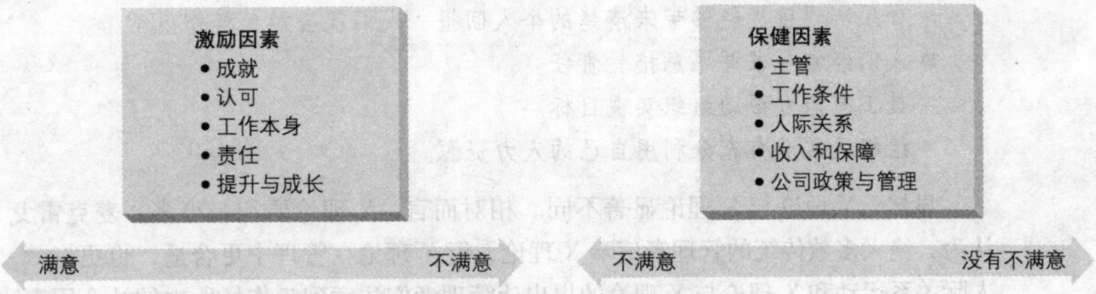

图7.4　赫兹伯格提出的激励的双因素理论

基于上述发现，赫兹伯格主张对员工的激励分为两个部分。首先要保证保健因素的充足、合理的报酬和工作保障、工作安全和可接受的领导方式。充足的保健因素只能保证员工不会不满意，但不能激励员工，或只能在短期中激励员工。只有让员工体验到激励因素的作用，例如成就和认可，员工才会获得较高的水平的激励。有时，来自领导人的赞扬和理解能够发挥巨大的激励作用。

一般认为，赫兹伯格低估了报酬的作用。现代组织通常能够成功地将报酬与合理的绩效标准结合起来，从而报酬或奖金成为认可和成就的一部分，因此也属于激励因素。

X 理论与 Y 理论

麦克雷戈（Douglas McGregor）在《企业的人事方面》一书中提出了 X 理论和 Y 理论，描述了不同管理者眼中员工行为的态度和信念。

X 理论的主张基本上接近泰勒的科学管理，它假定员工不喜欢工作，因此必须对员工进行严格的控制。X 理论认为：

- 人们不喜欢工作并力求避免工作。
- 由于人们不喜欢工作，管理者必须强制、控制和经常威胁员工，这样才能实现组织的目标。
- 人们通常没有野心，也不会主动承担责任，他们只关心工作的保障，因此必须对他们进行领导。

上述假定的逻辑结果，就是一种高度受控的工作环境：由管理者决定一切，而员工则服从所有的命令。

Y 理论的主张基本接近于人际关系运动的思想，它假定只要能够实现个人的回报，员工愿意承担责任、为组织的目标而努力。Y 理论认为：

- 人们并不是天然地讨厌工作，事实上，工作是生活中的一个重要部分。
- 人们能够为自己所承诺的目标而努力。
- 如果实现目标能够带来清楚的个人回报，人们就会对目标作出承诺。
- 人们经常寻求并愿意接受责任。
- 员工有能力帮助组织实现目标。
- 组织通常没有充分利用自己的人力资源。

显然，Y 理论与 X 理论显著不同。相对而言，Y 理论要积极得多。麦克雷戈认为，绝大多数传统的管理者信奉 X 理论，但 Y 理论在管理中更合适，也更有效。人际关系运动和 X 理论与 Y 理论的提出让管理者们注意到工作场所中的社会因素。而事实上，不论报酬还是社会因素都不足以充分解释员工激励的复杂性。

表 7.1

X 理论与 Y 理论的对比

	X 理论	Y 理论
工作态度	不喜欢	卷入
控制系统	外部	内部
监督	直接	间接
承诺水平	低	高
员工潜力	忽视	发现
人力资源的利用	有限	无限

Z 理论

20 世纪 70 年代，美国企业感受到日本企业竞争力的威胁，开始认真研究日本的管理。威廉·大内（William Ouchi）是一位对美国企业和日本企业都有研究的美国学者。他注意到这两个国家的企业间存在着显著的不同。在日本，他归纳出一种称为 J 型企业的类型。J 型企业的特点是终身雇用、集体决策、对决策结果集体负责、缓慢的评估和晋升、暗示的控制机制、非专业化的职业路径和总体上对人的关怀。

大内认为，美国企业中的主导类型是一种被称为 A 型的企业。A 型企业强调短期雇用、个人决策、个人对决策结果负责、迅速的评估和晋升、外在的控制机制、专业化的职业路径和将员工只看成员工的狭隘倾向。

有少数成功的美国企业，它们表现出 J 型和 A 型的混合，这样的企业被称为 Z 型企业。Z 型企业强调长期雇用、集体决策、个人对决策结果承担责任、缓慢的评估和晋升、非正式的控制辅以一些正式的测量标准、适度专业化的职业路径和总体上对人的关怀。

Z 理论认为在 A 型和 J 型企业间存在着一种中间的类型，是最适合美国企业的类型。Z 理论强调决策中的参与，要求管理者和员工将组织视为家庭，促进组织成员的协作和组织价值观与信息的传播（图 7.5）。

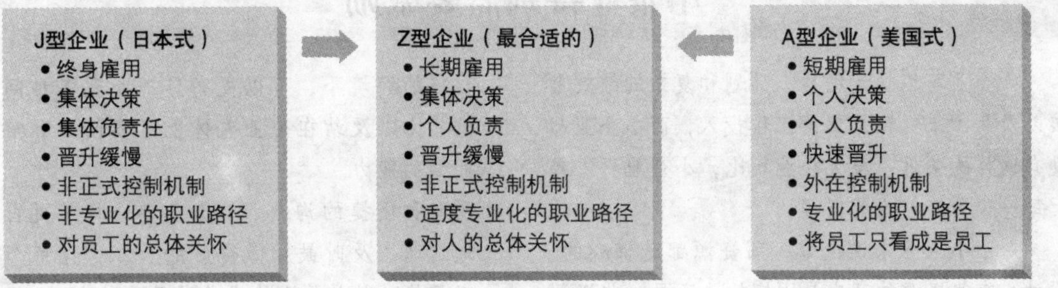

图 7.5　大内提出的 Z 理论

强化理论

强化理论（reinforcement theory）的基本假定是受奖励的行为将会重复发生，而受惩罚的行为则不会发生。强化指的是在行为发生之后的直接行动。例如，完成任务可以得到奖励或晋升，而没有按时上班则会受到处罚。

强化的方法有很多。积极的强化是指通过提供奖励强化期望的行为。例如，管理者对绩效优异的员工进行口头表扬，就是希望巩固员工的这些行为。

而消极的强化则是指通过惩罚消除不希望的行为或情况。例如，违反制度的员工将受到通报批评，今后如果再犯就会被辞退。这样的强化不仅可以改变受惩罚员工的行为，也会影响其他员工的行为。另一种消极强化方法是逃避（avoidance），例如员工按时上班是为了逃避因为迟到而受到上司的指责。停止（extinction）也是一种消极强化，例如员工讲黄色笑话时老板没有反应，这是一种不鼓励的姿态，今后员工可能会停止这样的行为。

消极强化往往会造成伤害，例如丢面子，它会导致紧张的工作关系、敌意和憎恨，甚至会引起报复。在可能的情况下，组织通常会尽量采取积极强化的方法。此外，单调的强化会令管理者和员工都失去热情和不再重视，在强化的模式已经建立的情况下，意外的强化行为通常会取得更好的效果。

7.3 激励的当代观点

传统的激励理论，包括马斯洛的需要层次论和赫兹伯格的激励—保健双因素理论，风行一时，受到了企业界的极大欢迎。这些理论告诉我们是哪些因素在激励人们，但是，我们还想要知道人们为什么会受到激励和如何进行激励，以及怎样保持这样的激励。近年来，研究者们对另外三个模型进行了探索，取得了更为具体的成果。这就是公平理论、期望理论和目标设定理论。

专 题

小企业特别需要激励

大企业可以通过结构、计划和复杂的绩效考核以及薪酬来保证员工的工作投入，而小企业却没有这样的条件。与大企业相比，小企业更依赖于每一位员工能力的发挥。

对于小企业来说，每一项资源都是稀缺的。不过，有些资源的产出是固定的，而另一些资源的产出则是弹性的，员工的努力和创造性就属于后者。由于企业规模相对较小，在小企业中员工能力可以起到极大的撬动产出的杠杆作用。

小企业的法宝是尊重员工。相对于大企业的等级森严和规章繁复，小企业可以方便地做到授权和员工关怀。重要的是要让员工解决问题而不是完成任务，员工会在这样做的过程中表现出令人惊讶的创造性和激情。小企业还必须给员工提供信息、做到耐心和不惩罚诚实的错误。

- 在小企业中，员工有机会从事多种工作。在这样的环境下，可以提高员工处理多种问题的能力以及站在企业整体上考察问题和解决问题的能力。
- 及时和便捷的沟通。创造条件让员工更自由地沟通，及时鼓励做得好的员工，让每个员工都能够从其他人的成功中吸取经验。
- 授权员工作出决策。给员工创造决策的条件，锻炼独立判断的能力，尽可能增加员工的智慧投入。
- 充分的表彰。工资和奖金可以让员工工作，但不能让员工作出创造性的贡献。你需要对员工努力的成就表示认可和感谢，而且要及时做出。

不要指望小企业在报酬和福利方面与大公司接近。但是，通过尊重每一位员工、承认他们的贡献、让他们感受到关怀，小企业可以让员工得到更好的成长，而员工所回报的将是企业的成长。

公平理论

公平理论（equity theory）假定组织中的个体寻求得到公平的对待。**公平**指的是奖励应当同员工对组织的贡献相称，员工在组织运作中会形成组织公平的感受。一般认为，组织成员通过4个步骤形成公平感受。首先是评估组织的待遇。其次评估对比对象的待遇，对比对象可能是同一工作小组的成员、组织其他部门的成员，甚至是组织中好几个成员的组合。再次，他们将自己的环境同对比对象的环境进行对比，以这一对比为基础形成公平或不公平的印象。最后，他们还会根据这一感受的强烈程度决定他们所采取的行动。

在评估的过程中，员工所使用的工具是投入/结果的比率，投入是员工对组织贡献的努力、技能、教育、经验等，而结果则是组织回报工资、福利、认可和提升。员工所使用的比率有可能是错误的，但他们会尽量使用客观的比率。如果对比后发现比率的结果是一样的，则员工会认为自己受到公平的对待。即使对比对象的结果更好，而如果他的投入更大，则员工并不会有不公平的感受。然而，如果投入/结果比率高于对比对象，则员工会认为自己受到的奖励不足，因此有激励来作出反应。他的反应可能是：(1) 减少投入；(2) 要求加薪；(3) 要求对比对象更努力或减少其报酬；(4) 离职；(5) 更换对比对象以获得更接近的投入/结果比率；(6) 改变对自己投入和结果的认识，调整投入/结果比率。图7.6归纳了公平理论的主要内容。

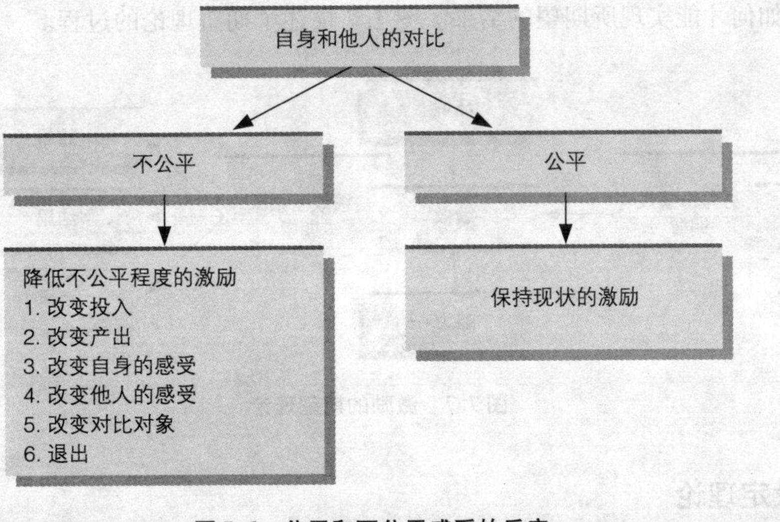

图7.6　公平和不公平感受的反应

公平理论最适于进行收入的对比，这也是组织中经常发生的对比。管理者应当试图制定客观的、基于绩效的收入标准，让每个人都清楚自己收入的依据。

期望理论

期望理论（expectancy theory）的基本假定是激励取决于结果的价值和达成结果的可能性，这一较为复杂的理论是由弗洛姆（Victor Vroom）开创的。根据期望理论，激励的发生需要满足三个条件：

- 期望的奖励是有价值的
- 相信努力可以带来绩效
- 相信绩效可以带来期望的奖励

我们可以用一个简单的例子来加以说明。假如你是管理学专业的学生，大学毕业后正在找工作。你在报纸上看到一个营销副总裁职位的招聘广告，收入相当丰厚（结果价值较高），但你不大可能去应聘这个工作，因为你知道自己获得这个职位的机会很小（达成结果的可能性不大）。相反，你会留意是否有哪家企业提供经理助理的职位，这样的职位可以帮助你熟悉企业的运营、提供一个基本的收入，而你获得这一职位的可能性较大。此外，期望的结果可能是复杂的，例如一个高收入的职位可能意味着经常旅行，减少与家庭在一起的时间。对结果价值的评估会因人而异。

由于结果评估和因素极为复杂，期望理论很难进行具体的应用，但它对管理者的工作提供了一些有效的指导：（1）员工工作的理由是多种多样的；（2）这些理由，也就是期望的结果，会随着时间而改变；（3）必须清楚地向员工说明他们如何才能实现所期望的结果。图 7.7 描述了期望理论的过程。

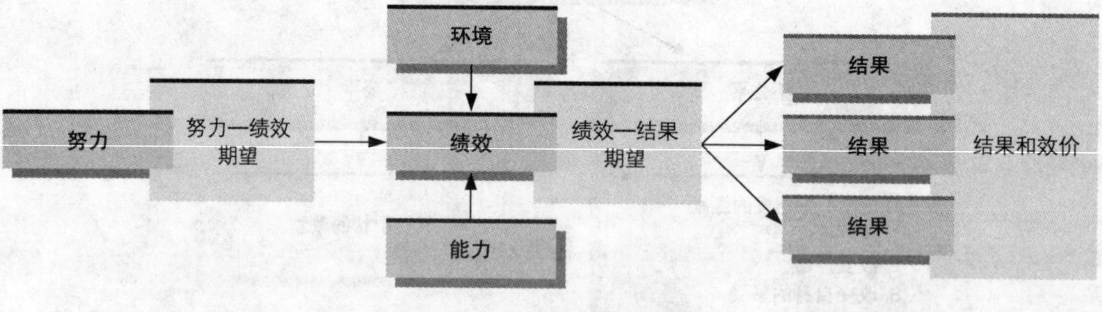

图 7.7 激励的期望理论

目标设定理论

目标设定理论（goal-setting theory）是指员工受到他们与管理者共同设定的目标所激励。目标应当是非常具体的、难度中等而且员工们愿意承诺实现的。奖励应当直接同目标相联系。运用目标设定理论的管理者可以设计出符合员工需要、明确员工期望、保持组织公平和起到强化作用的奖励。这一理论的主要价值是帮助我们理解员工要实现的目标和实现目标后的奖励。

7.4 主要的激励技术

在今天的组织中，激励员工仅靠工资已经远远不够了。组织越来越多地试图用满足员工较不明显的需要的方法来提供激励。在这一节中，我们将介绍几种帮助管理者提高员工激励和工作满意度的方法。

目标管理法

目标管理法（management by objectives，MOB）是一种由管理者和员工共同设定目标的激励技术。MBO 的主要目的是清楚地说明在实现组织目标的过程中员工应当扮演的角色。

对于像海尔这样的大企业，在制定了企业的总体目标之后，只有让每位员工理解自己在总体目标中所处的位置，企业才能作为整体发挥效能。因此海尔会逐级分解任务，然后结合在员工的“日清日高”活动中。沃尔玛也是一样，除了标准化的要求，像“日落原则”、“三米微笑”之外，员工还需要知道在本店的销售目标中自己所承担的责任，如降低成本、减少差错的目标，这些努力与组织目标的达成有直接的关系。在目标管理法中，这些目标是管理者与员工共同分析和制定的，因此对于员工可以起到激励作用。

目标管理法通常包括5个步骤。第一步是让高层管理者接受 MBO 项目，高层的参与是 MBO 项目成功的前提。第二步是设定一些临时性的目标，这些目标反映了组织的使命和战略，然后通过 MBO 进行逐级分解。第三步是 MBO 的核心，包括一些小的步骤：

- 管理者向每位员工解释作为群体成员他将承担的群体的目标，要求员工考虑如何对这些目标作出贡献。
- 管理者与每一位员工个别交谈，共同设定这名员工的目标。在可能的情况下，目标应当是可测量的并且规定期限（通常是一年）。
- 管理者和员工共同决定员工需要哪些资源来实现目标。

在第四步，管理者和员工定期会面来评估工作的进展。如果环境发生改变，在会面的过程中可能对目标作出修订。例如，销售代表可能接受20%的销售增长目标，然而，由于更强大的竞争对手的出现，这样的目标被证明是无法实现的。在这样的情况下，也许只能将目标调整为10%。第五步则是在规定的期限截止时，管理者和每位员工再次会面讨论目标的完成情况及其原因。员工的加薪和奖励主要取决于目标的完成情况。

MBO 的优点是将组织的目标和员工个人的活动联系起来，从而达到激励员工的效果。目标设定和绩效评估过程中管理者和员工的协作可以改进沟通，让员工体会到自己是组织的一部分。定期的评估还可以改进组织的控制。MBO 的不足包括必须保持高层和基层的沟通持续和畅通，涉及的文牍工作较多，而且管理者可能更喜欢分配工作而不是共同协商。最后，目标的定量化往往是 MBO 中的一个难点。

工作丰富化

工作丰富化（job enrichment）是通过给员工提供不同种类的工作增加他们的责任和对自己工作的控制。在这一过程中，员工可能会获得新的技能并更好地理解自己的工作与组织目标间的关系。前面介绍过的赫兹伯格的双因素理论是工作丰富化的理论基础，因为工作丰富化可以增加员工的责任和对自己工作的控制，从而增加员工的激励和满意程度。Google 公司的员工可以将 20% 的工作时间用来从事自己感兴趣的工作，让员工感到自己是在享受工作。这样的工作制度让员工在工作中获得了额外的满足。

工作丰富化适于员工追求成长和挑战以及拥有技能和知识的情况。如果员工缺乏自信、担心失败或不信任管理者的意图，则工作丰富化可能会失败。工作丰富化还会增加企业的培训成本。

工作扩大化（job enlargement）也是工作丰富化的方法之一，这是指让员工从事更多的相似工作。例如，装配线上的工人可能对长期从事同一项工作感到厌烦，经过培训可以让他们从事装配线上其他同事的工作，从而缓解工作的单调性。不过，由于所扩大的工作往往是同样单调和例行的工作，因此工作扩大化的效果并不好。

工作丰富化的本质是增加员工对工作的控制。例如，让员工控制一个产品生产的整个流程而不是某个部件的生产，员工可以自行决定如何分配时间和工作，这样可以让员工的工作变得更完整和更自然。由于在工作丰富化的过程中增加了规划和决策的内容，这就增加了工作的深度和复杂性。

工作再设计（job redesign）是一种对工作结构进行重新设计以实现更好的人职匹配的工作丰富化类型。工作再设计是通过任务的组合、群体的组建或客户关系来实现的。工作的组合可以提高工作任务的挑战性，带来员工更多的激励。工作群体向员工展示自己的工作与组织整体的关系，从而提供激励。建立客户关系为员工提供了直接与客户交流的机会，从而提供员工激励。这些工作再设计方法不仅提高了工作的丰富性，而且为员工提供了工作质量的直接反馈。工作再设计还可以减轻员工的压力，从而减少由于压力所导致的工作伤害。

行为矫正

行为矫正（behavior modification）是一种系统性的强化过程，目的是为了获得期望的结果。行为矫正包括运用奖励来鼓励期望的行为和运用惩罚来阻止不期望的行为。研究发现，奖励（例如赞扬和夸奖）比惩罚（申斥和指责）的效果更好。

在管理上，行为矫正用于鼓励期望的组织行为。首先要定义目标行为，例如降低离职率或提高生产率。然后对当前的行为进行测量。接下来，管理者以奖励的形式对表现出期望行为的员工提供正面的强化，奖励可以是表扬也可以是有形的奖金或其他福利。最后，管理者对目标行为进行测量，评估是否达到预期目的，再根据评估的结果决定继续进行行为矫正还是改变奖励的方式。一般而言，行为矫正的对象通常是生产力、组织忠诚和质量。

弹性工作制

大多数人的工作时间是标准的朝 9 晚 5，每周重复 40 个小时。不过在现实中，也有许多人的工作时间并不固定。例如工厂里可能实行三班倒，专业人士和管理人员的工作时间可能超过 40 个小时。现代生活的丰富性决定了有许多人不满足于标准的工作时间。对老人和子女照顾的需要也对标准的工作时间提出了压力。为此，许多组织对员工提供了弹性制的工作时间，让员工可以更好地使用自己的时间，同时也可以提高他们的激励和工作满意。

弹性工作制（flextime）是允许员工在一定的范围内自行决定工作时间的工作制度。组织往往会规定两个工作时间：在核心工作时间中，所有的员工都必须上班（例如需要开会的时候）；而在弹性时间中，员工可以自行决定是否到办公室（可以在家办公，可以迟到晚走或早到早走）。当然，其前提是每位员工每天的工作时间仍然是 8 小时。因为行政事务较少，有些小公司也将弹性工作制度作为一项福利。

弹性工作制让员工对自己的工作时间有了更多的独立性和自主性，这是一项重要的激励。由于对私人时间有更多的支配权，这些员工在工作时往往生产率更高，满意程度也越高。弹性工作制的缺陷是管理者的负担加重了，因为他们无法掌握员工的工作时间。另一个缺陷是企业中不享受弹性工作制的员工可能产生不愉快的感受。

兼职工作和工作分担

兼职工作（part-time work）是指工作时间低于标准工作时间的永久性雇佣关

系。尽管具体的工作时间各有不同，但兼职工作岗位的目的仍然是承担起全职人员的工作。对于需要照料小孩的员工，兼职工作很有吸引力。不过兼职工作往往不提供全职工作中的一些福利。

工作分担（job sharing）是指由两个人分担一个人的工作。例如一个人上午上班而另一个人下午上班。由于两个人的工作时间可能发生重合，因此工作分担需要员工之间密切的沟通和配合，以免出现工作遗漏，组织也要尽量提供沟通和交接的便利。有些专业人员无法从事全职的工作，工作分担是一种可行的选择。

远程工作

远程工作（telecommuting）是近年来流行起来的一种工作制度，它是指在家工作或很大一部分工作时间在家工作。现代通讯工具的发展推动了在家工作的潮流。在家工作的员工可以自主安排工作，也可以有更多的时间与家人在一起。

远程工作对于组织有几项好处，包括提高生产力、降低办公室开支、减少员工缺勤和离职、提高员工的生活质量、提高士气和扩大员工来源，还可以减少通勤浪费的时间和交通工具的污染。远程工作的不利之处是员工间交流减少、工作时间过长和分心、管理者监管工作的难度增加，许多管理者认为远程工作员工的生产率低于上班的员工。很多高技术企业提供远程工作的条件，例如惠普公司的许多工程师就选择了远程工作。

员工授权

许多组织通过员工授权来提高员工激励和满意。正如第4章所介绍的，**员工授权**（empowerment）是让员工在工作中自主决策和承担责任，从而增加他们对工作和组织整体运作的参与。在使用员工授权的组织中，上级的角色不再是发布命令，员工可以参与决定什么时候做和如何做他们的工作。例如，在服务业中，往往很难预测顾客会提出什么样的要求，一线的员工如果没有适当的授权往往无法做出令顾客满意的安排。上海波特曼酒店的每位员工都有2 000美元的授权。例如，当在餐厅里面遇到顾客对饭菜不满意时，如果员工感觉到客人确实是有理由不满意，那么他有权决定是否给予客人免单，如果客人对客房服务感到不满意，那么员工也可以根据实际情况而给予一定的减免或者送一些礼物等。

授权的前提是管理者的参与，管理者应当设定期望和标准、进行阶段性的总结和后续管理。良好的授权效果还取决于员工的培训，从而使员工有能力作出更大的贡献。如果授权得当，组织可以提高员工的满意度、工作绩效、自尊和组织归属感。授权的困难可能来自员工或管理者双方的不信任、培训不足以及上下级沟通的问题。

知识管理

如果员工没有适当的渠道了解自己的工作和组织的信息，他们将很难受到激励来提高工作的效能。许多组织都希望不仅能够动员员工的手，还能动员他们的脑子，**知识管理**（knowledge management）就是一种这样的工具。知识管理是指让员工能够找到所需要的信息、将信息保存在适当的地方以及让每个人都知道这些信息等所有的活动。

对于组织来说，首先是确定哪些信息应当保留起来，也就是说，哪些信息应当转化为组织的知识。通常情况下，产品的信息（特别是市场上的反馈信息）、顾客的信息、竞争对手的信息、技术诀窍（包括服务诀窍）都是保持组织竞争力非常重要的信息。更重要的是，这些知识不一定流经正式的组织程序，甚至不一定是外在的和显性的知识，因此需要建立特别的程序来识别、收集和保存。知识管理可以减少反复学习这些知识所造成的浪费和效率低下，让过去的经验发挥效用。这样，组织、群体和个体在每一次决策不必重复收集信息。员工在遇到决策问题时可以知道自己到哪里求助，从哪里可以获得必要的、经过检验的组织信息，哪些人曾经处理过类似的问题。

现代信息和通信技术的发展为知识管理创造了巨大的潜力。现在组织不仅可以在同一个办公室中，而且可以在全球范围内、在虚拟的工作团队间传播和分享知识。知识管理可以极大地提高员工的工作效能，也是一种有效的激励系统。

员工持股制

有些组织认为**员工持股制**（employee ownership）是一项有效的激励技术，员工持股制是指让员工持有企业的股票，成为企业的股东。对于员工持股的企业，企业的成功本身就是对员工的奖励，企业的销售增加和成本降低的收益直接令员工受益。戴尔公司为每一位中国员工提供200股股票，这种做法让员工感觉到自己是公司的一部分，加强了员工的归属感。

期权是一种特殊的奖励形式，通常授予高层或中层，是指员工有权利在未来某一时刻按当前约定的价格购买一定数量的公司股票。如果公司业绩上升，股票价格就会上涨，此时按原先约定的较低价格购买股票就可以获利。

7.5 组织中的沟通

电子邮件、电话、会议、谈话、讲话和报告，这些活动占据管理者日常工作表的主要部分。沟通对于全世界的管理者来说都是最重要的工作之一，他们通过沟通将组织的愿景和目标传达给他人。同样，接受他人的沟通也很重要，只有这样才能掌握环境的变化并作出反应。

沟通和管理工作

沟通（communication）是两方或更多方交换信息和分享意义的过程。无论是制定计划、建立组织、实行领导和控制，都离不开沟通的过程。除了对内沟通之外，组织还需要同客户、供应商及所有利益相关人建立有效的沟通。在这个意义上，沟通推动着组织中的管理工作。组织沟通的主要目的包括：

- **协调行动**。组织通过沟通保持成员的行动协调一致，朝向组织的目标而不是自行其是。
- **分享信息**。包括组织的目标和成员的具体任务以及完成任务的方法、绩效反馈。
- **表达感受和情感**。组织通过沟通收集成员的态度和情感性反应，并做出相应的调整。

沟通的主要方式

组织中沟通的主要方式是书面沟通、口头沟通和非言语沟通。在实际的沟通中，这三种形式往往结合在一起。

书面沟通。书面沟通是指文字形式的沟通，包括备忘录、报告、手册和表格等。电子邮件是常见的沟通形式，是备忘录的一种。现在，越来越多的企业书面沟通呈现为电子形式，通过网络和 email 来传播，有些管理者花在 email 上的时间超过工作时间的一半。书面沟通是相对比较费时的沟通方式，许多企业通过运用新的技术来提高书面沟通的效率。基于流程的集中管理的信息系统可以将业务前沿的变化及时反馈到高层管理者，从而减少了中层管理者的书面报告。

口头沟通。口头沟通是组织中使用最频繁的沟通方式，包括非正式交谈、工作中的交谈、会议、演讲和说明会。口头沟通是企业在招聘人员时最重视的能力之一。在口头沟通中，讲话者运用语言来表达意图，同时还通过语气、语调、语速和音量方面的变化来辅助。

非言语沟通。非言语沟通是指所有口头或非书面表达的沟通形式，包括面部表情、物理移动。有时，非言语沟通传达的意义比言语还要多。例如，面部表情可以传达兴奋、快乐、恐惧、愤怒。身体语言是物理移动的一种，包括身体的移动和姿态，也能够表达沟通者的兴趣、紧张和抗拒等信息。

无论是哪一种方式，在传达的过程中都可能发生沟通问题。有时是因为沟通信息的理解，例如书面沟通中经常会因为定义或理解不同而产生误解。有时是因为技术性的故障或噪音的干扰，例如在电话中的口头沟通可能会遗失一些重要信息。信息过载也可能导致沟通问题。正确的沟通方式取决于沟通的对象和所传递信息的性质。保证信息的完整性、使用对方的语言、运用多种媒介和重视反馈是提高沟通效能的主要方法。

非言语沟通传达的意义可能比言语还要多

组织中的正式沟通

组织中的正式沟通是基于组织结构的明确和外在的信息传递与交流，是组织日常运营中不可缺少的一项基本活动，主要包括垂直沟通和水平沟通。

垂直沟通。垂直沟通是组织内上下级之间的沟通，通常遵循正式的报告系统，如上下级之间的沟通。垂直沟通是双向的，分为向上沟通和向下沟通。向上沟通是下属向上级发出的信息，主要内容是回答询问、汇报工作进展、要求支持、对上级的建议和其他信息。向下沟通是主管向下属发出的信息，通常是关于任务、方法、责任和绩效评估和来自上级的信息。向上沟通比向下沟通更容易出现扰乱，下属往往隐瞒或扰乱不好的信息。

水平沟通。水平沟通是组织中发生在同事和同级之间的沟通。例如，营销部门和生产部门之间必须保持有效的沟通。水平沟通更多地表现为经理或部门负责人之间的沟通。水平沟通可以协调独立单位之间的活动。仓储和物流部门在发货出现问题时需要及时通知营销部门以应对可能的客户反应。团队内部成员之间的沟通也是水平沟通。

专 题

做好总部沟通

跨国企业中国公司的经理人往往对与总部的沟通感到棘手，需要投入极大的精力和创造力寻求突破。20世纪90年代初，英特尔中国公司希望总部对中国OEM客户提供更多的技术资源，然而当时总部人员对中国市场及中国客户几乎没有了解，缺乏交流的基点。为此，英特尔中国区人员发起了“兵马俑外交”。利用每次赴美国出差、培训的机会，向总部工程师赠送带有东方神秘色彩的兵马俑工艺品。“这些工程师看到兵马俑，脸上马上露出了好奇和喜悦的表情。”“就这样，我和这些工程师们一下子就拉近了距离，建立了很好的关系，也开启了总部支持中国OEM厂商的进程。”英特尔高管靳光辉回忆说。

另一种常见的推动总部沟通的方式是“中国日”。欧特克（Autodesk）前任总裁高群耀建议美国总部设立“中国日”，“在这一天里，总部大楼里面全都是中国的装饰……总部的人都吃中餐……然后从CEO往下数80人，这一天全部都听我们讲在中国发生了什么事情。这样沟通的效率非常高”。微软亚洲研究院从2007年开始组织“中国商务交流日”，让中国的研发人员和合作伙伴到微软总部介绍自己的工作，建立更丰富多样的沟通。

壳牌公司中国集团主席林浩光则强调“No Surprise”，不让总部作措手不及的决定。“要让总部了解你推动的方向，沟通不是一次性的，之前要做大量铺垫。不能让总部从报纸上知道你在做某件事，也不要三更半夜突然打电话说，今天有这个事情你们同意好不好。”他说，“没有铺垫，总部可能会问你许多基本性的问题，问到第100个问题的时候，机会已经没有了，但如果‘No Surprise’，问你两三个大问题，就能决定做或者不做。”

即使是中国市场上的海外外派经理，总部沟通同样是挑战。赛诺菲—安万特中国区总经理卫平（Thomas Kelly）说，在中国工作的人必须喜欢复杂性和看透复杂性，例如不同地域市场之间的差别可能会非常大。但是，“不要把复杂性带回总部，他们永远理解不了万里之外的具体情况。要把问题清晰简洁地告诉总部，提出你的策略，让他们支持你”。

参考资料：1. 靳光辉：十七年峥嵘岁月稠．网易科技，2010.10.18

2. 秦姗．微软的第二总部［J］．中国企业家．2010.10

3. 对话欧特克．http：//www.cctv.com/program/dialogue/20051121/101969.shtml

4. 何伊凡·壳牌中国，异国创业［J］．中国企业家．2010.10

5. http：//www.gemag.com.cn/gemag/index/news/13357.html

组织中的非正式沟通

除了有计划的或比较正式的沟通机制之外，在实际情况下，组织内的沟通往往越过正式的沟通渠道。常见的组织非正式沟通形式包括传闻和走动式管理。

传闻。传闻（grapevine）是组织中的非正式沟通网络。它独立于正式的沟通网络，其传播速度往往比正式网络更快。这是因为正式的网络发布必须遵循规范的渠道，而传闻则可以向各个方向高效传播。传闻的散播过程通常是由某个人将信息传递给有选择的少数人，这些接受信息的人中又有一些将信息继续传播给他人。尽管传闻通常采取私下传播的形式，未能得到官方的证明，但研究表明，传闻通常是相当准确的，特别是在所涉及的内容是事实的时候。传闻是组织中的一个自然存在，是不可能消除的。组织可以采取措施对传闻进行控制和管理。例如，迅速将事实进行公开和澄清不准确的信息可以减少传闻的损害。通过监控传闻，管理者还可以获得改进决策的信息，提高沟通的效益。

走动式管理。走动式管理（management by wandering around）是指管理者真正做到不断走动并且同下属、员工、客户和其他与公司业务有关的人员进行谈话。惠普 CEO 马克·赫德在 2005 年上任后花了 4 个月的时间走访客户和员工。沃尔玛的创始人山姆·沃顿和通用电气公司前任 CEO 杰克·韦尔奇都是走动式管理的实践者。

组织的非正式沟通还可能发生在正常的工作时间之外，例如下班后的社交聚会。这些非正式沟通有助于组织文化建设和加深对组织的理解。

7.6 团队和团队工作

团队是当今管理学界和组织中最流行的概念，主要是因为这样的组织形式可以鼓励员工更充分地参与组织的决策。越来越多的组织将成员纳入团队工作的架构中，这反映了组织对发挥员工创造力和提高生产力的渴望。团队享有共同的目标和更大的自主权，这会给团队的成员带来更高的满意和激励。

什么是团队？

团队（team）是拥有共同目标的、共同工作的群体。团队成员间拥有共同的目标、互补的技术，采用共同的方法并共同承担责任。

共同的目标是团队的一个本质性的特征，往往也是团队成员身份界定的关键，它决定了人们是否将自己归入某一团队。团队成员的数目通常不大，因为团队成员间需要互动和相互影响。团队的成员拥有不同的、互补的技能，团队工作本身也会发展出新的技能。共同的方法（如行为方式、团队内的社会规范等）是团队形成的标志。共同承担责任表明团队不是像传统上那样对上级的命令负责，而是自主对结果承担责任。由于团队成员对结果承担责任，他们也有权利提出自己的意见，从而保持和强化团队。

团队的类型

问题解决团队。问题解决团队（problem solving）是为了解决组织工作中的具体问题而临时成立的团队。为了解决问题，组织会将有经验的或拥有专业技能的员工组建成团队，通常在问题解决之后解散，团队成员将回到各自的部门中去。危机管理团队是常见的问题解决团队的形式。例如，1998 年，联想公司在上马 ERP 项目时，就从各个部门抽调人员组成大量的团队（项目组）。团队成员负责推动 ERP 项目各个方面的实施。经过 400 天的努力，联想终于完成了初步的 ERP 上线，这些团队中的大部分人员又回到原先的部门。在很多情况下，问题解决团队的主要作用是提出建议，并不参与实施。

跨职能团队。在传统上，组织通常会根据部门或专业来组织员工。今天的企业所面临的问题往往要求一个部门具备无法提供的多种专业能力。跨职能团队（cross-functional team）是指将拥有不同专业、技能和背景的人员组织起来的方式。例如，传统上产品开发团队主要是由技术人员组成，但随着产品上市风险越来越大，许多企业在早期就将生产人员、营销人员和采购人员加入到产品开发团队中，从而提高产品设计中的市场反应、生产便利性。

自我管理的团队。自我管理的团队（self-management team）是指团队成员拥有必要的权力和技能进行自我管理，而不是听命于组织中的高层。专家认为，自我管理团队中的成员激励水平和工作满意程度更高，因为他们的任务更丰富，对工作的控制更多。在传统的组织中，团队成员的工作分配、预算分配、考核和纠正、成员的聘用和解雇、奖励和报酬是由管理层来决定的。而在自我管理的团队中，这些职能都是由团队本身来完成的，在一定程度上取代了管理层。绝大多数自我管理的团队是跨职能团队。图 7.8 总结了自我管理团队的优点和局限。

优点
- 提升员工士气
- 提高生产力
- 促进创新
- 减少工作厌倦

局限
- 培训成本增加
- 团队组织不好
- 冲突增加
- 领导角色不清晰

图 7.8　自我管理团队的优点和局限

虚拟团队。虚拟团队（virtual team）是成员间在地理上分散而只能通过电子方式沟通的团队。现代通信技术让人们可以不必待在同一间办公室里而仍然能够作为团队共同工作。在这样的团队中，各成员可能从未见过面，而只是通过电子邮件、电话会议、传真、声讯和其他技术来进行交流。在全球化的商业环境中，虚拟团队连接起不同大陆、国家和时区的成员。虚拟团队面临着一些与传统团队不同的困难。技术不能反映人与人之间面对面交流中所包含的丰富含义，导致沟通效率下降，在时限紧迫的时候往往会出现沟通困难。

团队的形成和发展

团队不是一个机械的结构，而是一个发展的过程。团队不是乌合之众，需要在成员间建立角色、关系、责任和其他特性。成熟团队的发展过程需要经过4个阶段，如图7.9所示。

第一个阶段是形成（forming）阶段。群体成员到位，团队开始组建。形成阶段是人际关系和行为的测试阶段，临时性的团队结构开始出现。成员间互相试探，团队开始建立基本的行为准则，知道哪些可以做，哪些不可以做。

第二阶段是缓慢发生的震荡（storming）阶段。在这一阶段往往缺乏团结感，互动模式不稳定。有些成员会希望成为领导者或者增加影响力。这一阶段是团队发展中的困难阶段，团队的运作和目标往往受到威胁。

第三阶段是规范（norming）阶段。经过大量的活动，并且在目标的引导下，团队成员间建立了各自的角色和关系。在这一阶段，成员间相互接受，产生了团结和归属感，例如接受了某位成员的领导，建立了较为严格的行为规范。

第四阶段是执行（performing）阶段，也是一个缓慢发生的阶段。团队开始真正致力于手中的问题，发挥出较高的效率。团队中的基本结构变得稳定，成为指导团队运作的机制，团队成员同心协力为目标而努力。这是团队的成熟期。

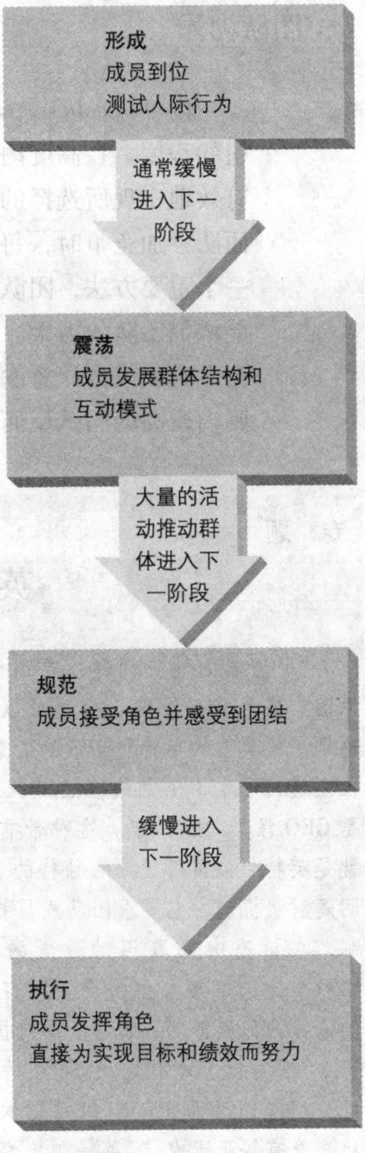

图7.9 团队发展的阶段

团队中的角色

角色（role）是团队中的个体在帮助实现团队目标时所扮演的部分。这些角色是团队成员相互交往中的重要机制。有些成员扮演的是任务专家的角色，他们致力于推进团队的目标，完成团队的任务。在跨职能团队中，这往往是由其中专业能力最强的成员所扮演的角色。有些成员扮演的是社会情感的角色，负责支持和鼓励其他成员，他们更注重团队的情感需求而不是团队目标。他们的角色增加了团队的内聚力，增强了团结，提高了生产力。团队的领导者往往必须扮演双重角色（当然团队成员也可能），将社会情感和任务专家集中一身。团队中也可能会有非参与者的角色，这样的成员可能对团队任务缺乏贡献，也不在意其他成员的情感需要。

团队内聚

内聚（cohesiveness）是团队成员忠诚和团队承诺的程度以及团队内部相互吸引的程度。在高度内聚的团队中，成员们共同工作、相互支持和信任，通常能够有效地实现所选择的目标。竞争是最有效的增加团队内聚的方法，当两个或更多团队参加竞争时，每个团队都会变得更加内聚。对团队目标的认同是增加内聚的一个重要方法，团队成员间互动也有助于增加内聚。来自外部的对团队的赞赏也能增加团队的内聚。一般来说可，团队内聚增加，则成员满意度会提高，绩效也会上升。值得注意的是，如果团队形成低绩效的规范（也就是不愿意提升绩效），则内聚高的团队反而会阻碍绩效的提升。

专 题

英特尔公司的建设性对抗

“处理器的缺货问题，要到何时才能解决？原因到底是什么？您认为这可以说服客户吗？”这是一次典型的英特尔会议的情景，发问的是一位刚进公司才3个月的基层工程师，而被问的，是CEO保罗·欧德宁。这种带有火药味的会议就是英特尔公司所倡导的独特的“建设性对抗”问题解决机制，它要求团队成员打破职位等级限制，在讨论中采取相对激烈的对抗方式。前CEO安迪·格鲁夫主持会议时经常以相当粗暴的方式向部属提问，刺激下属对抗。

“有对抗，才有沟通。”英特尔高管黄逸松说。“我们反而担心组织意见太一致，容易僵化，没有创新能力。”英特尔曾经专门请过一些咨询公司来评估这种团队决策机制，结论是虽然交流中出现很多冲突，但英特尔公司解决问题的速度反而比其他公司都快。英特尔意识到，在快速变化的竞争环境下，这种不顾情面、直来直去的对抗有助于提高团队决策质量，建立竞争的优势，于是将这种“建设性对抗”作为一种模式在公司内部推广开来。

针对这种机制可能对员工关系和管理控制的冲突，英特尔建立了一套规则，让对抗具有建设性，包括界定对抗本质、有效针对对抗进行沟通、明确达成协议并执行，避免员工无止境、无目标的对抗。英特尔中国区总裁陈伟锭介绍说，在英特尔，人力资源部门有责任确保每个员工都知道如何去实践这种对抗。例如准备充分的相关数据来支持自己的反面观点，要以最及时的方式来实践，而不是等到事情失败之后。同时，英特尔还为“建设性对抗”提供了“不同意但可执行”的补充机制，一旦作出决定，那么持反对意见的员工可以保留意见，但是必须高效执行。

尽管听上去合理，但极少有团队敢于尝试这种决策机制，特别是在注重人际和谐的中国企业中。你能设想出其他同样能够实现快速、创新团队决策，而又不必产生人际对抗的方案吗？

1. 何宝荣. 建设性对抗、冲突管理，沟通，员工参与. 21世纪经济报道，010-09-14

2. 旷文琪. 建设性的吵架，激出创意火花. 商业周刊. Vol. 967，2006（6）

团队冲突和解决

冲突是成员间的不同意见所引起的紧张关系。当成员间出现不同意见时，团队就会发生冲突。尽管我们往往将冲突看成是负面的因素，但如果处理得当，它也可以为团队带来改进。例如，两位观点不同的成员为了说服对方可能不得不各自进行仔细的调查，从而提高团队决策的质量。表面上的一团和气反而可能掩盖问题，导致团队效能下降。只要冲突的形式是诚恳的或建设性的，那么它在组织中很可能带来正面的效果。但是，如果工作关系受到破坏并且冲突达到了破坏性的水平，将会导致团队机能的障碍。图 7.10 描述了团队冲突与绩效的关系，如果完全没有冲突，成员将陷于自满和冷漠，这将损害组团队的绩效。反之，如果冲突过多、充满敌意或缺乏合作，也会导致绩效降低。关键在于找到和保持绩效最大化的冲突水平。需要注意的是，最优化的冲突水平取决于不同情境和参与者。

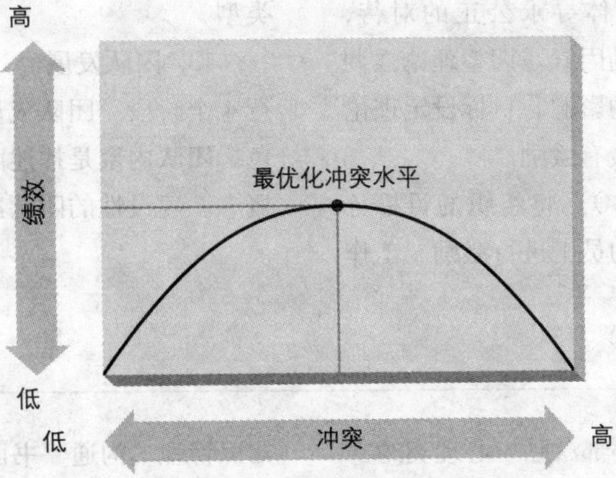

图 7.10　冲突与绩效的关系

团队的利益和局限

团队工作在组织中经常被认为是降低员工流失和成本以及提高生产力、质量和客户服务的关键。团队可以带来更高的满意和更和谐的工作环境，因此，越来越多的组织将团队作为组织结构的首选形式。然而，在许多情况下，团队的组建成本很高，而且不能保证成功。如果团队内聚不足或冲突不断，则组织将出现生产力下降的情况。

本章小结

1. 激励是引导人做出特定行为的力量的组合，激励对于组织非常重要。激励分为内部激励和外部激励。

2. 心理契约是个体就自己对组织的贡献

以及组织对个体贡献回报的总体期待。组织通过激励管理心理契约。

3. 科学管理是最早的提高激励的理论，它强调报酬的激励作用。霍桑实验发现，人类因素对于激励同样重要。马斯洛将人的需要划分为5个层次，不同的层次需要不同的激励。

5. 赫兹伯格区分了保健因素和激励因素，强调对激励因素的区分。麦克雷戈提出了X理论和Y理论的对立。Z理论试图结合美国企业和日本企业的优点。

6. 强化理论假定受奖励的行为将会重复发生，而受惩罚的行为则不会发生。强化包括积极的强化和消极的强化，组织会尽量采用积极的强化。

7. 公平理论假定个体寻求公正的对待，公平的感受是重要的激励因素。期望理论强调了结果能否达成对激励的影响。目标设定理论认为适当的目标对员工最有激励

8. 目标管理法（MBO）将组织的目标分解到员工，对实现目标的员工进行激励。工作丰富化增加员工对工作的责任和控制来激励员工。行为矫正用于鼓励期望的行为。弹性工作和远程工作也是激励员工的方法。

9. 员工授权通过让员工在工作中自主决策和承担责任提高员工激励。知识管理让员工分享组织的知识来激励员工、提高工作效能。

10. 沟通是两方或更多方交换信息和分享意义的过程。组织中沟通的方式主要是书面沟通、口头沟通和非言语沟通。

11. 正式的沟通包括垂直沟通和水平沟通。非正式沟通包括传闻和走动式管理。

12. 团队是拥有共同目标、共同工作、共同承担责任的群体。问题解决团队、跨职能团队、自我管理的团队和虚拟团队是团队的主要类型。

13. 团队发展经过形成、震荡、规范和执行4个阶段。团队成员在团队中扮演不同的角色。团队内聚是描述团队内部关系的一个重要概念。建设性的团队冲突有助于团队的绩效。

关键概念

激励　内部激励　外部激励　心理契约　科学管理　霍桑实验　激励因素　保健因素　X理论　Y理论　Z理论　强化理论　公平理论　期望理论　目标设定理论　目标管理法　弹性工作　兼职工作　远程工作　员工授权　知识管理　沟通　书面沟通　口头沟通　非言语沟通　传闻　走动式管理　团队　团队发展阶段　自我管理的团队　虚拟团队　内聚　团队冲突

思考题

1. 谈谈激励对于组织的重要性。

2. 心理契约的双方如何判断各自的贡献和收益？

3. 计件工资制的理论基础是什么？

4. 赫茨伯格双因素理论中激励因素与保健因素的区别是什么？

5. X理论和Y理论对管理分别有什么建议？

6. 举出一些消极强化的例子，包括逃避和停止。

7. 根据公平理论，员工进行公平评估的工具是什么？

8. 期望理论认为激励发生的三个条件是什么？

9. 如何发挥目标管理法的优点、控制其缺点？

10. 用赫茨伯格双因素理论解释工作丰富化。

11. 弹性工作制有哪些缺点？

12. 在服务业中，员工授权有什么优点？

13. 组织中非正式沟通包括哪些形式？

14. 分析团队的主要特征。

15. 提高团队内聚的方法有哪些？

16. 描述团队冲突与绩效的关系。

网络练习

在你经常登录的论坛上查找有关激励成员参与的规定（例如奖励发帖者），分别说明这些措施运用了哪些激励理论，你是否能够提出更多的激励措施，根据是什么？

开篇案例讨论题

1. 海底捞激励员工的方法符合哪些激励理论的建议？

2. 海底捞激励员工的方法有何局限性？

第 8 章

发现并留住最好的员工

本章学习要点

- 了解人力资源管理的主要活动
- 描述人力资源规划的主要步骤
- 理解招聘、挑选和入职培训
- 描述薪酬和福利的决定
- 解释组织员工的培训和发展
- 理解如何进行绩效评估
- 了解人力资源的基本法律问题

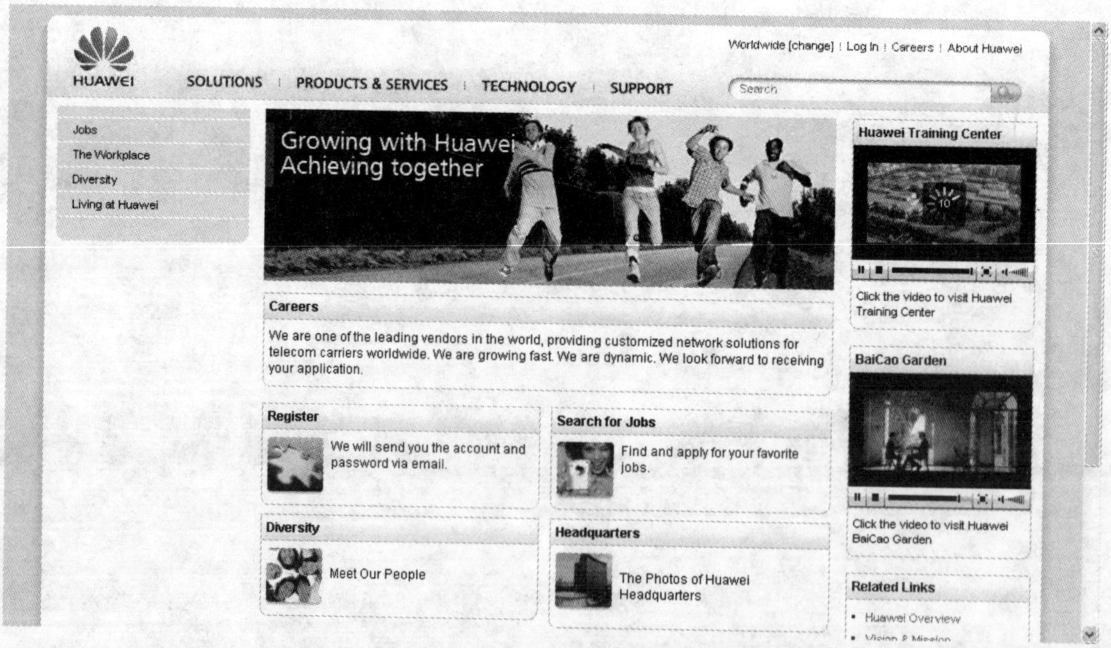

华为是中国最成功的国际化企业之一，图为华为国际员工招聘的网页。

开篇案例

华为公司的人力资源管理

华为公司是中国最著名的高技术企业之一。2008年合同销售额233亿美元，其中海外销售超过75%。作为一家拥有8.7万名员工、研发人员占43%、产业竞争高度激烈的全球运营企业，华为公司的效能直接取决于员工的质量和生产力。

1998年，华为公司发布了规范公司基本行为准则的《华为公司基本法》。其中关于人力资源的部分明确指出，“华为奉行效率优先、兼顾公平的原则”，“在报酬与待遇上，坚定不移向优秀员工倾斜”。

华为公司认为，在高技术企业中，优秀人才所创造的价值应当得到及时、明确的认可并体现在报酬中。1993年，李一男硕士毕业后加入华为，2周后因为解决了一项技术难题而晋升高级工程师，半年后即因工作出色出任中央研究部副总经理。1995年，李一男因为在华为C&C08万门数字程控交换机的研制中贡献突出被提拔为中央研究部总裁、华为总工程师。1997年，27岁的李一男成为华为最年轻的副总裁。此后，李一男展现出对未来技术趋势的惊人的洞察力，带领研发人员开发了国产GSM商业化网络设备等数十项具有世界先进水平和极高商业价值的技术成果及产品。这一事例在IT界几乎成为一个神话，对华为公司的人才原则和它的成效极有说服力。

华为公司注重战略性的人力资源管理。公司每年从应届毕业生中大量招收员工。2001年，华为挨个到全国著名高校招聘最优秀的学生，合同招聘了7 000多人，最后实际招聘了5 000多人。借助这次全国最大规模的招聘，华为声名鹊起，被媒体誉为“万人招聘”。这些学生在培训后，有80%以上充实到了研发岗位。在国内电信人才紧缺的时候，华为这样做的目的是把有限的人才都拢到自己的手里，即使自己暂时用不完储备起来，也不让别人招聘去，以此限制对手的发展。

华为公司为员工提供了具有竞争力的报酬和福利，在产业内居于最高的水平。新报到的学生要参加为期5个月的培训，包括军事训练、企业文化、车间实习、技术培训和市场演习5个部分。在严酷的培训的同时，华为对新员工实行报销入职费用、培训期间工资福利不变的政策。这种人性化的关怀，让新员工对华为有了强烈的归属感，对华为的企业文化理念有了强烈的认同感，公司通过这种方式培养了大批忠于华为、认同华为价值观念、能够长期服务华为的员工。中国人民大学教授彭剑锋认为，华为是在人力资源培训开发方面倾注的热情最大、资金投入最多的公司。

快速成长的企业需要一个稳定的中层管理者的培养和晋升系统，华为总裁任正非提出三优先、三鼓励的政策。“三优先”是：优先从优秀团队中选拔干部，出成绩的团队要出干部，连续不能实现管理目标的主管要免职，免职的部门副职不能提为正职；优先选拔责任结果好、在一线和海外艰苦地区工作的员工进入干部后备队伍培养；优先选拔责任结果好、有自我批判精神、有领袖风范的干部担任各级一把手。“三鼓励”是：鼓励机关干部到一线特别是海外一线和海外艰苦地区工作，奖励向一线倾斜，奖励大幅度向海外艰苦地区倾斜；鼓励专家型人才进入技术和业务专家职业发展通道；鼓励干部向国际化、职业化转变。所有干部都要填表表示自愿申请到海外最艰苦的地区工作。

为了保持中层管理者的活力，华为公司还建立了复杂的绩效体系。包括三个方面：(1) 任职资格审查和岗位公示、360度反馈评价；(2) 责任结果导向和关键事件行为评价；(3) 个人绩效承诺和末位淘汰。

华为是国际化最为成功的中国企业，75%的销售额来自海外。2007年，华为在海外已经建立了100多个分支机构。《IT时代周刊》报道说：“华为公司……付给海外工作员工额外补贴……基本上是在每天10~70美元之间。”同时，对于已婚员工，公司还会为员工家属报销来回探亲机票，比如，到墨西哥来回就是1.2万元人民币，这些华为都会给予报销。任正非还明确表示建立海外本地员工轮换制度，提高本地员工的归属感。在华为印度分部，已由最初的中方技术骨干挑大梁变为印度技术人员居大多数，同时，华为每年都要从当地应届大学毕业生中选拔一批软件专业人才，而他们所创造的效益也颇引人注目。华为印度公司开发的软件，几乎涉及华为技术公司的所有最新产品。

在适应当地情况的同时，华为也强调保持企业自己的独特文化，并且利用先进的网络系统和软件来实现全球统一的控制。华为的员工认为：“除了工作地点的环境不同外，华为任何地方的工作流程和工作制度基本上都是一致的。”

在冯小刚2005年极为成功的贺岁剧《天下无贼》中，反面人物黎叔有一句非常有名的台词：“21世纪什么最宝贵？人才！”的确，对于新世纪的企业和企业家来说，最大的挑战莫过于如何发现和留住最好的员工。本章将首先介绍企业如何获得、保留和发展人力资源，企业如何将资源的需求和供应配比。接下来我们将讨论工作分析的概念。我们还将讨论企业在招聘员工时如何招募、挑选和进行入职培训。然后我们将描述激励员工留在公司和有效工作的报酬形式，以及员工的培训、管理发展和绩效评估的方法。最后我们将对人力资源的法律进行简要的讨论。

8.1 人力资源管理

每年我们都会在大学校园里看到大型公司的全国性巡回招聘说明会，这是企业在提前开展人才争夺和争取足够的员工储备。

人力资源管理

人力资源管理（human resource management，HRM）是组织吸引、开发和保持有效员工队伍的活动。许多企业都认为"人是最宝贵的资源"，也的确花了很大的努力来试图发现和留住最好的员工，因为它们认识到低效率的人力资源管理所带来的成本。企业首先要设法招募到足够的优秀员工，提供有竞争力的报酬留住他们，还要创造条件让员工在工作中得到发展。

在小型企业中，企业主往往亲自承担人力资源管理的工作。大型组织会有专门的人力资源部门和专业员工，像联想、海尔和华为这样的大型企业会配备大量专业人员管理人力资源。人力资源专业人员和业务经理需要共同分担人力资源管理的工作。例如，人力资源规划和工作分析可能主要是人力资源部门的工作，但需要业务部门提供信息。招聘工作主要由人力资源部门发起，但业务部门有权决定人选。入职培训由人力资源部门组织，而具体的实施却是在业务部门。报酬系统是由人力资源部门决定的，业务部门决定加薪和晋升。培训和发展也是两类部门共同组织的。绩效评估的原则通常由人力资源部门建立，具体的实施则是在业务部门。

表 8.1
人力资源管理的主要活动

招募员工的人力资源管理活动包括：

- 人力资源规划：预测企业未来的人力资源需求。
- 工作分析：明确职位的性质。
- 招聘：吸引符合要求的员工来申请职位。
- 入职培训：让新员工熟悉公司。

留住员工的人力资源活动包括：

- 报酬：用货币支付来奖励员工的工作。
- 福利：提供员工的福利。

员工发展的人力资源活动包括：

- 培训和发展：向员工传授新技能、提供新工作和更有效的工作方法。
- 绩效评估：评估员工当前的和潜在的绩效水平。

建立多元化的员工队伍

多元化（diversity）是指组织成员在某一个或多个重要方面表现出差异，例如价值观、信仰、行为、习俗和态度等。这种差异来自成员的多元文化（multi-cultural）背景，包括年龄、性别、地域差异、种族差异等。例如，年长的员工和年轻员工在工作态度、教育水平、技能储备方面的差异就是多元化的一种反映。

组织的多元化首先是劳动力队伍多元化的一种反映。随着社会多元化程度的提高，越来越多的企业将多元化视为企业竞争优势的来源。多元化为企业竞争力的贡献包括：

- **降低成本和员工资源优势**。例如，许多企业抱怨“80后”一代在工作中出现的问题，但许多网络公司和新型服务公司却能够充分发挥这一代人的特殊优势，从而提高生产力和减少有经验员工的离职。同样，在多元化方面有所建树的企业也更容易招募到多元化的员工队伍。
- **营销优势和创新优势**。多元化组织的员工更了解不同市场群体的需求，也更有机会从中发现商机。与相似性高的组织成员结构相比，多元化的员工队伍能够为组织带来更多的新观念和差异，更有机会表现出创造性和创新。同时，多元化组织员工解决问题的能力也更强，因为员工队伍中的信息和知识更加丰富。
- **系统的灵活性**。多元化组织不得不表现出更大的灵活性，因此更有可能对环境的变化作出快速反应并找到利用这些改变的方法。

多元化也可能带来组织内部的冲突。例如，男性主管可能认为提拔女性主管是性别照顾，因而会产生不满。创业团队的成员可能对新加入的海归持有戒心而影响合作。多元化的员工队伍还增加了统一公司文化的难度。

企业提高多元化管理水平的途径包括增加政策透明度、加强沟通和多元化培训。

知识工作者的管理

知识工作者（knowledge worker）是以自己的知识为组织增加价值的组织成员。知识工作者包括计算机科学家、工程师、物理学家等专业人士，他们往往在高技术企业工作，掌握抽象的知识。知识工作者认为自己有权利自主工作，他们更忠诚于自己的专业而不是组织，更看重同行的评价而不是组织的报酬。知识工作者对知识更新的要求极为强烈，这主要是因为专业知识的更新速度很快，例如工程类技术教育的

知识工作者

“半衰期”只有3年。

知识工作者给人力资源管理带来了很多挑战，如知识工作者的考核和晋升。有些企业在考核中看重年资，而有些企业则看重研发项目的回报。在晋升方面，有些企业设计了专业和管理的双重晋升路径供知识工作者选择。此外，组织需要给知识工作者提供充分的“更新”知识的条件，例如同行交流。

在宽泛的意义上，任何具备稀缺性、有价值和难于模仿的组织内的知识都是竞争优势的来源。这些知识不仅体现为技术性的知识，还体现为掌握了运营知识的普通员工。因此，企业通过投资于员工的培训和发展可以获得独特的竞争优势。

临时员工的管理

临时员工（contingent worker）是以非全职员工形式为本组织工作的员工，包括兼职员工、独立承包商的员工、劳动派遣工和其他形式的临时人员。临时员工的使用相当普遍，例如，许多机构的保安是从保安公司派遣来的而不是本机构聘用的。不仅企业，政府部门现在也大量使用临时员工，这在公安、税务等部门中比较普遍。

企业聘用临时员工的主要目的为了降低成本。以劳动派遣工为例，企业可以不向这些员工支付福利、保险、休假和病假的费用。另一个目的是运营的灵活性，例如企业订单变动会导致生产线员工人数的大幅度变动，聘用临时员工可以快速满足需要，而在订单完成后又不必承担继续聘用或让员工下岗的成本。

聘用临时员工也有不利的一面。临时员工更倾向于掌握一般性技术而不是本组织所专门用到的技术，临时员工可能缺乏组织忠诚，依赖临时员工可能妨碍组织建立属于自己的、有竞争力的员工队伍。

战略人力资源管理

今天，人力资源部门不仅要提高履行传统职能的能力，还要能够从战略层面上配合组织的变革。组织将人力资源管理纳入战略层次的一个重要表现是越来越多的企业在使命中强调人力资源，像美国的星巴克、沃尔玛和西南航空公司，中国的蒙牛、格力等在企业使命中都强调了员工的价值。通过雇用正确的员工、培训员工以提高工作的效能、为他们安排合适的工作、激励他们更加努力工作和保留有经验的员工，人力资源管理能够为企业带来巨大的竞争优势。

许多跨国企业在制定企业发展计划和战略的阶段就开始寻求人力资源部门的介入。巴列特（Bartlett）和戈沙尔（Gorshal）指出，人力资源的经理在跨国企业中的地位出现了显著的上升，因为他们控制了企业在全球范围内进行竞争所必需的关键而稀缺的资源。

8.2 人力资源规划

人力资源规划

吸引合格的人力资源的起点是规划。**人力资源规划**（human resource planning）是制定战略来满足组织未来的人力资源需求的过程。人力资源规划的起点是公司的总体战略规划，由此出发可以预测人力资源的未来需求。图 8.1 描述了人力资源规划的步骤。

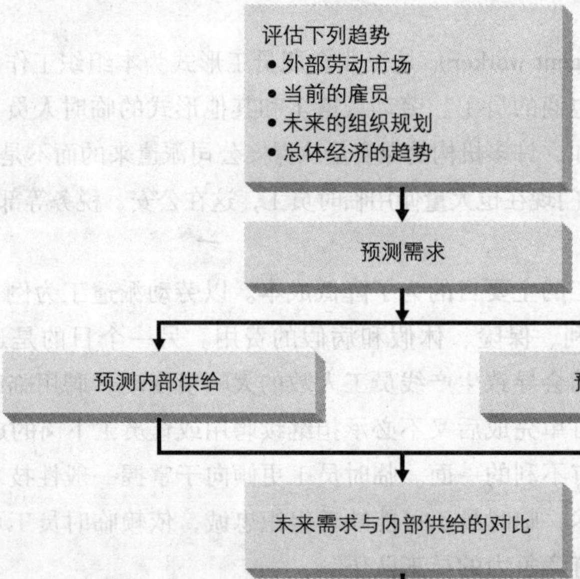

图 8.1 人力资源规划的步骤

预测人力资源的需求。首先需要进行趋势评估，包括过去的人力资源使用、未来的组织规划和总体经济的趋势。通常组织会将销售预测作为这一预测的核心指标，根据经验比例确定所需要的人力资源的类别和数量。

预测人力资源的供给。对未来劳动力供给的预测包括预测内部供应（未来某一时刻在组织中的员工人数和类型，需要根据企业规划以及当前的员工流失和晋升的情况进行调整）和外部供应（劳动力市场上可供雇用的劳动力的数量和类型）。

对于某些重要的或专业的职位，管理者们需要进行特别的安排。最常用的技术是接替图，其中列出了每一个重要的职位、目前的在职人员、继续在职的估计时间、哪些人目前可以胜任或很快可以胜任这一职位。这样的技术有助于组织为重要的职位做好人员变动的准备。

为了帮助组织规划和找到符合要求的员工，有些组织开发了员工信息系统，也称技能库存。这一系统中储存了员工所受的教育、技能、工作经验、职业理想等电子数据，可以在组织需要的时候迅速地找到符合要求的员工。

预测外部人力资源的供给是一项困难的工作，因为可能影响结果的不确定性因素太多。如果企业处于高速成长的阶段，则这方面的工作尤其重要。产业发展水平和总体人才储备也是一个需要考虑的因素。2001年华为发动了以产业人才垄断为目标的万人大招聘，结果引起了很大的争议。一方面，华为知道在这样一个快速发展和不断升级的产业中，优秀的专业人才的储备将决定企业的竞争力；另一方面，在电信产业转型的背景下，许多当年招聘的员工实际上无法安置。在此之后，华为的人才招聘仍然保持了每年数千人的规模，但在需求和供给的配比方面则力求达到更高的水平。

工作分析

在招聘员工之前，企业通常已经感受到某些岗位员工的缺乏或预测会缺乏，在这个意义上说，企业招聘员工前需要明确员工所做的工作。工作分析（job analysis）是组织内对工作的系统分析。它由两个部分构成：工作说明和工作规范。

工作说明（job description，也称工作描述）明确了职位的责任、工作的条件和完成工作所用到的工具、材料和设备。在大型企业中，可能有许多人从事同一种工作，但是他们工作的内容和要求却可能差别很大。例如在同一家IT企业中工作的背景类似的工程师可能从事产品开发（软件、硬件）、检测、生产、采购或销售等不同工作，这些工作都需要用到他们的技术专长。

工作规范（job specification）明确了职位所要求的技能、能力和条件，也就是通常所说的任职要求。谨慎的组织会制定基于实际的具体要求，这些要求应当是可以实际测定的。例如，华为公司在制定销售人员任职资格标准时，先在全国各地选出了20名优秀的销售人员，研究小组人员跑到各办事处，看这些优秀销售人员怎么拜访客户、怎样谈判，最后定出一到五级的任职资格标准。表8.2给出了另一个例子。

工作分析信息体现在许多人力资源的活动中，例如，职位的内容和职位的要求是招聘、选拔、绩效评估和公平报酬的必要条件。

表 8.2

华为公司招聘要求中的工作说明和工作规范

职位 标准技术专家（标准高级工程师） 职位编码 T090605 - 1

职责

1. 代表华为公司参加国内外通信标准会议。
2. 管理标准项目，制定和实施工作策略。
3. 分析国际、国内标准，跟踪国内外标准工作动态，输出标准策略建议。
4. 开发或者预开发标准，在国内外标准会议上推广公司的标准观点。
5. 运用标准工作经验支持产品设计、预研决策。

职位要求

1. 通信、电子或计算机类专业，熟悉前沿通信技术者重点考虑。
2. 三年以上通信产品研发工作经验。
3. 具备良好的策划能力和敏锐的技术嗅觉。
4. 精湛的技术英语听、说、读、写能力。
5. 具备良好的团队协作及协调沟通能力，责任心强，工作认真、细致，有较强的成就导向，具备良好的主动性、积极性和敬业精神。
6. 具有通信行业外资或合资企业工作经验者、具有标准化工作经验者优先考虑。

工作地点 深圳 有效期 2006 - 08 - 28 至 2008 - 08 - 31

O*NET 工作分析系统

O*NET（Occupational Information Network）是美国劳工部发起开发的工作分析系统。O*NET 设计了一个标准化的职位分类系统（如工作行为、能力、技能、知识和工作情境等），包括了1 000多种职位的信息，图 8.2 描述了 O*NET 系统的分类指标。这一系统不仅考虑职业需求和职业特征，而且考虑到任职者的要求和特征，还可以在不同职业之间进行比较。O*NET 不仅可以帮助求职者和毕业生寻找新工作，而且能够为组织选拔招聘称职的员工提供有效资料。

8.3 招聘、挑选和入职培训

招 聘

在组织确定了自己未来的人力资源需要之后，下一步通常是开始招聘。**招聘**（recruiting）是吸引合格人才申请加入空缺职位的过程。招聘的对象有时来自组织外部，有时来自组织内部。

外部招聘是指吸引组织外部的人员申请工作职位，通常所说的招聘就是这个含义。外部招聘的方法包括招聘广告、校园招聘、招聘代理、员工介绍，还有一

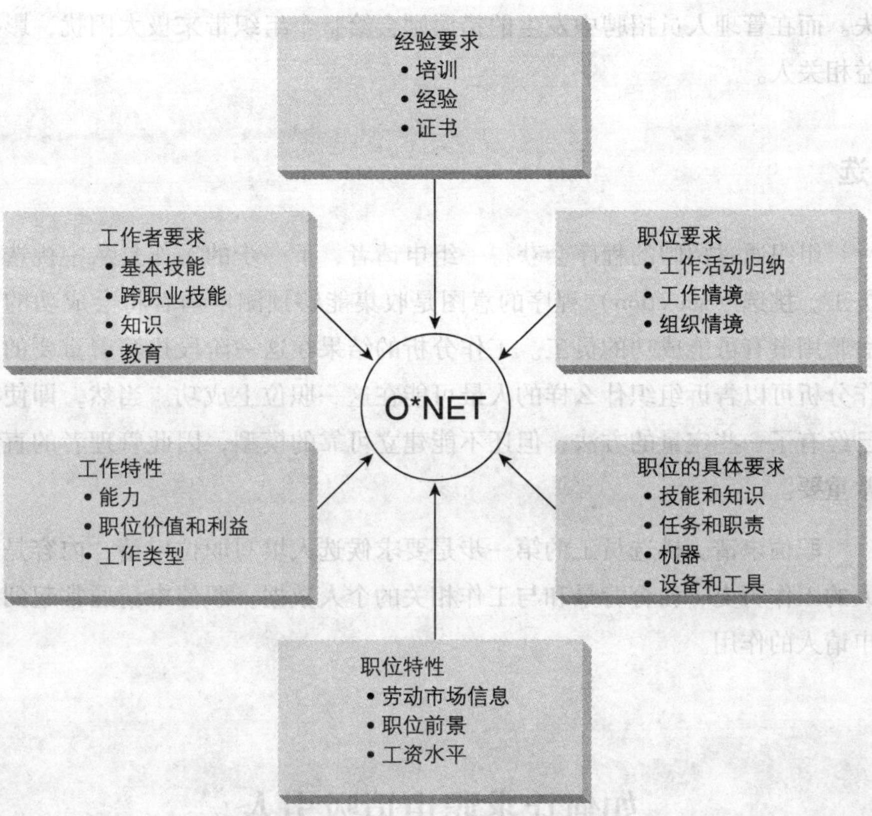

图 8.2 O*NET 工作分析系统

些偶然性的应聘者。现在，网络已经成为重要的招聘工具，企业在自己的网站上发布职位信息，个人也可以在网站上发布求职信息和自我介绍。高级管理者和高级专业人员往往是市场上激烈争夺的对象，专门帮助组织从事这类招聘工作的机构被称为猎头公司。

有时组织在安排某一职位人选时会优先考虑内部人员。内部招聘是将当前的员工作为空缺职位的候选者。内部晋升有助于提高士气，保留高品质的员工。有时可以通过人事档案或企业信息系统获得适合的候选人的资料，也可以通过管理者提名推荐来获得候选人名单。绝大多数企业会在内部网上公布空缺的职位。

招聘虽然是由企业所发起的，但它所涉及的决策却是双向的。组织在挑选申请人，申请人也在挑选组织。在人才短缺的产业中，许多组织在通常的报酬、福利之外还会强调其他因素。例如 Google、微软在招聘中会暗示同最聪明的人在一起工作所获得的满足，有的组织会强调工作的趣味性，非营利组织则会强调工作对于社会的意义。

招聘工作成功的一个重要前提是人与职位的匹配，这需要双方的努力。错误的聘用可能以离职或解雇而告终，对于员工固然是挫折，对于组织也是重大的损失。而在管理人员招聘中发生的错误则会给整个组织带来极大困扰，影响各种利益相关人。

挑 选

组织通过招聘的程序会获得一组申请者，下一步的工作是从中挑选出合适的员工。**挑选**（selection）程序的意图是收集能够预测申请者将会成功的信息，然后聘用最有可能成功的员工。工作分析的结果在这一阶段扮演着重要的角色，工作分析可以告诉组织什么样的人最可能在这一职位上成功。当然，即使在挑选中已经有了一些定量的方法，但还不能建立可靠的模型，因此管理者的直觉仍然非常重要。

职位申请。挑选员工的第一步是要求候选人填写职位申请，内容是关于申请人的工作历史、教育背景和与工作相关的个人数据。职位申请通常起到初步筛选申请人的作用。

专 题

如何让求职申请吸引人

你当然希望自己的求职申请、简历或求职信能够吸引招聘人员，但是这也是其他求职人员的愿望。怎样才能吸引未来雇主的注意，从竞争中脱颖而出呢？

- **增加一点点个性**。一位求职者给20家广告公司写信，但没有人理睬她。于是她在求职信的封面上写道，“在广告公司工作是我的梦想”，这一次她收到了面试通知并且最终得到了这份工作。
- **说明你能做些什么**。说明你知道这家公司面临的挑战以及你对公司有何价值。一家教学辅导公司的负责人收到了几十封求职信，她将工作给了其中的一个人，因为这名候选人解释了“她的工作如何对公司作出贡献”。
- **表现出创造性，但不要过头**。有时，过于强调独特性并不适当。相反，在需要创造性的时候你应当考虑一种有想象力的方法。一位申请人在递交简历的同时还附上一张视频光盘，在光盘中他展示了营销公司产品的方法，他最终获得了这个营销职位。

考试。对同具体工作相关的技能、能力、态度或知识进行考试是工作成功的最佳预测方法。申请人也懂得这一点，“世界500强企业招聘考试题”在市场上一直是畅销书的重要主题。组织应当注意考试中的公平性。

面试。面试是一种常用的挑选技术，但它的有效性也常常受到质疑，因为许多因素会影响面试官对申请人的看法。培训面试官了解自己可能的偏见和改善面试的结构安排可以提高面试的效果。

结构化面试是用事先准备好的问题组织面试，并且对所有申请人的提问顺序都是一样的，在面试程序中体现一致性，以减少面试官个人因素的影响。多角度的面试也是一种解决方法，例如由多位管理者以及未来的同事和下属参与面试。

证明人。招聘人员的组织通常会要求申请人提供证明其背景信息和提供个人评价的证明人。由于申请人自然地倾向于提供对自己最有利的证明人，因此证明人的作用主要是核对此前的工作经验、职责和离职原因等。

评估中心法。评估中心法是一种常用的选拔经理的方法，对于内部提升特别有效。评估中心法是对管理工作主要部分进行的内容模拟。评估通常持续 2 ~ 3 天，由 6 ~ 12 名员工参加各种管理练习，包括面试、公开演讲和标准化的能力测试，然后由几位经过培训的观察人员对候选人进行评估，这些人通常是候选人将要工作的部门的各层次经理。

入职培训

经过前面的各个阶段后，组织向申请人提供了职位。在申请人接受职位之后，他将成为组织的一名员工。刚刚加入组织的员工通常要经过一个**入职培训**（orientation）的阶段。入职培训是帮助新员工熟悉组织的过程，其内容可以从基本的设施位置介绍直到长期职业发展路径的了解。最基本的入职培训包括人力资源部的说明和直属上级与同事的工作介绍。不同的组织在入职培训上可能差别很大，在开篇故事中我们看到华为对于新毕业的大学生提供了期限很长的入职培训，其目的主要是灌输组织文化和传授基本的工作技能，从而保证进入工作岗位的员工的行为符合公司的战略。联想公司则用“入模子”培训的方式让新员工熟悉公司的制度和文化，按联想的行为规范做事。

8.4　薪酬和福利

通过精心设计的招聘程序找到合适的员工之后，组织还要设法留住他们。这就需要组织设计适当的薪酬、福利政策以及为员工提供发展的条件。

薪酬的决定

薪酬（compensation）是组织提供给员工用来交换其工作的财务报酬。报酬可以分为工资和奖金。工资通常是按月支付的固定数额，对应于每个工作日一定的工作时间。员工工作超过协议的时间需要支付加班费，管理人员往往没有加班费，不论他们工作多长时间。奖金则是同一定的绩效水平挂钩的货币化的激励，绩效的类型很多，从不缺勤到完成销售任务。

薪酬是组织和员工间重要的且复杂的关系。组织必须向员工提供基本的薪酬以保证员工的生活。同时，员工也会按自己的标准计算组织的薪酬。如果对薪酬感觉不满意，他们可能会选择离职或减少自己对组织的贡献。因此，有效的薪酬系统符合组织的最大利益。好的薪酬系统有助于吸引申请者、留住当前的员工并且在合理的成本范围内激励员工。成功的薪酬系统包括适当的工资水平、工资结构和个人工资决定系统。

工资水平的决定。组织需要决定支付高于、低于或等于平均水平的工资。绝大多数企业选择接近平均水平的工资，大型的、成功的跨国企业有可能愿意支付高于平均水平的工资，以建立"工资领导者"的形象并吸引和保留高素质的员工。例如，Google、微软、惠普、IBM 这样的大型企业通常会提供极为优厚的工资待遇，而中小型民营企业则通常给人工资待遇不高的印象。

在决定了工资水平之后，企业还要决定工资的具体数额。企业可能需要进行工资调查，有时是委托专业机构，但大多是通过企业协会和社交网络来获得，专业媒体有时也会发布职位报酬的信息。

工资结构的决定。工资结构是企业中从高到低的工资水平。企业通常根据职位评估的结果来决定工资的结构，职位评估（job evaluation）是评估某一职位相对于另一职位的价值。大型企业中职位种类繁多，有时需要建立复杂的职位评估程序，将同样价值的职位归入同一种工资等级。这样，当招聘新员工时，只要对照企业的标准进行职位评估，就可以决定他的工资范围。公务员的工资决定（行政级别）是工资结构的另一个例子。

个人工资的决定。在工资水平和工资结构决定之后，组织可以进一步作出个人的工资决定。最简单的做法是为某一职位规定一个单一的工资数额，例如小时工的工资。即使是相同职位，仍可能会有许多因素需要考虑，例如工作年限、技能水平或绩效水平等。互联网为工资决定提供了更多的信息输入，网上曾经流行"晒"（share）工资，员工可以很容易从网络资源中了解基于职位和资历的相关工资水平。

奖励系统：基于绩效的薪酬

奖励系统（reward system）是定义、评估和奖励员工绩效的机制。根据期望理论，如果人们认为某些行动可能导向他们所期望的结果，他们将有激励表现出这样的行为。图 8.3 描述了组织中奖励与激励的关系。奖励系统是组织管理员工激励的最主要的工具，奖励系统应当明确奖励与绩效的关系。

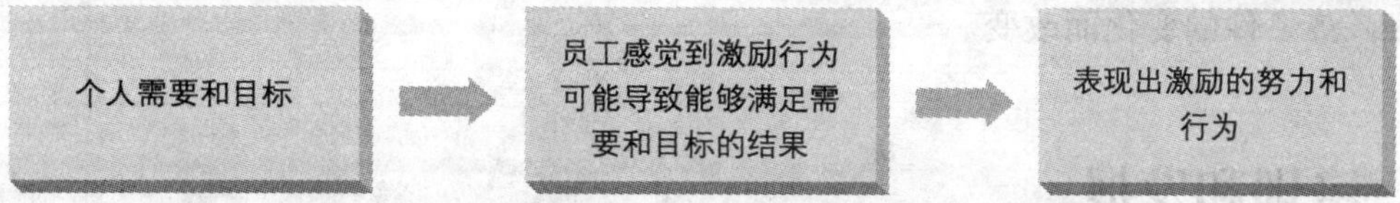

图 8.3　组织中奖励与激励的关系

价值奖励系统（merit reward system）根据员工对组织贡献的相对价值进行奖励。加薪是最常用的价值奖励系统。例如，组织决定年度加薪幅度为 5%，但通常不会平均加薪，而是划定一定的比例，例如 25% 的优秀员工加薪超过 5%，50% 的中等水平员工按 5% 加薪，而绩效较差的 25% 员工则可能加薪更少或不加薪。实行价值奖励系统的企业应当保证员工理解什么是“价值”，从而将价值的定义与公司的战略目标结合起来。价值奖励系统的缺点包括难以避免主观性，可能挫伤员工的热情；涉及的周期较长，激励强化不够；奖励是永久性的，缺乏灵活性等。

激励性奖励系统（incentive reward system）是对员工的绩效进行一次性的奖励，例如计件工资、销售人员的佣金。有时激励性奖励也采用非货币的形式，例如奖励度假。激励性奖励的主要优点是奖励的灵活性。因为奖励和绩效挂钩，组织可以保证奖励的是能够为组织带来回报的行为。同时，绩效标准的设计可以多变，例如可以将新产品销售的奖励设置得更高一些以推动产品升级。这都是基本工资或价值奖励系统所不具备的。

福利的决定

福利（benefits）是组织向员工提供的薪酬之外的价值。福利大约占组织为员工支付的费用的 1/3。

福利的种类。福利有多种形式，不上班而付薪的情况包括病假、年假和失业补偿，保险福利则包括员工和家人的人寿和健康险，工作赔偿保险是向因公受伤的员工提供的医疗和残疾福利。社会保险是政府强制缴纳的保险，由雇主和员工共同支付。企业养老金和年金也是员工的福利。还有的组织为员工提供进修和学费的报销。

灵活的福利计划。有些组织规定员工可以根据自己的需要在基本福利之外作出选择，例如可以选择更多的休假、子女医疗报销或增加养老金。还有的组织增加了工作区托儿服务、购房或购车补助，甚至还有提前退休的福利。

福利的主要是作用是鼓励人们留在组织中。它通常不能激发高绩效，因为它主要是组织员工身份的结果，而与绩效关系不大。组织需要对福利进行谨慎的选择，并且做好沟通工作，让员工了解公司在福利上的努力。福利也可能会随着经济条件的变化而改变。

8.5 培训和发展

职业规划

通常情况下人们不会一直从事某项工作。有的人在组织内变换工作，有的人在组织间变换工作，有的人两者都有。如果这种变化是突然发生的或者在意识到需要变化时却为时已晚，那么对组织和个人可能都是不利的，预先制定职业发展的规划符合各方的利益。**职业规划**是根据个人的特点设定职业目标并制定如何实现这些目标的计划过程。职业规划是一个长期的过程，随着工作经验的增加，新的目标不断出现，而实现目标所需要的技能和条件也在变化。培训和发展是帮助员工改进职业规划的重要方法。

专 题

McJob，麦当劳的烦恼

麦当劳在快餐食品领域中创造了多个词汇，例如巨无霸汉堡（Big Mac）、麦香鸡（McChicken），这些是它希望消费者记住的。现在，一个与它直接相关的新词汇被收入了字典，这一次，麦当劳却避之唯恐不及。

2003 年，美国《韦氏大学词典》收录了“McJob”，释义为“低收入、低技能、缺乏前途的工作”。麦当劳公司提出了强烈的抗议，认为这是对提供公共服务的全美快餐业从业人员的“一记耳光”，它认为这是过时的偏见，应当修改为“令人激动的、有回报的……适用终身的技能”。麦当劳英国公司也举出实际的证据来加以反驳，高管中有一半的人是从店面晋升起来的，其中女性占 1/4，而麦当劳的用工政策也的确经常得到正面的评价。

有人认为，麦当劳的行动来得有些晚，人们使用 McJob 一词已经长达十几年，而词典中的定义并没有违背人们的日常理解。从某种意义上说，这恰恰是麦当劳本身成功的产物，大多数人不需要字典也明白它的含义。很难统计有多少人曾经亲身做过这项工作，人们能够以平常心看待这项工作。尽管麦当劳的工作也需要一定的技术，但人员流动性高也是实际情况，这恰恰就是 McJob 所要表达的意思。

你也许光顾过麦当劳，根据你的经验，词典中对 McJob 的定义反映的是历史情况还是当前真实的情况？麦当劳应当怎样做才能改变这一词汇的含义？

员工培训和发展

在人力资源管理中，**培训**（training）是指教会运营性或技术性员工做好自己的工作，**发展**（development）是指教会经理和专业人员完成当前或未来工作所需要的技能。绝大多数组织向经理和员工提供经常性的培训和发展项目，华为公司每年的培训经费高达数亿元。

培训需要的分析。培训应当能够直接提高员工的生产力，为组织绩效作出贡献。培训工作的第一步是确定需要。例如，当组织开始采用新设备、新的软件或新的信息系统时，就需要对员工进行大量的培训，以免在使用中发生问题，导致绩效的损失。当然，培训不能解决所有的问题。员工或团队绩效不佳的原因可能是激励不当、设备老化、领导不力、工作设计有问题或技能不足、知识缺乏，这些原因中只有最后一项可以通过培训来改进。图8.4描述了培训管理的流程。

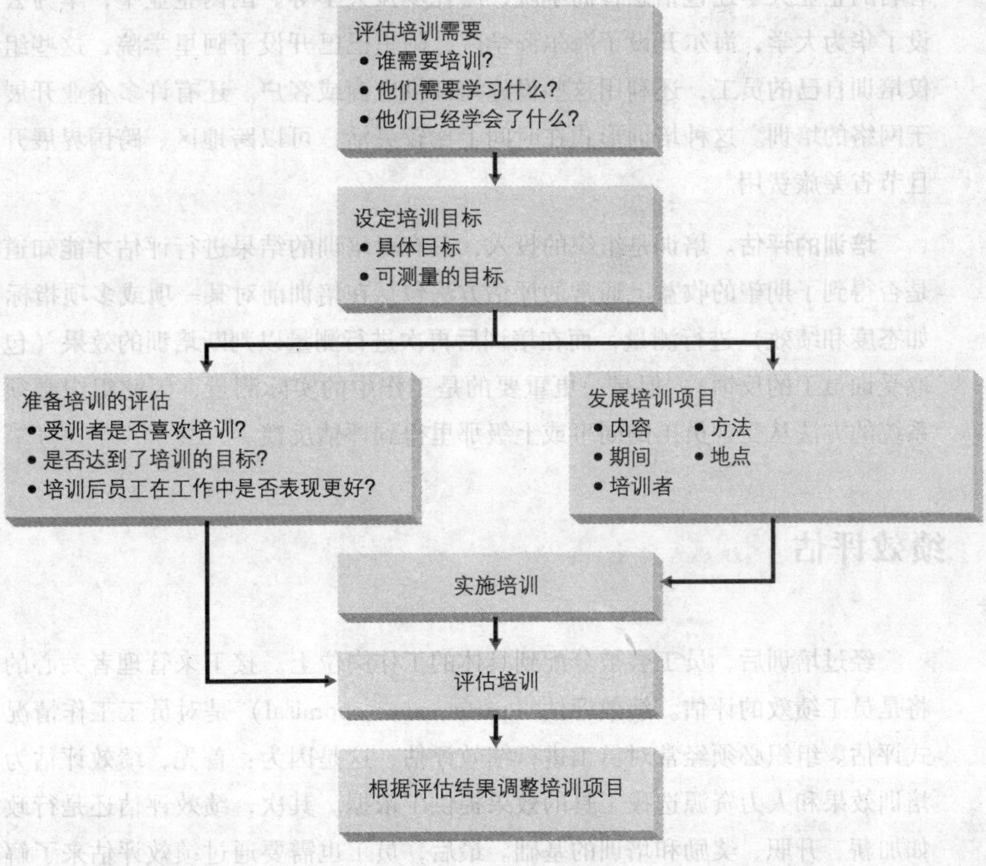

图8.4 培训管理的流程

常用的培训方法。培训和发展的方法很多，采用什么方法取决于多方面的考虑，其中最重要的是培训的内容。如果培训内容是事实性的材料（例如新的报销规定），则指定阅读材料、程序化学习和讲课的方法较好。如果培训的内容是人际关系或群体决策，在培训方法上就要考虑人际接触，例如角色扮演和案例讲座。如果培训的内容是操作技能，那么就必须让员工进行实际的操作，入职培训和在职培训都可能属于这一类型。

企业普遍向管理人员提供时间管理、沟通、人际关系和法律方面的培训，或者为他们在商学院进修支付费用。有些企业为经理提供管理教练（coach），由高级经理或管理顾问对初级经理进行定期的指导，提高他们的管理技能。经理轮岗和担任高级经理助理可以让管理者更全面、更系统地理解组织实现目标的方法，也是管理发展的重要措施。还有的企业采用导师（mentor）的形式，帮助经理人在组织中建立关系、获得资源并支持其发展。

许多组织开办了企业大学，这些企业学校拥有完备的培训设施。麦当劳是世界上最早开办企业大学的组织，所有的管理人员都要在那里参加培训项目。其他著名的企业大学还包括惠普商学院、摩托罗拉大学等。国内企业中，华为公司开设了华为大学，海尔开设了海尔商学院，阿里巴巴开设了阿里学院，这些组织不仅培训自己的员工，还利用这些设施培训供应商或客户。还有许多企业开展了基于网络的培训。这种培训形式在时间上比较灵活，可以跨地区、跨国界展开，而且节省差旅费用。

培训的评估。培训是组织的投入，只有对培训的结果进行评估才能知道投入是否得到了期望的收益。通常的评估方法包括在培训前对某一项或多项指标（例如态度和绩效）进行测量，而在培训后再次进行测量以判断培训的效果（包括听取受训员工的反馈）。但是，更重要的是工作中的实际测量，因此组织必须采取系统的方法从受训员工的同事或上级那里得到评估反馈。

8.6 绩效评估

经过培训后，员工会被分配到具体的工作岗位上。接下来管理者关心的问题将是员工绩效的评估。**绩效评估**（performance appraisal）是对员工工作情况的正式评估。组织必须经常对员工进行绩效评估，这是因为：首先，绩效评估为判断培训效果和人力资源选拔工具的效果提供了依据。其次，绩效评估还是行政管理如加薪、升职、奖励和培训的基础。最后，员工也需要通过绩效评估来了解自己目前的绩效和未来的发展方向。由于绩效评估涉及员工的工资和晋升，这项工作必须做到公正和无歧视。

常用的评估方法

组织进行绩效评估的两种基本的方法是客观法和判断法。

客观的绩效测量法包括实际产出、差错率、销售额或组织目标的实现。客观的绩效评估的问题之一是“机会偏差”，这是指某人也许比其他人拥有更好的完成工作的机会。例如，在经济水平较高的地区，高档的产品线可能有更多的销售机会。客观的评估方法中应当包括对这种外部机会的修正措施。

另一种客观方法被称为特殊绩效测试。它是指创造一种标准的条件来进行评估。例如，对于电话营销的人员可以用事先准备好的问题进行测试，记录服务人员回答的速度、态度、重要事项是否遗漏，依此进行打分。这种方法的缺点是无法在测试中体现员工的激励程度。即使员工测试的得分很高，但如果在工作中缺乏激励，那么工作的绩效还是不会好。

关键事件法是对员工行为进行客观评价的一种方法。关键事件法（critical incidents approach）分析工作中最关键的事件，并据此区分员工绩效的方法。这种方法主要包括三个步骤：观察员工的行为，书面记录影响工作成败的关键事件，定期与员工进行评估。关键事件法重视将员工的有效行为和无效行为区分开来，提供了日常工作活动的记录，这就弥补了绩效指标评估中很少反映过程的缺陷。

判断法是绩效评估中最常用的方法，它主要包括排序和评级技术。排序（ranking）是在员工间进行直接的比较，然后按从好到差的顺序进行排序。排序的好处是一目了然，不需要界定客观的指标。但排序也有一些缺陷。首先，排序不适用于复杂的大型组织，因为可能会出现大量的中间层次无法准确区分其绩效高低的情况。此外，排序法很难在不同团队间进行，例如财务部门和销售部门很难用纳入同一种排序。最后，排序法否定了员工的复杂性，因为员工可能既有弱点又有优点，而以笼统的排序则可能埋没员工的才能，造成组织的损失。

评级（rating）是将员工的绩效同一种固定的标准进行对比，评定的标准被称为评级表。我们在图 8.5 中可以看到一个这样的例子，它用三个标尺对银行出纳的工作绩效进行评估。每一种标尺都包含了一个绩效维度（准时、亲和与准确），分别对应着各自的评估标尺。评级的设计中往往包含多种维度，维度的取舍和权重是评级中需要考虑的问题。

评估中的错误

无论设计得多么好，任何评估都可能发生错误和偏差，很多错误是同评估者的缺陷分不开的。近期性问题是一种常见的错误，也就是按照员工近期的表现做出判断，而不是综合考虑绩效评估所涉及的整个时间段（例如半年或 1 年）。还有的错误则表现为评估尺度掌握上的主观性，过于严厉或过于宽松，导致评估的结果发生偏差。

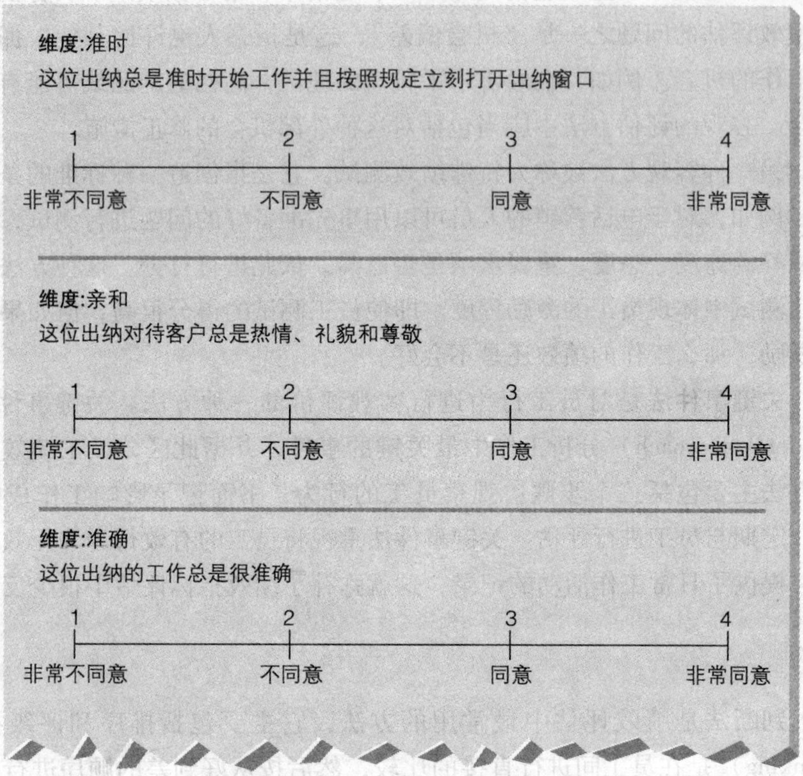

图 8.5 银行出纳评级标尺

晕轮效应（halo effect）是指将员工在某一方面的评估延伸到其他方面。例如，如果一名销售人员的销售业绩很好，对他的良好印象可能会延伸到其他方面，令他得到高于实际水平的评估。对员工的刻板印象也会导致评估的错误，例如在管理者心目中已经给员工下了结论，而评估只是一个证明这些结论的过程。组织应当设法建立有效的评级系统，再通过对经理们的培训来尽量减少错误（或滥用）。

管理者的评估更为复杂，许多组织采用360度反馈法对管理者的绩效进行评价。所谓360度是指不光由上级，还要由同级和下级进行评估，从而获得全方位的评估反馈。这种做法可以收集到许多传统评估方法所无法得到的信息。它的缺点是耗费时间和对被评估者可能产生较大的压力。

绩效反馈

绩效评估的最后一个环节通常是向下属进行绩效反馈，通常是上下级以私人谈话的方式完成。在这样的谈话中，应当注意将谈话集中于事实，也就是客观性的陈述（绩效的水平、评估的方法以及未来改善的方法）。许多管理者不喜欢绩效反馈，因为这样的谈话会让人精神紧张，特别是当反馈结果是负面的或下属对绩效评估的公正性表示异议的时候。

有些公司采取激烈的绩效反馈方法。美国通用电气公司规定绩效最差的 10% 的员工将被停职并被替换为新员工，联想电脑公司也多年实行 5% 的末位淘汰制。实行这种方法的企业认为，它有助于提高员工队伍的品质，激励员工更加努力地工作。

绩效评估的总结

绩效评估针对员工和管理者实施，这并不意味着绩效的意义仅限于个人或个人价值的衡量。实际上，绩效评估对于组织具有战略性的重要性。通过绩效评估，组织应当正确地识别出绩效最优秀的员工，对他们进行奖励并设法保留这样的员工。同样，绩效评估也应当帮助组织找出绩效最差的员工，通过培训或其他方法减少低绩效对组织的损害。绩效评估的目标是通过改进每个岗位上员工的绩效，进而提升整个组织绩效。企业在实施绩效评估时应当保持对总体目标的关注，绩效改进的方向应当同企业的战略保持一致，发挥绩效评估在组织层面上的作用。联想集团在战略制定后的第一年会对管理人员进行战略一致性的考核，而在新一轮战略计划实施之前还会进行这样的考核，从而保证重要职位的人选符合公司的战略。

8.7　人力资源管理的法律问题

组织和员工的关系受到许多法律的管制，组织要特别注意在公平就业、福利、劳动关系、职业安全和健康等方面的法律和法规。

中国在有关劳动法律关系方面的立法近年来有显著增加和具体化的趋势。例如，1995 年开始实施《劳动法》，针对劳动关系中普遍存在的劳动合同方面的问题又于 2008 年实施了《劳动合同法》，《就业促进法》、《劳动争议调解仲裁法》、《残疾人就业条例》也是最近一两年陆续实施的法律。法律通常会配有相关的实施细则，对法律的条文作出执行中的具体规定。

法律法规的变化快速是人力资源管理者必须注意的问题，它的背景是政府、企业和员工都在做出努力，通过劳动关系的调整提高社会的稳定性，例如户籍制度、社会保险的属地管理方面的改革都会影响员工的福利和企业的运作。另一方面，与人力资源有关的法规种类繁多，特别是地方性法规，在全国范围内运营的企业特别要注意。

表 8.3

影响组织人力资源管理的主要法律、法规

《劳动法》，调整劳动关系的基本法律。

《劳动合同法》，建立劳动关系必须订立书面的劳动合同，规定了必须签订无固定期限劳动合同的条件。上述两个法律是与企业人力资源政策关系最密切的法律。

《就业促进法》，国家所提供的就业服务和鼓励就业的政策和规定。

《工会法》，员工有建立工会的权利，规定了工会在企业运营中的权力。

《妇女权益保障法》，保障妇女与男子平等的工作权利以及对女职工的特殊劳动保护。

《残疾人就业条例》，用人单位必须安排一定比例的残疾人就业。

《安全生产法》，规定了企业对安全生产的责任和主要责任人追究制度。

《职业病防治法》，用人单位必须参加工伤社会保险。

《劳动争议调解仲裁法》，劳动争议的范围和仲裁方式。

大量的地方性法规，例如关于养老、失业、疾病和公积金的规定。

本章小结

1. 人力资源管理是组织吸引、开发和保持有效员工队伍的活动。组织的多元化有助于提高竞争力。管理知识工作者是人力资源管理的一项特殊挑战。许多企业将人力资源管理纳入战略层次。

2. 组织通过人力资源规划来制定战略，满足未来人力资源需求。工作分析是招聘之前组织内对工作的系统分析，包括工作说明和工作规范。

3. 组织通过招聘吸引合格人才申请加入空缺职位，通过挑选、聘用最有可能成功的员工。入职培训是帮助新员工熟悉组织的过程。

4. 薪酬是组织提供给员工的财务报酬。组织还通过奖励系统对员工进行激励，主要包括价值奖励系统和激励性奖励系统。福利是薪酬之外的价值，可以鼓励人们留在组织中。

5. 培训可以提高运营性和技术员工的技能，发展是为了提高经理和专业人员的能力。培训的目标是提高员工生产力，增加绩效。

6. 绩效评估是对员工工作情况的正式评估。客观法和判断法是绩效评估的基本方法。绩效评估必须符合组织的战略要求。

7. 人力资源管理必须注意相关的法律和法规。

关键概念

人力资源管理　多元化　知识工作者　工作分析　工作说明　工作规范　招聘　挑选　入职培训　薪酬　奖励系统　福利　职业规划　培训　发展　教练　导师　绩效评估　晕轮效应

思考题

1. 人力资源管理主要由哪三项活动构成？
2. 试析企业聘用临时员工的利弊。
3. 影响企业人力资源需求和供给的因素有哪些？
4. 工作说明和工作规范的侧重点是什么？
5. 比较内部招聘和外部招聘的利弊。
6. 描述企业作出工资决定的步骤。
7. 激励性奖励系统的主要优点是什么？
8. 在什么情况下难以实行激励性奖励系统？
9. 福利与薪酬的主要区别是什么？
10. 职业规划对企业有何利益？
11. 绩效评估的主要方法是什么？
12. 什么是晕轮效应？如何减小晕轮效应？

网络练习

访问华为网站的招聘栏目（http：//www. huawei. com/careers. do），回答以下问题：

1. 比较英文招聘和中文招聘中工作说明和工作规范的差异，你认为可能的原因是什么？
2. 企业对招聘人员的发展提供了怎样的说明？
3. 从招聘网站上看华为如何鼓励文化多元化？

开篇案例讨论题

1. 华为公司人力资源规划有什么特点？
2. 分析华为工资体系的合理性。
3. 华为中层管理考核有何特点？
4. 华为国际化过程中人力资源的挑战是什么？

第三部分

市场营销

第 9 章

通过有效的营销建立客户关系

本章学习要点

- 理解营销的含义和重要性
- 营销概念的开发和实施
- 理解市场及其分类
- 理解营销组合的 4 个要素
- 说明营销环境如何影响战略营销规划
- 营销计划的主要构成成分
- 如何进行市场调查和预测
- 消费者行为决策的主要步骤及其影响因素

贝因美向消费者推广中国育婴专家的形象。

开篇案例

贝因美：中国宝宝的育婴专家

1987年，美国亨氏公司婴儿营养米粉进入中国市场，让中国的消费者接触到科学的断奶期食品，很快取代了中国家庭传统的米汤、米糊等，成为这一品类的绝对领袖。

当时还在杭州商学院任教的营养学教师谢宏认为，婴儿营养米粉虽然是已经高度成熟的产品，但亨氏等国际品牌的产品沿袭西方国家的配方，并不能完全满足中国婴幼儿成长需要，应当根据中国人的生理特征重新调整配方。1992年，谢宏引入德国资金，将自己研制的婴童米粉配方生产上市，取名贝因美，口号是"为中国宝宝研制"。

在产品宣传上，贝因美没有投放大量的广告，而是选择了国内企业较少采用的通过医院的渠道进行宣传、建立新生儿资料库进行直销的方法。在销售区域选择上，贝因美没有追求全面铺开，而是将资源集中投放在上海、浙江和江苏三个主要市场。在价格方面，贝因美选择将价格定在比市场领导者亨氏低30%的水平上，以争取市场份额。这就是"医院树品牌、市场争份额"的贝因美模式。今天，在婴儿营养米粉市场上，贝因美已经成为无可争议的品牌领导者。

2001年，贝因美进入婴幼儿配方奶粉市场。贝因美将自己的奶粉产品定位于"国产高档"，投资13亿元引进高端奶粉专用生产线，将奶源基地设在公认的优质奶产区黑龙江安达。产品的配方根据中国母乳营养配比设计，继续强化"专为中国宝宝研制"的形象。贝因美还强调婴儿食品专家的形象：贝因美只生产婴儿奶粉，而其他的奶粉厂家要么是药厂，要么同时生产多种奶粉系列。至此，贝因美越来越自觉地将自己的品牌同育婴专家联系起来。

为了避开同国际品牌的正面竞争，贝因美将主要市场锁定在二三线的富裕城市和西部的主要城市。在上市初期即聘用数百名导购在销售现场支持奶粉销售。终端导购是现场的"育婴顾问"，既推销产品，又散发传单和试用装进行品牌推广，还要尽可能解答顾客在育婴方面遇到的问题。由于外资品牌在这些市场上没有安排导购，所以贝因美能够很快建立起竞争优势。

在市场推广中，贝因美发现，传统的产品介绍、医院和长辈的指导已经远远不能满足新一代父母对科学育儿的要求，但无论是政府还是企业对此都还缺乏足够的认识。贝因美着手建立"育婴工程"系统来满足这一需求，聘请儿科医生、营养学家开通主要城市的咨询热线，开设800全国免费咨询热线，为父母们提供选择奶粉的技巧，宣传奶粉中营养成分的功效，掌握宝宝各年龄段的特点，以权威和亲和的形象建立起育婴专家的定位。

2006年贝因美联合全国妇联推出冠军宝贝大赛，设立8个赛区，涉及全国31个省份，300多个县市。在比赛期间通过比赛项目、现场专家解答、父母互动等途径为家长们搭建了一个开放式的交流平台。这一活动令贝因美的品牌认知度得以全面迅猛提升，比赛所在地产品销量激增1.5倍。

贝因美的客户服务系统能够为300万以上会员提供全面及时的生养教及产品服务。每月发送育婴短信200多万条，发送信件20万封以上。自2005年始，贝因美把每年的11月11日定为"育婴专家节"，在全国范围内集合全国知名专家和婴幼儿家庭互动。在公司内部，贝因美提出"人人育婴专家，个个母婴顾问"的口号，通过近万名派驻销售终端的母婴顾问向消费者提供专家服务。通过这一系列常年坚持的举措，贝因美致力于从"专为中国宝宝研制"的产品形象提升为中国宝宝"育婴专家"的形象。

走进超市，你总会在货架上发现大量相似的产品。以瓶装水为例，从毕雷、依云到农夫山泉、康师傅、娃哈哈，它们在品质、价格、包装方面各不相同。许多企业提供相似的产品，但它们在消费者心目的形象却各不相同，这会影响到消费者在购买产品时的选择。每个人通常都会有心目中适合自己的产品和品牌，这种认识来自于企业的营销。

绝大多数企业的经营活动不为消费者所了解。营销可能是一个主要的例外。营销活动是企业同外部消费者关系最密切的部分，也是消费者接触企业最主要的形式。企业营销活动的目的是提供消费者满意。企业总是试图理解消费者需要什么、在消费者心目中怎样才最"酷"，并且努力通过产品和促销来满足消费者的需要。美国营销学会对营销的定义是："一组向消费者创造、沟通和传达价值的组织职能和过程，通过管理客户关系来增加组织和利益相关者的利益。"

本章将考察营销活动如何为产品增加价值。首先是营销概念的开发和实施，然后是市场的分类和营销战略的制定。接下来我们将介绍营销组合的概念以及市场环境中无法控制的因素。我们还将分析营销计划中的主要成分，以及制订营销计划所需要的信息，包括市场调研。最后，我们将讨论消费者和组织在购买中的行为。

9.1 什么是营销

在市场经济中，消费者面临着大量的产品和服务选择。用餐时，你可以选择社区家常菜，可以选择特色餐厅，也可以在超市中购买成品或半成品。休闲时，你可以选择电影院、在家看碟或看电视。所有这些产品或服务都是企业营销的表现，它们都是为了满足顾客的特定需要。

效 用

效用（utility）是理解营销功能的一个关键概念，它是指产品和服务满足顾客需要的能力。顾客的满意可以通过 4 种经济效用来加以衡量，分别是形式效用、时间效用、地点效用和获得效用（参见表 9.1）。

表 9.1

效用类型

效 用	定 义	以可口可乐为例
形式效用	有形的、可利用的方式，能够满足顾客的需要	可口可乐（听装或瓶装、经典或健怡）
时间效用	在需要的时间是可获得的	超市、小吃店的营业时间或 24 小时自动售货机
地点效用	在需要的地点是可获得的	附近的超市、小吃店或自动售货机
获得效用	可以获得或有权使用，通常要付钱或交换	按价付钱或优惠券兑换

营销的概念

营销（marketing）是指企业向顾客提供产品和服务以满足和超越顾客期望的各项活动。营销的目标是确定顾客的需要和满足这些需要，这样产品就能自我销售出去。营销过程包括三个步骤：首先，通过与顾客的沟通了解顾客的需要。其次，开发出能够满足这些需要的产品和服务，努力超越顾客的期望。最后，企业还必须不断地发现能够满足顾客需要的方法。登录肯德基网站（www. kfc. com. cn），你会注意到肯德基强调快乐、运动和营养均衡，表明它的营销是以青少年为目标。它通过推出新产品（例如中式早餐）、花样翻新的优惠和赞助体育活动来保持在顾客人群中能够引起惊喜、注意和议论，网上订餐和查找邻近餐厅的服务则让顾客可以方便地获得它的服务。所有这一切都是围绕着更好地为顾客服务而展开的。

营销概念的发展

今天我们所熟悉的营销概念，其历史实际很短。从工业革命开始直到 20 世纪早期，企业更多关注的是生产。在这一段时期中，消费者对特定产品需求的猛烈增长让制造商们不必担心自己产品的销路，他们关心的是如何低成本、高效率地生产，这样的倾向称为生产导向。营销的作用被局限在接受订单和处理好分销方面。

在 20 世纪 20 年代，生产能力经过长期的提高逐渐赶上和超过了需求，企业发现它们需要通过打败竞争对手才能赢得顾客、获得更多的订单。这一时期的特点是推销导向，表现为大量的广告、推销人员的增加，以及对销售技巧的强调。

大约在20世纪50年代左右，企业发现，即使增加广告和使用最先进的推销技术仍然无法做到销售持续增长，它们还需要做更多的工作才能增加销售。正如管理大师德鲁克所说，只有到了这一时期，企业的管理人员们才认识到，企业存在的理由不是生产产品，而是满足顾客的需要。由此企业进入了**营销导向**的时代，也称**顾客导向**的时代。对于营销人员来说，实现顾客导向首先意味着确定顾客的需要，然后开发产品和服务来满足这些需要（参见表9.2）。

表9.2

营销概念的发展

生产导向	销售导向	顾客导向
接受订单	增加广告	确定顾客需要
产品分销	扩大销售人员队伍	开发满足需要的产品和服务
	运用销售技巧	实现组织的目标（利润而不是顾客越多越好）

在顾客导向的时代，顾客的满意指导企业所有的工作。企业所有的职能，包括研发、生产、财务、人力资源以及营销，都要围绕着满足顾客需要而发挥作用。尽管这些职能各自有专业的分工，但它们都必须服从顾客需要的引导，而不是各行其是，这样才能发挥整个组织的力量。当然，即使在顾客导向的时代，企业也应当记住：企业的目标是为了利润，而不是为了争取最多的顾客。企业的管理者必须平衡满足顾客和营销成本，为企业争取最大的利润。

营销概念的实施

许多成功的企业运用了营销概念，例如联想、海尔、招商银行等。另一方面，几乎所有的企业也都宣布自己是“以顾客为导向”的企业，我们经常可以听到“顾客是上帝”这样的口号，但显然许多企业做得并不好。例如，企业在掌握了一项新的技术时往往迫不及待地将产品推向市场，而未能深入思考技术所满足的需要是什么。

在高技术产业中，这方面问题尤其明显。即使像微软这样高度成功的大企业也会犯这样的错误，例如，2006年开始推出的Vista在技术上虽然实现了很大的突破，但在一些用户所关心的基本功能方面产生了缺陷。Vista系统下打印机驱动程序的不兼容率高达11%，而正常值只有3%，其他驱动程序的兼容性也出现了程度不等的问题。此外，Vista系统下开机和关机时间明显长于Windows XP。这些缺陷恰恰发生在用户经常用到的功能和非常容易注意到的使用体验中，极大地影响了Vista在市场上的口碑。表9.3对生产导向和营销导向的企业之间的差异作了进一步的对比。显然，光有口号是不够的，我们必须知道如何做好营销概念的实施。

表9.3

顾客导向的一些不同之处

问　题	顾客导向	生产导向和销售导向
顾客	顾客需要决定我们生产什么	顾客应该为我们能够生产这些产品而高兴，我们的目标是降低成本，改进产品
产品	公司生产可以销售的产品	公司销售可以生产的产品
营销调研	决定顾客需要以及公司在满足需要方面的表现	通过营销调研判断顾客对产品的反应
创新	关注于抓住新机会	重点在技术和降低成本
利润的重要性	关键目标	利润是减去成本后的剩余
包装	方便顾客，是一种营销工具	方便生产
运输	顾客服务，是一种营销工具	是生产和仓储的延伸，强调成本最小化
广告	产品和服务如何满足顾客的需求	产品的特性以及产品是如何制造的
销售人员	确定产品是否符合顾客需要，与公司其他部门合作帮助顾客购买	推销，不考虑如何同（其他促销方式中）公司其他部门的合作
顾客关系	通过保持售前和售后满意产生长远的利益	随着交易的结束而告终
成本	消除所有不能给顾客带来价值的成本	以降低成本为目标

为了实施顾客导向的营销，企业首先必须获得当前顾客和潜在顾客的信息。它不仅要知道顾客的需要是什么，还必须知道这些需要目前得到满足的程度。另外，它还要知道自己的产品在顾客心目中的地位，由此判断应当对自己的产品做怎样的改进。下一步，企业需要确定如何组织自己的活动和资源来满足特定顾客的特定需要，包括：

- 动员所有营销资源来提供能够满足顾客需要的产品。
- 为产品设定一个顾客能够接受的（同时也能产生足够利润的）价格。
- 组织好产品的分销，让消费者在需要的时候能够得到。
- 发起促销和广告，让消费者知晓产品如何满足他们的需要。

最后，企业还必须进一步获取反馈的信息。顾客对产品还有哪些不满意？产品还可以做怎样的改进？价格是否合适？促销是否得力？用常用的电脑登录卓越网网站，可以在网站的首页看到你的登录名提示（通过IP地址识别），这是企业实行个人化定制的技术成果。促销和新产品发布出现在醒目的位置上，下面是根据你的购买习惯为你做的产品推荐和你的产品收藏夹。在购买产品后，你还会收到来自卓越网的邮件，邀请你给产品打分，这会进一步加深你对该公司服务的印象。由于网上购买的顾客往往会提供大量的个人信息，卓越网也经常运用这些个人信息进行有针对性的促销和收集销售反馈以改进产品的品种和网页的设计。

市场和市场的分类

市场由一组个人或组织构成，他们需要某一特定类型的产品，也有能力、意愿和权力来购买这类产品。大致来说，市场可以分为**消费市场**（consumer market）和**企业间市场**（business-to-business market）两种类型，这主要是根据市场上活动的个人和组织的特性来划分的。不同的市场需要采用不同的营销战略。

在消费市场上，购买者或家庭是为了消费产品和从所购买的产品中直接受益，而不是为了利用产品来获得利益。而在企业间市场（也称工业品和服务市场）上，成员包括生产商、经销商、政府和机构。市场成员购买产品的目的是为了用于生产其他产品、再销售、出租或用于日常运营。航空发动机、批发、管理顾问、注册会计师是典型的在企业间市场上提供的产品和服务。有的消费品既出现在消费市场上，也出现在企业间市场上。为了家庭食用而购买食盐属于消费市场的行为，而如果作为食品添加剂加入食品而购买则是企业间市场的行为。

9.2 营销战略

营销战略是指组织利用资源和优势来最大限度实现目标的方案。营销战略包括两个方面：首先是目标市场的选择和分析；其次是适当的营销组合的创造和保持。**营销组合**（marketing mix）是为了满足某一特定目标市场而开发的产品、价格、分销和促销的组合。

目标市场的选择和评估

目标市场（target market）是指一组个人或组织，企业通过开发和保持营销组合来适应和满足他们的特定需要和偏好。在选择目标市场时，企业的营销经理们会评估潜在市场对企业的销售、成本和利润的影响。经理们试图确定组织是否拥有足够的资源来开发营销组合以满足特定市场的需要，以及满足这些特定需要的努力是否与组织的总体目标一致。他们还会分析已经在目标市场中通过产品和服务满足顾客的竞争对手们的强弱与数目。

目标市场可能很大，也可能很小。例如，别墅和高尔夫俱乐部的目标市场是少数高收入和炫耀性消费的群体。也有的企业选择多重市场，例如伊利牛奶既有相对低价的塑料袋装普通奶，也有面向高档消费者的“金典”奶。在确定目标市场之后，营销经理通常采用无差异法和细分法进行营销。

无差异法。在市场上不加区别地采用单一营销组合的企业使用的营销战略称为无差异法（undifferentiated approach）。这一战略认为在目标市场上每一位顾客对产品的需要都是相似的，因此只要一种营销组合就可以满足绝大多数顾客的需要。通常情况下，采用这一战略的企业在目标市场上只提供一种产品，制定一个价格，对所有的顾客采取同样的促销方法，只有一个分销系统。大宗商品往往采取无差异营销战略，例如糖、盐等农产品或煤、铁等矿产品。

市场细分法。对于大多数产品类别，顾客的需要是不一样的。在这样的市场上，企业应当采用市场细分法。请设想一下，商务人士、设计人员和电玩消费者对电脑的需要有怎样的不同？他们对便携和文档处理、图像处理的功能、高品质显示和处理速度方面的要求有多么大的差别？在这种情况下，企业不能指望用同一种产品来满足所有人的需要。相反，企业的产品和服务应当是针对市场中某一部分具有特定消费需要的人群或组织。

细分市场（market segment）是市场中的一组个人或组织构成的、拥有一个或一个以上共同特征的群体。将市场划分为细分市场的过程称为市场细分（market segmentation）。营销经理们可以用不同的标准来进行市场细分。在前面的电脑消费者例子中，营销经理们可以根据用途来进行市场细分。其他常见的市场细分标准还包括人口特征、心理特征、地理特征和行为特征，如表9.4所示。

利基市场营销（niche marketing）是指找到规模很小但有利可图的市场细分，专门为这个市场开发产品或服务。充分开发利基市场的例子之一是以制造、销售木梳为主的企业谭木匠拥有3 000个品种，2009年销售收入达到1.6亿元。

表9.4

市场细分的常用标准

人口特征	心理特征	地理特征	行为特征
年龄	人格特征	地区（城市、郊区和乡村）	数量
性别	动机	市场密度	用途
种族	生活方式	气候	期望利益
收入水平		地形	品牌忠诚
教育水平		城市规模	价格敏感
职业		人口数量	
家庭规模			
家庭生命周期			
宗教			
社会阶层			

营销组合

企业可以通过控制 4 个重要因素——产品（product）、价格（price）、分销（place）、促销（promotion）——的不同组合来争取目标市场。它们的不同组合方式称为营销组合，简称为 4P。如图 9.1 所示。

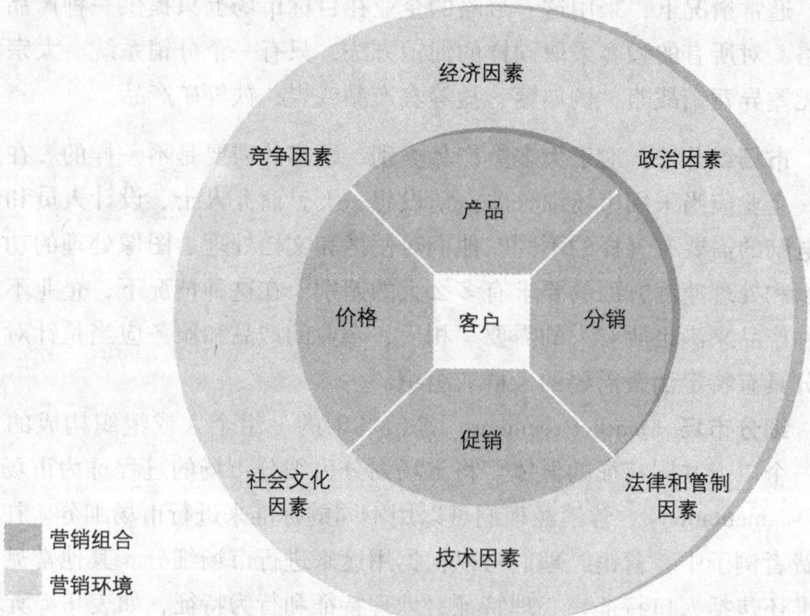

图 9.1　营销组合

企业可以通过改变这些因素中的一项或多项来调整自己的营销组合。它可以用一组营销组合来争取一个市场，而对另一个市场则采用不同的营销组合。例如，汽车厂通常对不同的市场细分开发不同的车型，吸引年轻人的车型（QQ 和奔奔族）显然不会同样吸引商务人士。同样，保险公司为了吸引不同年龄、性别、家庭人口、收入水平的客户，也会设计不同的产品和促销方式。

- 营销组合中的**产品**包括企业的产品设计、品牌名称、质量保证等。以消费品产业为例，我们经常会看到新产品不断涌现，这些产品在名称、包装、功能上都各擅胜场。
- 营销组合中的**价格**不仅包括产品的基础价格，还包括种种价格折扣政策。超市经常对常用产品轮流打折以吸引顾客频繁光临。
- 营销组合中的**分销**包括运输和仓储，还包括中间商的选择。例如，企业需要决定是自己开专卖店销售还是应当通过经销商铺货。
- 营销组合中的**促销**主要承担将营销信息提供给目标市场的责任。促销的具体形式有广告、个人销售、销售促销和公共关系。

对于企业来说，上面的4项因素都是可以控制的。企业可以对它们进行调整来适应组织的目标、营销目标和目标市场。除了营销组合中的因素之外，企业对于自己的财务资源和人力资源也有一定程度的控制。但是，企业在营销环境中也面临着许多不可控制的因素。

专　题

定　位

1972年，里斯和特劳特在《广告时代》发表了名为"定位"（positioning）的一系列文章，"定位"理念震撼了当年的美国营销界*。

凡客定位于"人民时尚、快时尚"，聘用韩寒、王珞丹为代言人，传达草根、独立、前卫的品牌形象。

里斯和特劳特观察到，技术的成熟和扩散，造成了产品品种过剩、难以差异化的问题。为了提高销售额，企业不得不增加广告投入，消费者们在广告的狂轰滥炸下产生心理疲劳。在充斥叫卖声的市场上，只有准确定位的产品才能引起消费者的注意。定位是指"在预期客户的头脑中找到位置"。例如，沃尔沃在消费者的头脑中的定位是安全。任何强大的品牌如丰田或宝马（既使它们的安全性不比沃尔沃差）都不可能在这一定位中同沃尔沃竞争，因为改变人们的想法是非常困难的。

定位理论主张，企业应当站在预期客户的角度，找出在竞争中对自己最有利的定位，第一个在客户的头脑中占据它，用持续的营销来巩固它，将企业的运营围绕这一定位进行优化。例如，王老吉定位于"预防上火"，它的所有广告都在向消费者传达"预防上火"的功能，后来者已经很难在这个功能上同它竞争了。

不过，一个拥挤市场上的后来者可以通过重新建立市场类别，为自己找到一个不可替代的定位。例如，贝因美成功地将所有其他的奶粉品牌都归类于奶粉的生产商，贝因美自己则占据了育婴专家的定位。

定位不是灵机一动的产物，不是愿望的产物，不能由单个经营活动拼装与组合而成，而必须是系统的和整体的。企业在定位中还需要注意：

- 定位的目标是客户的头脑。"产业领导者"、"世界500强"这些都是企业自己的愿望，与

* 1981年，两位作者出版了《定位》一书。20年后，"定位"被美国营销界评为20年来对美国营销影响最大的理念（中国财政经济出版社2001年出版了《定位》中文版）。

客户无关。相反，“中国最大的住宅生产商”是一个能够占据客户头脑的定位。

- 定位应当是简单的，因为只有简单的定位才能够进入客户的头脑。例如，奇瑞QQ的定位是年轻人的第一辆车。多元化经营的企业或品牌延伸在定位上居于不利的地位。
- 定位意味着放弃，QQ的定位意味着QQ必然是成本节约的车型，只能走低价路线，而在动力和舒适方面有所牺牲。

成功的定位可能引来模仿者。因此，企业必须从产品开发、营销、运营、人力资源各个方面强化定位，才能保持竞争优势。用战略大师波特的话来说，就是要“在企业的各项运营活动之间建立一种配称（fit）”。

营销战略和营销环境

图9.1中还列出了许多企业所面对的外部的、往往也是不可控制的因素，包括：

- 经济因素，经济环境对顾客购买能力和意愿的影响。
- 社会文化因素，导致顾客态度、信念、规范、习惯和生活方式发生改变的社会和文化影响。
- 政治因素，政府和民众的倾向性对顾客和企业的影响。
- 竞争因素，竞争对手的行动对企业和顾客的影响。
- 法律和管制因素，消费者法律和政府的管制措施都会影响营销。
- 技术因素，技术变革会创造出新的营销机会，也可能让产品突然变得过时。

这些环境因素都会影响营销组合的确定，其中任何一项的改变都可能对营销战略构成重大的影响。技术变革是最常见的影响因素之一，例如，宽带的出现令高速下载和在线观看电影、电视成为可能，这极大地改变了观众的习惯，对媒体和娱乐产业产生了重大的影响。

9.3 营销计划

营销计划是规定组织在营销某一特定产品和产品群组时的资源、目标、营销战略以及实施和控制的书面文件。在营销计划中，组织会描述自己当前的状态，为产品和服务建立营销目标，具体说明组织如何才能实现这些目标。

营销计划对于企业具有重要的意义。首先，企业需要制订营销计划同员工进行沟通。营销计划中会为组织成员分配责任、任务和实施的步骤。其次，营销经理们需要根据营销计划来监督和评估营销战略的效果。营销计划还要根据情况的改变而作出调整，1年内的营销计划通常称为短期计划，5年以上的通常称为长期计划。

表 9.5
营销计划的内容

计划内容	内容摘要	要　点
高管摘要	一至两页，营销计划的大纲	
环境分析	企业当前状况和营销环境的信息	1. 营销环境因素的评估 2. 目标市场评估 3. 当前营销目标和绩效的评估
SWOT 分析	对组织的优势、劣势、机会和威胁进行评估	1. 优势 2. 劣势 3. 机会 4. 威胁
营销目标	确定公司的营销目标	对目标的定性测量
营销战略	描述企业将如何实现目标	1. 目标市场 2. 营销组合
营销实施	描述企业将如何实施营销战略	1. 营销组织 2. 活动和责任 3. 实施的时间表
评估和控制	解释企业如何测量和评估实施的结果	1. 绩效标准 2. 财务控制 3. 评估程序（审计）

营销度量和销售预测

企业需要特定市场细分的度量信息来支持自己作出决策，例如，企业需要评估进入某一新的细分市场的可行性。组织还要决定如何在市场细分间最好地配置营销资源和活动。营销度量也要考虑时间因素、地理因素等条件。

销售预测（sales forecast）是组织基于特定的营销努力对一定时期内能够销售出去的产品数量的预测。组织中不同部门的管理者需要根据销售预测来作出其他决策，包括购买原材料、安排生产工期、保证财务资源、工厂和设备的建设、人员招聘及库存水平。销售预测对于组织的重要性是不言而喻的，组织可能使用了各种方法，例如高管判断、销售或采购人员调查、时间序列分析、关联分析和市场测试。具体采用哪种方法取决于成本、时间、市场特性、产品的类型、数据的可得性以及预测人员的能力。

营销信息系统

营销信息系统（marketing information system）是持续地收集和管理来自内部

与外部营销信息的系统。今天，绝大多数营销信息系统是基于计算机系统来接收、储存、分类和提取营销信息的。来自内部的信息包括销售数据、产品和营销的成本、库存和销售活动。来自外部的信息包括组织的供应商、中间商和顾客，以及竞争对手的营销活动和总体经济状况。所有内部和外部的信息都会输入营销信息系统，而它的产出则是用于支持营销决策的信息。营销信息系统的产出包括日常销售报告（按地区和产品划分）、销售预测和购买趋势分析、品牌市场份额的变化。

营销调研

营销调研（marketing research）是用于系统收集、记录、分析和解释数据的一整套技术和原则，向营销产品、服务或思想的决策者提供帮助。与完成持续的和例行工作的营销信息系统不同，营销调研是为了特定的目的进行的、用于支持决策的企业活动。

消费者行为偏好调查和新产品测试是最常见的调研活动，我们经常会在繁华的商业大街、购物场所见到营销调研人员的身影，他们询问我们对特定产品的感受、购买方式、价格要求等。表 9.6 列出了营销调研的常见步骤。网络调查是近年来兴起的一种新型调查工具，具有接触面宽、回收率高、速度快、成本低的特点，许多网站向回答问卷的受访者提供各种奖励。（网络小练习：登录零点公司网站 http://www.horizon-china.com/，在首页的“行业特长”栏目下寻找该公司提供的成功案例，并根据表 9.6 说明每个案例中营销调研的具体步骤是什么。）

表 9.6

营销调研的步骤

1. 问题的定义	■ 准确定义调研问题或调研目标 ■ 调研结果的潜在效用；管理者对调研的态度；执行调研所需资源的可获得性；调研项目的成本和收益
2. 初步调研	■ 进一步定义问题，得出初步的结论，以备下一步用于检验
3. 调研计划	■ 确定已经有的数据，还需要哪些数据，如何获得这些数据
4. 收集数据	■ 营销调研计划制订后，可以通过各种方法来收集所需要的数据（问卷、电话访谈、人员访谈、观察，其他来源等）
5. 解释信息	■ 数据本身并不说明任何问题，营销调研人员要对数据进行解释和分析
6. 得出结论	■ 有时结论是很明确的，有时结论受到各种条件的制约，在这种情况下，必须说明结论的局限性

专　题

运用 GIS 帮助选址

麦当劳和沃尔玛公司都以成功的选址而著称，据说他们的创始人山姆·沃顿和罗伊·克罗克乘坐私人飞机在1万米上空寻找合适的开店地点。即使是前期的初选也可能需要花上几周的时间收集数据，向政府部门、房产代理和其他来源征求数据。

ZoomProspector. com 网站的开通也许可以大大改进这一工作。这是一个由地理信息系统（GIS）公司 GIS Planning 公司开发的协助企业选址工具，它汇集了美国各个城市人口和地理数据。通过类型检索工具，企业可以方便地找到符合自己对员工来源、顾客特征和基础设施要求的社区。检索的结果就像 Google 地图一样以交互在线地图的形式呈现，地图下面则是这些选项的详细情况，包括地址、社区、商用类型、面积、租售情况等。对客户特征和招聘员工情况感兴趣的企业可以找到人口统计、教育水平、人均收入、房屋价值，还可以获得哪些地区大学毕业人群密度最高、失业率水平等数据，甚至还有人均专利数量、风险投资数额、机场和车站距离等经济指标。其中一些社区还提供了更精密的数据，包括土地界标、机场位置、装配工厂、公共汽车站、光纤系统、高尔夫设施、学校等。整个过程只需要点击几下鼠标。

所有这些便利的背后是 GIS 技术，它是储存、分析和演示地理数据的决策支持软件。这种软件在出售时通常配有人口、社区和地理数据的数据库，可以以互动地图的形式呈现计算的结果。GIS 已经成为一个重要的市场调研工具，麦当劳在日本用 GIS 系统协助新店选址，将潜在地点的审核时间由5天缩短到30分钟。营销人员还可以利用 GIS 地图了解和分析当地生活与工作人群的生活方式和购买倾向，从而为当地市场量身定做营销组合，这被称为**微观营销**。

焦点小组（focus group）。焦点小组是指在有经验的、立场客观的主持人引导下，由一组潜在消费者（8－12人）在自然、放松的状态下对产品、服务或其他主题进行讨论和评价，企业通过记录小组成员的谈话和反应（如表情和态度）来获得启发性的资料。与一对一调查相比，焦点小组调查可以向企业提供大量的新观点，消费品和服务类企业在产品开发和改进中往往使用这一方法。

9.4　购买者的行为类型

购买行为（buying behavior）是人们在购买和使用产品中的决定。消费者的购买行为（consumer buying behavior）是指为了个人和家庭用途而进行的购买活动，不用于商业和机构用途。企业购买行为（business buying behavior）是指生产商、经销商、政府和机构购买产品的活动。企业的成功在很大程度上取决于购买者对企业营销战略的反应，理解影响购买者行为的因素，对于企业预测购买者的行为并制定成功的营销组合极为重要。

消费者的购买行为

消费者在购买不同产品时表现出不同的行为。对于常用的低值品，消费者采取的是例行的购买程序，很少在搜寻和决策上下功夫。对于购买频率较低的产品或熟悉的品类中某一不太了解的产品，他们会做出一定的努力。而在购买不熟悉的、昂贵的产品或很少购买的产品时，消费者会花很多精力来作出购买决策。

图 9.2 反映了消费者制定购买决策的主要步骤。首先，消费者意识到问题的存在。问题通常表现为缺少所期望或所需要的产品和服务。接下来购买者会搜寻信息，包括品牌名称、产品特性、质量保证和其他特性。购买者还会权衡他所找到的不同产品的优劣并作出最后的决策。在购买之后，消费者会评估产品对自己的适合性，这一些结果会影响今后的购买。

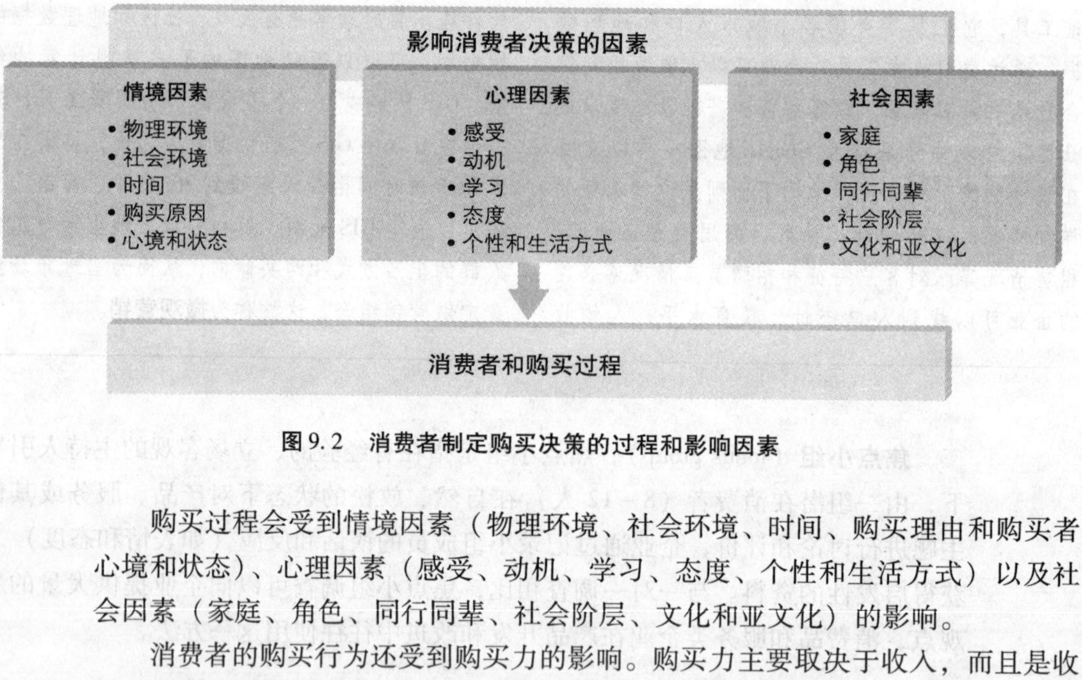

图 9.2　消费者制定购买决策的过程和影响因素

购买过程会受到情境因素（物理环境、社会环境、时间、购买理由和购买者心境和状态）、心理因素（感受、动机、学习、态度、个性和生活方式）以及社会因素（家庭、角色、同行同辈、社会阶层、文化和亚文化）的影响。

消费者的购买行为还受到购买力的影响。购买力主要取决于收入，而且是收入中可任意支配的部分。可任意支配的收入（discretionary income）等于收入减去税收和社会保险，再减去储蓄、衣、食和住房支出。营销人员最关注的是可任意支配的收入，因为消费者购买产品和服务的支出主要来自这一部分。

企业购买行为

企业购买者关注产品的质量、价格和服务。它们的购买决定往往得到专业人士的帮助，因此比个人购买者拥有更多的信息，而且购买量通常也较大。企业购买决策的另一个特点是委员会决策或小组决策，通常不是个人决策。委员会在决策中要考虑组织的目标、购买政策、资源和人员特点，决策周期往往较长。

专　题

85℃在选址时分析顾客的消费行为

85℃是一家崛起于中国台湾的咖啡蛋糕店，提供低价格、有新意的饮料、面包和咖啡产品，在台湾的营业额已经超越了星巴克。由于平均价格相对较低，85℃主要依赖大流量获利，选址是非常重要的决策。

在上海，85℃宁波路店的位置介于南京路步行街和上海购物人流密度最高的七浦路市场之间。为什么不设在南京路步行街？

首先，南京路步行街上闲逛的情侣，最多手里拿两个杯子，不可能携带更多东西，完全不能和住宅区域人群的消费量相比。通常情况下，住宅区域的女性会为全家捎带饮料和面包。也就是说，人流量大并不是关键点，主要要看顾客的购买力和目的性。在步行街，大部分人是来享受这个氛围，不是85℃的目标人群。其次，这是由于产品毛利较薄的特点决定的。按照85℃的通行标准，房租成本要控制在营业额的8%以下，因此无法负担步行街的高租金成本。

这个例子也反映了85℃在上海的选址标准。85℃更喜欢住宅和办公楼聚集的地方，即商住合一。如此，白天有员工来消费，晚上也有外出工作的人士回来购买第二天的早餐。这些经验来自长久观察，85℃了解具备什么特征的人更喜欢购买85℃的产品。

"妈妈，是我们最爱的客人。"85℃负责人郑吉隆总结道。母亲级别的顾客喜欢买更多的饮料和甜食，白领喜欢购买饮料。"最自私的顾客应是年轻男性，只会给自己买一杯饮料。"

9.5　客户关系管理

关系营销

工业革命推动了大众营销的出现。**大众营销**（mass marketing）是指开发和营销满足大量人群的产品的营销策略。实行大众营销的企业试图将较少的品种出售给尽可能多的客户，这也意味着市场细分不足。在大众营销阶段，企业主要依靠大众媒体进行营销，例如电视、报纸、期刊和广播，这些媒体能够接触到尽可能多的消费者群体。大众营销的缺点之一是企业过于注重产品开发和产品竞争，而对客户的具体需要不够关心。

随着产品的同质化和竞争的加剧，企业越来越多地关注为客户提供定制化的产品和服务，从长期的客户关系中获得利益。**关系营销**（relationship marketing）是指通过提供客户需要的产品来长期保留客户的营销策略。信息技术的发展令企业识别和服务于每一位客户的需求成为可能，例如在数据库中保存客户的详细资料，在不同的时间提供客户所需要的服务。从大众营销向关系营销的转变还意味着信息从单向发布转向了双向的交流。得到ERP（企业资源规划）支持的关系营销可以将企业的经营建立在客户导向的基础上。

会员制服务是一种典型的关系营销。百货、航空、旅行等向客户提供常客、积分等服务，通过奖励客户的消费建立起同客户之间的信息分享和品牌忠诚关系，从客户的终身消费中获得利益。

客户关系管理

客户关系管理（customer relationship management，CRM）是运用关于客户的信息来制定营销战略、跟踪和组织与客户或潜在客户联系的过程。为了有效地管理客户关系，企业必须理解客户的购买模式，并运用他们的理解来服务于最可靠的和利润最高的客户。忠诚的客户给企业带来的利润可能超过新的客户，这一现象可以用客户生命周期价值来解释。客户生命周期价值（customer lifetime value）是指客户与企业建立关系的整个过程中购买频率、平均购买价值和品牌转移的总体模式。除了直接的销售额，忠诚的客户还可以为企业提供产品反馈和传播口碑。忠诚客户的流失将导致企业利润的下降，客户关系的管理因此是营销活动中的核心内容。

苹果公司的客户关系管理十分成功。即使在大众型电脑（如戴尔）的黄金时代，苹果电脑的市场份额下降到只剩下4%，在大学校园中仍然可以看到苹果的海报，苹果电脑仍然被视为一种高级的专业电脑。而通过创新推出的成功产品iPod、iPhone、iBook和能够装进信封的Macbook Air笔记本电脑则引发了消费热潮。客户关系管理并不局限于高技术的产品创新，可口可乐的分销能力让我们在任何地方都能够喝到口味标准的产品，海尔的服务则最大限度地打消了消费者购买技术性产品的顾虑。

企业总是在同竞争对手争夺客户。经验证据表明，获得新客户的成本远远超过保留老客户的成本。满意的客户更有可能为企业带来更多的业务，而不满意的客户对企业造成的损失可能远远大于这个客户的业务本身。为了建立长期的客户关系，营销人员越来越多地依靠营销调研和信息。

有效的客户关系管理还依赖于客户信息管理方式的改进，软件技术的发展令这一要求成为现实。有的时候，客户关系管理指的就是客户关系管理（CRM）软件。CRM软件是一套软件系统，能够帮助企业缩减销售周期、降低销售成本、增加收入、寻找扩展业务所需的新的市场和渠道以及提高客户的价值、满意度、赢利性和忠实度。CRM软件通常包括以下模块：

- **销售管理**。提供销售管理的信息，包括时间、地区和产品类别的销售情况；销售人员的工作业绩；支持现场销售管理，生成订单和销售组合、合同；自动跟踪和更新客户的资料。
- **营销功能**。对客户资料进行深入的分析并实时更新，分析客户类型、营销效果和客户反馈。

- **客户服务**。售后服务；合同管理；客户关怀。
- **呼叫中心**。客户呼叫接入管理；电话分析；电话营销、电话销售；呼叫中心调度管理。
- **电子商务**。网络销售；网络营销；电子支付；电子客户服务。

从客户满意到超越期望

今天，许多企业已经不满足于客户满意的营销目标，而将超越客户期望作为自己的目标。例如，六西格玛质量改进活动就是超越客户期望的一种努力。超越客户期望的前提是企业对客户需求的深入理解，并以超出客户想像的速度和热心来满足这些需求。除了在技术和培训上对超越客户服务做好准备之外，员工的激励也是企业面临的重要挑战。前面介绍过的海底捞火锅店的员工能够保持超越客户期望的服务，首先是因为企业对员工发自内心的关怀。

本章小结

1. 营销是向顾客提供产品和服务以满足和超越顾客期望的各项活动。营销概念的发展经历了产品导向、销售导向和顾客导向的阶段。企业实施顾客导向必须采取切实的步骤。

2. 营销战略是组织利用资源和优势来最大限度地实现目标的方案。市场可以分为消费市场和企业间市场。营销战略始于目标市场的选择和分析。细分市场是分析目标市场的一个重要工具。

3. 产品、价格、分销、促销的不同组合称为营销组合，企业通过调整营销组合实施营销战略，赢取竞争优势。定位是指找出在竞争对自己最有利的定位，第一个在顾客头脑中占据它。

4. 营销计划规定组织在营销某一特定产品和产品群组时的资源、目标、营销战略以及实施和控制。营销调研是系统收集、记录、分析和解释数据的技术和原则，用于支持营销决策。

5. 消费者购买行为受购买力、情境因素和社会因素的影响。

6. 大众营销是满足大量人群的产品的营销策略。关系营销是通过提供客户需要的个性化的产品来长期保留客户。客户关系管理运用客户信息制定营销战略、跟踪和组织与客户与潜在客户的联系。客户关系管理软件称为 CRM。

关键概念

营销　产品导向　销售导向　顾客导向　营销组合　定位　细分市场　人口特征细分　心理特征细分　地理特征细分　行为特征细分　利基市场营销　营销调研　焦点小组　购买行为　大众营销　关系营销　客户关系管理　CRM

思考题

1. 为什么说客户关系管理是营销活动的核心？

2. 什么是营销和营销过程？

3. 解释营销从销售导向到顾客导向的驱动因素。

4. 消费市场和企业间市场的区别有哪些？

5. 举例说明常见的市场细分的标准。

6. 什么是利基营销，举出一个教科书之外的例子。

7. 解释营销组合及其具体形式。

8. 营销调研可以为营销决策提供哪些信息？

9. 关系营销和大众营销有何区别？

10. 营销组合中如何体现消费者行为中的社会因素？

网络练习

在网络上查找有关农夫山泉水溶 100C 和娃哈哈 HELLO－C 产品的资料，回答以下问题：

1. 分析水溶 100C 和 HELLO－C 营销 4 个 P 各有何特点。

2. 请为水溶 100C 提出建议，如何应对 HELLO－C 的竞争。

开篇案例讨论题

1. 简述贝因美的营销组合系统及其有效性。

2. 贝因美如何进行定位？

3. 贝因美客户关系管理有何特点？

第 10 章

产品与服务的开发和定价

本章学习要点

- 掌握产品的定义和分类
- 了解产品开发的基本步骤、产品线和产品组合管理
- 理解产品生命周期和新产品开发
- 品牌和包装的重要性与应用
- 理解定价的基础、目标和方法
- 掌握企业可以选择的定价战略
- 了解非价格性竞争

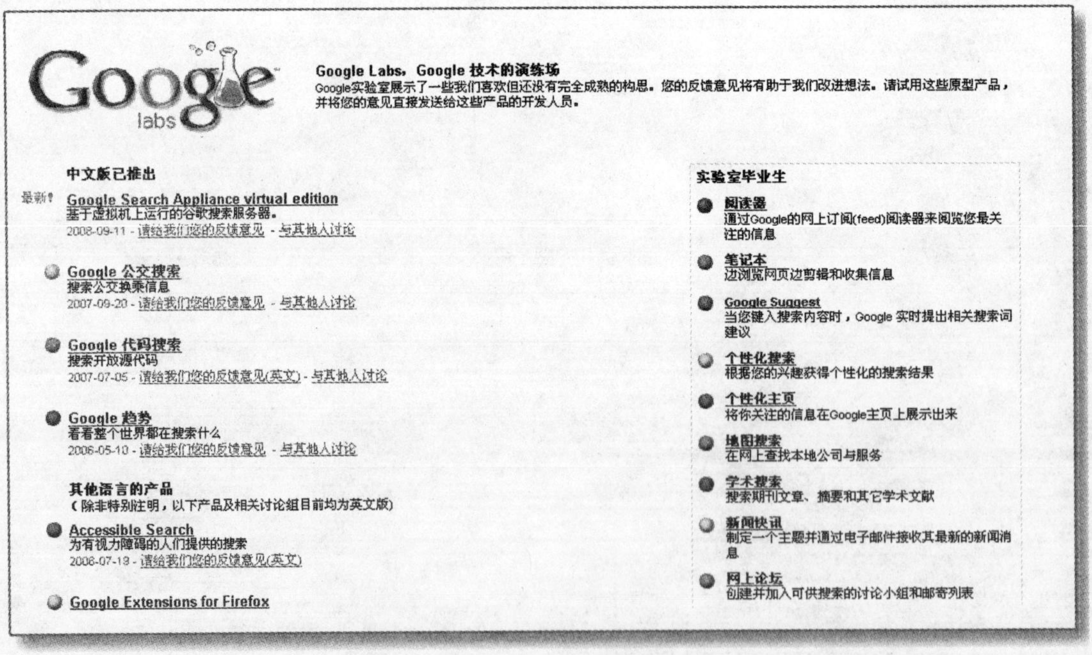

Google 公司将新产品发布在实验网页上，测试用户的反应，根据反馈改进产品。

开篇案例

Google的产品开发：把专业做到极致

Google是世界上最著名的搜索引擎。它并不是第一个搜索引擎，却是第一家专注于搜索业务的企业。Google的企业使命是“整合全球信息，使人人皆可访问并从中受益”，为分布在世界各地的文字、图片、新闻、邮件、商品、音乐、视频等不同形式的信息提供一个统一、便捷的组织方式和检索渠道。Google为自己的使命划定的实现期限是300年。它保持着强大的创新能力，几乎每天都会发布一款新产品。

无论多么伟大的设想，离开可行的商业模式就只能是空谈，Google能够做到专注于搜索是因为它发明了基于搜索的赢利产品——AdWord，也即按点击付费的广告。传统广告通过大众媒体（包括电子商务门户网站）进行投放，这种广告模式的一个主要缺点是精准度不够，广告主和企业很难判断哪些客户看过广告。Google的广告结合它的搜索结果，由广告主设置关键词，在客户搜索这一关键词或相关的关键词时AdWord广告会出现在搜索结果的右侧。只有当客户看到并且点击后才会收费，成功地将海量的搜索功能同客户对广告效果的要求结合起来。

Google采取了灵活的定价方式，广告的关键字和关键字的价格由客户自己决定。客户可以通过点击量估算工具了解当前的关键词价格和点击次数。价格的高低会体现在广告排名方面。比如说，针对某个关键字，也许有10个广告业主同时用这个关键字，出价高的广告就可能排在靠前的位置。对于预算不多的客户，Google提供每日预算管理或每月预算管理，当广告费用达到预算水平后即行停止。Google还为客户提供自主管理账户的服务，客户可以根据广告的效果随时进行关键字、出价、预算的调整，还可以随时停止和启动广告而无需支付固定的费用。

Google用户最多的产品包括搜索、图片搜索、地图、邮箱、新闻、视频、图书、照片管理、Google地球等，这些产品围绕公司的核心能力——搜索和信息管理而展开。这意味着Google必须准确地判断新产品与企业核心业务和核心能力之间的联系。例如，邮箱服务似乎与搜索没有直接关联。在Gmail发布之前，多数公司只将邮箱服务作为一种吸引客户的工具，并且考虑是否为邮箱占用的空间收费。Google推出的Gmail是市场上第一个超大容量邮箱，它将所有的信件保存在Google的服务器上，这些邮件可以一直保存在那里，用户不再需要在电脑上保存邮件，也不再需要因为空间不足而删除邮件，还可以利用Google强大的搜索功能对以往的邮件进行方便的检索。这些功能同Google的企业使命完全契合。

Google在产品开发上注重用户的反馈。在Google Labs上有大量处于实验期的产品，供网络爱好者使用。根据网络用户对这些产品的反馈，Google可以了解哪些需求是最受欢迎的，以及产品应当在哪些方面作出改进。如果产品受欢迎，就会尽快推出测试（beta）版；如果产品反响平平，就会退出。这样，Google用试错的方式让其用户对产品的功能设计提出最真实的“体验式”意见，不仅达到了产品功能与用户需求高度一致的目的，还使得用户对其产品产生了情感上的联系。互联网世界的许多产品是协力的成果，Google Labs的开放姿态让更多的网络开发人员了解到搜索类产品的新趋势，也为自己吸引了大量第三方编程的提供者，从而加快了产品丰富和改善的速度。这一做法已经为越来越多的企业所采用，例如搜狐、腾讯（QQ）、联想也都发布了各自的在线实验室。

产品的持续改进是Google产品创新的主要形式。已经发布5年的Gmail至今仍然是一个测试版（beta）产品，Google还在不断地测试和增加新的功能，例如在Gmail中植入的Gmail Chat是将网络聊天功能同电子邮件结合起来的重要尝试，视频聊天的功能也被结合到Gmail中，新的撤销发送（undo send）功能则为Gmail的客户提供了后悔的机会。Gmail在邮箱设置中增加了一个实验室选项，让你可以试用Google工程师们正在实验的新功能，从而使得普通用户也可以参与产品的创造。

谈到企业，我们总会想到产品。生产型企业提供有形的实物产品，比如食品、电器、房屋；服务型企业提供无形的产品，例如咨询、培训、健身和金融服务。还有许多企业同时提供这两种类型的产品。像Google和百度这样的网络企业在产品开发上非常灵活，这得益于互联网提供的优势。企业与产品有关的决策包括产品的开发、产品线组合、品牌包装和定价等。

10.1 产品的分类

产品（product）可以是任何用来交换的东西，包括所有的有形或无形的特性和期望利益。当你购买海信40英寸液晶电视的时候，你支付的价格中除了有形的产品本身和正常的功能之外，还包括了服务和保修，以及时尚的外形带给人们的愉悦。有效的产品开发是企业成功营销的关键。

产品可以是商品、服务或理念。商品是具备物理实体特性的事物，例如家具。服务则是通过人力或设备来满足人们的需要，是我们付费获得的他人的工作。例如购买房屋、遗产处理时需要聘请律师，律师提供专业的服务，而顾客则为此支付费用。理念则往往是产品和服务中所内含的意义，例如“小资生活方式”包括读英文杂志、看话剧、在星巴克喝咖啡、购买宜家家具，消费者在购买产品和服务的过程中消费了“小资生活”的理念。图10.1描述了产品为购买者创造价值的部分要素。

价格	品牌	便利	包装
商店环境	服务	过去的经验	质量保证
方便获得	广告	声誉	网络评价
其他			

图 10.1　产品为购买者创造价值的部分要素

不同的产品服务于不同的目标市场。产品所属的类别在很大程度上决定了如何选择分销、促销和定价。大致而言，我们可以根据使用产品的顾客类型将产品归入两个主要的类别：消费品和企业用品。消费品（consumer product）是指提供给最终消费者的产品。企业用品（business product）是指那些在生产其他产品的过程中要使用的产品。当然，有些产品会同时具备两个类别的特征，如酒精可以用来消毒，也可以用来生产其他产品。需要注意的是，将同样的产品销售给最终消费者和企业用户需要采用不同的营销战略。

在每一个大类的内部，还可以对产品进行细分。消费品的分类主要依据顾客如何考虑和购买产品，企业用品则主要依据企业购买者如何考虑产品和使用产品。

消费品分类

消费品可以根据人们的购物方式分为 3 类：（1）便利产品；（2）选购产品；（3）特用产品。表 10.1 对这些分类和相应的营销组合进行了图示。

便利产品（convenience product）是指顾客需要而又不愿意花很多时间和精力购买的产品。这些产品需要的服务很少，价格通常不贵，有些属于习惯性购买。便利产品包括日用品、冲动型产品和应急型产品。

选购产品（shopping product）是指那些顾客认为值得花时间和精力与竞争产品进行对比的产品。在购买这类产品时顾客会仔细地比较价格和性能。其中的同质型产品主要看价格，异质型产品涉及较为复杂的购买决策。

特用产品是指顾客真正需要，因而花费很多精力去寻找的消费品。在购买这样的产品时，顾客不需要进行比较，他们不会接受替代品。所有营销经理都希望顾客将自己的产品当成特用产品。建立这样的关系很难，因为这意味着让顾客在任何时候都感到满意。

表 10.1

消费品类型和营销组合

消费品类型	消费者行为	营销组合
便利产品		
日用品	习惯性、低努力、经常性购买，关心程度低	大面积、低成本分销，大量展示，大量推销，通常价位不高，品牌很重要
冲动型产品	无购买计划，迅速决定购买	销售点展示、广泛分销
应急型产品	需求紧迫时由于时间压力而产生的购买	在特定需求点附近广泛分销，价格敏感度低
选择产品		
	产品差异程度不大，顾客寻找最低价格	展示价格优势，捕捉价格敏感性
	需要解决大量问题，需要专业协助	价格敏感度低，较专业的分销，促销中强调产品的优点
特用产品		
	消费者愿意花精力来得到，可能是非必需品，购买行为在消费者心目中很重要	价格敏感度不高，不追求大面积的分销，但应当包括在便利产品或选购产品的类别中

企业用品分类

根据购买者对产品的考虑和用途，企业用品可以分为：（1）设备；（2）设备附件；（3）原材料；（4）零部件；（5）维护、修理和运行以及供应品；（6）专业服务。表 10.2 描述了这些产品类别与营销组合的关系。

10.2 产品开发和产品组合

老北京鸡肉卷、四季鲜蔬、中式早餐粥、樟茶烤翅，这些在美国本土的肯德基店里找不到的食谱是肯德基中国公司为本地市场专门开发的，2008 年它甚至将王老吉列入了饮料供应商的名单。是什么力量在驱动肯德基频繁地推出新产品和拓宽产品线呢？是为了更好地同老对手麦当劳竞争，同中式快餐竞争，同其他餐饮和食品竞争，甚至要同在家吃饭的习惯竞争，只有推出更好的产品服务于消费者，才能获得领先于竞争对手的优势。

新产品的类别

新产品开发往往费时、费力，成本极高，而且新产品的失败率可能高达60% ~

表 10.2

企业用品类型和营销方案

企业用品类型	购买行为	营销组合
设备	受重复购买影响，新任务，非经常性购买，决策期长，需求大起大落	需要专业推销人员，以及后续服务和技术支持
设备附件	采购专家决策，决策期短	广泛分销，有时需要专业推销人员，质量很重要，价格竞争激烈
原材料	长期合同	商品分级很重要，运输和储存具有决定性，竞争激烈
零部件	竞争性投标和竞争性价格	质量和交货的可靠性很重要，非标准化产品需要谈判和专业销售，售后服务需要不同的战略
维护、修理和运行以及供应品	通常直接再购买	广泛的分销和快速的发货、服务，经销商选择很重要
专业服务	特殊需要，内部解决和外部购买相比较	专业人员推销，需求非弹性，价格很高

70%。然而，不开发新产品的代价更是企业所不敢想象的。通常将新产品分为三个类别：模仿、改进和创新。

模仿（imitation）是指开发出同竞争对手现有产品相似或接近的产品。2008 年开始流行的“山寨”一词所描述就是各种模仿行为，包括从产品到服务的广泛类别。对于后发的企业，模仿可能是一种有效的竞争手段。**改进**（adaptation）是在同一个市场中对现有产品的发展变化。例如无糖口香糖或低热量糖果都是通过突出低糖或无糖来吸引重视健康的消费者。

创新（innovation）是指企业开发出来的全新的产品。创新可能带来一个新产业或现有产业发生革命性的改变。iPod 的出现挽救了被盗版冲击得摇摇欲坠的唱片产业，付费下载歌曲成为唱片产业的标准赢利模式。由于要承担更大的风险和费用，创新比模仿和改进要少得多。

新产品开发的步骤

市场上充斥着新产品的概念，但真正能够取得成功的却不多。如何识别新产品概念？如何进行市场测试？如何把握上市的机会？新产品的开发通常包括 6 个步骤，如图 10.2 所示。

产品概念。多数企业试图建立起系统性的开发新产品的机制。研究人员、管理层、员工、竞争对手、广告公司、供应商、经销商、顾客都可能是新产品概念的来源。

产品选择。产品开发必须考虑企业的战略、资源和能力。在产品选择阶段，大量不适合企业的产品概念被淘汰出局。

产品分析。在这一阶段，企业对产品进行详细的论证，包括目标市场、价格、销售量和赢利预期。

产品开发和产品测试。企业赋予通过论证的产品具体的形态和功能，设计出产品的原型（prototype），用来进行产品概念测试，解决生产中的技术问题并探索低成本的生产方式（以降低产品的价格）。

产品概念测试（concept testing）是企业通过各种方式将产品描述给潜在的用户以测试购买者的态度和意愿。有时对同一种产品可能进行多角度的测试，例如功能、价格和其他影响购买决策的因素。研发人员和营销人员通过产品概念测试来了解哪些产品特性是购买者最注重的，从而加以改进和强调。常见的测试问题包括：

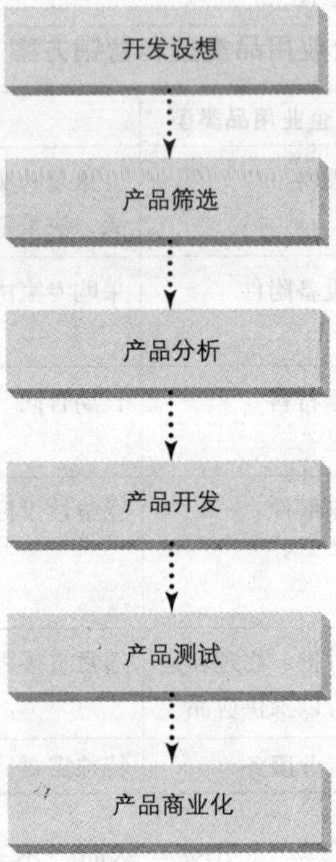

图 10.2　新产品开发的过程

- 产品的哪些利益最有吸引力？
- 哪些特性并不重要？
- 同您现在使用的产品相比，本产品有哪些优点？
- 如果本产品以适当的价格上市，您会购买吗？
- 对于本产品，有何改进的建议？

产品商品化。商品化是产品开发中风险最高的环节，无论设计上如何卓越，测试反映如何良好，只有在真正的上市之后才能看出产品是否成功。

商品化（commercialization）是指企业对产品上市在人员、财务、生产、营销、服务各个方面都作出了周密的计划并加以执行。其中最为重要的两个方面是：

- 说服经销商和零售店让产品进入销售市场。
- 通过广告和销售人员努力让消费者和经销商对产品产生兴趣并购买产品。

每年年底，在贺岁片临近上演的时候，我们可以在很短的时间内在电视、报纸、杂志等媒体上看到大量的花边消息、主创人员访谈、户外广告、封面人物，还会看到争论性的影评，这一切都是为了吸引观众入场观看。如果是大片，在电影开机之前和拍摄过程中都会安排各种报道，让观众形成期待。而在观众看不到的地方，制片人为争取每一块银幕（相当于零售店或超市里的货架）同院线讨价还价。

专　题

一卡通：可持续的新产品开发

20 世纪 90 年代，经过对国内沿用上百年的存单、存折业务的市场调查，招商银行发现消费者需要一种更加小巧、灵活、安全、方便的储蓄形式，而这方面可以借鉴国外已经发展成熟的借记卡业务。1995 年，招商银行基于统一电子平台的一卡通借记卡产品上市。

过去，银行个人业务主要是储蓄，储蓄的产品是存折，定期、活期、本币、外币需要开立多个存折，而一卡通则可以将上述复杂的个人银行业务集中在一张卡片上。如果说储蓄是银行个人业务的基础，那么一卡通就是对储蓄存折的革命。一卡通在个人账户管理方面的突出特点迅速吸引了渴望高效、便捷、个人化银行服务的城市白领群体，成为招商银行最知名的产品品牌。

招商银行通过一卡通还实现了个人银行服务的平台化。在银行服务手工化的时代，新业务新产品之间很难打通，烦琐的服务手续令人望而生畏。在一卡通这个电子平台上，银行可以方便地增加新的业务，客户可以方便地使用新业务。1999 年，招商银行全面启动网上银行业务——一网通，一卡通的业务升级为网络服务。此后，招商银行围绕一卡通不断测试、开发新业务，发展出丰富的理财和信贷产品。一卡通的庞大用户群还为招商银行测试和推广新产品提供了保障，为金葵花理财和信用卡业务提供了业绩的保障。

在商品化的过程中，国际化是今天的企业需要特别留意的因素。我们经常看到贺岁电影中选用邻近国家或地区的演员（例如港台地区、韩、日演员）或元素，这在很大程度上可以提高影片在这些地区的市场接受度。

今天，产品商品化过程可以借助于网络工具，这让许多小企业的产品能够以较低的成本同消费者进行接触。例如，一套以知识界和文艺青年为主要对象的《读库》丛书通过豆瓣网、博客和淘宝网针对目标群体进行准确的传播，从而取得了不俗的销售成果。

新产品失败的原因

尽管企业投入大量资源、采取了复杂的步骤以保障新产品开发，但是新产品的失败率仍然非常高，据估计三年内退出市场的新产品高达 85%。即使像宝洁这样的以营销著称的企业也会出现重大的产品失败，例如花费 3 年时间为中国市场专门研制的润妍洗发水，曾经作为宝洁中国最大的投资而推出，但不过两年时间即因为销售不足而退出市场。那么，导致新产品失败的可能原因主要有哪些呢？

市场分析和测试方面的错误是新产品失败的主要原因。在大多数情况下，企业在新产品开发中面临着各种压力，例如老产品销售下降、竞争对手新产品上市以及本身的资源限制等。因此，企业可能会在市场分析不足的情况下急于上市新产品，还可能会减少必要的测试环节，从而导致产品失败。此外，企业过去的经验和技术优势也会导致产品开发过程中的偏向，企业倾向于重复自己的成功和发挥自己的技术优势，而忽略顾客需求的改变。其他原因还包括：产品缺陷、营销和渠道选择错误、竞争反应估计不足，以及时机不当（例如配套产品不成熟）等。

产品线和产品组合管理

产品线（product line）是指企业所提供的一组相似的产品。通常情况下，产品线中的产品在生产、营销或使用方面存在密切的关系。我们在超市中可以看到宝洁公司提供的很多品种的洗发水，像潘婷、海飞丝、飘柔，它们同属于这家公司的洗发水产品线。

产品组合（product mix）是指一家企业所提供的全部产品。例如，宝洁公司的产品组合包括洗发水、家庭用纸、个人护理、化妆品、剃须、清洁用品等24大类300余品种。产品组合的广度是指企业所提供的产品线的多少，而产品组合的深度是指企业产品线内产品种类的多少。宝洁公司在家庭和个人清洁护理方面的产品组合表现出宽度，但它在化妆品产品方面则相当狭窄。

专　题

产品经理

产品经理（product manager）负责产品管理的工作，也就是管理和营销特定产品线、品牌和服务（包括既有产品和新产品）的专业管理人员，常见于多产品线多品牌的企业，也称品牌经理。例如，宝洁提供多个同类产品品牌，如洗发水中的潘婷、沙宣、海飞丝、飘柔等。为了让这些产品在市场中占据和保持差异化的地位，需要在传统的营销职能之外设立专门的人员架构来为各个品牌提供支持。

产品经理的目标是增加产品的顾客价值，这是一个跨职能的工作岗位，是以顾客为导向组织和协调营销、产品开发、销售等多个部门的工作。在企业内部，产品经理代表顾客对功能、情感和价值的要求，在企业外部，产品经理负责该品牌和产品与顾客的界面和阻止竞争的努力。

在产品经理的岗位上，对客户体验的理解的重要性往往超出单纯的技术能力。例如，安全卫士360在起步的时候并没有杀毒的技术。但产品经理发现杀毒软件不重视帮助用户防御流氓软件的攻击，因此将产品重点转向最好的免费查杀流氓软件的服务。虽然在技术上并不无特殊优势，但由于产品满足用户实际需要，加上永久免费的营销策略，装机数量迅速增长，目前用户数量已经超过2亿。

不同企业中产品经理的工作和权限可能差别很大。互联网企业普遍设立产品经理职位，但有时其职能仅限于产品开发团队。一些企业的负责人本身就是优秀的产品经理，像马化腾和周鸿祎。一般来说，产品经理通常是资深的专业人士，在专业领域中受到各方敬重。产品经理既要具备市场知识，又要能将技术性概念转换成顾客能理解的语言。产品经理的一个较新的发展方向是全球产品经理，从全球化角度进行产品规划，在设计、销售和定制化方面适应全球竞争。

由于顾客的需求呈现差异化并且随着时间、潮流和新产品的出现而不断变化，企业不可能依靠同一个产品线应对所有的需求和竞争。**有效的产品组合管理**是指企业的产品线和产品组合必须对市场环境的改变作出灵活的、有预见性的反应，从而最大限度地满足顾客的需求，提高竞争优势。例如，即使像可口可乐和百事可乐这样高度成熟的产品仍然需要根据消费者偏好的改变调整产品线，在经典口味之外引入低热量的健怡可乐，甚至零热量的可乐以吸引新的消费者。竞争对手的新产品往往推动企业进行模仿和改进，推出自己的类似产品，前述可口可乐和百事可乐公司的产品线几乎就是针锋相对的。加强同经销商谈判中的地位也是有效产品管理的一个重要方面。2005 年，宝洁公司收购吉列公司，大大强化了自己在个人护理产品方面的市场地位。

除了增加和改进产品线之外，企业还可能将缺乏竞争力的产品线关闭或出售，而将资源集中于核心能力，即更有机会发挥竞争优势的方向。2004 年底，IBM 公司将全部的个人电脑业务出售给联想公司，而集中于提供大型机和软件服务。

10.3　产品生命周期

通常情况下，产品在市场上的表现会随着时间而改变，从开始时努力打开局面，到成为主力产品，最后逐渐退出市场。**产品生命周期**（product life cycle）是指产品和销售收入随着时间变化所经历的几个阶段，如图 10.3 所示。理解产品生命周期有助于企业更好地组织和管理自己的产品开发。

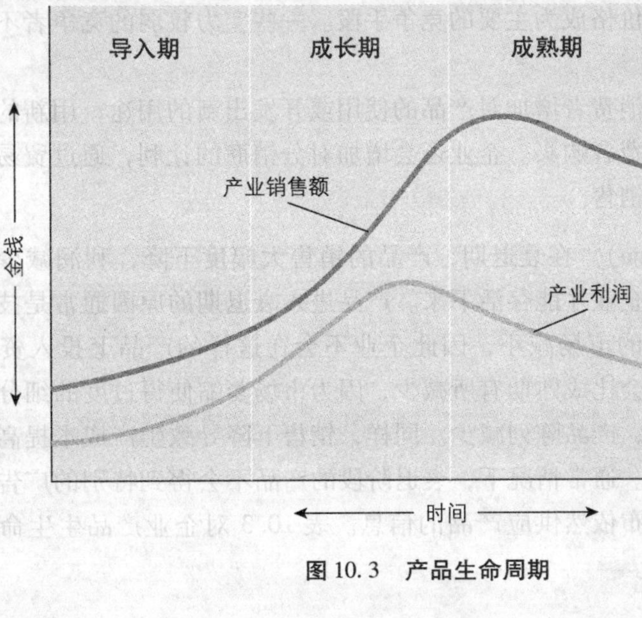

图 10.3　产品生命周期

产品生命周期的4个阶段

导入期（introduction）。在导入期，消费者对产品既不熟悉也不接受。企业通过促销和分销努力增加销售，由于前期开发和营销成本很高，导入期产品的利润可能很低，甚至亏损。竞争对手较少和定价较高也是这一阶段的特点。购买者主要是一些乐于尝试新产品的顾客。这一阶段企业营销的重点是让顾客知晓这一产品的存在以及它的特性、优点并吸引顾客使用。

很少有新产品一上市就大获成功。营销人员在这一阶段要注意搜集市场的反应，对产品进行改进。定价、分销渠道和促销方式应当考虑这一阶段顾客的特点。

成长期（growth）。随着产品被顾客了解和接受，产品销售迅速增加，这时就进入了成长期。产品的成功引起了其他企业的注意，竞争产品开始上市，竞争性广告出现也有助于扩大产品的市场。竞争和单位成本降低（生产规模增大和通过学习积累的生产经验）导致产品价格和单位利润下降。企业开始推出改进版和延伸产品以更好地满足不同的市场需求和增加货架上的展示机会。

在产品的成长期，企业的目标是通过鼓励顾客的品牌忠诚来稳定和加强产品的市场地位。为了反击竞争对手的威胁，企业需要改进产品、增加品种。以苹果公司的iPod为例，除了iPod之外，还有iPod Mini、iPod Nano和iPod Shuffle，通过扩大产品线来增加市场份额。在成长期，产品将渗透到所有主要的分销渠道中。如果降低价格能够扩大销售，企业会在这一阶段实行降价策略。

成熟期（maturity）。在成熟期，产品的销售仍然有增长，但增长的速度已经变慢。到了成熟期的后期，销售达到最高峰并开始下降。产品的市场细分已经得到了充分的开发，价格成为主要的竞争手段。一些实力较弱的竞争者不得不退出市场。

企业设法鼓励消费者增加对产品的使用或开发出新的用途，用新的包装或外观的改变来吸引消费者购买。企业还会增加对分销商的让利，通过贸易折扣鼓励分销商支持产品的销售。

衰退期（decline）。在衰退期，产品的销售大幅度下降，利润减少。只有最专业的生产产品的企业才能存活下来。产品进入衰退期的原因通常是技术创新或竞争导致原有产品的市场减小，因此企业不会在这样的产品上投入资源做出改进。产品的品种也会比成熟期有所减少，因为市场萎缩使得过度的细分成为不必要。分销渠道收缩，产品陈列减少。同样，销售下降导致生产成本提高，产品的价格也可能会上升。通常情况下，衰退阶段的产品不会得到特别的广告支持，仅限于向忠诚顾客发布依然供应产品的信息。表10.3对企业产品生生命周期的营销组合进行了描述。

表 10.3

企业产品生命周期的营销组合

产品生命周期阶段	产　品	价　格	分　销	促　销
导入期	小规模上市经过测试的产品	价格较高	通过批发商，有选择地进行分销	大量的广告和销售促销，动员经销商和零售商陈列产品，鼓励顾客购买
成长期	改进产品	根据竞争情况调整价格	扩大分销	大量的竞争性广告
成熟期	产品差异化满足不同的市场细分	继续降价	强化分销	强调品牌和产品差异
衰退期	减少产品种类	考虑涨价	合并分销商，取消某些陈列	减少广告，只针对忠诚顾客

产品生命周期理论提示企业，在产品生命周期的不同阶段需要采取不同的营销方法。企业应当注意分析当前不同产品线上不同产品处于生命周期的哪一个阶段并及时做出调整，这就是产品生命周期管理。产品生命周期还是企业制定和实施新产品开发规划的重要依据。为了更好地将产品开发和产品生命周期管理结合起来，许多企业采取了整体的、系统性的产品开发（IPD）。

需要注意的是，产品生命周期只是描述产品随时间变化的一种模型，企业可以通过创新改变产品生命周期中曲线的形状。当一种产品的基本用途出现衰退的迹象时，通过寻找新的用途完全有可能让这一产品重新进入产品生命周期的早期阶段。例如，自行车曾经是最重要的代步工具，经过数十年的生产和销售，这一市场逐渐进入了成熟期和衰退期。但作为健身工具和时尚产品的自行车却随着社会价值观趋向健康和环保的潮流而蓬勃发展起来。

（思考题：手机产品目前处于产品生命周期的哪一个阶段，企业应当采取怎样的对策来增加利润？电子阅读器呢？）

10.4 品牌、包装和标识

同一样产品可能由不同的企业提供，它们之间用品牌和包装来进行区分。本节讨论品牌和包装对于企业产品管理的重要性。

品　牌

品牌（brand）是指使产品或服务区别于其他销售商的名称、符号、设计或上述成分的组合。品牌名称是指品牌的称谓，在消费者心目中，品牌是品牌所对应的产品的代表。品牌标志是代表品牌的符号或区别性标志。注册商标（trademark）是指经过注册的品牌名称和品牌标志，通常以® 表示。

品牌通常分为制造商品牌（manufacturer's brand）和经销商品牌（private-label brand）。丰田汽车和康帅傅是制造商品牌的代表，产品的品牌就是产品的制造商。知名的制造商品牌通常进行大规模的广告宣传，可以在各种类型的销售渠道中买到。屈臣氏是经销商品牌（也称自有品牌）的代表，它销售的许多产品，如橄榄油、纸巾、润肤乳、面膜、化妆棉等都是经销商的品牌。像“Watsons”、“MIINE”、“ORITA”、“HI-NRG”等品牌只在屈臣氏的店内销售，它们并不是屈臣氏自己生产的，而是由合同制造商生产、屈臣氏专卖的。

我们购买的大部分产品属于制造商品牌，这些品牌通常被认为是产品设计和制造的专家，也因为制造商可以方便地进行全国性广告宣传以及拥有专利技术。制造商品牌和经销商品牌之间存在一定的竞争。制造商品牌通常强调自己的专业能力，而经销商品牌则暗示制造商对利用通用技术生产的普通产品收取高价。经销商认为开发自有品牌对顾客有利的理由包括：（1）降低价格，因为它们可以利用制造商的过剩产能并且不需要像制造商产品那样投入全国性广告；（2）通过提供竞争产品控制制造商品牌的价格；（3）有些产品的品牌差异很小。经销商品牌的增加是近年来市场竞争中一个值得注意的趋势。

品牌的好处

品牌无论对顾客还是对企业都是有利的。因为品牌易于识别，顾客在购买时可以节省时间，很快作出购买决定，这样就降低了顾客的搜寻成本。在购买者无法判断产品质量时，品牌提供了方便的协助，从而降低了购买产品的风险。同时，品牌也是个人表达自我的方式之一，劳力士表、耐克鞋、苹果电脑、星巴克咖啡、招商银行信用卡都可能是消费者用来表达自我的方式。

对于企业来说，由于消费者已经熟悉了本企业产品的品牌，有助于吸引重复购买、阻止竞争。此外，推出一个同品牌的新产品时也会容易得多。品牌延伸是指用现有的品牌来建立另一个不同产品类别中的新产品的品牌。例如，六神花露水是一个深受本地消费者欢迎的知名品牌，当六神推出同品牌的淋浴液时，消费者很容易接受其“清爽”身体的产品定位。

品牌在促销方面的作用还体现在同一个品牌的广告可能对品牌下的多种产品产生推动作用。我们经常看到芯片公司英特尔资助个人电脑产品的广告，“Intel Inside”，但它并不明说这款电脑使用的是哪一种英特尔的芯片，因为它的目的是让消费者购买电脑时注意产品中是否安装了英特尔品牌的芯片。同样，在索尼公司产品广告结束时往往会出现一句“It's a SONY”的广告，提醒和强化顾客的注意。

品牌忠诚和品牌资产

品牌在消费者心目中拥有神奇的力量。例如消费者往往认为味觉是他们选择某种品牌啤酒的原因。然而，在“蒙眼味觉测试”中，多数忠诚于某种啤酒的人士却不能将他们所饮用啤酒的品牌与其他类似的啤酒品牌区别开来。这是因为大多数优秀的啤酒品牌都代表群体凝聚力、群体平等以及男性形象，消费者对这样的品牌形象表现出忠诚。

对于企业而言，品牌最重要的好处之一是品牌忠诚。**品牌忠诚**（brand loyalty）是指顾客倾向于购买某一品牌的程度。品牌忠诚程度越高，购买者持续选择和购买某一品牌的可能性就越大。对品牌忠诚的顾客是企业有价值的资产，企业可以通过某种方式计算和衡量这种资产。品牌忠诚有三个层次：品牌认知是指了解品牌的特性和利益，有可能购买；品牌偏好是指购买本品牌的机会高于其他品牌，但在本品牌无货的情况下会购买其他品牌；品牌坚持是指即使本品牌无货仍然不会购买其他品牌。由于产品质量的普遍提高和频繁短期促销导致的品牌转移，品牌忠诚呈现下降的趋势。

品牌资产（brand equity）是与品牌在市场上的地位相对应的营销和财务价值。企业在品牌上长期的和持续的投入是品牌资产形成的主要动力。品牌资产通常难以准确衡量，但知名品牌拥有非常高的品牌价值则是得到公认的，例如IBM、可口可乐、微软都是高价值的世界品牌。品牌资产价值的决定因素包括：品牌知名度、品牌联想、品牌质量和品牌忠诚。

品牌知名度（brand awareness）是指品牌熟悉的程度，顾客更有可能购买熟悉的品牌。**品牌联想**（brand association）是指品牌传达的个性或生活方式。例如，沃尔沃轿车的联想是安全，戴比尔斯钻石的联想是忠贞的爱情。当消费者无法判断产品的质量时，品牌质量可以起到降低风险的作用，导致消费者更有可能购买品牌产品。而品牌忠诚可以阻挡竞争对手的营销攻势，通过忠诚顾客反复购买为公司带来更大的收益，也是说服经销商陈列的重要依据。

品牌的建立和形成往往需要很长的时间，伴随着重大的技术创新和营销投入，这也是为什么像中国这样的新兴经济体缺乏明星品牌的原因之一。

包 装

包装（packaging）是指为产品设计和开发包装物的所有活动。产品包装增加了产品放置与携带的便利，增加了安全性。通过包装物的形状、外表和印刷文字，包装还能够影响购买的决策。包装的作用包括：

- 保护产品，便于携带和运送，防盗

- 便于开启和使用
- 吸引购买者注意品牌和产品利益
- 描述和提供有关产品的信息，如价格、价值、数量、内容
- 提供产品质量保证、警告和其他购买者需要注意的事项

包装设计中需要考虑的因素包括：

- 成本
- 单位包装或是批量包装
- 运输和分销商展示的便利
- 包装的一致性
- 环保要求

有一些要素是多数产品包装的共同要求。例如，条形码现在已经成为产品包装上的标准要素，它的主要优点是便于追踪产品和进行统计分析。条形码不仅可以提高结账的效率，还可以帮助企业及时了解产品的销售数量、进货情况、竞争对比和购买者信息。另一个日益广泛应用的标志工具是 RFID（无线射频识别）。与条形码相比，携带 RFID 芯片的产品可以一次读取很大的批量（而不是逐件），可以在较远的距离上读取并且可以承载更多的信息。

10.5　产品定价、定价目标、定价方法、定价战略

价格是 4Ps 营销组合之一，是消费者心目中最为重要的产品特性之一。

价格的概念和使用

价格（price）是在特定的时间和环境下企业愿意用于交换其产品和服务的单位货币量。价格有时是可以谈判的，但多数情况下价格是固定的。在市场上，价格起到一种配置工具的作用。首先，它在愿意购买产品与服务的顾客间分配产品和服务（愿意付钱者可以获得产品和服务）。其次，它在制造商和服务提供商之间分配财务资源（顾客用购买来进行投票）。最后，它可以帮助顾客分配自己的财务资源（购买哪些，购买多少）。

企业能控制自己产品和服务的价格吗？

价格不是企业单方面决策的结果。企业定价决策经常会受到竞争因素和消费者感受的影响。

价格竞争与非价格竞争。价格竞争是指企业对同样的产品制定比竞争对手更低的价格。而当竞争对手做出更大的降价幅度之后，企业可能还以更低的价格，如果由此导致恶性循环，就是所谓的价格战。消费者通常十分关注价格竞争的信息，如果产品是同质的，价格将是决定购买的最有效的因素。互联网的出现为价格竞争和价格对比提供了极大的便利。消费者不仅可以在网上进行价格查询和对比，还有专门的价格对比网站，消费者还可能经常收到价格竞争的信息。

非价格竞争是指竞争基于非价格的特性因素，它要求企业所提供的产品的质量、功能、服务、促销、包装或其他特性方面与竞争对手显著不同。这些特性必须是顾客认为重要的并且是他们追求的。如果顾客因为价格之外的原因对某一品牌产生兴趣，竞争对手降价的行为可能不会导致顾客转移购买。品牌是一种有利于形成非价格竞争的因素。

在进行产品价格决策时，企业还要考虑消费者的感受。不同的消费者群体对价格的敏感程度不一样，同一个消费群体对不同产品的价格感受也不一样。例如，与年轻人相比，老年人对自己食用的奶制品的价格可能十分敏感，但同样是老年人，他们对家中婴儿食用的奶制品的价格可能较不敏感。

在定价决策时，企业必须了解消费者对不同产品的可接受价格区间。例如消费者对软饮料的价格通常非常敏感，这样软饮料的价格可接受区间就相当狭窄。而像数字电视或单反相机这样的消费电器，其价格可接受区间就大得多。当然，价格区间还会受到消费者对竞争产品了解的影响。因此，在竞争市场中经常看到许多企业会在同类产品中安排不同价格水平的产品，根据其性能和质量构成由低价到高价的产品线，价格竞争发生在相似的产品之间。

定价的目的

企业的定价决策可能基于多种因素，竞争性的定价可以为企业获得可持续竞争优势作出贡献。

- **实现预期的投资回报或利润目标**。企业常用的指标包括投资回报率（ROI）。
- **实现销量目标**。产品上市初期可能采取价格优惠以吸引人们试用。超市经常对某些产品实行低价以吸引人流，而在总产品销售中获得利润。互联网企业提供许多免费的产品（例如电子邮件）也是为了吸引足够的人流（使用服务），从而在广告中获得收益。
- **争取市场份额**。市场份额是指企业产品在产业总销售中的比例。企业经常试图通过价格竞争来扩大市场份额。
- **建立形象**。有些产品的价格明显高于其他同类产品，例如设计师品牌的服装和其他设计师品牌的用品。

定价方法

企业常用的定价方法主要有三种：成本定价、需求定价和竞争性定价。

成本定价法（cost-based pricing）是指企业先确定生产单位产品或服务的总成本，再加上预期的利润，由此得到销售价格。这种方法容易操作，而且企业对价格有较大的控制力。但是它也有两个明显的缺点。首先，预期利润很难确定，尤其是考虑到不同价格水平对销售量和总利润的影响。如果担心利润不足而采取高利润，结果导致高定价，很可能会因此牺牲了销售量，总利润反而会减少。其次，这种方法将定价同企业的其他职能分割开来。例如不同产量下单位产品的成本是不一样的，如何选择合适的产量作为定价的标准呢？

损益分析（break-even analysis）是成本定价的一种有用的分析工具。损益分析是指总收入等于总成本时的销售数量。总收入约等于价格乘以销售量。成本可以分为固定成本和可变成本。固定成本是与生产数量无关的成本，不论生产多少单位的产品，固定成本都是一样的。可变成本是取决于生产数量的成本。对于一定数量的产品，总成本等于固定成本加上生产单位的可变成本。由图 10.4 描述了一个成本损益点的判断方法。

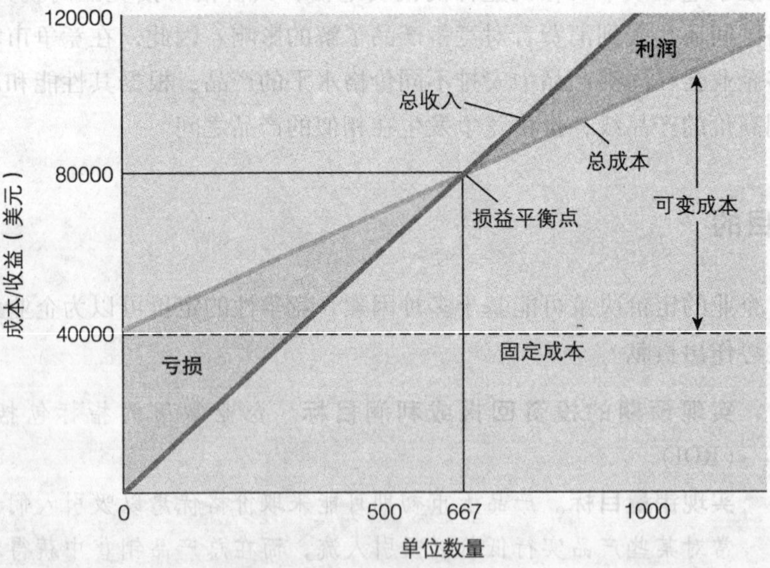

图 10.4 损益平衡分析

我们也可以利用公式计算成本损益点：

损益平衡点时的总成本 = 损益平衡点 × 可变成本 + 总固定成本

损益平衡点时的总收入 = 损益平衡点 × 单位价格

因此：

$$损益平衡点 = \frac{总固定成本}{单位价格 - 可变成本}$$

需求定价法（demand-based pricing）是指根据产品或服务的需求水平来决定价格，当需求较高时提高定价，而当需求较低时降低定价。电话公司的分时计价是典型的服务产品的需求定价法：深夜时段人们对电话的需求较少，电话公司会降低价格。显然，这一定价方法的有效性取决于企业能否准确地预测对产品或服务的需求。有不少的企业会对同一种产品或服务制定差异化的价格，差异的基础可能是购买的时间、顾客的类型或特殊的销售渠道。

竞争定价法（competition-based pricing）是指企业首先考虑竞争对手的定价，然而才是自己的成本和利润。当产品或服务相似而价格是竞争优势的决定性因素时，这一方法会得到普遍采用。采用竞争定价法的企业会将自己的价格定在接近于竞争对手的水平，目的是保持或增加产品和服务的市场份额。像卓越网和当当网这样提供非常相似产品的企业采用的就是竞争定价法。

无论采用哪种定价方法，企业首先必须知道，价格是由市场而不是由企业自身的因素（包括成本）决定的。其次，企业的成本和预期销售只能决定避免亏损的价格底限，在此之外仍然存在大量的定价可能性。因此，竞争定价法、成本定价法和需求定价法是可以结合起来使用的。

10.6　定价战略

定价战略是指为实现定价目标而采取的一系列行动的过程。企业对定价战略的选择取决于产品和服务的市场、营销目标、差异化程度、生命周期所在阶段等各种因素。表 10.4 列出了常用的定价战略及其适用性。

表 10.4
定价战略的类型

定价战略				
新产品定价	差异化定价	心理定价法	产品线定价	促销定价
撇脂定价 渗透定价	协议定价 二级市场定价 周期性折扣 随机折扣	奇数定价 批量定价 参考定价 捆绑定价 天天低价	捕获式定价 溢价定价 价格排列定价	价格引导者 节庆定价 对比折扣

新产品的定价战略

新产品定价的战略主要是撇脂定价法和渗透法。

撇脂定价法（price skimming）是在产品生命周期的早期阶段制定尽可能高的价格，撇走市场上的“膏脂部分”以尽快回收高昂的研发费用。在产品的初期阶段，产能可能还不充分或不敢冒险一下子扩大产能，撇脂战略还可以起到控制市场需求的作用。撇脂战略的问题在于高昂的利润可能吸引竞争对手进入市场提供相同的产品。

渗透定价法（penetration pricing）是指对新产品采取低价的战略。这一战略的主要目的是帮助产品快速渗透，建立起较高的市场份额。企业希望通过这种方法尽可能扩大市场或提高市场份额，从而阻止竞争对手进入。市场扩大还意味着企业可以利用规模经济效应和大量生产所获得的经验降低单位成本，最终为企业带来更大的利润。渗透定价法的缺点是企业必须确定低价能够带来足够大的市场，因为企业很难有机会提高定价。

差异化定价的战略

差异化定价（differential pricing）是指对购买相同数量和质量的产品的不同顾客采取不同的价格，其理由是不同的顾客具有不同的价格敏感性、分属于不同的细分市场。

协议定价是指价格取决于买卖双方的议价能力。这是工业产品中最常见的定价方式之一。二级市场定价是在主要的目标市场之外为另一个市场制定的价格。二级市场价格取决于提供服务的成本与主要市场的对比。飞机临起飞前如果还有座位剩余，此时的机票价较为便宜，因为几乎不增加额外的成本。

周期性折扣是指定期提供的、临时性的价格折扣，例如节日促销。随机性折扣是指消费者无法预见的促销，目的是为了在固定的节日促销期间之外同样能够吸引消费者。随机性折扣还可以吸引到新的消费者。

心理定价法的战略

心理定价法是以人们的心理反应为依据的定价方法，主要用于消费者产品。

奇数定价法。许多零售商相信消费者对奇数结尾的价格感觉更好。奇数定价法是指将价格定在最接近整数的奇数。9 和 5 是最常见的结尾数字，例如 9. 99 元或 9. 95 元。

批量定价法是对购买多单位的顾客实行的价格优惠。例如在超市中 6 听装可

手机产品经常与运营商捆绑销售，向用户提供幅度很大的价格优惠。

乐的价格可能显著低于单听可乐 6 倍的价格。参考定价法是指将产品摆放在更高定价的类似产品附近，从而让顾客对产品价格产生积极的认识。

捆绑定价法是指将两种或两种以上的产品（通常是互补性的产品）结合起来用一个价格进行销售，价格往往显著低于两者正常价格之和。购买高价微波炉的顾客往往会获得一个免费的微波炉专用蒸锅，促销期间购买戴尔家用笔记本加一元可以获得价值 200 元的保护服务，这些都是捆绑定价的例子。捆绑定价法提高了消费者的满意度，可以帮助企业增加滞销产品的销售。

天天低价（every day low prices，EDLPs）**定价法**。为了消除短期促销的弊端，一些企业开始采用天天低价定价法，这是指企业一开始就制定较低的价格，而不是先采用较高的价格，然后用频繁的促销来吸引消费者。采用天天低价定价法的企业力求为消费者提供稳定的、公平的价格，从而减少了促销的成本。尽管它的价格可能高于竞争对手促销期间的价格，但由于消费者不必担心错过促销，总体上并没有增加消费者的负担。

产品线定价战略

产品线定价是指同时考虑产品线中多种产品的定价方法。这种定价方法比单一产品定价拥有更大的灵活性，包括捕获定价、溢价定价和价格排列定价。

捕获定价（captive pricing）是指对产品线中的基本产品实行低价，而将配套用品定在相对较高的价格上以获取利润。例如打印机的价格较低，而更换硒鼓的价格相对较高。

溢价定价（premium pricing）是指对质量最好或功能最全的产品实行高出其

他产品的定价。产品线上其他的功能较少或质量稍差的产品则以较低的价格吸引对价格敏感的顾客。例如诺基亚的主流手机价格较高，是利润的主要来源。它也提供低价的手机，但在设计和功能上则明显弱于主流手机。

价格排列定价法（price lining）是指按预先指定的价格差距销售产品线上的不同产品。例如商店里将商品按低价区、高价区和特价区进行分区展示。

折扣的战略

折扣（discount）是指销售商向顾客提供的价格折让。生产商和批发商向购买者提供各式各样的折扣：

- **同业折扣**（trade discounts）是向营销中介提供的折扣。例如零售商从制造商进货时可以得到同业折扣。
- **数量折扣**（quantity discounts）是大宗购买享受的折扣。
- **现金折扣**（cash discount）是对即时付款提供的折扣。
- **季节性折扣**（seasonal discount）是对淡季购买者提供的折扣。

专 题

忘掉价格，记住价值

Bling H_2O 矿泉水 40 美元一瓶，LV 皮包动辄上万，爱玛仕丝巾数千元一条。奢侈品品牌的定价原则究竟是什么？

人们经常说，奢侈品出售的不是商品，而是感觉，拥有奢侈品给人带来心理上的特殊满足。也就是说，定价的秘密在使用价值和功能之外，因此在其定价中，生产成本只占很小的比重。对于普通商品，购买者会在品质、功能和价格间进行对比，而对于奢侈品，购买者更多考虑的是它所代表的地位、形象。根据 Simon Kucher 合伙公司（SKP）的一份调查*，奢侈品生产商认为在影响消费者购买决策的因素中，价格排在第 4 位，前三位则是品牌/形象、品质和设计。这份调查还表明，奢侈品定价对于这些品牌的拥有者同样也是一项困难的工作。在影响定价的四项因素中，历史定价和成本因素的影响力 51%，竞争对手定价影响占 20%，还有 29% 则是消费者的感受价值，这部分价值如何体现在定价中则要依靠专家的直觉。

在奢侈品定价中消费者感受价值的权重高于其他商品，这似乎为品牌商涨价提供了足够的想象空间，但奢侈品消费者也会对价格作出敏感的反应。2007 年，爱玛仕在日本市场涨价 8.5% 试图抵消日元疲软的影响，导致其下一季度销售显著下降。在这一事例中，消费者拒绝了品牌商的定价原则。

2010 年底，多家国际奢侈品品牌发布财报，LVMH 和轩尼诗的母公司三季度在中国的销售增长达到 26%，杰尼亚在中国市场全年销售增长将超过 30%。同以往一样，国际奢侈品品牌说服中国富裕阶层的原则依然是，忘记价格，记住价值。

* Market Survey：Profit Excellence In TheLuxury Goods Industry，Simon－Kucher& Partners

- **补贴**（allowance）是为了实现某种目的而给予的价格减让。例如厂商对参与活动或在店内提供特殊展示效果的零售商提供补贴。以旧换新的折让也是一种补贴的形式。

促销定价的战略

价格引导者定价法（price leader）是指将某些产品的价格定在显著低于通常价格的水平。超市和餐厅经常采用这样的定价方法以吸引顾客。

节庆定价法（special event pricing）是指以增加销量为目的，在节庆日或其他特殊活动中通过广告发布的降价促销。

对比折扣定价法（comparison discounting）是指将产品故意定在某个价格水平上，目的是激发顾客将这一价格同更高的价格水平进行对比。对比价格可能是本企业的高价产品、竞争对手产品、其他商店的价格或建议零售价。消费者很可能对这样的信息感兴趣，从而提高本产品的销量。

非价格竞争的战略

许多企业认识到，价格竞争可能吸引顾客过于注意价格因素，而忽视了产品的特性。企业还希望顾客从服务、质量、时尚等角度考虑企业所提供的产品的利益，从而在顾客心目中建立起区别于其他企业的形象。非价格竞争的战略主要有增加价值、教育顾客和建立关系。

增加价值。服务是增加价值的一种常见做法。海尔的口号“真诚到永远”反映了企业在消费者服务方面的特殊价值。万科的业主服务工作和小区开发在行业内领先，因此房产销售价格较高。有些产品提供终生保修，这也是增加顾客价值的方法。

教育顾客。婴幼儿或孕妇用品公司经常举办讲座或活动为顾客提供信息和使用方面的指导。收费昂贵的私立学校通过夏令营活动向潜在的顾客提供服务产品的信息。

建立关系。建立关系的目的是让顾客感觉到企业为自己提供了特殊的关怀，从而减少对价格的关注。航空公司的常客优惠、信用卡消费积分、家用电器的安装和售后回访都有助于企业和顾客建立良好的关系。

本章小结

1. 产品是任何可以用来交换的对象，包括有形的或无形的特性和期望利益。产品可以是商品、服务或理念。消费品和企业用品是产品的两大分类。

2. 新产品分为模仿、改进和创新。新产品的开发要遵循一定的步骤。原型是用于产品概念测试的新产品，产品概念测试帮助营销人员了解购买者注重哪些产品特性。商品化是新产品开发中风险最高的环节。市场分析和测试错误是新产品失败最主要的原因。

3. 有效的产品组合管理是指企业的产品线和产品组合必须对市场环境的改变做出灵活的和有预见性的反应。

4. 产品生命周期包括导入期、成长期、成熟期和衰退期。企业在产品生命周期的不同阶段需要采用不同的营销方法。

5. 品牌是使产品或服务区别于其他销售商的名称、符号、设计及其组合。经过注册的品牌名称和标志称为注册商标。品牌通常分为制造商品牌和销售商品牌。品牌对企业的最大好处是品牌忠诚。品牌资产是指品牌的市场价值。品牌知名度和品牌联想是决定顾客购买行为的重要指标。

6. 价格是在特定的时间和环境下企业产品或服务在市场上能够交换到的货币数量。开展价格竞争的企业努力提供比竞争对手更低的价格。非价格竞争注重产品和服务的差异化方面，注重消费者的感受。

7. 常用的定价方法包括成本定价、需求定价和竞争性定价。企业可以采取多种定价组合。

8. 定价战略是为实现定价目标而采取的一系列行动的过程。新产品定价可以采用撇脂定价或渗透定价。差异化定价根据顾客购买的数量和质量实行不同的定价。心理定价法主要用于消费产品，包括天天低价。产品线定价比单一产品定价更灵活 。

9. 非价格竞争的战略力图将顾客的注意转移到产品的特性上。

关键概念

消费品　企业用品　新产品开发　原型　概念测试　商品化　产品线　产品组合　产品生命周期　品牌　商标　品牌忠诚　品牌资产　品牌联想　制造商品牌　包装　成本定价法　损益分析　撇脂定价法　渗透定价法　需求定价法　竞争定价法　新产品定价　差异化定价　心理定价法　天天低价　产品线定价　折扣　促销定价　非价格竞争

思考题

1. 如何理解理念也是一种产品类型?

2. 便利产品和选购产品在营销组合上有何区别?

3. 新产品的主要类别有哪些?

4. 产品测试的主要目的是什么?

5. 产品商品化的两个主要方面是什么?

6. 哪些市场环境因素影响有效的产品组合管理?

7. 产品处于成长期的企业通常采用哪些方法来实现目标?

8. 经销商品牌如何同制造商品牌竞争?

9. 品牌资产为企业带来哪些竞争优势?

10. 假定某制鞋厂厂房和设备的租赁价格为每年 50 万元，生产每双鞋的平均人工、物料和管理开支为 25 元，鞋子的出厂价格平均每双 50 元，请计算这家企业每年生产的损益平衡点。

11. 产品定价的目标有哪些?

12. 比较撇脂定价和渗透定价的优势与不足。

13. 比较短期促销和天天低价定价法的利弊。

网络练习

登录戴尔中国网站（www. dell. com. cn），浏览笔记本产品的销售网页，回答以下问题：

1. 戴尔在网页设计中如何强化价格竞争的概念?

2. 指出戴尔采用了哪些产品线定价和促销定价?

3. 戴尔如何体现非价格竞争战略?

开篇案例讨论题

1. Google 如何围绕核心能力进行产品开发?

2. Google 的定价方式如何提高它的竞争力?

3. Google 产品测试的优点和缺点是什么?

第 11 章

高效率的产品分销：批发、零售与分销

本章学习要点

- 区分主要的分销渠道及其价值
- 理解批发如何创造价值
- 理解零售如何创造价值
- 了解物流管理的主要内容

百丽以品牌集群进驻百货商场，拥有强大的渠道力量，图中两个品牌都是百丽旗下的。

开篇案例

“凡是女人路过的地方，都要有百丽”

在市中心的百货商场挑选女鞋时，你经常会看到 Belle（百丽）、Teenmix、Tata、Staccato、FATO、BASTO、Joy & Peace 等品牌，这些看上去毫不相关的品牌都属于同一家上市公司——百丽集团。百丽集团以高端女士正装鞋连锁经营闻名，它也是耐克、阿迪达斯在中国最大的运动服饰分销商之一，在内地拥有近 6 000 家鞋类自营店、3 000 家运动服饰自营店。与同业相比，百丽有一个特别鲜明的特征，那就是它对零售渠道的掌握。可以说，拥有强势话语权的渠道是百丽的核心竞争力之一。

由于同商场之间难以处理好利益分配的问题，许多鞋类品牌选择开设专卖店。但百丽从一开始就选择了在大型商场中设立专柜的模式，利用商场的连锁布局实现自身扩张。“百丽进驻商场时，一般会让四五个主打品牌一起进入，而且由于它们的产品销售不错，在和商场的谈判中往往占上风。”一家百货公司招商部的负责人说。百丽凭借多品牌的优势，很受中高档百货商场的青睐，能够同商场实现“按照每月销售收入的百分比来计算租金”的模式，从而降低了风险。

百丽在一线城市的销售店都是直营的，渠道直营不仅加快了铺货速度，更重要的是直营店比加盟商在销售、库存或者其他感性信息反馈方面更及时、全面和准确。尽管百丽的每个销售终端都安装了 IT 系统，但是很多微妙的信息却不是通过 IT 系统能够获取的。因为消费者试鞋又要脱又要穿，是一个很麻烦的过程。“顾客试了鞋说明她一定是对某些方面已经非常满意，而最后不购买的原因可能只是因为某些细节方面不满意，某一款产品开始不畅销，并不说明它不好，对这些试、问概率很高但销售却不好的产品，根据顾客的意见进行小的修改后重新上市，很快将成为畅销产品！”CEO 盛百椒认为只有自营店才能比较好地满足这些要求。

在北京蓝岛商场的百丽专柜，售货员田小姐每天早上上班的第一件事，便是打开电脑查看，了解总部会给自己的柜台配备哪些新货。“有时候两三双，多的时候十多双，每天都有新货来，在电脑里就能一目了然。”她说。和蓝岛商场的专柜一样，位于全国各地的百丽专柜，都可以通过信息系统查看每款鞋的销售情况。每天下班后，百丽的销售人员会将所有的销售情况录入到 IT 系统里，供货品部制定补单以及调货的决策。一位销售人员说：“每款新鞋都只是来 9 对，从 34 码到 39 码，卖断后我们会通过信息系统进行同城调货，如果没有，会向货品部发出申请，由货品部在全国范围内调货。”

百丽对供应链实行垂直整合管理，从生产到上柜的过程都由自己控制。皮鞋从工厂生产出来后，货品部会将数据交付给各品牌的营运部，由营运部负责核对产品，并且向位于全国 10 个大区的配送中心发送数据。货物从百丽的工厂生产出来后，保持着匀速的节奏发往各大区的配送中心。“每天上午，货物准时从工厂发出到达配送中心，11点左右深圳本市的货从我们这里发出，晚上则是发给华南区其他城市的货物，在第二天早上到达外地销售网点。”百丽华南配送中心的管理人员说。其实，货物在工厂就已经开始进行分发，外地的货物会直接发往各大区的配送中心，由各大区的配送中心再次分发到各个城市的配送中心。“我们的配送中心是为百丽所有品牌和运动品牌做物流配送的。”这位管理人员说。

拥有强大销售网络使百丽对其他品牌产生了越来越大的吸引力，曾经由奥康代理的GEOX品牌就转投百丽旗下代理。正如盛百椒所说：“当经销商拥有完善的销售网络时，就有了与制造商讨价还价的基础，它可以利用网络资源向厂商要求更多拓展市场的支持，也可以利用网络获得最直接的现金流，来扩展自己的事业。”2008年年报显示，百丽鞋类产品的毛利达到64.9%。长江商学院项兵教授将百丽的经验总结为“从产业链上而非单纯的制造环节寻找最有效的（市场）突破点，通过提升制造企业对本土市场的有效控制力，进而提高品牌价值、收入水平与盈利能力”。从鞋类制造发家，发力于零售渠道，百丽集团摆脱了中国传统制造业的微利困境，成为新派制造的代表。

有些企业直接将产品出售和交付给顾客，更多的企业则选择通过某种形式的中介，有些中介与顾客并无直接接触，例如批发商和分销中心；有些则与顾客直接接触，如连锁超市、零售店、网络商店、邮购公司。中介帮助企业将产品进行转移、流通，承担了大量的服务性工作。

11.1 分销渠道

分销渠道（distribution channel）**或营销渠道**是指产品由制造商到顾客手中所经过的一系列营销组织。图11.1描述了6种最常见的分销渠道。

连接制造商和顾客的营销组织称为营销中介（marketing intermediate）。有的营销中介从制造商手中购买产品再转售出去，他们在此过程中实际拥有产品，有的营销中介只负责产品的转移，而不承担拥有产品的责任。

与有形的产品一样，服务同样需要通过分销渠道接触消费者、吸引顾客完成交易。服务分销销涉及很多行业，传统的如金融、保险、教育、旅游和酒店、航空、医疗保健、会计师和律师、货运等，许多航空公司和酒店依靠旅行社和专业网站销售机票和客房；新型的如软件服务、通信增值服务、互联网增值服务，像Goolge和百度这样的企业依靠大量的经销商销售关键字排名业务。我们在后面所介绍的各种分销方式大多也适用于服务业。同时，越来越多的企业将产品分销和

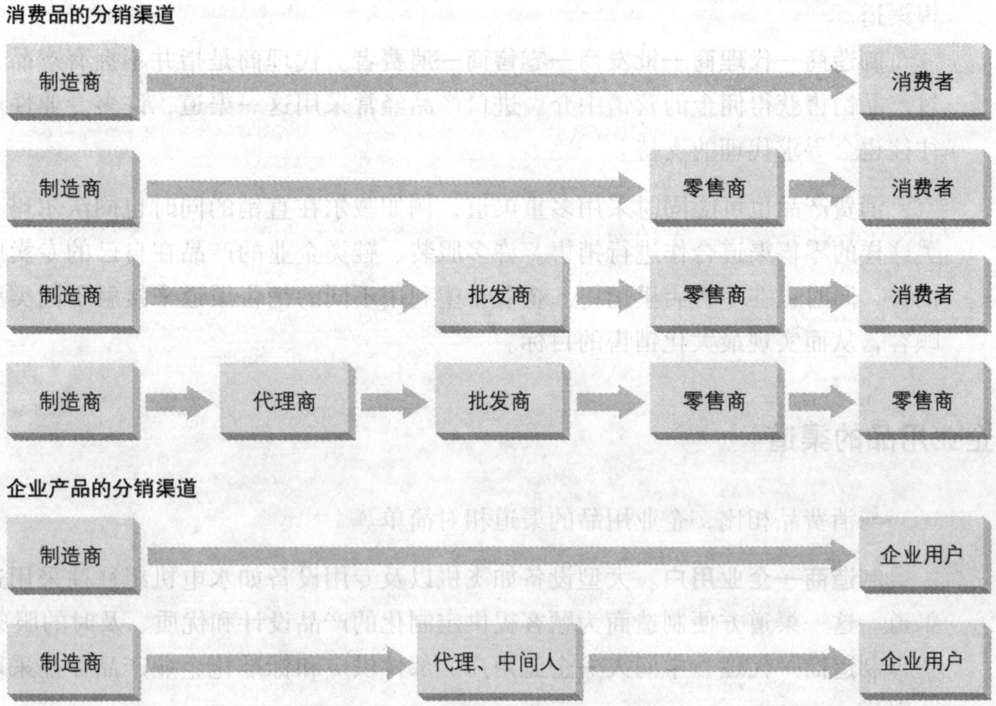

图 11.1　常见的分销渠道

服务分销结合起来，为顾客创造更多的价值。例如美国通用电气公司销售复杂的大型设备，在销售时往往签订长期的维护和服务合同。现在，这种来自“生产型”服务的收入已经超过了通用电气总收入的60%。

消费产品的渠道

制造商—消费者。这一渠道也称直销渠道，制造商自己负责将产品销售和交付给顾客。直销是服务业的主要营销渠道，像戴尔和雅芳这样的企业也采用直销的模式。直销的好处是制造商可以更好地控制产品和质量，不需要向中介支付费用，并且可以和顾客保持更密切的关系。

制造商—零售商—消费者。零售商（retailer）是从制造商或其他中介处购买再出售给顾客的营销中介组织。当零售店采购量较大时，制造商通常会直接出售给零售店，例如国美、沃尔玛、家乐福。这一渠道的优点是快速、大量的分销，产品能够快速与顾客接触，特别适用于持有库存较高的产品。

制造商—批发商—零售商—消费者。这一渠道也称为传统销售渠道，许多产品通过批发商再到达零售商。批发商（wholesaler）是将产品销售给其他企业的营销中介，批发商销售的对象可能是零售商、工业用户或其他批发商。这一渠道特别适用于零售店高度分散的产品，宝洁、娃哈哈和许多日用产品都采用这种销售渠道。

制造商—代理商—批发商—零售商—消费者。代理商是指并不拥有产品、通过产品销售获得佣金的营销中介。进口产品经常采用这一渠道，许多专业性产品往往也会寻求代理的支持。

消费产品也可能同时采用多重渠道，例如戴尔在直销的同时也同沃尔玛、国美这样的零售渠道合作进行销售。许多服装、鞋类企业的产品在自己的专卖店中销售，同时也在零售店里销售。企业希望利用不同的销售渠道来接触不同类型的顾客，从而实现最大化销售的目标。

企业用品的渠道

与消费品相比，企业用品的渠道相对简单。

制造商—企业用户。大型设备如飞机以及专用设备如水电机组往往采用这一渠道。这一渠道方便制造商为顾客提供定制化的产品设计和优质、及时的服务。

制造商—代理、中间人—企业用户。部件供应和标准化企业产品往往采取这一渠道。

市场覆盖的方式

对于已经存在的多种渠道和中介，制造商如何进行选择？答案取决于生产能力、营销资源、目标市场、潜在顾客的购买模式以及产品本身的特点，也就是说，企业会依据上述因素决定市场覆盖的密度。

密集分销（intensive distribution）是指使用一切可以使用的营销机构进行产品分销。便利产品通常采取这一分销方式以最大限度地实现销售。制造商将产品出售给任何愿意储存和销售产品的中介。密集分销的优点是能够让消费者方便地在任何销售点进行购买，从而节省了消费者的时间，也避免了由于产品无货导致消费者购买竞争产品。软饮料、小食品和卫生用品是最典型的密集分销产品。

选择性分销（selective distribution）是在某一地区只使用一部分营销机构进行分销。服装、办公设备、家用电器等选购产品通常采用这一模式。这一模式的优点是制造商控制分销商的质量，选用财务和服务最出色的渠道。

独家分销（exclusive distribution）是在一个大型区域中只选择一家营销机构进行分销。名望性的产品（如高档轿车、名表、名酒或高技术产品）通常采用这一模式。采用这一模式的制造商通常会要求分销商在库存、陈列、店面、销售技能、服务质量方面作出较高的承诺。

分销与供应链管理

在第6章介绍过，供应链（supply chain）是由各种各样的企业组织共同从事的一系列有序的、连贯的商品移动活动，从最开始的原材料供应一直到将商品送达最终消费者手中。供应链管理通过制造商与渠道成员建立一种长期的关系，通过降低成本、提高效率来增加顾客满意并最终创造出竞争优势。完整的供应链包括从供应商、运输商与通信技术供应商、分销商到零售商、服务提供商的全部环节。

传统观点认为，供应链中上下游环节（例如制造商和供应商或制造商和经销商）之间的关系是相互冲突的，一方的所得即另一方的损失。供应链中的一个经典场面是一家企业利润的提高要以另一家企业利润的降低为代价，例如供应商和经销商之间经常会发生这样的纠纷，有时是因为价格，有时是因为订货数量。但是，如果有可能使供应链利润增加，那么整个供应链上的企业将都会获得收益。有时，经销商可能不愿意订购充分满足需求的数量，担心万一销售不出去反而导

专　题

神州数码的供应链业务

神州数码是国内领先的IT产品分销商。作为分销商，神州数码连接IT设备生产商和经销商。对于神州数码来说，最不愿意看到的就是生产商直接向经销商供货。

2009年，合作多年的惠普公司在8月初宣布与苏宁达成直供协议。过去，神州数码从惠普提货，在苏宁销售之后再与惠普结算，期间的价差就是分销利润。现在，苏宁和惠普间直接供货和结算，不再需要神州数码，由此造成的利润损失近千万。

这样的结果并不令神州数码灰心，因为它早已意识到，随着大卖场销售比重提高，直供不可避免。2009年4月，神州数码从以往的IT分销业务中分拆了供应链部门，与以往分销挣差价的方式不同的是，这个部门将主要是赚取物流的服务费，不参与垫资等资金运作，目前主要服务于戴尔和惠普。

神州数码总裁林杨说，"一些大的厂商……自己变成分销了。但是他们中间还是要有一个服务商，分销跟供应链服务两个不同就是，以前传统的分销厂商——分销商——零售商，供应链管理则是厂商——零售商，边上是一个服务商。供应链是低毛利、低风险、收益稳定的业务"。在这种模式下，惠普和戴尔将自己掌握客户，神州数码不卖产品，只提供包括物流配送和资金流管理的供应链的服务。由于神州数码在全国拥有近万家代理商渠道，其物流配送能力远远超出像惠普和苏宁这样的厂商和经销商。

2010年神州数码财报显示，供应链业务销售收入23亿港币，增长26%，其中连锁大卖场（CES）业务增长125%。神州数码在直供模式下利用以往分销的优势转型为中国连锁卖场最重要的供应链服务商。

致自己的损失。在这样的情况下，供应商往往提供退货的政策。价格/退货政策组合可以将销售发挥到最大的水平。当然，退货也可能导致供应商成本太高，因为零售商可能超额订货，反正供应商会接受退货。缓解这一问题的方法是由零售商承担部分退货的成本。例如，图书行业往往提供全额退货的政策，但包装和退货的运输费用则由零售商承担。

现代供应链理论认为，上下游之间的合作可以减少存货、运输和管理的成本，加快货物的流通，从而在整条供应链上创造出更大的利润，让参与者同时受益。戴尔电脑是世界上最大的电子零部件购买者，它将顾客订单的情况在采购系统中向供应商开放，从而使供应商可以根据这些信息判断和预测戴尔对零部件的需求，更合理地安排生产和库存。这样的合作对双方都是有利的。

供应链管理得益于通信和管理软件技术的发展。沃尔玛公司基于条形码、无线射频技术和卫星通信系统的供应链管理几乎可以消除任何不必要的库存。SAP、i2、仁科等软件公司提供专业的供应链软件服务。技术的发展还使得全球范围内的供应链管理成为可能，上下游不同企业间的合作几乎像一个企业那样密切。2007 年，苏州出货的笔记本电脑达到4 000万台，占全球出货量的 40%，其中大多数销售到海外。这同时也意味着数量巨大的零部件、成品的运输、加工和转运，如此高的产业集中度反映了供应链管理的高度成熟。

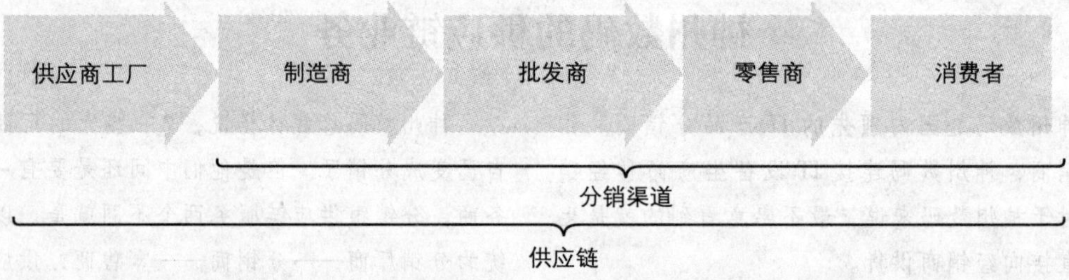

图 11.2　分销与供应链

11.2　营销中介：批发

营销中介存在的合理性

营销中介经常被人误解。有人指责它们的存在抬高了商品的价格，让顾客承受了损失，生产商也希望能够绕开批发商，直接同零售商或顾客打交道。然而，在分销系统中，批发商发挥着极为重要的营销功能。它们的功能可以被替代，但不可以被消除。批发商同数量巨大的零售商进行业务往来，它们所提供的专业服务比制造商自己来做更为高效，例如批发商可能同时代理多种产品，因此可以比只提供少数产品的制造商效率更高。

批发商对零售商的服务

批发商大宗进货再转售给零售商，向零售商提供小额数量供货和送货的服务。批发商还提供货物集中的服务，这样零售商可以不必同数目众多的制造商接触就可以一次性获得购买和送货的服务。此外，批发商还在促销、市场信息和财务支持三个方面提供服务。

促销。许多批发商向零售商提供促销服务，例如提供试用的样品、展示架以促进零售点的销售。他们还会帮助零售商布置陈列，甚至派人在现场提供促销支援。

市场信息。批发商是市场信息的主要来源。它们同本地企业和远处的制造商同时保持着密切的接触。在与不同客户接触的过程中，它们获得和积累了有关顾客反馈、价格、供货条件和新产品的各类信息，批发商因此成为制造商和零售商信息集中交换的场所。

财务支持。绝大多数批发商为零售商提供一定程度的财务支持，例如账期或免费送货等。

批发商对制造商的服务

提供销售人员。批发商的业务代表负责同零售商进行业务联系，从而节省制造商的人力成本。制造商只需要保留少数业务人员同批发商和大型零售商开展业务。

减轻库存成本。批发商通常进行大宗采购并自行解决仓储，从而减轻了制造商产品库存的压力和成本。

降低信用风险。批发商向零售商出售产品并收取货款，在向零售商提供销售信用时自行承担信用风险。这些服务减轻了制造商为顾客提供信用的财务成本，也减少了出现坏账的机会。

提供市场信息。与零售商一样，制造商可以从批发商处获得大量的市场信息，对于产品的改进和新产品研发可能产生重大的影响。

批发商的类型

商业批发商。商业批发商（merchant wholesaler）是从制造商处大宗购买后再出售给其他批发商、零售商或机构用户的营销中介。商业批发商通常拥有自己的仓库以储存商品，它们是所购买商品的实际所有者。商业批发商有时也称分销商

(distributor)。商业批发商的人力资源通常包括销售、客户服务、储运人员、仓库管理人员等。他们的工作包括分析市场需求和产品供应，根据市场条件的变化调整产品数量和类型。

佣金商、代理和经纪商。这三种营销中介执行一部分营销活动的功能，按产品和服务销售额的比例获得佣金报酬。

佣金商（commission merchant）代表制造商进行商品铺货并谈判交易条件，通常有定价权，他们还负责安排货物运输。

代理（agent）是指在买家和卖家之间促成交易的中介，也称销售代理或制造商代理。代理可能同时为多家制造商服务，只要这些制造商之间不存在竞争关系。代理通常在一定的地区为制造商争取订单，通常情况下由制造商提供发货服务和负责收账，价格和交易条件由制造商决定。代理可以帮助制造商快速进入某一地区，他们能够频繁地拜访顾客、熟悉当地情况、拥有适当的技能，而且费率是固定的。

经纪商（broker）是某一专门产品的中介，既可以代表买方，也可以代表卖方。只要交易促成，经纪关系就相应终止。粮食、水果、蔬菜、房地产往往采用经纪商。

11.3 营销中介：零售

零售商是直接向顾客进行销售的营销中介，零售商可以向批发商或制造商购买产品。除了销售之外，零售商还提供部分的服务功能，例如退换货或维修。

对于许多产品来说，零售商提供了最终的销售：为顾客准备产品、收取货款以及部分售后的服务。因此，零售商也被称为终端。终端管理是供应链管理中一个关键的环节。制造商往往需要同零售商密切配合，保证自己的产品在适当的时间（例如节日）、适当的价格（促销）和适当的形态（包装）出现在客户需要或方便的地方。制造商还需要对零售商进行产品培训，通过零售商帮助顾客进行选择或使用，或者派出自己的员工在零售现场支持销售。

店面零售商的类别

我们可以按拥有店面的数量对零售商进行分类。独立零售商是只有一家店面的零售商，通常位于便利的地点并提供较周到的服务。连锁零售商是指经营一家以上店面的企业，通常在不同的地区开展经营。连锁零售商可以购买大宗的商品，获得更优惠的供货条件。

另一种方法是按商店的规模和所销售产品的品种数量或类型对零售商进行分

类，如图 11.3 所示。

类　型	描　述	例　子
百货店	由多个销售分区组成，销售大量的产品（服装、家具、化妆品）	华联、太平洋百货
折扣店、超级市场	折扣店是自助式的、以低价销售普通商品的店面。超级市场是销售食品和日常用品的大型自助式商店。这些商店通常能够提供较低的价格，这主要是因为：（1）大量迅速销售带来的进货数量折扣；（2）简单的装修和廉价的店面租金（通常避开黄金铺位）；（3）以自助服务为主，减少了人力成本	家乐福、沃尔玛、物美、万佳、乐购、华堂、好又多
便利店	小型的、销售食品和日用品的商店，通常营业时间较长	7-11、快客、好邻居、可的、好德
品类杀手	大型的、集中于销售某一类产品、以低价格和多品种进行竞争的专业商店	国美、百安居
专门店	为某一特定类别产品提供大量选择的商店	莎莎

图 11.3　零售店的类型

零售商的基本竞争方式包括价格竞争、服务竞争、位置竞争和品种竞争。价格竞争是最基本的竞争方式，折扣店（discount store）、超市（supermarket）和品类杀手（category killer）是价格竞争的主力。服务业也会采用价格竞争的方式，例如折扣机票的竞争。网络技术的发展为消费者寻找价格最低的零售商提供了极大的便利。

零售业具备与顾客直接接触的优势，可以通过高品质服务创建竞争优势。除了销售现场的服务之外，服务竞争还包括送货、退换货、安装和维护服务。对于服务行业，服务竞争更是最基本的竞争方式，酒店、电话、旅行、餐饮产业中都有许多以服务著称的企业。

位置（location）竞争是零售行业中最受关注的竞争因素。不论是销售产品的商店还是提供服务的店面，无不努力争夺顾客最便利的位置。百货店、超市、便利店、储蓄所、自动提款机、快餐店、药店的位置都是精心选择和竞争的结果。

品种竞争是另一种基本的竞争方式。像国美电器这样的品类杀手（category killer）是最充分地运用这一竞争手段的零售商，杀手的得名就源自这些商店能够从其他各种类型的商店中争夺销售额。小型零售企业通过提供特色品种也可以获得竞争优势，例如有机食品、饰物专卖店等。

今天，中国企业界的一个特别有趣的现象是“渠道”与制造商之间的矛盾。我们经常听到“渠道为王”的说法，意思是渠道（特别是连锁经营的零售企业）正在成为市场上的主导力量。近年来这方面的例子包括国美和格力的冲突，由于格力和国美之间在供货条件上争执不下，格力产品撤出了国美的连锁店。这类冲突正好以反面证明了零售服务为顾客所创造的价值。

无店面零售

无店面零售（nonstore retailing）是指没有发生在便利的商店设施中的零售活动。在无店面零售中，顾客不需要到实体的商店来购买。无店面零售包括网络销售、直销、直效营销、自动贩售。

网络零售（online retailing）是通过互联网向终端顾客销售产品和服务的零售活动。图书曾经是网络零售的主要形式，今天，网络零售已经扩大到百货、电子产品、服装、旅行、餐饮、票务等各种产品和服务的类别，以金融为代表的服务产业也是网络零售业发展的主要动力。网络零售可以为顾客提供更多的品种选择（不需要或只增加很少的额外的展示空间成本）、更方便的价格查询和随时购买的便利。通常情况下网络零售拥有价格优势，这主要是来自店面租金和人员开支的节省。越来越多的传统零售企业增加了网络零售的业务，通过向顾客提供多种选择增加零售服务的价值。

网络零售要求对传统的分销方式进行改革，从面向零售店大宗货物运输转变为小批量多点频繁送货。为此，许多网络零售机构与快递公司达成合作伙伴关系。网络零售的问题之一是缺乏现场体验，许多顾客在实体店面了解产品，而通过网络进行订购。支付是网络零售发展的另一个障碍，这意味着要改变顾客习惯的支付方式并且保障安全。隐私也是消费者采用网络零售时担心的问题之一。

直销和直效营销

直销（direct selling）是指通过面对面推销将产品直接销售给顾客的活动。安利、雅芳、玫琳凯是常见的直销企业。直销企业的直销人员通过各种方式结识顾客，举办家庭产品展示会，吸引和说服顾客购买自己的产品，这些直销人员则可以获得佣金报酬。由于公司奖励吸收直销人员的政策以及直销佣金比例很高，销售人员经常有机会将自己的顾客发展为公司的直销人员。直销的好处是为企业和顾客创造出一种亲近、放松的环境，有可能为顾客提供更切实的服务。另一方面，由于直销发生在一对一的接触中，直销人员不伦理的行为不容易得到暴露和监管，可能导致顾客购买并不需要的产品和给顾客带来心理上的困扰。有关直销活动的一些负面报道也可能引起人们对这种销售方式的反感。另外，由于需要支付很高的佣金，直销并不意味着营销成本的减少。

专　题

世博会上的 RFID

RFID（Radio Frequency IDentification）即无线射频识别技术，利用无线电波来传送识别数据，以达到身份识别的目的。与传统的条码技术相比，RFID 芯片储存信息量大，识别时不需要直接接触，也不需要人工读取，还可以同时处理多个信息。

上海世博会门票中嵌入了 RFID 天线，在入园时只需离读写设备 10 公分左右距离，即可感应并让参观者顺利进入园区。园区内部分展馆部署有 RFID 读取器，当参观者随身携带 RFID 门票靠近读取器时，则会将参观路线讯息汇入世博会之中央控制系统，使主办单位可得知各展示馆之人数流量，以随时调节馆内温度，有效调配园区内车辆。

在世博园区的食品安全及车辆安全保障等方面，RFID 技术也起到关键性作用。世博园区内的每一件食品，都拥有 RFID 标签。手持办公终端移动设备的执法人员可以现场对进园食品的生产、加工、存储和销售进行全过程追踪，确保供应渠道的安全可靠。即使是一棵青菜，都有 RFID 电子标签作为“身份证”，生产日期、保质期、来源地等重要信息一查即知，出问题保证能“追”到上家。

在世博期间，所有进出园区内的汽车都必须持有驾驶员卡以及车辆卡。其中车辆卡是对应汽车的车牌号码，而驾驶员卡则存有驾驶者的相关信息。因此每次途经出入口时，世博园区大门前的读写器就会自动使用 RFID 对双卡进行识别，感应出双卡上所有记录的内容。

直效营销（direct marketing）是指将制造商或中介与顾客直接联系起来的营销活动，包括电话营销、电视购物、自动售货。

电话营销（telemarketing）是指通过电话进行的营销活动。有些企业通过事先的筛选挑出一些潜在顾客的名单，然后通过打电话的方式进行产品和服务的营销。电话营销可以同顾客建立直接的联系，有助于完成销售、提供服务、推广新产品。电话销售的内容可以是产品、服务，可以是个人用品或服务，也可以是企业用品或企业服务。电话销售的缺点是可能构成对顾客的打扰，因此未来会受到更加严格的监管。

电视购物（television home shopping）是指向电视观众直接进行产品介绍（包括价格），吸引他们拨打广告电话进行购买，销售活动通常发生在非热门时段。电视购物的好处是有比较充分的时间来介绍产品并且消费者不出门就可以进行购买，缺点则是强力的推销导致消费者的非理性购买。电视购物的常见产品是珠宝、服装、家庭用品和电器。

自动售货（automatic vending）是指利用机器进行产品或服务销售，包括自动提款机、自动售货柜。自动售货通常在人流密集的区域进行，可以充分利用空间和时间、节省人力，但通常需要较高的维护成本。

购物中心

购物中心（shopping mall）是指由不同业主构成的、包括各种类型的商店能够自足地提供各项零售设施的购物场所。购物中心能够向不同类型的消费者提供服务，在同一区域内满足家庭或企业不同的购物、休闲、聚会等多种需要。大型的购物中心应当包括多种类型的商店、舒适的购物环境、充足的停车场、合理的功能区设计，并经常举办各种吸引人流的活动。

近年来中国大型城市中兴建了众多的购物中心，如何实现差异化是这些购物中心的主要挑战。

11.4 物流管理

实物分销（physical distribution）是指将产品高效地从制造商移动到最终顾客手中的全部过程。实物分销实际上就是产品和服务的移动，它包括几个相互关联的商业功能，其中最重要的是库存管理、订单处理、仓储、物料搬运和运输。过去，人们往往认为这些功能相互独立，通常由不同的甚至是相互竞争的部门或企业来完成，现代物流管理理论对这些功能之间的关系以及实物分销和其他营销功能之间提出了新的看法。例如，批量生产可以降低单位成本，但可能导致库存管理成本上升。同样，物料管理的成本必须结合运输的成本一起进行考虑。今天，营销人员倾向于将实物分销看成是一个整体，目的是在最适合的时间将合适的产品送到合适的地点，从而最大限度地提高效率，降低成本，这就是物流管理。

物流管理

物流管理（logistic management）是指关于物料、产品等实物流动和相关信息的规划、实施和控制，它将产品和服务从制造商到最终用户的过程进行优化，以提高顾客的满意度和增加利润。与实物分销相比，物流管理更强调不同功能之间的紧密配合所创造的价值，更强调信息管理在分销过程中所创造的价值。例如，沃尔玛通过在适当的地区建立支持多个门店的仓储中心、设计合理运输路线和运用条形码、无线射频技术（RFID）加快货物识别等方法提高物流的效率，而将降低的成本以低价的形式返还给顾客。今天，使用快递服务的顾客可以在网络上查询自己货物的状态，企业间用户可以在内部网中看到部件的准备情况。这些信息的分享机制极大地提高了企业营销的效率。

专　题

沃尔玛的新包装：准备好从方形容器里倒出牛奶

在美国沃尔玛公司山姆会员店中，容量 1 加仑（3.785 升）的牛奶一向是装在传统的异型牛奶罐中，形状类似于超市中大包装酸奶使用的塑料桶。这种塑桶的开口设计使其无法进行堆货运输，因此必须放在塑料箱里像啤酒一样进行运输。而塑料箱很笨重（需要大量人工搬动）、多占卡车空间，到了卖场之后还要装上卡车退回牛奶场，清洗时还要消耗大量的水。

方形牛奶罐

从 2008 年秋季开始，山姆会员店开始采用一种方形的牛奶罐。这种方形的牛奶罐可以叠为四层运输，每层之间用纸板隔开而不再需要塑料箱。这样可以减少一半的人工搬运成本和 60% ~70% 的用水。方形包装可以让运货卡车的运量增加 9%，提高运输效率，节省燃料。山姆会员店的冷藏柜原来只能存放 80 加仑牛奶，改用方形包装后存储增加到 224 加仑。山姆会员店估计，使用新的牛奶罐每加仑可以节省 10 ~ 20 美分。

不过，并不是所有的顾客都赞同这项改变。由于新的包装取消了原来包装上突出的嘴部，倾倒时容易泼洒，特别是孩子们。为此，沃尔玛在店内配备了宣传台，向顾客传授倒牛奶的新方法。

2006 年开始，沃尔玛对全球 6 万家供货商进行包装和环保考评，公司认为这一措施每年可以减少 66.7 万吨二氧化碳的排放。《纽约时报》的评论认为，牛奶罐包装的新设计是近 20 年来美国经济变化的一个新例子。由于全球需求增加和能源成本的上升，许多产品需要重新设计以反映经济要素的改变。省水、节能、提高分销效率和环保（纸板和包装膜都是可以回收的材料），一项对所有利益相关者都有益的包装创新，正是像沃尔玛这样的节省专家的竞争优势。

与物流有关的另外两个概念是逆向物流和第三方物流。逆向物流是指产品从最终用户退回制造商的过程，其原因可能是产品缺陷、回收或自由退货的政策。第三方物流是指企业将物流外包给其他公司。

库存管理

库存管理（inventory management）是尽可能降低库存成本（包括持有库存的成本和库存不足的成本）的管理过程。持有库存的成本指持有库存直至销售或运输给顾客之前的库存成本。通过尽量减少库存，可以减少持有成本。但是，如果出现库存不足的情况，同样也会发生库存不足成本。这两种成本间存在权衡取舍的关系。持有库存的成本包括存货的投资、库存空间的成本、保险成本和税务成本。库存成本的一个很小比例的缩减可能意味着释放出大量的营运资本。企业需要充分运用信息技术来提高库存管理的水平。

订单处理过程

订单处理（order processing）是指接收和完成顾客购买订单的过程。它不仅包括顾客采用哪种方式下订单，还包括信用和货款回收的管理。有效的订单处理是一种重要的营销服务，会给企业带来重大竞争优势。顾客通常十分关心所订产品或服务到货的及时性和可靠性，在顾客方面，这关系到库存管理的效率。因此，高效和可靠的订单处理能够为企业创造出独特的竞争优势。互联网的兴起极大地提高了订单处理过程的效率。

仓　储

仓储（warehousing）是指产品接收、分类和准备转运的活动。企业在仓储活动中不仅追求低成本，还要考虑良好的客户服务。具体来说，仓储包括以下内容：

- 接收货物：接收送到的货物并负责货物的管理。
- 检验货物：核对数量并进行登记。
- 货物分类以便于管理和发送。
- 分区储存。
- 保存货物：必要的保护措施。
- 寻找、提取和组装货物。
- 发送货物：适当的包装和装载。

物料管理

物料搬运。物料搬运（materials handling）是指物品的物理搬运，包括仓储和运输过程中的搬运。适当的搬运程序和技术可以提高仓储和运输的效率，减少包装和泄露的成本。现代物料搬运强调减少物料的搬动次数，例如采取单元装载的形式，将几个小的包装或箱子集合成一个标准化的装载箱，可以在提升、转移和运载时提高效率。

运输方式。运输（transportation）是指将货物送达顾客的过程。提供运输服务的企业称为承运商（carrier）。需要办理运输业务的企业还可以通过货运代理开办业务，货运代理将多个货主的货物集合在一起，挑选适当的承运商进行运输。由于货运代理能够将许多小型的货物运输需求集合为一个很大的运输量，它可以帮助运输业务的双方企业降低成本。邮政业务和快递业务是特殊的运输业务，前者是公共服务，后者是为商业企业或机构提供的门对门快速小额运输服务。

企业在挑选运输方式时通常考虑 6 项因素，如图 11.4 所示（数据来自《美国交通统计 2008》，www. bts. gov）。

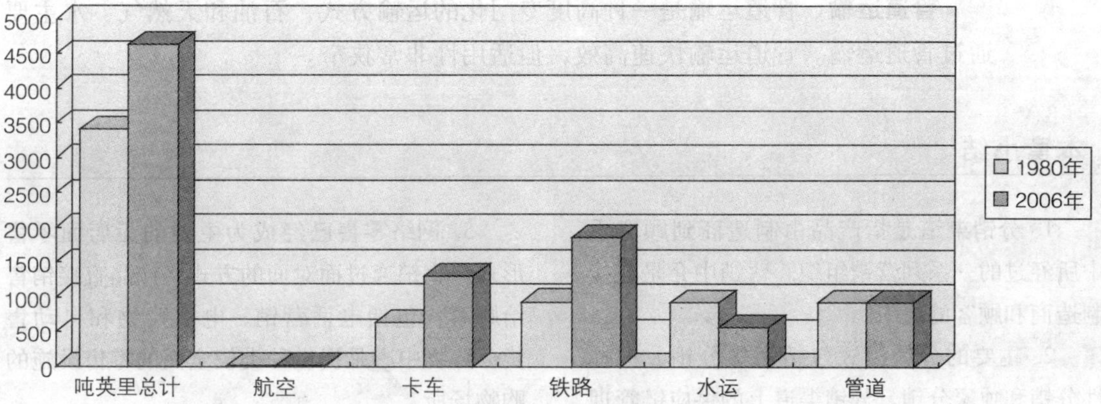

图 11.4　美国国内不同运输方式吨英里数及产品类别

从 1980 年到 2005 年，航空、铁路和卡车运输的吨英里数出现显著增长，管道运输和水运则相当稳定。以下列出各运输方式承载的货物：铁路（煤炭，谷物，木材，汽车，钢铁），卡车（服装，纸制品，计算机，图书，鲜果，家畜），航空（鲜花，食品［易腐］，技术装备，紧急配件和设备，快递），水运（主要指河运、运河和五大湖水系，化学物，谷物，大型设备，汽车），管道（石油，加工煤炭，天然气）。

铁路运输。从承载货物的总重量来说，铁路是我国最重要的运输方式。铁路适用于大宗货物的运输，对于许多货物来说，铁路也是最节省的运输方式。铁路运输是一种节省能源的运输方式，在能源价格上升期间具有价格上的竞争力。铁路还提供了许多专业性的运输方式，例如冷冻货物、生鲜货物、液体货物等的运输。铁路运输方式分为整车运输、零担运输（指不够整车的货物需要集中组合为整车后运输）和集装箱运输。

卡车运输。由于高速公路的发展，卡车运输的效率得到了极大的提高。与铁路运输相比，卡车运输灵活性大，可以直接将货物运送到铁路装卸不方便的地点。卡车运输可以做到门对门的服务，这一便利受到许多企业的青睐。卡车运输在包装上比火车和船运更简单，其运行时刻表也较为灵活。在采用集装箱运输的方式中，卡车运输和铁路可以通过集装箱叠运（piggyback）的方式进行联合运输。将卡车的挂车直接装载到平板火车车厢上进行远程城际运输，而最后在同城运输时则将挂车卸载下来由卡车完成，从而将火车的低成本和卡车的灵活性结合起来。

航空运输。航空运输的成本较高，在运输总体中所占份额不大。对于某些产业，航空运输是基本的货物运输方式，例如 IT 产业、鲜花、水产。快递公司普遍采用航空运输的方式。

水路运输。对于大宗货物，水路运输是最便宜的运输方式。水路运输的主要缺点是速度慢并且运行时刻表不够灵活。粮食、化学品、车辆和大型设备是水路运输的主要内容。在国际贸易中，水路运输扮演着主要的角色。

管道运输。管道运输是一种高度专门化的运输方式，石油和天然气、水主要通过管道运输。管道运输快速高效，但适用性非常狭窄。

本章小结

1. 分销渠道是指产品由制造商到顾客手中所经过的一系列营销组织。营销中介是连接制造商和顾客的组织。

2. 主要的分销模式包括密集分销、选择性分销和独家分销。分销渠道上的供应链管理运用信息技术在制造商和渠道成员间建立合作的关系，降低成本，提高效率。

3. 批发商向零售商和制造商提供有价值的专业服务。

4. 零售商是向顾客进行销售的营销中介，也称为终端。零售商的竞争主要表现在价格、服务、位置和品种方面。

5. 网络零售已经成为主要的无店面零售形式。直销通过面对面的方式将产品直接销售给顾客，包括电话营销、电视购物和自动售货。购物中心是提供种类较全面的零售设施的购物场所。

6. 物流管理致力于优化产品和服务从制造商到最终用户的过程。物流管理强调分销过程中的紧密配合，强调通过信息管理为顾客创造价值。有效库存管理、订单处理和仓储都可以为企业创造出竞争优势。

7. 运输服务通过在成本和速度之间取得平衡以及提高效率来创造顾客价值。

关键概念

分销渠道　营销中介　密集分销　选择性分销　独家分销　批发商　零售终端　品类杀手　无店面零售　网络零售　直销　电话营销　实物分销　物流管理　库存管理　订单处理　仓储　运输　供应链管理

思考题

1. 企业在选择渠道时主要考虑哪些因素？
2. 举例说明哪些产品适合密集分销、选择性分销和独家分销。
3. 分销环节供应链合作的主要利益是什么？
4. 简述批发商提供的专业服务。
5. 零售商的基本竞争方式有哪些？
6. 网络零售为客户提供哪些利益？
7. 物流管理如何创造价值？

网络练习

登录沃尔玛网站(http://walmartstores.com)，进入“supplier”频道，点击“electronic product code (EPC)”，阅读相关内容并回答下列问题：

1. 沃尔玛如何解释 EPC 的优点？

2. 根据网络资料分析哪些企业可以受益于 EPC 技术？中小企业如何利用这一技术？

开篇案例讨论题

1. 简述百丽渠道建设的主要方法。

2. 渠道建设对百丽公司竞争力的贡献如何？

3. 百丽目前以高端品牌为主，如果收购其他中低端品牌是否会损害它的渠道力量？

第 12 章

整合营销传播与促销

本章学习要点

- 如何运用促销和促销组合实现整合营销传播
- 什么是有效的广告
- 描述人员销售的组织
- 描述销售促销的方法和类型
- 如何利用公共关系
- 了解促销行动的规划

必胜客以西式休闲主题餐厅的形象吸引年轻顾客，“欢乐”和红色强调了伙伴关系和生活方式。

开篇案例

必胜客：引领快乐餐饮的生活时尚

必胜客餐厅的门口经常可以看到排队等候的现象，顾客以年轻时尚的白领阶层和家庭就餐为主。这家餐厅的价格并不便宜，其主要产品比萨饼也只是一种标准化的食品。为什么却能够长期吸引顾客？

必胜客与肯德基都是百胜集团下属的企业，不过两者在中国的市场定位不同。肯德基主打快餐，强调营养健康，而必胜客餐厅属于休闲餐饮，走欢乐、休闲、品位、情趣的道路。必胜客的门店坐落于城市中心地带和高档社区，采用西式风格的装修，提供以比萨为特色招牌的西式全餐，包括沙拉、汤品、餐前小吃、主菜、甜点和饮料，服务也是西餐特有的全程式服务。必胜客的价格远远低于传统西餐。通过简化版的西式全餐，必胜客让顾客体验到西式餐饮的乐趣而又不必遵守严格的西餐礼仪，吸引了追求时尚的消费群体。必胜客中国区总经理罗维仁说："我们就是试图带来一种更新的餐饮时尚。"

沙拉吧是必胜客创造欢乐环境的一个典型例子。比萨上桌之前需要一段时间，通常顾客会先取自助沙拉。必胜客的自助沙拉只能取一次，为了让自己的钱花得最划算，如何用那只"可怜的小碗"装满自己喜欢的沙拉，也就成了一门有趣的学问。餐厅还提供许多游戏项目，将等待转化为乐趣，创造一种西方欢乐节日的情绪化体验。

为了吸引消费者反复进店消费，必胜客采取了大量推出新品种的策略。每隔半个多月，必胜客就会推出某一款新品种的电视广告，通过讲故事和美味诉求不断刺激消费者，在产品广告中还着意渲染欢乐的氛围。在媒体选择上，必胜客主要依靠大众媒体，特别是电视广告。必胜客还利用新媒体寻找准确的营销对象，例如针对白领群体密集投放的"下午茶"楼宇广告。必胜客与视频网站优酷合作"午餐这点事"推广午间商务套餐。

必胜客的消费人群属于对价格比较敏感的类型。为此，必胜客采用多种促销手段吸引顾客。电子优惠券是一种主要的促销形式，可以在必胜客的网站上下载。为突出"西式"特点，必胜客举办一年一度的世界美食嘉年华，引进异国口味的食品，结合名目繁多的促销。除了节日促销外，必胜客在平日也向消费者提供一些特殊的促销选择，例如儿童主题生日会可以享受折扣服务，大学生可以享受8折的优惠。为了克服消费者心目中价格较贵的印象，从2008年秋季菜单开始，必胜客的新产品电视广告开始打上价格标签。"我们希望向消费者传递'丰俭由人、好吃不贵'的信息。"必胜客品牌负责人说。

必胜客注意与媒体维护良好的互动关系。除了例行的产品发布和战略发布之外，必胜客还通过公益活动增加宣传的机会。例如赞助大学生环保公益和儿童教育公益的"四点半小课桌"活动，这些活动的参加者本身也属于必胜客的消费人群。2008年，由复旦大学经济中心教授张军主持编制的必胜客指数发布，引起了媒体的广泛报道，必胜客大大提升了自己作为中产阶层消费方式代表的形象。

像肯德基这样的企业运用多种促销方法营造出有利的企业形象和产品形象。**促销**（promotion）是指为了告知、劝说或提醒目标市场对象而围绕组织和产品开展的沟通活动，促销是企业整体营销的一部分。我们最熟悉的促销活动是广告，其目的就是为了告知、劝说和提醒顾客购买某些产品。广告只是促销活动的一部分内容。除了企业之外，政府部门和非营利机构也需要进行促销，争取民众的支持。手机用户经常会收到地方政府关于气象、交通等事项的短信通知，这就是公共管理中的促销。

促销组合（promotion mix），也称营销沟通组合，是指组织所用于接触目标市场的促销方法的组合。组织所使用的促销组合取决于多种因素，例如组织的促销目的、资源、目标市场、产品特性和各种促销方法的可行性。本章我们介绍四种主要的促销方法，即广告、人员销售、销售促销和公共关系。第一，我们将讨论广告的类型、广告开发的过程和广告的社会法律限制。第二，我们将讨论个人销售，分析有效销售管理的构成。第三，我们将分析销售促销的形式以及如何进行有效的销售促销。第四，我们将介绍公共关系的重要性以及应用。最后，我们将探讨如何将这四种促销方法结合起来发挥最大的效力。

12.1 什么是整合营销传播

整合营销传播（integrated marketing communication，IMC）是指协调运用所有促销方法以最大化信息和劝说效果。在营销活动中，企业可能同时运用广告、直邮、网络营销、口碑传播、事件营销等多种促销工具，将企业所有的促销活动纳入一个统一的战略。“一个形象、一种声音、一个表达”（one sight，one sound，one voice），让所有的营销活动在顾客心目中建立起具有一致性的影响，从而帮助企业创造出持续的和正面的企业形象。整合营销传播有利于建立长期的顾客关系，也有助于提高企业营销资源的使用效率。

促销的作用

促销的目的是通过对个人、群体或组织顾客的告知和影响，促使他们接受产品或对企业产生正面的感受。促销有直接和间接两种方式，直接方式包括向目标市场发布产品、服务或理念的信息。间接方式包括与同企业和产品有关的利益集团、管制机构、投资人和一般大众进行沟通。在最宽泛的意义上，促销是为了在企业和市场环境中与不同群体保持良好的关系。

营销人员在设计促销沟通信息时往往会考虑特定的目标人群的特点和需要，此外还会设计不同的营销信息。例如电视广告会有不同的变化，报纸杂志上的广告又会和电视广告采取不同的形式。促销活动的效果主要取决于市场上促销信息的数量和质量。

促销组合

促销组合中包括了企业与顾客进行沟通的所有促销方法，这些方法可以归类为 4 种：广告、人员销售、销售促销和公共关系，如图 12.1 所示。在促销活动中，我们通常可以看到所有 4 种促销方法的应用。

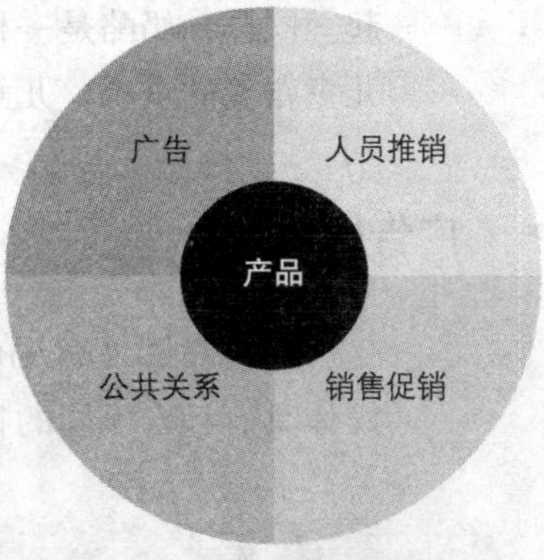

图 12.1 传统的促销组合

广告（advertising）是指通过媒体向经过选择的受众发布的付费的、非人力传播的沟通信息。广告的优势在于能够快速地同数量巨大的人群进行沟通。

人员销售（personal selling）是指告知顾客并劝说购买企业产品的人员沟通。以单位顾客而论，人员销售的成本高于广告，但可以获得直接的反馈并且说服的效果通常比广告好。

销售促销（sales promotion）是指通过活动或物料直接吸引顾客购买。销售促销增加了产品的价值，鼓励顾客进行购买。

公共关系（public relations）是用来创造和保持组织与各种公共群体（包括企业内部和外部）良好关系的各项沟通活动。

成功的促销活动源自营销人员周密的计划和实施。图 12.2 描述了促销活动的主要步骤。

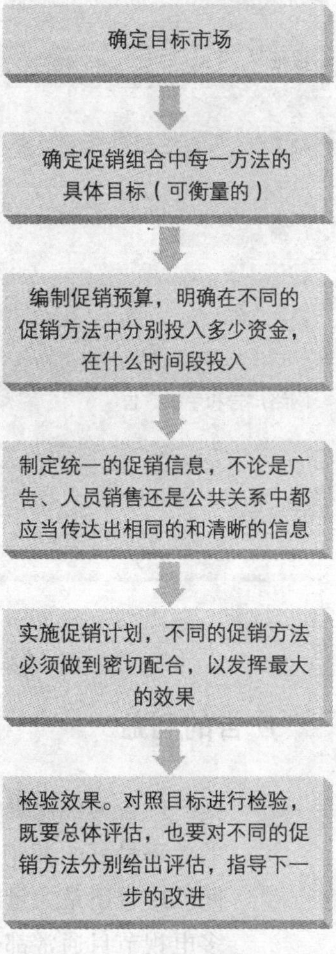

图 12.2 促销活动的主要步骤

12.2 广告

我们生活在一个广告的时代，电视、报纸、杂志、网络、直邮、灯箱、路牌，几乎无时无刻不在接触广告。据 AC 尼尔森公司的报道，2008 年全国电视、报纸和杂志的广告投放量接近5 200亿元。在我国，电视是居于绝对优势地位的广告媒体，其次是报纸和杂志。电视也是成本最高的媒体，2009

年中央电视台新闻联播后第一时间单元7.5秒广告的中标价格为4 300万元。

全球化对广告设计提出了更大的挑战。企业的产品和服务广告要考虑不同国家和地区的文化背景与特点。例如，奥运会合作伙伴阿迪达斯的广告活动“一起2008，没有什么不可能”将中国人的民族自豪感与公司品牌的核心理念联系在一起。同样，奶酪是一种口味特殊的外来食品，但通过在广告中抓住中国消费者对儿童营养的重视，儿童奶酪市场有了很大的发展。

广告媒体

广告媒体（advertising media）是广告到达受众的不同沟通形式。不同的广告媒体具有各自不同的特点和优势，图12.3进行对了对比分析。

媒　体	优　势	劣　势
电视	大范围接触观众，观看时相对不受干扰，声音、图像并用，形式多样	成本高，播放时间短，制作费用高，对象不够清晰，无法保存
报纸	本地市场优势，投放速度快，读者接受程度高，可以保存	呈现力度较弱，图像质量不高，观看时间短，针对性弱
杂志	目标读者特性清晰，图像质量高，观看时间长，可以保存	成本相对较高，制作复杂，投放速度慢，形式变化少
广播	成本低，目标听众特性清晰，适合本地市场	容易受干扰，无图像，收听时间短，无法保存
户外广告	显著，成本较低，反复观看，适合本地市场	信息量较少，针对性不强
网络广告和手机广告	成长性最强，形式最灵活，成本较低，覆盖面宽，时间长，互动性，可以做到针对性	容易受干扰，强度不足
直邮广告	成本较低，目标性强，容易测定效果	强度不足，容易受忽视

图12.3　不同广告媒体的对比

广告的利益

广告为公众提供了很多利益。广告是提供产品、服务的特性以及价格等信息的效率最高的营销方法，可以提高消费者的选择效率、增加产品知识、节省时间。广告还是大量节目的赞助商，包括新闻、访谈、比赛、音乐和娱乐在内的众多电视节目通常都会得到广告商的赞助。报纸和杂志的大部分成本也是由广告商赞助的。除了商业广告之外，公益广告也出现了极大的成长。例如芬必得公益广告系列中对光爱学校流浪儿的报道可以起到不同于新闻媒体的效果。

网络广告的成长

近年来，网络广告呈现出特别迅速的发展态势。根据易观国际的报道，2008—2011 年中国网络媒体的广告增长率将达到 40%，预计 2011 年网络广告总额将超过 200 亿人民币。常见的网络广告形式包括横幅广告、通栏广告、关键字广告、电子邮件广告、互动广告等。网络广告投放的对象可以分为搜索引擎、门户和视频网站等。

网络广告的发展和软件技术紧密地联系在一起。客户关系管理软件帮助企业了解顾客的购买习惯，数据挖掘技术可以在海量的网络信息中整理出对于企业有价值的信息。网络广告最明显的优势是互动性和广告效果的测量。网络广告可以方便地同消费者进行互动，包括意见反馈和参与活动，而以电视为代表的传统广告则主要是单向传播。在效果测量上，像 Google Ad Word 这样的设计可以让客户根据点击量收费，网上销售公司 VANCL 在网站上投放的广告在产生销售之后按比例分成。此外，网络广告还突破了时间和地点的限制。网络广告的兴起也为中小企业提供了新的广告机会，阿里巴巴的中国供应商服务就给中小企业创造了向国外客商进行低成本展示产品的空间。

网络技术本身的创新也给网络广告带来了更大的空间。聊天、博客、视频、IP 通话，每一种新的活动形式都给广告的介入提供了机会。无线通信技术的发展让网络广告超越了传统的基于个人电脑的模式，将电脑、手机、音乐和视频播放器等组合到广告投放媒体中，突破了网络世界中广告在时间和空间上的限制。

其他较新的广告形式

植入式广告（product placement）是出现在电视或电影节目中的广告。例如网络剧《苏菲日记》在剧情中植入了倩碧化妆品和索尼电子产品的广告。植入式广告可以避免观众对直接广告形式的反感和抵抗，和情节巧妙结合的植入式广告还会受到观众的欢迎，而明显的植入式广告则有可能受到观众的抵制。贺岁片中经常可以看到植入式广告，冯小刚 2009 年贺岁片《非诚勿扰》因为植入广告过多而受到批评。

商业信息广告（infomercial）是一种完全用于推销商品和服务的电视节目或媒介广告形式，它可以全面地展示产品和服务的内容、用途和性能。例如，在招生季节，《经济观察报》刊登过长江商学院 EMBA 学生讲述自己就读经历的文章，这是一种报道形式的商业信息广告。商业信息广告的特点是用产品本身来进行宣传，特别适合需要展示或推荐的产品，例如英语、健身、美容等课程介绍。

现在，商业信息广告广泛用于电视购物和地铁、公交车上的视频广告以及大量的网络广告中。

广告活动的规划

广告活动中的规划通常包括以下几个步骤：

- **目标受众分析和确定广告目标**。目标受众是指广告所要沟通的对象群体。为了实现有针对性的广告沟通，广告商必须对目标受众的情况进行分析，掌握有关人口统计特征、地理分布、收入水平、对本企业产品和竞争产品的态度等信息。然后再根据受众、产品和竞争情况决定广告的目标，目标必须是可衡量的。广告的目标可能是增加销售、扩大市场份额、提高品牌意识或改善消费者态度。
- **提炼广告卖点**。广告卖点指的是通过广告希望让消费者了解的有关企业产品或服务的重要特性以及对消费者的利益。这些特性和利益应当是消费者所重视的而竞争对手又不具备或缺乏优势的。它决定了哪些与产品或服务有关的要素可以出现在广告中。
- **制定广告预算**。广告预算是指在一定期间内投放广告的金额。在现实中，准确的广告预算通常是比较困难，因为广告的效果还取决于投资之外的许多其他因素，例如广告创意、广告与产品之间的配合等。对于成熟产品，常见的做法是按销售额的一定比例作计划，还要考虑竞争对手的预算。
- **媒体计划**。媒体计划具体规定了广告活动中运用哪些媒体和如何组合媒体以发挥整合营销传播的效果，其目标是在有限的预算范围内对最大多数的目标受众进行沟通。
- **广告信息的创造**。广告信息和内容取决于产品的特性、目标受众的特性、广告的目标以及媒体的类型。广告信息中的文字、图片和影像必须是能够吸引目标受众并促使他们注意、产生兴趣和愿望且采取行动。
- **执行方案**。广告的执行涉及广告主、广告公司、媒体等多个机构和人员的努力，广告负责人必须控制制作和发布的时间、保持对广告质量的监督。
- **评估效果**。广告主必须在事先、事中和事后对广告的效果进行评估，至少要能够判断销售额或市场份额是否出现增长或消费者的态度和品牌倾向是否发生改变。广告主在进行广告评估的时候有可能需要专业的市场调研公司协助。

广告公司

广告公司（advertising agency）是独立地从事广告计划、制作和投放的企业。

大型广告公司还承接促销和公关的业务。根据我国的相关规定，媒体要向投放广告的广告公司支付10% ~15%的代理费。但由于激烈的竞争和广告主的抵制，实际上广告公司能够得到的代理费远远低于这一比例。广告公司的竞争力主要表现在为广告主提供服务，包括设计、创意、制作等，而这些是可以单独收费的。

专 题

广告投资回报（ROI）

广告公司和依赖营销费用为生的组织与个人经常喜欢说的一句是："广告是投资而不是开支。"广告主也乐于相信这一诊断，前提是营销能够带来足够的回报。但是，准确的回报率计算一直是营销界的一个难题。营销人员总是乐观的，如果一种指标结果不佳，他们很快可以提出另一种指标让结果看上去不错。例如，一个广告播出的效果不佳，但也许在提高顾客认知度方面表现不错，因此它的费用看上去也就合理的。广告界的一句名言是："我知道一半的广告费是被浪费掉了，但我不知道浪费的是哪一半。"

以销售男士衬衫而知名的B2C网站VANCL希望广告投放出去不仅要推广品牌，也必须带来销售的回报。2008年初VANCL尝试同广告联盟合作。所谓的广告联盟就是将国内目前150万个左右的小网站聚合在一起，然后自己作为他们的代理人去和广告商谈判。VANCL尝试与多家广告联盟合作，在联盟网站中投放大量的广告，实现了品牌在互联网上的大面积曝光，提升了品牌知名度。同时，和传统媒体投放最大的不同是，由于互联网行为的可视化，投放在网站联盟的广告是按效果计费。也就是说消费者因为在某网站看到VANCL广告而在互联网上下订单，VANCL会把销售额的16% ~18%分账给网站。这种网络广告模式称为CPS（cost per sales，按销售额分成）。也就是说，前期VANCL无须进行广告预算，只有当广告转化成销售，VANCL才会向网站联盟支付分账费用，也就是所谓的广告费。这为VANCL带来了切实的销量增长，2008年1月，VANCL第一次突破1000万元的销售额，而且来自网络的订单达到50%。也就是说VANCL投入90万元的广告费，带来了500万元的销售额，投资回报率可以相当准确地计算，而且这种分账模式令VANCL在资金投入上更"轻"。

12.3 人员销售

许多公司聘用专职的销售人员，而使用销售人员的成本很高。人员销售是最灵活的销售方式，销售人员可以根据顾客的要求提供所需要的特殊服务。销售人员最重要的能力是沟通和激励。他们不仅是产品专家，还是客户心理专家。销售人员还要能够进行自我激励，从而克服销售过程中受到的负面影响。对于人员销售来说，了解客户、细致地准备、建立客户关系和谈判是非常重要的基础工作。

销售人员的职能类型

订单创造者承担着将产品或服务销售给新的客户或保持老客户持续产生订单的职能。销售人员必须理解客户的需要、及时传递信息和说服客户购买。房地产、保险、电器、重型设备和汽车产业高度依赖于新的销售来支持业务。

订单接收者承担着处理重复购买业务、同客户保持友好关系的销售职能。订单接收者要保证客户在需要的时候和正确的地点得到产品和服务。例如快速消费品公司的销售人员经常拜访超市和其他零售店，考虑销售情况并协商补货。

销售支持人员负责寻找潜在销售机会、对客户进行产品教育、建立良好形象并提供售后服务。例如电器产品销售之后往往由专门的工程人员上门进行安装和指导。

在小型企业中，上述人员销售职能的区分并不明显，销售人员往往同时履行三种人员销售职能。

人员销售的过程

绝大多数销售人员采用如图 12.4 所示的销售过程。

- **探查**（prospecting）。首先，销售人员研究哪些是最有可能接受产品和服务的潜在客户，这一过程称为探查。探查的资源包括企业和消费者、公开的记录、电话和名录以及企业资料。销售人员最关注的是拥有足够的财务资源、决策能力和购买意愿的客户。
- **接触**（approach）。经过对潜在客户需求以及产品满足这些需求能力的分析，开始同客户进行接触。建立良好的第一印象非常重要。
- **进行产品介绍**（presentation）。销售人员利用机会向客户指出产品的特性、利益和竞争优势，产品在市场上的地位和使用情况。销售人员还要设法让客户亲身体验或使用产品和服务，产品试用是吸引客户购买的重要诱因。
- **处理反对**（answering objection）。客户通常

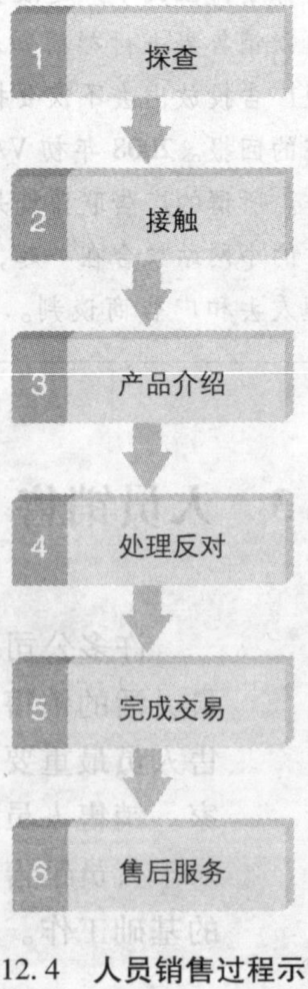

图 12.4 人员销售过程示意

会提出反对意见或其他问题。销售人员会将这些反对意见作为排除购买障碍的机会，他们会通过进一步解释产品和服务的特色以及其他保证等来提高购买的可能。

- **完成交易**（closing）。销售人员要求客户购买产品，这是销售过程中的关键环节。在这种时候，销售人员应当停止说明，促成顾客的购买行为。许多销售人员采取测试的方法，他们假定客户已经决定购买。例如他们会问“什么时候给您送货?”或“你选择哪种包装?”通过这样的提问，他们帮助客户说出“我要购买”。
- **售后服务**（following up）。售后服务包括跟踪产品是否送达、有无使用困难等。售后服务向客户表明销售人员愿意帮助他们解决问题，从而有机会赢取未来更多的购买，发掘出终身客户的价值。

对于常驻零售店的销售人员，销售过程也许不像上面那样完整。例如，探查的步骤通常可以省略。接触仍然是一个重要的步骤，此时接触的重点在于让顾客了解你在现场，愿意为他提供帮助，同时了解顾客需要的是什么。接下来可能需要进行产品介绍，在这一步骤中，仍然需要注意了解顾客的实际需求是什么，以及你的产品如何满足这种需求。最后，销售人员需要掌握完成交易的时机，例如提出“你用信用卡还是现金支付”这样的测试性问题促使顾客作出购买决定并采取行动，完成交易。

专 题

顾问式销售

顾问式销售是上世纪70年代兴起的一种销售实践，通常用于复杂的销售过程，例如由委员会决定的或周期很长的采购。顾问式销售（consultative selling）是指找出客户的需求，将产品与服务结合起来，提出方案满足客户需要的销售方式。

正如现代营销关注的重点从产品转向客户需要，顾问式销售始于对客户需求的分析，在这个过程中，试图为客户创造出产品之外的价值，进而获得有利的销售结果。顾问式销售向客户推销的方案中，重点不是产品（与客户利益的关系不那么紧密），而是方案如何帮助客户获得自己想要的结果（客户的切身利益）。可以这样说，顾问式销售的竞争优势在于帮助客户赚钱、省钱或为他们的组织增加价值。

从销售的角度看，产品同质、客户信息丰富、竞争激烈、采购过程复杂是销售人员面临的困境。但客户方面也有自己的问题，例如时间和预算的约束、产品知识不足、内部的控制流程、管理层和技术人员的分歧等。这就为销售人员通过顾问式的方案形成过程与客户建立起一种合作和信任的关系创造了条件，顾问式销售着眼于建立长期的销售关系，通过客户的成功来建立销售的成功。

人员销售的管理

销售管理的目标是通过建立一支有效率的销售队伍来增加组织的销售收入，获取竞争优势。销售管理的职能包括：

- **销售人员的聘用**。建立有效的筛选机制，不断寻找符合公司战略的销售人员。
- **销售人员的培训**。运用入职境况、现场指导和销售会议等形式，以业绩为导向进行培训。
- **设计销售人员的报酬**。规划销售人员固定收入与绩效收入的组合，报酬设计应当反映公司的战略意图。
- **销售人员的组织**。根据公司的销售渠道进行人员组织，例如按产品线、主要客户、职能或地域进行安排。
- **销售预测和销售计划**。根据市场趋势、公司产品与运营、竞争对手和客户的资料制订销售预测和计划
- **激励销售人员**。帮助销售人员认识和实现自己的目标与愿望。
- **销售业绩评估**。作好销售人员的工作记录，对照预测和计划评估销售人员的绩效，还要注意评估获得这些绩效的行为和技巧。

12.4 销售促销

销售促销（sales promotion）是指通过直接促使客户购买的活动或物料来增加销售。例如航空公司的常客旅行计划，通过积分换里程的方式奖励顾客乘坐本公司航班出行。电子商务网站经常提供注册换积分的促销，让客户可以用这些积分到网站上进行购买和消费。销售促销是增加销售的常用方法，通常结合其他营销手段使用。

企业通过销售促销希望实现以下目标：

- 吸引新的顾客
- 鼓励试用新产品
- 增加成熟品牌的销售
- 增加对老顾客的销售
- 支持广告效果
- 增加零售店的人气
- 固化不规则的销售模式
- 建立转售存货

- 抵消竞争对手的促销行为
- 扩大货架空间和陈列

销售促销的方法

销售促销主要分为顾客促销和贸易促销两种。顾客促销是指吸引顾客到某一商店或鼓励顾客购买新产品或重复购买的促销方式。贸易促销是指鼓励批发商或零售商进货或积极促销的促销方式。销售商经常采用一些激励措施来鼓励经销商增加库存或努力增加产品销售，常用的方法包括现金支持、商品陈列、营销服务、赠品等。在进行销售促销时，必须考虑产品的特点、渠道和经销商的特点。

- **试用品**。试用品（sample）是免费发放给客户试用的产品，通常采用特殊的包装。许多顾客在试用之前不会购买，而试用品为这样的顾客提供了购买的理由。此外，试用品特别有助于新产品迅速推向市场。

  发放试用品是一种最主要的促销方法。1989 年，刚刚进入中国一年的宝洁在推出玉兰油产品时通过广州市总工会向全市 80 万妇女发放了试用装，成为一个经典的案例。除了传统产业之外，IT 行业也经常采用试用的形式，例如病毒软件往往提供一段时间（常常是 30 天）的试用。
- **返还**。返还（rebate）是指将产品购买价格的一部分退还给客户。通常现金返还的做法较少，而更多的是返还购买券，百货商店经常举办这样的活动。
- **优惠券**。优惠券（coupon）是企业发放的客户抵价的凭证。企业可能在购物点发放，也可能报纸、期刊、电子商务网站上发放。2009 年，上海的丽婴房、宝岛眼镜等 8 家台资企业联合推出一本消费券手册，凭消费券在这些品牌旗下的上千家店面消费都可以享受折扣。
- **促销赠品**。促销赠品（premium）是购买产品时提供给客户的赠品。通常用于从竞争对手处争夺客户、介绍产品的其他品种和保持顾客忠诚。
- **常客奖励**。常客奖励（frequent-user incentives）是对重复购买行为的奖励，主要用于建立客户的忠诚。
- **销售点展示**。销售点展示是指在零售店内安放促销材料，通常是在靠近产品放置的地方。销售点展示的目的是强化产品陈列和信息告知。绝大多数销售点展示是由生产商或批发商提供的。
- **贸易展示**。贸易展示（trade show）是指在专业性的展览中进行产品陈列。
- **购买补贴**。购买补贴（buying allowance）是对购买特定数量的经销商的临时性价格折让。通常是为了新产品促销或提高经销商的进货量。
- **广告合作**。广告合作（cooperative advertising）是指生产商为零售商所做的生产商产品广告提供部分费用。例如，英特尔公司合作伙伴在投放带有“Intel inside”标志的广告时，可获得由英特尔提供的一定金额的广告返款。

专 题

电子优惠券

2007年以来，在便利店、地铁站经常可以见到一些自助打印优惠券的设备，有的设备需要用卡（例如维洛卡），有些设备则只要提供手机号码就可以打印出各种优惠券，这就是电子优惠券。获取电子优惠券的方式还包括：登录专门提供电子优惠券的网站，如大众点评网、酷鹏、优查等；也可以直接登录品牌商家的官方网站，通过打印电子优惠券获得实惠，如麦当劳、肯德基、必胜客等连锁品牌的官方网站上，都会不时地提供优惠券。

电子优惠券（e-coupon）是以各种电子媒体（包括互联网、彩信、短信等）制作、传播和使用的促销凭证，以电子打折券、电子代金券为主要形式。餐饮是电子消费券最集中的产品类别，其他常见的电子消费券还包括美容美发、购物折扣等。根据大众点评网的数据，2009年1季度北京、上海、广州、南京、杭州5城市在该网站下载优惠券达到105万张，比上年同期增加了4倍。

与传统的优惠券相比，电子优惠券制作和传播成本低，传播效果可精准量化。例如，电子优惠券可用程序自动统计发放数量，从而方便地控制优惠券的总价。此外，电子优惠券还可以准确地收集客户的信息（包括客户是否使用）。电子优惠券为企业的营销创新提供了极大的潜力。

维络卡优惠券打印设备

口碑促销、病毒营销和新技术的应用

口碑促销（word-of-mouth promotion）是指利用客户向其他客户介绍自己所购买产品的方式进行的促销活动。任何能够让客户谈论的有利于组织的话题都属于口碑促销。口碑促销的目标是使越来越多的人对本组织及其产品和服务产生好的印象，这样他们在购买时会选择你的产品和服务。口碑促销的另一个意义在于，组织应当特别注意不要让负面的消息通过口碑的形式传播开来。

病毒营销（viral marketing）是指利用人际网络，让营销信息像病毒一样迅速传播。病毒营销是口碑促销的一个类型，是网络营销中常用的手段。例如，在网络上的主要论坛上发布有关的帖子，引起人们的讨论。社交网站“开心网”用户人群的迅速增长主要得益于病毒营销，它的主打游戏中都有邀请好友参加可以获得注册提成的功能，它还提供了将邮箱通讯录、MSN、QQ好友直接导入邀请名单的功能，从较少的用户开始可以很快发出海量的邀请。

新的通讯技术和网络功能能够为促销提供机会，许多企业很快抓住了这些机会。例如，一些贺卡网站能够定期提醒你亲属或同事的重要纪念日，而企业则可能利用这项服务获得更高的收入。新的技术可以帮助企业分析客户的数据，从而进行更有效的促销。当当和卓越等购买网站往往会记录顾客的购买习惯，并且进行有针对性的促销。许多企业提供在线咨询的服务，产品和服务可以方便地在网络上呈现，甚至包括视频介绍和用户体验。总的趋势是：促销变得越来越互动、越来越多个性化。

专　题

消费者客户资料的来源

婴儿奶粉的消费群体是非常确定的，理论上讲完全可以将客户服务工作具体到目标群体中的个人，是理想的数据库数据来源。贝因美（婴儿奶粉）总结了以下六种客户数据来源，并将客户资料的数量作为营销队伍关键业绩指标（KPI）进行考核。

- 直接购买（从医院、计生委等部门获取）
- 吸引顾客主动申请为会员（成立会员俱乐部，入会直接送礼品）
- 异业交换/索取（如与早教、宝宝摄影机构、婴童店拥有的数据交换或索取）
- 通过现场导购促销、市场调查等活动获取
- 通过免费咨询电话获取（打电话询问的几乎都是企业潜在或现实的顾客）
- 通过网络获取（吸引顾客注册、咨询等）

12.5　公共关系

公共关系是指通过系统性的沟通在组织和各种公共群体间建立起友好的关系。这些群体包括客户、员工、股东、供应商、教育系统、媒体、政府和一般的社会大众。

公共关系的工具

在公共关系活动中，组织需要使用多种工具来传递信息和建立形象。专业的公关人员负责准备文字材料，包括手册、新闻邮件、公司杂志、年度报告和新闻稿、公司演讲，还有公司的形象标志、名片、商号、文具。

还有一种重要的公关工具是赞助活动。例如，由企业为音乐会、体育活动、慈

善活动提供全部或部分的资金。赞助活动有助于提高企业的品牌认知，获得媒体的广泛报道。例如，2009 年北京奥运会的赞助商就包括了许多世界顶级的企业。

媒体宣传。媒体宣传（publicity）是以新闻的形式进行的有关产品和企业的沟通。媒体宣传通常是通过大众媒体（报纸、期刊、广播、电视、网络报道）来开展的，媒体宣传在本意上是不支付费用的。常见的媒体宣传内容包括提供产品信息、发布新产品、企业扩张、研究成果和改善公司形象。媒体宣传可能会吸引不看广告的人群，也可能发布在理想的位置上或进入电视新闻。媒体宣传最大的好处是可信，因为它是以新闻的形式出现的。当然，媒体宣传这种形式也有缺点。例如组织对宣传缺少控制力，而且媒体宣传有时可能导致负面的结果。此外，广告可以重复，而媒体宣传通常做不到。

在企业媒体宣传中，最常见的是新闻发布（news release）。新闻稿通常是由企业公关部门准备的几百字的材料，分发给各媒体。图 12.5 列出了企业新闻发布的常见内容。有的企业也会采用新闻发布会（press conference）的形式，邀请一些媒体前来听取重要的新闻发布或领取配套材料、照片等。企业还会经常向媒体的相关人员致信发布自己对某一产品或问题的看法。在企业产品或服务遇到问题时，公关部门还要代表组织向外界公布自己的立场和措施。通过与媒体维持良好的关系并且保持开放的态度，企业可以获得公关上的支持。

- 新产品上市
- 新产品研制及进展
- 包装改变
- 企业网站或标志改变
- 企业提供了新的服务
- 新的质量保证
- 企业的获奖信息
- 使用新的信息技术
- 渠道商合作政策的改变
- 企业进入新的市场
- 企业扩大产品线
- 发布新的市场战略
- 战略伙伴关系
- 组织结构调整
- 建立新的业务部门
- 赞助活动
- 与名人的联系
- 企业纪念活动
- 企业对经济或产业的预测
- 企业对消费者行为的观察
- 企业获得重大合同展览信息
- 高管的活动或讲话

图 12.5　新闻发布的常见主题

公共关系的运用

各种组织（包括企业、非营利组织、政府和国家）都需要运用公共关系争取有利于自己的公共环境。例如，美国政府在“9·11”后发起反恐行动的同时也聘用公共关系公司试图改善自己在伊斯兰世界中的形象，这是国家的公共关系行为。通过积极地进行公共关系的管理，组织可以提高自己的声誉，提升品牌的地位。在企业遇到危机时，有效的公关活动可以支持企业同公众进行沟通，取得信任。

专 题

社会化媒体营销

社会化媒体营销（social media marketing，SMM）是2009年以来营销界和公共关系界非常热门的话题。社会化媒体*主要是指基于在线平台的社区中交换信息、知识和意见的机制，也称新媒体。它的工具包括email、短信、BBS、博客、微博客（twitter、新浪微博）、社交网站（Facebook）、网上社区（豆瓣、大众点评网、淘宝、优酷）、聚合订阅（google reader）和协作网站（维基百科）等，信息的形式包括文字、图片、视频和音频等。社会化媒体最突出的功能是沟通和协作。与传统媒体相比，社会化媒体的主要特点包括：

- **低成本和草根性**。虽然许多大型网站和工具的维护需要很高的成本，但它们对内容不做管理。大量发布和分享内容的成本很低，普通用户都可以参与。
- **用户创造内容，自主控制**。传统媒体通常以固定的频道、时间和形式向受众发布经过专业人员挑选的信息，而社会化媒体的内容则是由社区成员自主发布，通过投票（点击和阅读）决定信息的传播范围。此外，在信息发布的同时就可以生成反馈和评论。
- **随时介入、个性化的即时反馈**。用户可以在不同的时间、地点方便地接触到社会化媒体的信息，可以定制自己所需要的信息，可以发布自己的反馈、发挥影响力。
- **社区化体验**。社会化媒体通过共同维护、协作和独立评论创造和建立亲密的社区环境。
- **迅速传播，打破界限**。用户推举的内容可以在不同的社会化媒体之间快速切换，在很短的时间里、以很低的成本发生广泛的影响。

社会化媒体为营销提供了新的机会，企业纷纷建立自己的博客、论坛、参与社会化媒体，与客户建立直接和实时的接触，发布品牌、促销和公关信息，同时力求从客户反馈中获得产品创意和改进服务。像星巴克、戴尔、Google这样的企业在社会化媒体营销方面取得了很大的成果。企业可以通过社会化媒体向客户提供以下功能：

- **沟通**。如戴尔的企业博客“戴尔直通车”，提供技术性文章和解答客户问题，维护品牌声誉，学习和聆听顾客反馈。
- **协作**。戴尔的ideastorm论坛上收到过11500个创意，其中有300个得到了实施。还通过dellshare、regeneration这样的网站分享信息。
- **教育**。戴尔通过radian6软件跟踪社会化媒体对自己的评论（每天5000条）并采取相应的对策做出处理，戴尔认为自参与社会化媒体之后，负面评论减少了30%。
- **娱乐**。戴尔在“第二人生”虚拟世界中向那里的公民销售电脑，也提供让他们回到真实世界购买电脑的选择。

戴尔的竞争对手联想公司也开始了这方面的尝试，在发布IDEAPAD时制作了多款幽默的视频，发布在一些视频分享网站上，在娱乐用户的同时宣传品牌。

社会化媒体拥有营造社区体验的优势，小企业同样可以运用这些新媒体吸引自己的忠诚用户。上海的Nap Cafe是一家夫妻店，门店很小，位置也不好找。店主对社会化媒体工具比较熟

* 有时人们也用Web 2.0来称呼社会化媒体，这并不是说互联网技术有了突破，而是指人们对网络的认识发生了划时代的变化，意识到网络提供了一种独特的社会化体验。

悉，他们在自己的网站上开设了博客，记录咖啡屋里的故事，还设立了"清谈闲论"的论坛，传播咖啡知识、提供趣味话题、投票和活动报名的功能，在flickr上张贴活动的照片。Nap Cafe在豆瓣网上有专门的小组，成员接近5000人，它的活动总是报名爆满。Nap Cafe的营销表现出前述社会化媒体的所有特点，也运用到其中全部的功能。社会化媒体营销的花费实际上并不多，而聚拢人气（有效消费人群）的效果却很明显。今天，在广告和公关预算压缩的背景下，社会化媒体对企业的吸引力是不言而喻的。

12.6 规划促销行动

促销行动（promotion campaign）是指综合运用四种促销手段（广告、人员销售、销售促销和公共关系）来实现一个或多个营销目标。促销行动应当围绕最大限度地对客户进行信息和促销影响来加以组织。在制定促销行动目标时需要回答两个问题：

- 促销行动在整个营销组合中的作用是什么？
- 在促销行动中如何安排促销的4种手段？

促销行动和营销的目标

提供信息。促销行动的主要功能是提供信息。例如向目标市场提供新产品上市和特性说明的信息，告知消费者新的优惠或活动的地点。促销行动可以用来加强营销组合中其他要素的有效性。例如，当当网和卓越网都是从图书销售转向百货销售的，在这个过程中，它们都会大量采用促销活动来提醒消费者自己产品线的扩大和服务的延伸。

增加市场份额。促销行动可以增加新的客户，也可以提高老客户的忠诚。例如，百事可乐为了吸引年轻的消费者，其广告形象一贯更注重活力和新时尚，百事还赞助了音乐风云榜和草根足球运动。而对于百事现有的客户，这些广告和活动证明了所选择的产品和他们对自己形象的认识是一致的。

产品定位。几乎所有的产品都处在激烈的竞争压力下，准确定位有助于提高产品的竞争力。定位是在消费者心目中建立起区别于竞争对手的形象，促销行动是有效的定位手段。哈根达斯在冰淇淋市场上占据高端的地位，它采用会员制的促销方法，不定期地向会员发布资讯、提供折扣券等，让消费者从产品到服务都体会到产品的高端性。

稳定销售。促销行动可以用来在不同的季节中稳定产品的销售，从而提高生产线和库存的利用率。淡季促销是最常见的促销形式。

推式战略和拉式战略

在规划促销行动时，生产商不仅要考虑如何争取消费者，还需要考虑如何说服渠道配合。争取渠道配合的战略分为两种，一种是推式战略，一种是拉式战略。

推式战略（push strategy）是指生产者通过广告、人力推销、销售促销和所有其他的促销工具说服批发商和零售商进货并展示和销售。这样，当顾客来到销售场所时就可以方便地购买。如果批发商和零售商没有备货，则促销活动自然无法成功。推式战略的意图就是将产品推进到销售渠道中，让顾客能够看到或接触到，完成购买。

拉式战略（pull strategy）是用密集的广告、口碑传播和销售促销来吸引顾客，顾客自己就会要求零售商提供这些产品的销售服务。拉式战略的意图是让顾客主动到零售商处进行购买。当零售商注意到顾客对产品的需求时，他们就会向批发商进货，订单最终会流向生产商。拉式战略的意图是从顾客开始向分销渠道的上游拉动。

专　题

"10元钱看电影"：平安信用卡促销

2008年，刚刚开始发行信用卡的平安银行决定将电影票价作为一项突出的客户利益来吸引客户申请信用卡，发起"平安信用卡，10元看电影"的促销行动：2008年全年在上海和深圳指定影院刷卡可以按10元的价格每周购买两张电影票。平安采用了口碑营销，依靠销售代理人和持卡人的口碑效果，而没有使用媒体宣传。上海热门电影票的价格往往在七八十元，显著的价格落差打动了消费者，一年时间里吸引了200万人参与。

在2008年年中的时候，参与这一活动的人数迅速增加，超出了影院的预期，甚至引发拥挤。由于冲击了大片的预期收益，影院的态度也发生了变化。平安银行不得不在7月1日以短信的形式通知客户，"部分大片上映首10日不参与活动"。活动规则的改变引起了消费者的不满，媒体也作了报道。平安银行称，"必须照顾到商户的经营规则，实现三方共赢才是健康、良性的营销"。平安银行信用卡部门的高管厉朝阳承认，"我们之前对电影行业太不了解，其中涉及太多方面的利益。"在平安的活动取得成功之后，2008年上海地区有7家银行也推出了各自的看电影优惠的活动，宁波银行更是在上海地区推出了看电影享受9.5元价格的优惠活动。

平安银行认为，从效果上来看，10元看电影的活动是成功的，但是超过了影院的负载能力，因此需要根据实际情况做调整。2009年，平安信用卡将"10元看电影"改为"实惠看电影"，对有资格参加活动的持卡人的消费额设置了相对较高的门槛，普通持卡人仍然可以参与，但优惠价格从10元提高到30元。2009年年中，平安集团宣布信用卡发行超过200万张。

思考题：平安试图通过这一活动给顾客传递怎样的形象和价值，是否成功？

例如，像娃哈哈、汇源、中粮这样的快速消费品生产者在各种媒体上投放广告或举办促销活动，向消费者传达产品的利益，这些活动属于拉式战略。但同时，他们又配备大量的营销人员定期拜访批发商和零售商，争取货架和及时补充商品，这些活动则属于推式战略。在设计促销行动时，企业需要在推式战略与拉式战略间建立密切的协同，通过提高供应链效率创造顾客价值。

本章小结

1. 促销是为了告知、劝说或提醒目标市场对象而围绕组织和产品开展的沟通活动。整合营销传播强调将企业的所有促销活动纳入统一的战略。广告、人员销售、销售促销和公共关系是4种主要的促销方法。

2. 广告的优势在于同大量人群进行沟通。不同媒体的广告表现出不同的优势和劣势。网络广告与软件和网络技术相结合实现更准确和更有效的沟通效果。植入式广告和商业信息广告属于新的广告形式。

3. 人员销售是指告知顾客并劝说购买企业产品的人员沟通。人员销售的过程包括探查、接触、产品介绍、处理反对、完成交易和售后服务。销售人员要掌握完成交易的时机。

4. 销售促销是通过直接促使客户购买的活动或物料来增加销售。销售促销的方法很多，试用品是最常见的销售促销。口碑促销和病毒营销借助互动和个性化，是特别有效的促销手段。

5. 公共关系是创造和保持组织与各种公共群体良好关系的沟通活动。媒体宣传是以新闻形式进行的有关产品和企业的沟通，新闻发布是主要的媒体宣传形式。

6. 促销行动是指综合运用4种促销手段来实现一个或多个营销目标。

关键概念

促销　促销组合　整合营销传播　广告　网络广告　植入式广告　商业信息广告　人员销售　完成交易　顾问式销售　销售促销　口碑促销　病毒营销　公共关系　媒体宣传　社会化媒体营销　促销行动　拉式战略　推式战略

思考题

1. 什么是促销，促销的目的是什么？

2. 整合营销传播对促销提出了怎样的指导？

3. 促销组合包括哪些内容？

4. 根据媒体的特性分析电视广告为什么在中国具有特别的优势。

5. 网络广告的主要优势是什么？

6. 在销售中，完成交易的步骤需要注意什么？

7. 假设有一种新的橙汁饮料上市，你认为可以采用哪些销售促销方法？

8. 常用口碑促销的产品类别有哪些，请举例说明如何推动。

9. 简述企业宣传相对于广告的优点和局限。

10. 企业发起促销行动的主要目的是什么？

网络练习

登录屈臣氏网站（http://www.watsons.com.cn/），根据看到的资料回答以下问题：

1. 屈臣氏在主页上提供了哪些促销信息？请举出 4 项。

2. 屈臣氏通过主页促销向消费者传达的信息和它的店面传达的信息是否一致？

3. 屈臣氏为什么没有在网站上开办销售业务？

开篇案例讨论题

1. 必胜客运用了哪些促销组合？

2. 必胜客在促销中如何贯彻整合营销传播的原则？

4

第四部分

信息管理

第 13 章

信息的收集和使用

本章学习要点

- 了解企业中的信息和信息管理
- 如何运用研究获得信息
- 描述信息系统的重要性
- 描述管理信息系统的应用
- 理解计算机和互联网在信息管理中的应用
- 了解商业应用软件

移动管理和移动生活是企业信息管理的下一个重点。

开篇案例

移动管理：企业信息化的新方向

东来顺是一家历史悠久的涮羊肉火锅店，无线点菜收银系统让这家传统企业进入了无线网络信息管理的时代。服务员在客人点菜时手持终端机输入，厨房可以同步得到配菜信息，再也不用为了传菜单而往返走路。而在用餐结束后，收银台可以自动进行结算，减少了人力核对的工作量。越来越多的办公场所、校园、咖啡店、经济型旅店开始提供接入无线网络的服务，这些网络有些是运营商提供的，更多的则是企业自行安装的。

在青岛市海尔工业园面积6 000多平方米的物流中心里只有10多个工作人员，而这个数目曾经高达200多人。新的立体仓库，使得海尔节省了43个足球场那么大的仓储面积。而管理这个立体仓库的核心技术就是无线网络管理系统。工作人员用红外线无线扫描系统，只需扫描物料周转箱上的条形码，就可以轻松完成收货程序；如果物料不在订单范围内，信息终端就会自动报警，避免了人为因素导致的库存增加。海尔采用思科公司6套无线设备对仓库进行完全的网络覆盖。在移动过程中，每个无线接入点都能够为多台移动终端提供网络接入，响应时间控制在1秒以内，这种配置不但突破了有线结构的位置限制，还提高了PC资源的利用率。工作人员可以在任何时间、任何地点与网络保持连通。

许多企业借助公共无线网络平台进行信息管理，这主要是基于移动、联通和电信等运营商的服务。短信是企业无线信息管理的一个主流方式，客户服务信息、会员促销信息、生产调度信息等已经发展得相当成熟。例如，惠普公司有一个面向全球服务器的金牌工程师服务，在服务器出现故障后，客户服务系统中的无线数据平台以集团短信的方式对公司的工程师下发维修任务单，售后工程师通过短信进行任务确定。维修结束后的客户反馈也可以通过短信实时完成，工程师则可以迅速地赶往下一个客户处提供服务。这项业务的开展让惠普工程师到达客户处的时间平均节省了两个小时。

3G业务的兴起为无线网络应用提供了一个更强大的公共平台，3G的主要特点是传输速度大大增加，从而使以前较困难的上网浏览、邮件、图像、视频等功能可以在手机上实现。假如一个顾客想知道青鸟健身的场地和项目，他可以直接通过手机浏览的方式获得自己想要的信息。目前3G的应用更多地体现为个人用户的消费，但没有人会忽视商务应用的潜力。例如苹果电脑公司的iPhone 3G手机安装了微软开发的企业管理软件Microsoft Exchange。

企业的活动往往是移动状态的，与有线网络相比，无线网络对企业的移动管理提供了更灵活的支持。例如，可口可乐公司的业务代表需要定期统计零售终端的进货和销售数据，以前这些业务代表必须在返回办公室之后才能将所获得的数据输入企业 ERP 系统。在安装了移动商务软件之后，现在这些业务代表只要用手机就可以通过特定格式的短信将所有的信息即时反馈到总部。像亿美软通这样的移动商务软件企业甚至设计出更为复杂的能够方便地用手机发送上百种产品信息的技术，这在物流、现金流和生产管理中都有很大的应用潜力。

基于无线网络的企业移动管理的另一个优势是成本。因为可以直接应用软件服务商提供的互联网操作平台，有助于压缩 IT 系统建设成本。在一定的意义上，这类移动管理技术也是企业的一种管理外包行为。通过管理外包，IT 人员、服务器、网络架设等成本有可能被节约下来。

信息管理的水平在很大程度上约束着企业的竞争力，今天的企业对信息和信息的管理提出了越来越高的要求。本章我们从信息的定义入手，介绍信息与决策和风险之间的关系，然后介绍通过企业调研来获得信息的方法。接下来我们探讨信息在企业内部的组织和分配。最后，我们分析互联网和信息技术对企业在全球市场上获取和分配信息的影响。

13.1 企业中的信息

信息和沟通技术正在以惊人的速度发展，事实上，今天的企业对信息管理的依赖程度是 10 年前想象不到的。现在，管理者已经将数字技术当成组织资源中不可或缺的一部分，并作为日常经营的一种手段。企业的每一项主要经营活动——如服务的设计、确保产品准时送达、评估员工、创作广告——都与信息系统有关。

信息、风险与信息规则

对于管理者来说，信息的基本作用是支持决策。准确和完备的信息有助于管理者作出正确的决策，相反，不掌握充分信息条件下作出的决策往往风险很高。如果肯德基打算在某处开店，它必须收集、调查当地的客流、消费水平、交通管理等各项资料。通常情况下，管理者在决策时不可能拥有所有期望的信息，在这个意义上，企业决策总是有风险的。但是，通过持续地获取和检验有用的信息，管理者和员工都可以系统性地降低决策的风险。

很多情况下，在信息和决策之间存在着经过反复检验的相关关系。例如，当信息表明渠道中沉淀的产品数量超出了正常的水平，则必须及时安排促销或折扣活动来吸引更多的顾客关注，增加销售，清除库存。又如当零售店内顾客人数超出一定水平时，则必须准备采取紧急的疏导措施。如果企业调研获得的信息表明，每当某些情况发生时，就需要采取某些决策，这种相对确定的关系则称为**信息规则**。有经验的管理者往往能够迅速地利用信息规则作出决策，新员工的培训往往也是逐渐积累起运用信息规则能力的过程。信息规则可以极大地简化决策的过程，提高决策的效率。需要注意的是，信息规则通常只能在一定的条件和环境下适用。市场环境的改变往往意味着新的信息规则的产生。

数据与信息的区别

数据（data）是反映现实的单一方面的原始资料与事实。价格、工资、重量、长度都是企业中常见的数据。数据可以是数字的，也可以是文字的，例如性别。数据和信息是有区别的，数据是原始的、未经处理和分析的事实和资料。**信息**（information）是经过组织和处理的数据，以一种有意义的方式展示出来。大量的财务数据本身只能反映企业活动中的单一方面，但财务报表中的数据则以有组织的形式反映出企业经营活动的状况，为投资者、管理者和监管者提供了有效的信息。

有效的信息必须满足一定的条件：

- **准确**。要使信息真的对管理者有价值，它必须是准确的信息。准确意味着信息必须有效、可靠地反映事实。
- **及时**。信息还要及时。及时性并不意味着快速，而是意味着在采取恰当的管理行动时可以得到需要的信息。及时性的含义取决于管理者面对的情境。对于酒店业来说，花6个月收集开设一家新店所需要的信息是合理的。但当天的销售和顾客订房的信息则要求在第二天即反馈给管理者。
- **完整**。信息必须讲述一个完整的故事才能对管理者有用。如果信息不完全，管理者很可能会得到一幅关于事实的不准确或扭曲的图景。银行在发放贷款时抵押物的信息调查不仅要看权利人的登记资料，还要完整搜集是否有其他债权人已经拥有了优先偿付的权利。
- **相关**（relevant）。最后，信息必须是相关的，才能对管理者有用。相关信息与及时信息一样，与特定管理者的需求与环境有关。运营经理需要关于成本和生产率的信息，人力资源经理需要雇用需求与离职率的信息，营销经理需要销售预测和广告价格的信息。

企业通常拥有大量的数据，并根据不同的需要将数据转化为信息。常见的企业数据包括人事、财务、销售、生产、库存等方面，这些数据不仅存放在各个部门中，企业还会建立一个综合的数据库以提高利用数据的效率。数据库（database）是一组储存在某处而供组织全体成员决策使用的数据集合。企业数据库中的资料往往来自于企业研究。

13.2 利用企业研究获得信息

企业大多十分重视信息的获取和分析以支持作出正确的决策。管理者通常会留意政府统计信息、行业出版物、展览会议了解企业内外的信息。由此获得的信息称为二手数据，二手数据（secondary data）是指本身不是为了调研的目的所收集的数据。当源于二手数据的信息不足以支持决策时，企业可以自行组织调研获取原始数据（primary data），原始数据是为特定研究目的而收集的数据。企业调研的方法主要包括定性和定量方法。图 13.1 描述了定性和定量方法的主要类别。

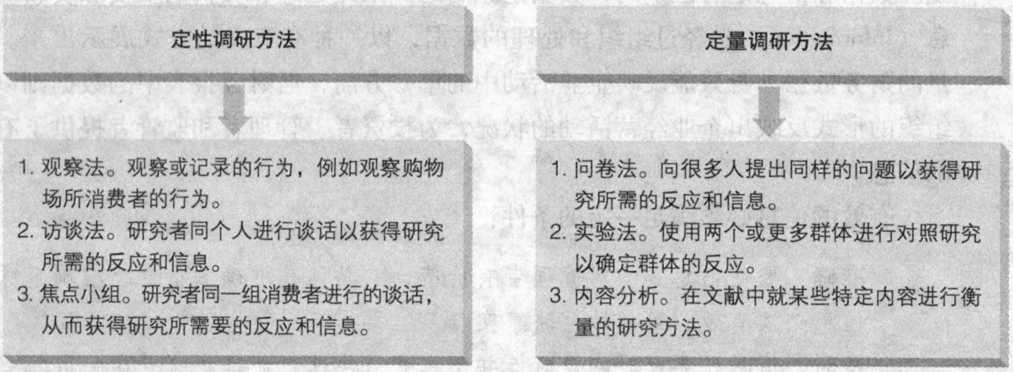

图 13.1 企业调研的不同方法

定性研究

定性研究（qualitative research）是指收集、分析和解释那些不能被数量化（否则将失去意义）的数据或不能用数字概括的数据。一般来说，定性研究主要是观察法、访谈法和焦点小组法。例如，研究人员可能在娱乐场所对年轻消费者的行为进行观察，包括他们如何与同龄人交往、如何讨论时尚产品、如何对比价格等。运用观察法（observation），研究人员得出消费者重视哪些产品或产品的哪些特性的研究报告，作为产品开发的依据。

访谈法（interview）是另一种常用的调研方法，研究人员按照事先制定的问题计划同消费者进行一对一谈话并记录所收集到的信息。焦点小组（focus group）法是同一组人数较少的对象（通常 6～10 人）进行的谈话。例如，芝加哥大学的学生就如何提升姚明在美国的品牌形象在学生中运用了焦点小组法进行调研，结果发现，在姚明身上既然反映出古老中国的价值，又能够代表年轻一代的希望。

根据这一调研结果展开的姚明品牌建设活动取得了很好的成果。焦点小组法的主要优点是数据的丰富性和多样性，这主要是来自于多个参加者在相对随意、轻松的谈话环境下思想激荡的成果。

定性研究法的主要局限是它在很大程度上取决于研究人员如何解读所取得的信息。例如，不同人员的观察结果很可能是不一样的。因此，定性研究的结果更多地被运用于提出调研的思路和启发。

定量研究

定量研究（quantitative research）是指运用问卷、实验或内容分析来分析数据的研究方法。与更多依赖研究者主观解释的定性研究相比，定量研究的结果来自数据的统计分析，往往被认为更加客观和较少偏见。

街头问卷调查

问卷法是指要求受访者回答一系列事先设计好的问题，运用统计技术对收集到的回答进行分析以获得企业感兴趣信息。我们经常在超市、电影院甚至人流量多的路口遇到调查员要求你花几分钟时间帮助回答一些问题。有些问卷的目的是很明显的，例如对不同品牌啤酒的调查；还有一些则不那么明显，例如对消费模式或生活方式的调查。问卷法的主要缺点是收集过程很难避免主观性影响，例如人们可能由于社会压力、隐私或缺乏信任而不愿说出自己的真实想法。在问卷设计时采用专门的技术可以在很大程度上减轻这些因素的影响。

实验法通常是指对两组或两组以上的人群所做的对照实验。假定电器销售商想知道降价促销对销售额的影响，他可以选择两个或更多环境相似的店面进行对照实验。在其他条件不变的前提下，在一定的时段内对某一家采取降价促销，而将另一家作为检验促销效果的对照。当广告方案无法确定时，通过将广告播放给相同背景的顾客来考察其不同反应，也是一种常见的用于提供决策方案的实验法。

内容分析法是在书面出版物、电视节目和广播节目中对特定内容进行分析的方法。例如企业可以通过对媒体进行关键字或关键主题的搜索了解当前时尚的趋势，发现一些新的热点，从而在产品开发中运用这些元素。

如何选择研究方法

研究方法的选择取决于一系列因素的结合，包括时间和财务资源，以及所要求结论的准确性和有效性。通常情况下，小规模的研究适用定性研究，而大规模的研究则适用定量研究法。如果研究目的是为了解问题或开发新产品概念，定性研究更好。另一方面，如果研究目的是预测销售、建立价格点，或选择最佳的潜在目标市场，定量研究更好。如果一个公司希望预测对新产品概念的需求或识别潜在目标市场时，在定性研究之后必须开展定量研究。

13.3 信息系统的重要性

今天，信息技术（information technology，IT）应用的广泛和复杂程度超过了历史上的任何时期，对企业的经营活动产生了深刻的影响（如图 13.2 所示）。当一位顾客刷卡消费的时候，他的消费信息将反映在银行账目、购物中心库存、购物中心或销售商的消费行为监测数据库中，如果信用卡或商场消费有积分或返还，则也会一并显现出来。对于在海外消费的顾客，同一笔消费还会涉及外汇兑换。所有这些信息几乎都可以立即反映在信息系统中。

组织结构	技术打破了公司内部的界限，在职能部门间做到了信息共享
运营	技术减少了流程所需要的时间，减少了产品缺陷和浪费。服务企业运用信息技术提高订单响应和客户响应的速度。
员工结构	减少了员工层级和数量，可以在全球范围内提高员工的效率
新产品开发	提高了市场信息的收集速度，缩短设计周期，在不同的产品平台间建立密切的协作
客户关系	可以快速提供客户服务，公司数据库可以即时提供客户的背景资料，来自客户的信息可以快速集成到公司数据库
新市场开发	信息技术可以在更大的范围内吸引顾客，为顾客提供更便捷的购买和支付方式

图 13.2　信息技术对企业活动的影响

专　题

埃森哲公司的知识管理

总部位于美国纽约的埃森哲是一家全球性的管理顾问、技术服务和外包企业，拥有15.8万名员工，分布在49个国家的150个城市。这家公司最重要的资产之一是它所拥有的知识，特别是的商业流程和项目管理方面的经验和专长。

为了有效地提高公司业务的效率、分享知识和改进组织内学习，埃森哲于1992创建了Knowledge Exchange系统。起初，这一系统只是将公司历年积累的数千份关于顾客、项目和公司流程的资料按主题词整理，供后来承办类似项目的员工参考。

2006年，埃森哲公司运用微软公司的技术建立了新的公司门户（accenture portal）。新系统的目标是不仅要做到在需要的时间和地点向员工提供有价值的信息，而且还要进一步将这些信息与员工的具体要求相配合。全球员工都可以通过登录公司的门户用关键词搜索相关的案例、获得更深入的信息分析。现在，平均每天有4 500名员工使用这一系统，下载文件量达到5 000份。通过这一系统，员工不仅可以根据关键词搜索相关的资料、工具和知识，还可以找到这一领域中的专家进行求助、加入兴趣主题社区、参与讨论，从而在必要时可以通过一个系统将分布在组织各处的资源动员起来为顾客服务。公司还将员工培训计划同这一系统结合起来，由于这一系统能够对员工当前的工作和职业发展作出个人定制化的、深入的反应，培训的效果也得到了提高。

今天，Knowledge Exchange系统已经成为埃森哲最重要的知识资产。埃森哲认为，知识管理是“是将观念转化为商业价值的引擎”。这家公司已经连续9次荣获全球最受尊敬知识型企业（MAKE）称号。

管理信息系统

管理信息系统（management information system，MIS）是指向管理者和员工提供所需要的信息以尽可能提高工作效能的系统。MIS的主要目的是达成信息分配的及时和准确，这对于在工作中作出正确的决策、降低成本和提高顾客满意度至关重要。例如在制造业，管理信息系统可以及时提供全球各地库存或零部件的信息，从而减少库存的成本。在服务业，管理信息系统提供了低成本保存顾客信息和提高反馈速度的便利，革命性地改进了服务的质量。许多企业设置了首席信息官（CIO）的职位，他的工作是保证企业拥有必要的设备和机制向管理者和员工提供需要的信息，以最大限度地发挥管理者和员工的效能。

从IT技术到知识管理

企业信息管理的另一个趋势是从IT技术转向知识管理。知识是指经过智力加工的、对于企业业务活动具备相关性的和有用的信息。通过对信息进行必要的处理，知识对于企业决策具有更直接的作用。例如，一份推广计划中所包含的数据来自传统的信息系统，但为什么选取这些数据则属于知识的范畴？如果企业能够将推广计划的前提设定、原则、讨论过程等知识加以总结和信息化，则对于日后相同的决策问题将提供极大的便利。越来越多的企业认识到，只有能够解读和运用的信息才能为顾客创造价值，对企业的效能作出贡献。企业不仅要建立关于事实数据的数据库，还要建立如何运用数据的知识管理系统。这样，在来自不同员工和部门的知识流向企业数据库的同时，其他员工和部门也可以从这些知识中受益。跨国公司通过有效的知识管理，可以充分享受多元文化的创造性，将全球各地的最佳实践迅速地推广到整个公司的范围里，形成世界级竞争优势。

13.4 管理信息系统的应用

管理信息系统从 5 个方面向企业提供信息支持：数据收集、数据储存和挖掘、数据更新、数据处理和数据的呈现。

数据的收集

企业员工通常在 MIS 系统的帮助下收集必要的数据建立起企业数据库。企业数据库应当包括所有过去和当前的对于企业管理有用的数据。

内部数据。绝大多数企业的数据主要来自内部来源。最常见的信息来源是管理者和员工的活动记录、企业内部的记录和会议记录。财务数据可以提供关于企业财务资源、投资、顾客、供应商及其信用状况的说明。销售数据可以跟踪销售额、价格、促销的信息。人力资源数据可以反映企业员工的技能水平、成本和流失率。生产数据反映了企业满足需要的能力、生产成本和灵活性。

外部数据。外部数据包括顾客、供应商、行业或公共出版物、会议和外部顾问所提供的数据。市场调查报告是最常见的外部数据之一，知名的市场调查公司如 AC 尼尔森、零点调查公司等会定期发布行业报告，提供产品、服务和销售趋势的最新数据。企业也可以聘请他们就本企业所关心的问题进行专门的调查。供应商可以提供最新物料的信息，银行可以提供一般的信用服务，行业或公共出版物通常包含了本行业的重要动态资料。

数据收集时的注意事项。首先，企业在进行数据收集时需要考虑成本与收益之间的平衡。例如小企业通常无力支付聘请专业调查公司的费用，而更多地依赖顾客获得外部数据。其次，数据的检查是保证数据有效性的重要方法。特别要注意数据与已经掌握的资料间的不一致，如果确认不是数据采集的错误，则需要认真加以研究，以此为基础作出进一步搜集或分析数据的决定。再次，数据收集是一个持续性的过程，应当制定能够动态地进行数据收集的系统，从而不断地反映真实的市场变化。

数据的存储和挖掘

数据可以存储在磁带、硬盘、光盘等不同的介质中。与数据存储同样重要的是数据的使用。大型企业通常建立复杂的计算机网络便于员工查询和使用数据库。网络技术的发展使得数据库的使用突破了时间和地点的局限。全球各地的管理者、员工、供应商、经销商和顾客都可以通过企业的网络系统获得相关的实时数据资料。例如，在普通的电子商务网站上，消费者可以自行查询货物的价格、库存、其他购买者的评语等资料。

信息系统的重要目标是让适当的用户在适当的时间获得适当的信息。许多企业通过顾客登记、自动交易或其他电子商务技术积累了海量的信息，它们可能出于某一特殊的目的而建立专门的数据仓库，这样的数据仓库需要运用数据挖掘的技术来从中获得有用的信息。数据挖掘（data mining）是从数据仓库中发现隐藏模式的技术。沃尔玛是利用数据挖掘技术的代表企业，它通过收银台的自动记录系统记载了大量的产品销售和顾客行为的信息，通过找出这些行为背后的意义，它可以为商店进行更有效的货物配置，改进订购的质量，从而提高销售的效率。

数据的更新、处理与呈现

准确、完整、及时的信息离不开数据更新。有些数据的更新周期较长，如政府发布的统计数字、企业财务报表和绩效考核结果；有些数据则要求实时更新，如超市结款台的扫描仪与存货系统同步更新。数据更新往往与企业控制系统的职能结合在一起，实时汇总并实现跨部门使用。企业管理信息系统支持一线员工获得数据更新的信息，例如客户服务人员或销售人员如果在第一时间掌握库存变动的信息，订单处理的效率将得到提高。

数据的处理是指将数据转化为可用于具体目的的形式。在多数情况下，数据处理意味着将组织所存储的信息转化为分析报告。大多数数据是以数字的形式进行存储的，例如购买次数、数量、地址划分、物料编号和产品批次等。统计分析可以将一组数据转化为方便理解的信息并分析这组数据的特点。

管理信息系统在数据处理方面通常提供较为丰富的常用功能，企业还可以根据自己的具体需要增加和升级数据呈现方式，包括报告、表格、图形、图片等，它的目的是让获得信息的个人或组织能够方便地理解信息。表格可以方便地进行大量数据的对比，图形和图片可以直观地呈现形势、趋势、对比等。管理信息系统可以提供强大的报表生成功能，也可以提供一定的图形、图片功能。商业报告强调客观性，使用图表有助于汇总和解读数据，给出有说服力的分析。完整的商业报告分为六个部分：摘要、前言、正文、结论、建议和数据来源。

13.5 利用计算机和互联网获取和管理信息

在信息社会里，大量的人员从事生产信息的工作或依赖信息来完成他们的工作。从现在趋势来看，对信息的需求和依赖还在不断地增加。信息处理设备已经渗入生活和工作中的各个环节，除了传统的计算机之外，汽车、手机和游戏机中所包含的芯片的处理能力已经大大超过了过去的计算机整机。电子商务在很大程度上改变了人们购买和消费的模式，2008 年中国电子商务的总额已经接近 2 万亿元。信息技术还改变了企业同顾客沟通的方式，包括文字、图片、声频和视频的电子邮件和短信占据了越来越大的比重。

互联网和内联网

互联网（internet）是由远程通信方式联结起来的世界性的计算机网络。互联网帮助世界范围内的用户进行电子沟通，例如交换电子邮件、文件、通过视频和音频进行谈话，还可以在互联网上搜索或获取大量的信息。2008 年，我国互联网的用户已经达到了 2.98 亿。

内联网（intranet）是指在公司范围内使用的基于互联网技术的计算机网络，不允许外部公众随意进入。为了阻止未经授权的侵入，企业需要创建防火墙将内部的网络同公共网络隔离开来。有些企业通过内联网向员工发布信息或用于部门间的信息交换，由此可以节省大量的纸上作业和提高员工的效率。例如，通过网络预约会议的时间和地点可以很快速地确定与会人员都方便的时间，事先通过内联网将会议资料进行分发，这些措施都可以有效地节省人力和其他资源。

很多企业希望通过网络技术与外部的顾客或供应商建立联系，这样的企业需要建立外联网。外联网（extranet）是基于互联网技术的、允许不同企业或来自不同服务器的人员接触同一信息的私有化的网络。外联网为不同的企业间交换数据提供了极大的便利。例如供应商现在可以通过外联网直接接触经销商处自己产品的库存和销售数据，从而可以更主动地进行发货和存货的管理。

企业门户

顾客经常需要登录企业或经销商的网站开展业务或搜寻信息，企业门户为顾客提供这样的服务。**企业门户**（enterprise portal）向企业网站的访问者提供综合性的信息和交换数据的服务。通过企业门户可以接触到大量的信息和获得各种服务，例如注册邮箱、交易记录、活动日程和企业信息等。企业门户可以向用户提供综合性的信息，而不需要他们分别到不同的页面上寻找信息和服务。由此可见，企业门户的概念并不限于单纯的企业网站，而更着重于识别访问用户的身份和提供互动的服务。企业门户对企业的挑战在于如何有效地提供整体性的服务，这要求企业打破内部的部门界限，而围绕顾客的需求和实际行为组织门户对资源的引导。

无线互联网应用

无线通信技术的发展正在将我们带入一个后 PC 时代。基于互联网的移动技术令企业可以摆脱固定在办公室的计算机工作环境，移动办公和业务处理取得了迅速的增长。笔记本、个人数字助理、智能手机、黑莓手机为员工创造了移动办公的条件，他们可以在任何无线信号覆盖的地区接受和发送邮件。移动 POS 机让员工可以在送货的同时收款，对于打消中国消费者的担心尤其有效。专家们认为，所有的数字设备都将纳入移动的网络。3G 商业应用大大拓展了信息传输的带宽，令这一变革对商业环境的影响仍在继续加强。

13.6　利用计算机和技术提高生产力

今天，企业已经相当依赖互联网从事市场研究、提高生产力和绩效、同办公室内外不同地区的员工进行沟通。下面我们对互联网技术在企业运营中的具体应用进行分析。

帮助员工的沟通

电子邮件（e-mail）也许是网络技术在企业运营中最重要的应用，这种沟通和联络方式为企业创造了在全球范围内 24 小时低成本无间断联系的便利。与这一联络方式带来的效益相比，企业的投入（包括硬件、软件、培训）几乎可以说是微不足道，更不必说为此所节约的会议、差旅等费用，而且电子邮件同时具有保存备忘的功能。除了企业内部的沟通，e-mail 还被广泛运用于企业与顾客之间的沟通。例如在购物网站上进行过注册的消费者往往会定期收到有关商品促销活动的信息，当当网和卓越网会定期发送有关最新产品和优惠销售的信息。

即时通讯软件（IM）如 MSN、QQ 等为企业间的沟通提供了更多的方便。它结合了电话和 e-mail 两者的优点，特别适合于短小的、即时信息的沟通。

群件（groupware）是用来协助分散在不同地点的员工进行项目管理协作的软件，也可以用于问题解决和脑力激荡之类的项目。除了项目管理之外，群件的另一个应用是协助企业建立起协作学习系统。协作学习系统是鼓励团队中所有成员同时参与问题解决的工作环境。例如，发起人可以在群件的会议网站上发起一个征求解决问题的题目。团队领导者可以要求全球各地的成员提交有助于解决问题的信息并且将过去的成功记录下来以备日后学习。

协助员工销售

销售人员的工作从互联网技术中得到了多方面的帮助。销售软件为员工提供了快速了解顾客资料和整合顾客信息的便利，客户关系管理软件（CRM）可以帮助销售人员同客户建立更加密切的联系，提高客户满意度和销售工作的效率。现在，只要在任何能够接入公司数据库的地方，销售人员都可以立刻查阅到有关顾客姓名、订单历史和当前订单、以往拜访的情况以及销售预测的资料，从而能够更好地把握住销售机会。他们还可以方便地同公司内其他部门的支持性员工取得联系，查询资料并获得建议。销售人员还可以根据顾客过去行为的历史记录判断顾客的需要，提高客户服务的满意度。

有些情况下，不同的销售团队或销售人员可能与同一家顾客发生业务联系。基于互联网的数据库资料可以帮助这些来自不同部门或专业领域的人员了解对方的工作，从而避免在客户服务过程中发生冲突，同时更有效地整合企业的销售力量，推动销售的实现。

员工培训

大型的组织在员工的教育和培训方面花费大量的费用。现在，通过将产品和服务、组织结构、政策和规定等信息通过互联网进行发布，员工可以在方便的时间和地点自行了解和学习，由此可以节省大量的行政费用。新员工的入职培训也可以在很大程度上借助于网络来完成，取代传统的耗费巨大的会议培训。

员工招聘

在公司网站的首页上往往可以看到员工招聘的链接。这样的功能为企业提供了在任何时间和地点招聘有技能员工的便利，而发布成本比传统的招聘方式低得多。一些大型的企业建立了企业内部的人才库，这样在企业发生人员变动或设立职位时就可能方便地在内部找到适合的人选。许多企业还利用搜索软件在网络上进行简历检索以发现适合的招聘对象，这一方式协助企业在全球范围内寻找适合的员工。还有的企业将凡是与企业发生过招聘往来的人员资料纳入候选人的数据库。这一方式特别适合于搜索拥有某些特殊技能的人员，例如熟悉 JAVA 语言的程序员。大型企业的人员招聘往往耗费巨大，而互联网和软件服务可以大幅度降低这种成本。

财务活动

电子商务离不开银行在线支付功能的支持，大量的支付活动今天已经可以使用在线的方式来完成。电子交易在商品、服务购买中的比例显著上升。据商务部的信息，2008 年我国电子交易总额已经超过 3 万亿元。下一步的发展将是无线电子交易的广泛采用，例如手机订票或支付游戏费用。

在线银行的业务已经从存取款、转账汇款扩大到贷款、外汇、基金和各种证券投资。在线银行业务不受时间和地点的限制，只要在能够接入互联网或无线服务的地方都可以完成，在便利性和成本上具有很大的优势。据艾瑞咨询报道，2008 年中国网络银行交易总额已经达到 320 万亿元。

员工费用跟踪是另一项借力于互联网而改进的业务活动。传统的报销业务采取纸上作业，需要花费大量的时间。今天，企业开始采用自助报销系统，让员工通过互联网报告其费用开支情况。企业设立专门的甚至个人化的费用报销账户和网上申报申批系统。由此可以大量节省销售人员的时间，简化企业内部的财务处理程序，降低内部审批管理的成本。

值得注意的是，信息技术所带来的生产力的提高并不意味着人们工作时间的减少。现在，信息技术实际上为人们创造了在任何时间、任何地点进行工作的条件，许多员工和管理者发现自己的工作时间变长了。如何在工作和生活之间做到平衡是人们在利用信息技术优势的同时必须考虑的。

13.7　商业应用软件及其发展

商业应用软件是指帮助企业提高生产力或衡量生产力的软件。小型商业应用软件主要是指家庭记账和微软公司的 Office 软件等。中型的商业应用软件包括会计软件、群件、客户关系管理软件、人力资源管理软件、采购管理软件等提高生产力的软件。大型商业应用软件主要是指企业资源计划（ERP）、商业流程管理和产品生命周期管理等软件。

常见商业应用软件

会计软件。会计软件（accounting software）是指支持计算机会计处理的软件。它的功能包括记录交易、保持账目平衡和制定财务报表或报告。会计软件通常能够提供多种模块，例如总账、应收账、应付账、工资、库存和固定资产等。会计软件的处理原则需要遵守当地政府有关会计制度的规定，而且必须对会计制度的变更作出快速的反应，目前我国国内主要会计软件市场特别是中小型会计软件市场由本土企业占据，例如用友、金蝶、新大中等。

客户关系管理软件。第9章已经从营销的角度对客户关系管理作过介绍。客户关系管理（customer relationship management，CRM）是一种强调改善企业与客户之间关系的商业战略，它的目标是一方面通过提供更快速和周到的优质服务吸引和保持更多的、有价值的客户，另一方面通过对业务流程的全面管理来降低企业的成本。以京东电子商城为例，在客户下单后，CRM 软件会自动生成一封电子邮件，通知客户订单受理。在订单开始执行后还会向客户发送通知，说明订单已经确认、送货时间和责任人，客户还可以通过在线查询继续跟踪货物的发送情况直至完成本次送货。这一流程体现了零售商与客户的紧密合作，在提高客户满意的同时通过减少差错和开放监督降低了企业的成本。

CRM 软件帮助企业记录和组织与客户及潜在客户各方面的关系，包括销售和服务过程的各个环节。CRM 提供了强大的数据处理功能，并且在不同部门间分享这些信息。例如，当顾客用登记号码向呼叫中心打电话订票或要求客户服务时，装备了 CRM 软件的客服人员往往能够马上叫出顾客的名字。这是因为 CRM 系统能够立刻从记录下来的联系方式中调出你的姓名和以往的资料并呈现在客服人员的电脑上，包括购买的价格、批次和信用水平。客户服务人员可以根据这些资料搜索最有价值的客户，为顾客提供个性化的服务，节省顾客的时间和提高客户满意度。

专　题

云计算描述的未来

硬件和软件升级的需求似乎无穷无尽，信息整合的成本也越来越高。有没有可能让企业摆脱处理信息的繁重工作，而将精力集中到核心竞争力上？云计算提供了一种可能性。

云计算（cloud computing）是将计算放在大量的分布式计算机上进行，而不是像传统的那样放在本地计算机或远程服务器上，将信息处理从一家一户式的信息处理改变为集中处理。实际上，大量企业自购的计算设备的使用效率很低。云计算的计算能力则来自网络上富余可用的计算，它们就像互联网上飘浮着的无数的云。企业数据中心的运行将完全在网络上进行，企业只购买必要的服务（存储空间、运算时间和接入服务），不必维持大量的设备，不必担心技术升级造成设备投资的贬值。

云计算实现的前提是网络接入、网络存储、整合计算。像 salesforce. com 和八百客这样的企业多年前就开始管理信息系统（主要是 CRM）托管服务，按时间和功能出售信息处理服务。与上述托管业务使用服务商提供的程序（尽管也可以定制）不同，云计算更强调的是可以运行客户自己编制的程序。IBM、Google 和 Amazon 公司的介入意味着具有超级计算能力的平台出现在市场上，他们将富余的信息处理能力以较低的价格出售给顾客。云计算的支持者认为，企业再也不必受自身 IT 设备投资的限制，相反却可以从云计算的信息处理能力中体验到无限的机会。

客户关系管理软件可以方便地收集、记录、使用和在不同部门共享有关客户以及企业与客户往来的信息，从而提高服务质量和营销效率。例如，企业可以对客户数据进行分析，找出最有价值的客户或最有潜力的客户，提供有针对性的促销服务。在企业的竞争更多地从产品竞争层面发展到客户竞争的层面的时代，CRM 软件帮助企业高效地建立长期的客户关系，将客户满意转化为客户忠诚。

尽管 CRM 是一种基于软件的商业战略，但 CRM 软件开发商通常强调 CRM 必须通过企业自身的努力才能发挥效力。CRM 失败的原因往往是由于企业过分关注软件的安装，而忽视了如何将新设备同业务流程结合起来，或者对员工培训和接受的关注不足，从而造成新系统无法获得有效的运用。

ERP 软件

很多企业运行了 ERP 系统，你在工作中将有很大可能作为企业员工、客户或咨询师参与 ERP 的实施和维护工作。ERP（enterprise resource planning）是一种大型的信息系统，能够将企业中已有的、基于职能的信息管理方式加以整合，从而在组织范围内共享和利用信息。例如，工资管理部门通常拥有自己的 IT 系统，在发放工资之前需要从其他部门获得资料，然后进行大量的统计和输入工作才能得出结论。而在 ERP 系统中，员工的个人资料和工作记录（上班时间、缺勤的时间、奖励标准）都可以从系统中一次获得。过去面向职能的系统称为遗传（legacy）系统，ERP 的目标就是尽可能减少遗传系统，消灭信息孤岛。这也是 ERP 系统的本质性特征：跨职能和以流程为中心。

ERP 可以帮助企业在最短的时间内获得信息、寻找问题和作出反应。在信息沿着流程从输入到输出的过程中，组织中的各个部门都能利用这些信息并且围绕着流程（而不是本部门的工作）开展工作。例如，当采购部门的订单生成之后，财务部门的应付账明细就会立即呈现出这笔交易，运输部门可以从系统中获得物流的信息，采购部门可以获得供货商的资料，人力资源部门则可以获得员工表现的数据，而客户也可以比以往更快速地看到订单的执行情况和送货细节。所有的工作都围绕着为顾客创造价值的流程，而对这些工作价值的考评也是基于它们在流程中的贡献。图 13.3 给出一个具体流程的说明。

ERP 系统通常是按模块来销售的，图 13.4 列出了主要的 ERP 模块。

尽管有上述的优点，ERP 的实施也需要企业付出较高的代价，除了软件和硬件的购置，更主要的是如何克服企业内部的抵制。许多职能部门习惯于以往的信息处理方式，不愿意将信息的控制权交出去。而 ERP 更注重标准化的流程，要求信息透明和共享。此外，ERP 系统往往缺少灵活性，需要占用管理者

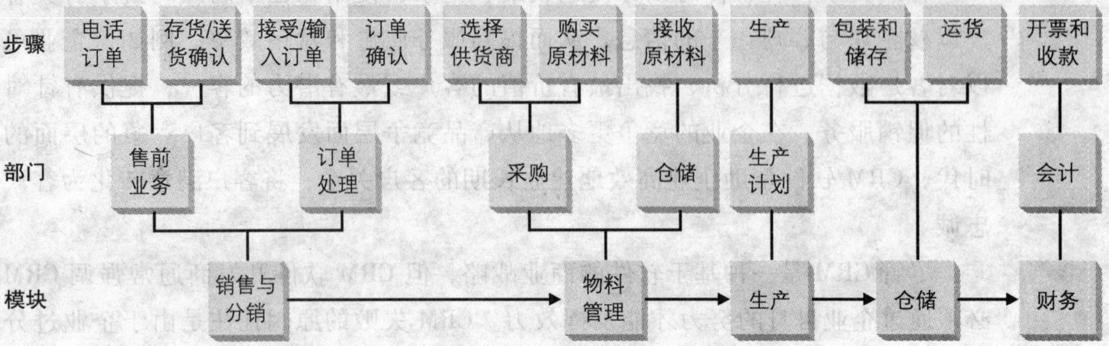

图 13.3　从订单到收款的流程中各个职能的贡献

制造		
• 工程管理	• 物料订单	• 排程
• 产能管理	• 工作流管理	• 质量控制
• 成本管理	• 流程管理	• 项目管理
供应链管理		
• 库存	• 订单生成	• 采购管理
• 生产布局	• 供应链计划	• 供应商排程
• 产品检查	• 索赔处理	• 代理商
财务管理		
• 总账	• 现金管理	• 应付账款
• 应收账款	• 固定资产管理	
项目管理		
• 成本控制	• 收款	• 时间和费用
• 作业管理	• 可用性	
人力资源管理		
• 人力资源	• 工资	• 培训
• 时间和考勤	• 福利	
客户关系管理		
• 销售与营销	• 佣金	• 客户服务
• 客户接触	• 呼叫中心管理	

图 13.4　常见的 ERP 软件模块

大量的时间。ERP 项目的实施也是组织变革的过程，往往需要软件供应商、管理顾问和企业三方的共同努力。ERP 失败最常见的原因是沟通不足、缺乏培训和激励不当。

专　题

植脂奶油专家的 ERP

维益（Rich）公司对于大多数人来说都很陌生，但是它的产品却和我们的日常生活密切相关。植脂奶油是西点中的关键原料，维益公司是植脂奶油的发明者，也是国际冷冻食品厂商中的领导企业。维益在全球拥有30家工厂，其中苏州工业园区工厂建成于1999年。

维益苏州工厂在投产时已经采用了一款财务软件，包括进销存等日常生产管理功能。不过，早期软件的主要功能是将手工记账转化为电脑记账，进销存模块只覆盖库存和采购，而且数据之间缺乏集成，每到月底往往要花许多时间对账，影响生产计划和成本结算。2006年，维益公司国际部选择 Microsoft Dynamics AX 软件建立 ERP 系统。

新的 ERP 系统的主要优势是生产信息的精确和及时。例如成本分析可以细化到产成品，甚至对订单逐一进行分析。销售人员则通过订单实时跟踪的功能向客户提供及时反馈，提高了客户满意度。管理人员可以将冷库的仓储数据与生产线的计划进行及时分析，从而有效地利用库存。由于维益的客户对产品的保质期非常敏感，新系统还提供了产品过期预警功能，销售部门可以及时掌握关键的时间点。

新的 ERP 系统将订单与税控打印系统实现无缝集成，不仅避免了发票打印环节的操作错误，还将发票号和订单号直接联系起来，从而使得整个生产销售流程可以实现完整的追溯，精确地定位到具体的工单。对于像维益这样的食品行业企业，这一功能是非常重要的。维益食品亚太区董事总经理金久恩说："（在手工操作时代）一旦有产品出现了问题，要查找出问题的环节、产品的原料来源、产品的去向等是相当困难的。"

ERP 系统还可以支持维益的新产品开发。在新的甜点类产品开发过程中，ERP 系统会详细记录相关的数据。当批准生产时，可以结合库存、采购数据和生产线的运行，迅速推算出生产成本和生产计划。

苏州工厂已经成为维益公司在亚洲实施 ERP 系统建设的样板，下一个实施 ERP 的将是越南工厂。

本章小结

1. 信息是经过组织和处理的数据，以一种有意义的方式展示出来。信息的基本作用是支持决策。有效的信息必须准确、及时、完整和相关。

2. 企业获得的信息可以分为原始数据和二手数据。为获得原始数据而进行的调研包括定性研究和定量研究。

3. 管理信息系统是向管理者和员工提供所需要信息以尽可能提高工作效能的系统，目的是保证信息分配的准确和及时。知识管理更注重如何运用数据提高企业竞争力。

4. 管理信息系统的基本功能包括数据收集、数据储存和挖掘、数据更新和数据的呈现。

5. 企业通过内联网提高内部效率，通过互联网改进与供应商和顾客的沟通。企业门户可以为顾客提供整体性的服务，无线互联网应用正在从根本上改变企业的环境。

6. 互联网技术在员工沟通、销售、培训、招聘和财务管理方面放大了管理信息系统的功能。

7. 常见的商业应用软件包括会计软件、客户关系管理软件和 ERP 软件。客户关系软件帮助企业围绕客户的需求组织业务流程。ERP 软件的特点是跨职能和以流程为中心，ERP 的实施是组织变革的过程。

关键概念

信息　信息规则　数据　数据库　原始数据　二手数据　定性研究　访谈法　定量研究　管理信息系统　首席信息官　数据挖掘　数据仓库　内联网　企业门户　ERP

思考题

1. 简述信息规则的利弊。

2. 以超市为例说明有效信息必须满足哪些条件。

3. 假如这家超市想要获得顾客满意方面的信息，应当如何组织定性研究和定量研究？

4. 知识管理如何借助 IT 技术提高企业的竞争力？

5. 数据挖掘可以为企业提供哪些贡献？

6. 举例说明什么是 ERP 的“以流程为中心”特征。

网络练习

登录本校教学（教务）信息系统，回答以下问题：

1. 教学（教务）信息系统包含哪些内容，满足了哪些需求？

2. 教学（教务）信息系统如何提高信息管理的效率？

3. 请提出教学（教学）信息系统改进意见。

开篇案例讨论题

1. 举例说明短信在企业信息管理中可能用途。

2. 为什么短信能够获得如此广泛的使用？

3. 无线信息管理的优点有哪些？

第 14 章

企业的会计信息

本章学习要点

- 理解会计信息的重要性
- 掌握会计过程的含义
- 如何分析资产负债表
- 如何分析利润表
- 如何分析现金流量表
- 掌握基本的财务报表分析技术

中国移动的业务遍布全国，它必须保证自己迅速获得准确的会计信息。

开篇案例

中国移动的会计信息集中

中国移动是中国最大的移动通信运营商，成立于 2000 年，在中国 31 个省份拥有合资子公司，2008 年用户数量超过 4 亿。移动通信服务的特点决定了企业运营和机构设置的高度复杂性和分散性。中国移动的会计核算层次分为总公司、省、地市三级。公司刚刚成立时，各级分公司都有各自不同的会计信息系统，总公司无法获得及时、准确的财务信息，影响到企业的决策。例如，各个分公司的业务中都涉及大量的现金流，而总公司无法通过会计信息系统及时掌握。曾经出现过山西移动的账面上有 15 亿元的富余资金，而内蒙古分公司却还存在 5 亿元资金的缺口，不得不设法融资的情况。

为了实现"一个中国移动"战略构想和成为"移动信息专家"的战略目标，中国移动从 2000 年开始对总部、省、地市三级财务管理体制的突出问题进行调整。会计信息集中和会计信息的标准化是其中一个主要的步骤。

首先，公司在成立之初就统一制定了会计核算、财务报告等会计制度和管理办法，编制了《会计实务手册》，通过标准、统一的制度体系来保证会计信息的真实、准确和客观。

其次，公司还强调财务管理的末端必须与业务流紧密联系，这当然有赖于统一的信息系统的建设。2002 年，中国移动建成 ERP 系统，其中的财务 IT 系统实现了子公司和总公司之间的数据自动传输，大大改进了财务信息的及时性。

在向战略标杆企业沃达丰学习的过程中，中国移动注意到沃达丰在德国的核算中心只有 30 多人，却能够对全德国的通信业务进行会计核算。而中国移动的会计核算一度分散在近 400 个经营单位中独立进行，同一个经济事项，不同核算单位的财务处理经常不一致。既无法保证会计核算标准的统一，也无法控制子公司不透明的会计核算行为。为此，公司从 2006 年开始实施在省级公司的层面进行集中会计核算，包括集中报账、集中支付、资产和工程集中核算以及集中财务报告。在组织架构上，则在各省公司设立财务核算中心，将财务管理和会计核算进行分离。这样，所有的子公司将共享同一个财务核算平台。

IT 系统的建设为集中核算提供了保障。例如，报账平台可以将分散在各地市（县）的业务信息通过规范载体传递至省公司核算中心，报账平台包括了 37 类报账单的模板，模板规定了必须提供的信息。通过报账模板还建立了业务活动和会计科目的自动映射关系，这样大部分的业务活动都能够在 ERP 系统中自动生成会计凭证，直到自动生成财务报表，减少了人为判断的差错，极大地提高了会计核算的准确性。财务信息系统实现了"一点录入，全程使用"，减少了手工操作和重复录入，有效地提高了管理效率。

在实施会计集中核算之后，中国移动的会计核算单位从近400个减少到30多个。信息的及时性、准确性、可比性、规范性都大大提高，为管理决策提供了有力的支持。中国移动是上市公司中报表披露时间最早的公司之一，反映出公司高效的会计核算管理水平。

像案例中介绍的中国移动公司一样，在现实生活中，企业的管理人员和董事会依赖会计信息作出企业经营决策，而投资人和利益相关人则依赖会计信息掌握企业的经营情况并作出相应的投资决策和其他决策。本章首先说明会计信息的重要性，然后介绍管理人员和投资人如何使用会计信息。接下来我们介绍会计处理的过程和会计系统的基础要素，我们还会介绍三张主要的会计报表，最后讨论用于衡量企业财务健康水平的一些比率关系。

14.1 会计信息的重要性

会计的定义

会计（accounting）是指系统性地收集、分析和报告财务信息的过程。会计活动是企业经营的基本需要，没有会计活动，企业将无法了解自己的赢利水平、应当缴纳的税收和现金状况。会计活动不仅可以帮助企业了解过去的经营状况，还可以帮助企业作出未来的决策。因此，会计活动是企业内部最重要的职能之一。

另一方面，会计知识有其特殊性和专业性，而难以从日常生活和工作中获得。作为消费者，我们从自己的经验中可以获得营销方面的知识。作为社会中的成员，我们在日常生活和工作中也多少接触过一些管理学的概念和方法。但是，许多人对会计知识却一无所知。会计信息在企业经营中的重要性要求作为现代企业经营者，必须掌握阅读、理解和分析会计报告和财务报告的技能。投资者和其他与企业经营有相关利益的人士同样需要具备基本的会计知识。

会计活动是一个系统性的过程。在这个过程中，会计人员首先要记录财务活动，包括销售、购买等各种发生资金变动的活动。接下来，会计人员将这些活动进行归类，例如将购买归入一类而将销售归入另一类。最后，经过分析和整理的会计信息以财务报表的形式呈现给管理者、金融机构、投资者和政府用于决策。图14.1对会计系统进行了描述。

输入：会计录入	处理	输出：财务报表
销售账户 购买账户 运输费用账户 人工费用账户 银行账户 差旅费用账户 娱乐费用账户	会计分录：日记账 记录分类账 账目汇总	资产负债表 利润表 现金流量表

图 14.1　会计系统

会计信息的使用者

管理者、员工、贷款人、供应商、利益相关人和政府机构都依赖会计信息作出自己的决策。会计信息的结果通常体现为三张报表：资产负债表、利润表和现金流量表，它们简要地汇总了企业在一定期间的活动。会计报表可能是非常扼要的，成千上万宗交易被简化为短短几行数据。会计报表同时还是标准的，无论你经营的是小型企业还是大型的上市公司，只要遵循《企业会计准则》的要求，报表的形式都是一样的，这也为企业间会计信息的对比提供了条件。

如前所述，会计信息可以在企业内外得到各种运用。但是，会计信息首先是企业管理的工具。会计信息可以提供企业经营活动的全面报告，包括每一种产品、每一家工厂、每一地区和每家店面，还可以反映不同部门的运营状况。例如，像联想这样的大型企业的高层管理者需要随时掌握全球不同地区、不同产品的销售和成本情况，及时进行产品开发、生产设施和人力资源的调整。同时，它的各个部门还会对会计信息提出不同的要求。例如，营销部门的信息需要可能和生产部门与研发部门不同，企业的会计部门应当保证其他部门需要的信息都能够从会计信息系统中获得。

上述信息绝大多数属于内部信息，仅限于管理层和员工使用。企业同时还有义务向其他组织、人员和政府机构披露会计信息，包括贷款人、股东和政府机构。图 14.2 描述了会计信息使用者以及他们如何使用信息。

管理层	贷款人和供应商	股东和潜在投资人	政府机构
规划和目标设定 组织 领导和激励 运营和结果控制	贷款人通常会要求申请贷款的企业提供财务报表 提供贸易信贷的供应商也会要求企业提供财务报表	关心企业的财务健康 关注自身投资的风险	确认企业应纳税款 税收减免和返还 批准发行债券和股票

图 14.2　会计信息的使用者

会计的类别

在会计行业内也有专业分工，通常认为会计专业可以分为两类：管理会计和财务会计。

管理会计（managerial accounting）为管理者和员工提供企业融资、投资和运营活动决策所需要的信息。管理者和员工依据管理会计提供的信息判断过去一段时间的经营状况并对未来的经营作出预测。管理会计信息包括企业生产、营销和其他部门的费用分析，预算的编制（计划），检查各部门的预算执行情况（控制），以及对企业的税收筹划。

财务会计（financial accounting）为组织外部人士提供财务报告和报表。股东、财务分析人员、银行、贷款人、供应商、政府机构和其他利益群体都依赖财务会计的信息来判断企业的经营状况、是否实现了预定目标和未来的潜力。财务信息通常以季度报告、年度报告的形式呈现。

除了上述两种主要的类别之外，会计专业还包括：

- **成本会计**（cost accounting）提供企业生产具体产品或服务的成本的信息。
- **税务会计**（tax accounting）是为企业制定税务策略和税收返还的会计业务。
- **政府会计**（government accounting）是用于保证税收收缴和使用的基本会计服务。政府需要向民意代表、公民、政府债券购买者披露资金的使用及其正当性。
- **非营利组织会计**（not-for-profit accounting）是用于非营利组织管理收入、捐赠和支出的会计活动。慈善机构、民办教育组织、工会等机构都聘用会计人员来记录和报告资金的获得和使用情况。

审　计

审计（audit）是对企业财务报表和会计作业正当性所进行的评估和检查。审计是一种监督机制，目的是为了保证企业财务报表按照适用的会计准则和相关会计制度的规定编制。审计主要可以分为内部审计和外部审计。内部审计由企业内部的审计人员进行，外部审计也称独立审计，由注册会计师按照国家规定的会计审计准则进行审计。只有注册会计师才有资格出具独立审计的审计意见。在我国，国有企业、外商报资企业和股份制企业的年度会计报表必须接受审计。例如，我国上市公司的年报都必须经过注册会计师审计才能发布。

审计报告是指注册会计师对审计对象会计报表中所反映的财务状况、经营成果和资金变动情况是否合法、公允、一贯发表的审计意见。由于注册会计师是以独立第三人的身份进行审计，其结果可信程度高，政府、监管部门、股东和供应商等利益相关人往往依赖审计报告作出相应的决策。注册会计师在审计报告中发表的审计意见包括 4 种类型：（1）无保留意见；（2）保留意见；（3）否定意见；（4）无法表示意见。

会计职业

在许多人的心目中，会计师的工作就是在门禁森严的办公室里面登记账簿、加减数字。事实上，会计师的工作在今天不仅仅是保证账目清晰，他们还越来越多地承担与组织管理者和员工进行沟通、分享信息、参与决策的工作。同时，他们的工作与公众利益的关系也变得越来越密切。

根据工作的性质，会计师分为私人会计师和公共会计师。企业、政府机构或非营利组织雇用的会计师称为私人会计师（private accountant）。企业和其他组织雇用私人会计师是希望自己的财务资料能够得到准确的记录，私人会计师还有助于企业保守财务机密。但是，并不是所有的组织和个人都需要专门聘用自己的会计师，他们也可以选择从会计师事务所购买会计服务。向个人和组织提供会计服务的会计师称为公共会计师（public accountant）。公共会计师可以提供记账和报税服务，还可以提供帮助企业设计财务系统、挑选财务软件、协助企业分析财务状况等会计咨询和管理咨询服务。

有一类特殊的公共会计师称为注册会计师。**注册会计师**（certificated public accountant）是依法取得注册会计师证书并接受委托从事审计和验资、会计咨询、会计服务业务的执业人员。注册会计师资格的取得必须符合一定的条件并通过严格的考试。只有注册会计师才有资格出具独立审计报告，审计业务是注册会计师的主要业务。

14.2 会计过程

记 账

记账（bookkeeping）是指对企业的商业交易进行记录。在记账时，会计人员首先根据交易的类型将原始凭证（交易的书面证明）进行分类，例如销售凭证、差旅报销凭证、采购凭证等，然后根据原始凭证制作记账凭证，再记录日记账。**日记账**（journal entry）是一种记账账簿或计算机程序，按商业交易发生的顺序对反映原始凭证的记账凭证逐笔进行记录。在进行记录时，人们很容易发生记录错误，例如 22.57 元可能记录为 22.75 元。因此，在记账时要将同一笔交易分别记录到两个相反方向的账目中，在最后核算时将每个方向上的记录汇总以核对总数是否一样。如果不一样，就要检查在记账过程中是否出现错误。这种将每笔交易分别记录到两个（或两个以上）相反方向的账目中的记账方法称为**复式记账法**（double entry bookkeeping）。

企业可能发生大量的不同类型的交易，为了便于查询、汇总和分析，需要建立分类账。**分类账**（ledger）是一种专门的会计账簿或计算机程序，将日记账中的信息进行分类和记录，从而在需要时可以方便地查询。比如企业可以设立有关原材料交易的分类账，分类账可以反映原材料的来源、品种、进出数量等信息。分类账是企业汇总会计信息、制作会计报表的前提。

会计恒等式

会计工作的一个重大挑战是如何将大量具体的会计数据加工组合为有意义的信息，供管理者、投资人和政府机构决策使用。在会计过程中，我们需要确立一些基本的原则来指导会计作业，其中最首要的原则就是会计恒等式。会计恒等式（the accounting equation）描述了企业资产、负债和所有者权益之间的关系，是整个会计过程的基础。

- **资产**（assets）是企业所拥有的资源，例如现金、设备、不动产等。
- **负债**（liabilities）是企业的债务，代表着未来的偿付。
- **所有者权益**（owner's equity）是企业资产与负债的差额，也就是如果将企业资产出售并偿付负债后所有者剩余的部分。

会计恒等式的数学表达式为：

资产 = 负债 + 所有者权益

例如，根据万科公司 2008 年年报，万科总资产为1 192亿，负债为 804 亿，所有者权益为 388 亿。将这三个数字代入上式，可证等式成立。不论性质、规模如何，任何企业的会计报表都必须符合会计恒等式。从可口可乐、中国移动到只有 3 张桌子的快餐店，它们的会计报表都要符合会计恒等式。前面介绍过复式记账法要求每一笔交易在记录时登记到两个或两个以上不同方向的账目中去，会计恒等式为这种记账方法提供了最根本性的原则。每一笔交易都至少在资产方和负债 + 所有权方记录一次以上，最后当进行汇总时，等式两边的数额必须相等。组织的会计活动是以会计恒等式为依据，运用复式记账法，经过会计循环，形成会计信息和财务报表。

会计循环

通常情况下，将原始数据转化为财务报表需要经过 5 个步骤：

- **分析原始凭证**。原始凭证（source documents）包括发票、收据等反映和证明交易活动的书面文件。会计循环的第一步是对这些凭证进行分析，判断它们将会影响到哪些账户。
- **记录交易**。每一笔交易都必须记录到日记账中，也称为会计分录（accounting entry）。
- **记录分类账**。根据日记账的结果将交易登记到分类账。
- **试算平衡**。试算平衡（trial balance）是指将所有分类账的余额进行加总，检验数据是否正确和平衡。如果试算的结果不能平衡，则表明之前的记账有错误，需要通过检查找出错误。试算平衡是编制财务报表的前提。
- **准备财务报表**。企业财务报表（financial statement）是将来自试算平衡的信息以标准的格式呈现出来，让利益相关方（管理层、投资者、政府机构等）尽可能方便地了解企业财务状况。我国企业必须按月向税务部门申报财务报表，财务报表是企业年报的基础资料。年报（annual report）是向股东和其他利益相关群体发布的、描述公司在上一年度内经营活动和财务状况的书面报告。股份制企业必须按证券交易所的规定向公众发布年报，其他企业根据法律的规定和公司章程制作和发布年报。

在财务报表编制完成后，企业在这一会计期间的所有账目都要结账，然后开始下一个会计循环。计算机技术的发展为会计活动带来了巨大的变化，今天，会计循环中的所有工作都可以在计算机上借助进行，检查和试算的效率也极大地提高了。

14.3　资产负债表

企业的财务报表主要包括资产负债表、利润表、现金流量表和所有者权益变动表***。对于任何企业，财务报表中内容的设置和处理必须遵循财政部2006年发布的《**企业会计准则**》。我们主要介绍前三张表，从资产负债表开始。

什么是资产负债表

如果想了解一家企业的总资产，需要偿付多少债务和股东拥有多少资产，你可以阅读资产负债表。**资产负债表**（balance sheet）是以金额表示的某一会计期末企业

---

* 我国企业需要申报资产负债表、利润表、现金流量表、所有者权益变动表和报表附注，通称“四表一注”。

** 所有者权益变动表（Statement of stockholders equity）也称股东权益变动表，是指反映构成所有者权益的各组成部分当期的增减变动情况的报表。所有者权益变动表解释在某一特定时间内，股东权益如何因企业经营的盈亏及现金股利的发放而发生的变化，是说明管理阶层是否公平对待股东的最重要的信息。

的资产、负债和所有者权益数据的汇总*。根据会计恒等式，资产负债表中所报告的资产必须等于负债加所有者权益。表14.1是上市公司万科公司2008年年报中发布的资产负债表，不过要理解资产负债表的含义，我们还需要学习一些基本的概念。为了对比说明，我们在分析时还将讨论另一家上市公司贵州茅台的相关数字。

表14.1

万科公司2008年度资产负债表（根据公司年报整理）

报表日期	2008－12－31
流动资产：	
货币资金	19 978 285 930
交易性金融资产	
应收票据	
应收账款	922 774 844
预付款项	3 160 518 999
其他应收款	3 496 096 906
存货	85 898 696 525
流动资产合计	113 456 373 204
非流动资产：	
长期投资	2 851 537 930
固定资产	1 265 332 766
在建工程	188 587 023
长期待摊费用	25 268 165
递延所得税资产	1 449 480 633
非流动资产合计	5 780 206 517
资产总计	119 236 579 721
流动负债：	
短期借款	4 601 968 333
交易性金融负债	1 694 880
应付票据	
应付账款	12 895 962 837
预收款项	23 945 755 140
应付职工薪酬	517 762 853

* 为会计核算而将连续的企业经营活动人为划分为相等的区间，称为会计期间，通常与公历年一致。财务报表反映会计期间期初与期末数据的变化。

（续表）

应交税费	-861 985 123
应付利息	219 884 035
其他应付款	9 968 304 371
一年内到期的非流动负债	13 264 374 577
流动负债合计	64 553 721 903
非流动负债：	
长期借款	9 174 120 095
应付债券	5 768 015 997
预计负债	41 729 468
递延所得税负债	867 797 927
其他非流动负债	12 644 850
非流动负债合计	15 864 308 337
负债合计	80 418 030 240
所有者权益（或股东权益）：	
实收资本（或股本）	10 995 210 218
资本公积	7 853 144 320
盈余公积	6 581 984 978
未分配利润	6 461 585 746
归属于母公司股东权益合计	31 891 925 262
加：少数股东权益	6 926 624 219
所有者权益（或股东权益）合计	38 818 549 481
负债和所有者权益（或股东权益）总计	119 236 579 721

资　产

在资产负债表上，资产部分在前，负债部分在后，最后是所有者权益。资产按流动性高低顺序排列。资产的流动性（liquidity）指的是资产转变为现金（变现）的容易程度。例如，国债、股票和房产都是资产，但它们的流动性却是由高到低各不相同。资产部分分为流动资产和非流动资产。

流动资产。流动资产（current asset）是指可以在一年以内变现或使用期在一年以内的资产。在资产负债表上记录流动资产时，首先列出的是现金（货币资金），它的流动性最大。其次是可交易的证券，包括股票、债券等，也称为交易性金融负债，它们可以在很短的时间里转变为现金。

接下来的是应收票据和应收账款。应收票据（bills receivable）是企业持有的尚未到期的商业票据（由银行保证支付的称银行承兑汇票，由企业保证支付的称商业承兑汇票），通常期限较短（多数为 30 天）。企业的应收账款（account receivable）是指购买企业产品和服务的客户尚未付款的部分。在经营中往往会出现应收账款期限不等的情况。出于谨慎的原则，有时企业会估计到应收账款中有些可能无法收回（坏账），特别是期限较长的部分。在这种情况下，企业可能会对总金额给出一个折扣，称为坏账准备。据年报披露，万科公司的坏账准备是 1.57%。预付款项和预付费用是指预先支付货币而尚未使用的资产，例如预交的费用和购买原材料以及在建工程的预付款。其他应收款是除了上面三项之外企业的应收和暂付项目。

存货（inventory）是企业手中持有的、准备出售的产品的价值。万科的存货包括土地、在建设开发产品和已经开发完成的房产，占总资产的70%以上。处于另一产业的贵州茅台的存货主要是不同年份、不同品种的茅台酒，占总资产的20%。

非流动资产。非流动资产是流动资产之外的资产，主要包括长期应收款（期限较长、带有融资性质的应收款）、长期投资（持有期限在一年以上的投资，包括长期股权投资和投资性房地产）、固定资产、无形资产等。在建工程、长期待摊费用和递延所得税资产也是可以列入非流动资产的项目，在此不作详细介绍。在非流动资产部分，我们重点介绍固定资产和无形资产。

固定资产（fixed asset）是持有或使用时间在一年以上的有形资产，通常是指土地、建筑和设备等。企业自有的房产，制造业企业的生产设备，服务行业的专用设备，批发和零售企业的仓库、车船、办公家具都是固定资产的例子。

固定资产的特征之一是折旧。**折旧**（depreciation）是指在固定资产使用期间所分摊的成本。常用的折旧方法是平均年限法。如果某个车辆的使用期间是 5 年，那么每一年这个车辆的价值实际上就会减少 20%。不同的企业固定资产的比例差别很大，万科的固定资产只占总资产的 1%，贵州茅台的固定资产（主要是生产设备、厂房，包括驰名的酒窖）则占总资产的 15%。这主要是因为万科在开发住宅时使用的固定资产可以由建筑商承包或租赁，而茅台却需要用自己的设备来进行生产。

无形资产（intangible asset）是没有实体形态而有价值的资产。在我国，土地使用权、专利权、商标和版权、特许经营权和非专利技术、技术开发都可以列入无形资产。万科公司没有列出无形资产，贵州茅台列出的无形资产接近 2.6 亿元，这反映了公司认为自己的资产超过实体资产的部分。

负债与所有者权益

负债。负债可以分为流动负债和非流动负债。

流动负债（current liabilities）是一年内将要偿付的债务。其中短期借款是指偿付期限在一年以内的借款。应付账款（account payable）是指应当于短期内支付的购买费用。应付票据（notes payable）是指企业为购买商品和服务开出的、承诺支付的商业票据（由企业或银行保证支付）。此外，预收款项是由客户预先支付的部分货款，万科和贵州茅台的预收款项相当高，显示企业产品受到市场的欢迎。应交税费是指应当支付而尚未支付的税费。其他应付款是指不能列入上述三项的应付和暂收（交易性金融负债不作介绍）。

住宅销售往往采取预付的方式，从资产负责表上的数据看，万科的预收款在总付债中占很高的比例，这主要来自购房人的预付。

非流动负债是指流动负债以外的负债，通常是指不需要在一年内偿付的负债。非流动负债包括长期借款（期限在一年以上的银行或其他金融机构贷款）和债券，也就是长期借款和应付债券。万科的长期借款和债券数额很大，显示房地产公司开发项目时需要大量借入资金。贵州茅台则没有非流动负债，表明它的自有资本充足，无需借债就可以保持经营。其他可以列入非流动负债的项目还包括长期应付款、预计负债、递延所得税负债、其他非流动负债，在此不作介绍。

所有者权益。所有者权益（owner's equity）是股东所拥有的对企业资产的权益。它由两部分构成：一是实收资本和资本公积；一是留存收益。实收资本是股东向企业的投资，资本公积是指实收资本之外的增加部分。留存收益（retained earnings）包括盈余公积和未分配利润，后者是指企业利润中未分配给股东的部分。留存收益来自企业的利润，这一数据反映着企业过去的赢利情况，留存收益为负意味着股东权益的减少。行业不同，所有者权益在所有者权益与负债中的比例差别可能很大，万科的这一比例为33%，而贵州茅台则高达80%。

最后，再次强调资产负债表中所体现的会计恒等式的有效性，即资产等于负债加所有者权益。

14.4 利润表

如果想了解一家企业的盈亏情况，可以看一看其利润表。利润表（income statement）是以金额表示的企业在一定会计期间内的收入和费用情况的汇总。收入和费用的差额即企业的利润或亏损（如果差额为负）。表 14.2 是万科 2008 年的利润表，为了理解利润表的含义，我们还需要了解几个基本概念。

表 14.2

万科 2008 年利润表（根据公司年报整理）

报表日期 2008－12－31	
一、营业收入	40 991 779 215
减：营业成本	25 005 274 465
营业税金及附加	4 533 872 995
销售费用	1 860 350 084
销售代理费用及佣金	937 473 861
品牌推广费用	405 058 888
其他	517 817 335
管理费用	1 530 799 166
财务费用	657 253 346
资产减值损失	1 268 113 233
加：公允价值变动收益	19 262 232
投资收益	209 411 394
二、营业利润	6 364 789 552
加：营业外收入	57 455 150
减：营业外支出	99 959 076
三、利润总额	6 322 285 626
减：所得税费用	1 682 416 473
四、净利润	4 639 869 153
其中：归属于母公司所有者的净利润	4 033 170 028
少数股东损益	606 699 125

收　入

收入（revenues）是指企业销售产品和服务或从事其他经营活动所获得的金

额。万科的收入来自出售房产和提供物业服务，贵州茅台的收入主要来自销售白酒产品。总收入（gross sales）是指在本会计期间企业销售所有产品和服务所获得的总金额。在分析总收入时需要考虑以下因素：

- **退货**：客户退回企业的产品或服务的价值。
- **销售折让**：愿意购买略有缺陷的产品或服务的客户所享受的价格折让。
- **销售折扣**：向及时付款的客户提供的价格折让。

总收入减去以上三项即为净收入（net sales），在万科的利润表中，第一行“营业收入”就相当于净收入。

销售成本

销售成本（cost of sales）是指企业销售产品或提供服务的成本。销售成本一定是与收入相配比的，不论企业在生产产品和提供服务时耗费了多少成本，在利润表中出现的只能是同已经销售的部分相配比的那部分成本。在万科的报表中，营业收入项下的营业成本就相当于销售成本。注意，万科的营业成本占营业收入约 60%，同期一汽轿车的这一比例为 80%，而贵州茅台的这一比例只有 10%，由此可以看出行业和产品的显著差别。净收入与销售成本的差称为毛利（gross profit），毛利反映企业产品和服务的创利能力。

专　题

税收常识

企业经营涉及多种税收活动，下面是一个简要介绍：

税　种	简要说明	纳税人	税　率	法　律
企业所得税	对企业经营利润征收的税	境内企业	25%	《企业所得税法》
增值税	对企业经营过程中商品或劳务增值部分征收的税	按企业的规模分为一般纳税人和小规模纳税人	17% 13% 3%	《增值税暂行条例》
营业税	对企业提供劳务、出售无形资产和销售不动产收入征收的税	从事应税业务的境内企业	3% ~20%	《营业税暂行条例》
消费税	对某些消费品和消费行为（烟、酒、化妆品、珠宝、小汽车等）征收的税	某些境内企业	3% ~45%	《消费税暂行条例》

经营费用

经营费用（operating expenses）是销售成本之外的所有经营成本，主要包括销售费用、管理费用和财务费用。销售费用（selling expenses）是企业营销活动发生的费用，例如销售人员的工资和费用、广告和营销物料消耗。管理费用是指管理企业和维持企业经营所发生的费用，例如行政人员工资、折旧、保险、租金等。经营费用是反映管理层经营水平的重要指标，这是因为费用的减少可以直接对利润作出贡献，但企业也要注意不要因为强调降低费用而导致竞争力不足。在企业内部财务报表中，这一部分会列出非常详细的数据，让管理者能够分析费用在不同部门或业务间的分配以及变动的趋势，从而对费用的控制作出安排。财务费用是指企业筹集资金所发生的费用。其他项目包括资产减值损失、公允价值和投资收益，在此我们不作详细介绍。

营业利润和净利润

营业利润是营业收入减少去销售成本（营业成本）和各项费用之后的数值再加上投资收益。营业利润反映了公司业务活动的赢利能力。营业外收支是指与企业经营活动无关的收入或支出，例如资产盘点中的增加或亏损，具有偶然性。将营业外收支包括在内的利润值为利润总额。净利润（net profit）是利润总额减去所得税之后的余额。净利润是企业真正可以用于分配的利润。净利润可能为正，也可能为负（亏损）。

14.5 现金流量表

充足的现金是企业持续经营的前提，无论是内部管理还是外部投资人、供应商和员工都很关心企业的现金状况。现金流量表（statement of cash flows）报告企业在会计期间中的经营、投资和筹资活动如何影响它的现金余额。表 14.3 是万科 2008 年的现金流量表。

现金流量表反映了公司付出或收入现金的信息，它主要围绕三项活动进行计算：经营、投资和筹资。

- **来自经营活动的现金流量**。这是现金流量表的第一部分，其中现金流入部分列出了公司主要的现金来源，也就是销售产品和提供服务获得的收入。现金流出的部分则是支付给供应商、员工的费用和税费支出。现金流入减去现金流出得到来自经营活动的现金流量。

表 14.3

万科 2008 年现金流量表（根据公司年报整理）

报表日期　2008－12－31	
一、经营活动产生的现金流量：	
销售商品、提供劳务收到的现金	42 783 256 973
收到的其他与经营活动有关的现金	1 478 587 996
经营活动现金流入小计	44 261 844 969
购买商品、接受劳务支付的现金	30 218 067 735
支付给职工以及为职工支付的现金	2 319 451 075
支付的各项税费	7 863 126 723
支付的其他与经营活动有关的现金	3 895 351 266
经营活动现金流出小计	44 295 996 799
经营活动产生的现金流量净额	－34 151 830
二、投资活动产生的现金流量：	
收回投资和取得投资收益所收到的现金	1 116 738 573
处置固定资产、无形资产和其他长期资产收回现金净额	5 687 794
处置子公司及其他营业单位收到的现金净额	3 547 677
收到的其他与投资活动有关的现金	298 441 056
投资活动现金流入小计	1 424 415 100
购建固定资产、无形资产和其他长期资产所支付的现金	215 283 734
投资所支付的现金	1 366 213 600
取得子公司及其他营业单位支付的现金净额	2 687 055 198
投资活动现金流出小计	4 268 552 532
投资活动产生的现金流量净额	－2 844 137 432
三、筹资活动产生的现金流量：	
吸收投资收到的现金	472 936 459
取得借款收到的现金	14 325 980 946
发行公司债券收到的现金	5759981650
筹资活动现金流入小计	20 558 899 055
偿还债务支付的现金	11 690 595 100
分配股利、利润或偿付利息所支付的现金	3 001 963 333
筹资活动现金流出小计	14 692 558 433
筹资活动产生的现金流量净额	5 866 340 622
四、汇率变动对现金及现金等价物的影响	－56 270 014
五、现金及现金等价物净增加额	2 931 781 346
加：期初现金及现金等价物余额	17 046 504 584
六、期末现金及现金等价物余额	19 978 285 930

- **来自投资活动的现金流量**。这是指围绕购买土地、不动产、设备和其他金融投资而发生的现金变动情况，还包括购并活动所引起的现金流的改变。
- **来自筹资活动的现金流量**。这一部分报告了债务和所有者权益变动所导致的现金变动情况，具体来说则包括贷款和偿付、股票的销售或回购以及现金股利的发生情况（汇率变动的影响在此不做介绍）。

将上述三项活动带来的现金变动加总，再加上期初的现金余额，就得到期末的现金余额。请注意这个数值与万科资产负债表中资产第一项“货币资金”是等值的。

大部分发达国家的统计数据显示，每五家破产倒闭企业，有四家是赢利的，只有一家是亏损的。可见，**企业主要是因为缺乏现金而倒闭，而不是因为赢利不足**。现金流分析对于企业，特别是小企业，具有特别的重要性。即使一家企业销售和利润状况都很好，它仍然可能会发生现金不足的问题。例如，为了满足客户的要求，企业购入或生产出越来越多的产品品种，这意味着企业为此消耗大量的现金，在实现销售或收回款项之前企业即可能因为现金不足而无法运营。表现在现金流量表中就是来自经营活动的现金流量呈现很大的负数，企业会在本会计期间耗尽期初看上去为数足够的货币资金。同样，如果企业给予客户慷慨的账期，也可能导致自己现金不足。生产和销售季节性产品或服务的企业也需要特别关注现金流分析，提前进行筹资的准备（银行贷款或短期票据），从而保证自己在需要现金的时候（例如假期销售旺季）不至于因为现金不足而影响经营。

在分析财务报表时，还要注意不同报表在时间含义上的区别。资产负债表反映的是企业在某一时间点上的资产、负债和所有者权益，而利润表和现金流量表反映的则是企业在一定会计期间的利润和现金变动的情况。将资产负债表、利润表和现金流量结合起来，可以分析一家企业过去经营决策的成绩，了解企业偿付债务的能力以及未来增长的潜力。

专　题

会计准则

会计作业是以企业为单位自行组织的，不同的企业依据自身的经营特点在会计作业中会有不同的关注点和兴趣。但会计作业的结果同时具有广泛的社会性，影响到企业股东、管理层、员工、投资人、贷款人、供应商、政府机构、审计人员等机构和个人的决策。这就要求企业的会计作业在保持企业自身特点的同时体现出规范性，会计准则就是规范企业会计作业的依据。

在一般的意义上，会计准则（accounting standard）是关于如何计量会计报表中的项目、哪些项目必须报告以及会计报表格式的一系列具体规定。它的目的在于为会计作业提供一个公允、合理的基础，便于不同时期、不同主体之间的会计比较。具体而言，会计准则是指各国的会计实践中遵守的一系列具体的会计准则文件。在我国，企业会计准则是由财政部制定、强制执行的行政法规，最新的修订时间是 2006 年，也就是通常所说的新准则。

会计准则为企业会计作业提供了具体的说明。例如，在基本准则中规定了资产和负债的定义，以及企业必须制定的会计报告的类型。在具体准则中对需要澄清的问题作了进一步的规定。例如，《企业会计准则——收入》对利润表中的“收入”作出了定义，规定了如何确认商品收入和劳务收入以及如何计量收入。注册会计师在出具审计报告时的依据也是会计准则。

从国际上看，影响最大的会计准则是美国的公认会计准则（GAAP）和得到欧盟承认的国际会计准则委员会制定的国际会计准则（IAS）。在企业全球化的影响下，国际会计准则出现了明显的趋同趋势。

14.6　财务报表分析

财务报表分析的主要目的是判断企业的经营状况、赢利能力、投资价值、偿还债务的能力。为了提高分析的效力，我们还可以将同一家企业不同会计期间的报表进行对比，以及将本企业的数据同其他企业进行对比分析。

与不同会计期间的数据进行对比

企业年报是了解企业经营的一个重要信息来源，上市公司必须按规定发布年报。企业年报中包含着有关企业经营活动的大量数据，反映了企业过去的经营水平和当前的财务状况。在阅读企业年报时，可以尝试注意以下的 5 个方面：

- 先看企业的利润表，可以了解企业目前是处于赢利还是亏损。
- 再看董事长或 CEO 致辞，注意他们对企业当前经营状况的分析、企业未来发展的计划、新产品和服务、企业的财务状况以及其他问题。
- 将企业当前的资产负债表、利润表和之前的进行对比，注意收入、成本和费用的变化趋势。
- 留意年报的**附注**，其中可能“隐藏”有关企业财务的重要信息。例如与关联企业之间的往来情况。
- 掌握计算一些重要的财务比率的方法。

公司年报中通常会提供以往数据供对比分析。上市公司网站上通常提供各年度的年报（通常在投资者关系栏目中）。图 14.3 列出了万科公司几个财务数据的对比，包括营业收入、营业利润、销售费用和管理费用。从这些数据中，我们会注意到，2008 年万科销售上升，但利润却出现下降。销售费用增加很快

（说明为了实现同样的销售必须付出更多的费用），管理费用则控制较好（说明企业内部管理水平较高）。根据万科 2008 年年报中的解释，营业利润的减少是由于营业成本的增加和计提存货跌价准备（由于存货价值可能大幅下降，预先用减少计算利润的方法反映这一风险），反映了 2008 年房地产泡沫破裂后企业受到的影响。

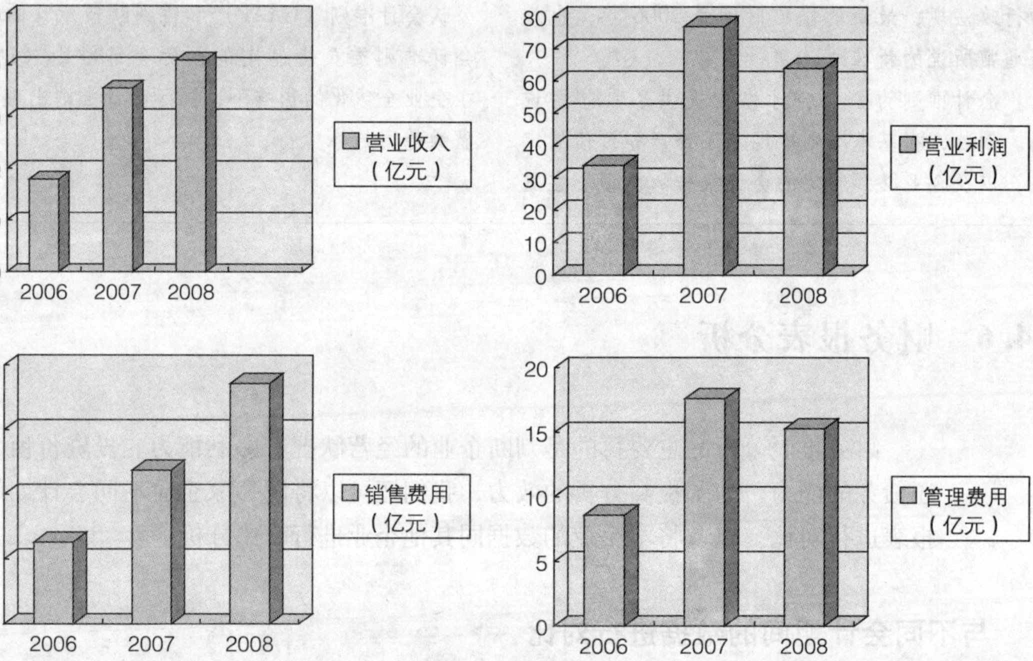

图 14.3　万科公司几项财务数据的三年对比

如何与其他公司进行对比

不同产业的经营环境差别很大，通常财务数据的对比是在同行业的企业之间进行。尽管不同企业在会计处理中可能略有不同，但由于会计业务在总体上受财政部发布的会计准则的指导，因此各家企业之间的数据是可以进行对比的。不同国家间会计制度差别很大，在进行跨国对比时必须进行必要的调整。财务数据的对比有助于管理者和投资者了解本企业的经营在同行业中处于什么水平，在哪些方面拥有优势，而在哪些方面存在问题。

另一种分析公司财务数据的方法是进行财务比率分析。**财务比率**（financial ratio）是指财务报表中两项要素之间的比率关系。重要的财务比率包括赢利能力比率、短期负债比率、运营资产比率、资产负债率等。在分析这些比率时，不仅要注意比率的数值，还要注意比率的变化，并同其他公司或竞争对手进行对比。下面我们以万科的财务报表为例进行一些比率分析。

赢利能力比率

账面上有赢利的公司未必是经营良好的公司，我们需要更深入的数据才能了解公司是否在有效地经营。以下比率可以帮助认识我们认识企业的赢利能力。

销售利润率。销售利润率（return on sales，也称净利润率，profit margin），是税后净利润除以净收入的比率。以万科为例：

$$销售利润率=\frac{净利润}{净收入}=\frac{46\ 亿}{410\ 亿}=0.113，或\ 11.3\%$$

销售利润率反映企业将销售收入转化为赢利的能力。与同一产业内的企业的平均水平相比，这一比率越高，说明企业产品的赢利能力越强。提高销售利润率的方法包括增加销售、减少费用。

所有者权益报酬率。所有者权益报酬率（return on owner's equity，ROE），也称净资产收益率，是税后净利润除以所有者权益的比率。以万科公司为例*：

$$所有者权益报酬率（ROE）=\frac{净利润}{所有者权益}=\frac{40.3\ 亿}{318.9\ 亿}=0.126，或\ 12.6\%$$

所有者权益报酬率从总体上反映股东权益创造利润的能力。所有者权益报酬率越高，对股东越有利。提高所有者权益报酬率的方法包括增加销售、减少费用、减少资本投入、增加借入资本。

短期财务比率

短期财务比率可以帮助管理者（或贷款人）评估企业支付流动负债的能力。在讨论短期财务比率时，我们还要用到营运资本的概念。

营运资本。营运资本（working capital）是流动资产和流动负债的差。以万科公司为例：

$$营运资本=流动资产-流动负债=1\,135\ 亿-646\ 亿=489\ 亿$$

营运资本反映企业流动资产支付所有流动负债后剩余的部分。显然，营运资本的准确计算取决于企业对流动资产和流动负债的确认原则。通常情况下需要考虑企业的类型、以往的经验和所在产业的性质。如果企业营运资本太低，可能需要借款才能维持运营。

流动比率。流动比率（current ratio）是流动资产除以流动负债的比率。以万

* 这一计算公式的结果是全面摊薄净资产收益率，另一种方法是加权平均净资产收益率。

科公司为例：

$$流动比率=\frac{流动资产}{流动负债}=\frac{1\ 135\ 亿}{646\ 亿}=1.76$$

流动比率高表明企业表示企业偿付短期债务的能力较强。企业可以通过减少流动负债、减少股利、要求股东增加现金投资等方式提高流动比率。

速动比率。速动比率（quick ratio），也称酸性测试（acid test ratio）比率，是计算企业（运用现金、可交易证券和应收账款）快速偿付流动负债的能力。酸性测试比率的计算是用现金、可交易证券和应收账款之和除以流动负债。与流动比率相比，酸性测试的分子减掉了存货和其他流动资产，因为这些资产转变成现金的速度较慢。以万科公司为例：

$$速动（酸性测试）比率=\frac{现金+可交易证券+应收账款}{流动负债}=\frac{292\ 亿}{646\ 亿}=0.45$$

有些财务比率随行业的不同差别很大，不能一概而论。但是，酸性测试比率却与行业的性质无关。不论是什么样的企业，酸性测试比率的理想值都是 1.0。万科公司的酸性测试比率显著低于理想值，说明公司存在短期负债的偿付风险。提高酸性测试比率的方法是减少流动负债、减少支付股利，或从股东处寻求现金投资。

营运能力比率

营运能力比率（activity ratios）用于评估企业应收账款的回收速度和销售存货的速度，这实际上是企业经营水平的表现。

应收账款周转率。应收账款周转率（account receivable turnover）是一年内回收应由账款的次数。它的计算公式是净收入（营业收入）除以应收账款平均余额。以万科公司为例：

$$应收账款周转率=\frac{净收入}{应收账款平均余额}=\frac{355\ 亿}{8.6\ 亿}=41.2\ （次/年）$$

万科公司的应收账款周转率为一年 41.2 次，差不多 9 天周转一次（用 360 除以应收账款周转次数）。万科的这一指标表现很好，反映了它的销售收入主要来自住宅和物业服务的行业特点，购买住宅往往通过银行贷款，而物业的收入拖欠较少。一般来说，应收账款周转率越高越好。提高应收账款周转率的方法主要是控制账期和加强过期账款的回收。

存货周转率。存货周转率（inventory turnover）是一年内企业销售存货的次数。它的计算公式是销售成本除以平均存货的计算可以简单地求出期初存货加期末存货的平均值（这两个数字可以在利润表中找到）。以万科公司为例：

$$存货周转率=\frac{销售成本}{平均存货}=\frac{250\ 亿}{762\ 亿}=0.33\ (次/年)$$

这个计算结果意味着万科的全部产品需要三年时间才能销售出去。显然，这不是一个理想的结果，万科需要努力改进这一指标。当然，不同的产业存货周转率差别很大。可以想像，批发和零售行业的存货周转率可能较高。例如，电器连锁店苏宁的存货周转率为 8.7 次。提高存货周转率的方法主要是在进货时采用少量多次的方法。

资产负债率

资产负债率（debt-to-asset ratio）是反映企业的运营在多大程度上依靠负债的指标，这一指标可以说明企业在经营中是否过于依赖债务。资产负债率的计算公式是总负债除以总资产。以万科公司为例：

$$资产负债率=\frac{总负债}{总资产}=\frac{804\ 亿}{1192\ 亿}=67.4\%$$

这一数字说明万科公司的总资产中有 67.4% 是属于债权人的。一般来说，这一数字越高，则债权人的风险越大。改善这一比率的方法可以是减少负债或增加股东的投资。2009 年万科增发股票向股东募集 112 亿元人民币，改善了资产负债率。

股东权益比率（Equity ratio）是反映资产中所有者投入份额的指标。它的计算公式是所有者权益除以总资产。从公式可以看出，这一数值是资产负债率的余数。仍以万科公司为例：

$$股东权益比率=\frac{所有者权益}{总资产}=1-资产负债率=32.6\%$$

这一数字说明万科公司的总资产中有 32.6% 是属于股东的。一般来说，这一数字越高，显示公司经营越稳健。但是，这一比率并非越高越好，因为股东权益比例过高（即资产负债率过低）表明这家公司可能发过多依赖股东的投入，未能充分利用金融市场（例如发债）的功能以实现公司成长。在第 16 章中我们将介绍财务杠杆的概念，进一步分析。

财务比率分析总结

财务比率分析可以帮助我们揭示企业经营中的各项重要信息。但要注意，在对财务比率进行分析时，不能孤立地由某一比率得出总体的结论，而应当考虑行业的不同和企业经营环境改变等因素。即使是一些常用的会计指标，也要根据企业的特点进行具体分析。

例如，两家不同的航空公司，对相同的波音飞机运用了不同的折旧年限，分别是10年和25年，飞机的经济使用年限是15年，哪家公司的折旧政策更为合理呢？10年或25年的回答都是片面的，关键要看折旧政策是否和公司的战略相一致。第一家航空公司采用的是差异化战略，主要为高端乘客提供高质、安全的服务，这种情况下缩短飞机使用年限，及时重置和更新飞机，保证服务质量是同公司战略相吻合的，因此采用10年的折旧年限是合理的。第二家航空公司采用的是低成本战略，通过低价来吸引价格敏感度高而对服务和机龄要求较低的中低端客户，所以通过延长飞机的使用年限来降低成本，同样具有合理性。

只有能够很好地考虑财务比率所反映的企业经营的特点，由财务比率出发进行深入的研究，才能得出企业经营的全貌。

本章小结

1. 会计是系统收集分析和报告财务信息的过程。

2. 审计是对企业财务报表和会计作业正当性的评估和检查。审计分为内部审计和外部审计，只有注册会计师才有资格出具独立审计的审计意见。

3. 会计循环是将原始数据转化为财务报表的过程。记账是记录企业商业交易的会计活动。日记账按商业交易发生的顺序对原始凭证逐笔进行记录。复式记账法是将每笔交易分别记录到两个（或两个以上）相反方向的账目中的记账方法。分类账将日记账中的信息进行分类和记录，便于信息汇总和编制财务报表。

4. 会计恒等式描述了资产、负债和所有者权益之间的关系，是会计作业最首要的原则，也是复式记账法的理论基础。

5. 财务报表主要包括资产负债表、利润表和现金流量表。由于种种原因报表编制要符合会计准则的规定。

6. 资产负债表报告某一会计期末企业的资产、负债和所有者权益的详细数据。按流动性，资产分为流动资产和非流动资产，负债分为流动负债和非流动负债。所有者权益衡量股东所拥有的企业资产权益。

7. 利润表报告企业在一定会计期间的收入和费用情况，包括总收入、净收入、销售成本、经营费用、营业利润和净利润的数字。

8. 现金流量表报告企业在一定会计期间中的经营、投资和筹资活动如何影响它的现金余额。企业要特别注意现金不足的情况。

9. 财务报表分析通过对比企业不同期间的财务数据和财务比率分析了解企业的经营情况。财务比率主要包括赢利能力比率、短期财务比率、营运能力比率、资产负债率和股东权益比率，从不同的角度对企业的经营水平、赢利能力、资产安全性进行分析。财务比率分析要注意企业的具体经营环境。

关键概念

会计　管理会计　财务会计　审计　注册会计师　记账　日记账　复式记账法　分类账　会计恒等式　会计循环　试算平衡　年报　财务报表　资产负债表　资产　负债　折旧　无形资产　所有者权益　利润表　收入　销售成本　费用　毛利　净利润　现金流量表　会

计准则　财务比率　ROE　速动比率

思考题

1. 会计信息的内部使用者和外部使用者的关注点有何不同？

2. 什么是外部审计？

3. 什么是原始凭证？

4. 日记账和分类账有何区别？

5. 复式记账法有何优点？

6. 写出会计恒等式并说明表达式中各项要素的含义。

7. 什么是试算平衡，为什么要进行试算平衡？

8. 资产负债表包括哪三个部分？

9. 如何区分流动资产和非流动资产？

10. 什么是折旧？常用的折旧方法是什么？

11. 无形资产包括哪些形式？

12. 什么是所有者权益？

13. 销售成本与收入有何关系？

14. 经营费用主要包括哪些内容？

15. 现金流量表分析对企业的重要性是什么？

16. 给出销售利润率的计算方法，这个比率用来作出什么判断？

17. 给出所有者权益回报率的计算方法，这个比率用来作出什么判断？

18. 给出速动比率的计算方法，这个比率用来作出什么判断？

19. 给出应收账款周转率和存货周转率的计算方法及其含义。

20. 资产负债率和股东权益比率的计算方法中如何体现会计恒等式？

网络练习

在网上查询万科公司最新的年报和季报，说明公司的财务比率发生了哪些显著的变动并制成表格。万科公司的年报或季报中对这些变化作了怎样的解释。再查询证券评估机构或分析师对万科财务报告的评价，说明你是否赞同他们的看法，为什么？

开篇案例讨论题

1. 中国移动先前多层次会计核算的弊端是什么？

2. 会计集中核算的主要优势是什么？

3. ERP 系统如何对会计集中核算进行支持？

5

第五部分

财务管理与投资

第 15 章

货币、银行和信贷

本章学习要点

- 理解什么是货币
- 了解中央银行的职能和货币政策
- 描述金融机构提供的服务
- 如何做到有效的信用管理

中国人民银行负责制定货币政策，金融市场特别重视人民银行发布的利率变动信息。

开篇案例

中国人民银行的货币政策

2009 年初，人们对波及全球的金融危机的下一步趋势和对中国经济的影响普遍感到忧虑。3 月 27 日，中国人民银行副行长易纲向新华社记者阐述了人民银行对人们关注的货币政策问题的立场。

易纲首先承认经济中存在着价格下跌也即发生通货紧缩的危险，但他表示目前中国经济并未实际发生通货紧缩，并且给出了他的判断依据。易纲指出，典型的通货紧缩需要具备“两个特征”和“一个伴随”。“两个特征”是价格持续下降，以及信贷和货币供应量下降，“一个伴随”是指伴随经济衰退，即 GDP 负增长。但从我国目前的情况来看，虽然物价可能出现负增长，但信贷和货币供应量增长较快，2009 年经济也有望实现 8% 的增速，因此后两个条件与典型的通缩还相差很远。

易纲进一步表示，央行近期强调防通缩，主要是为防止价格进一步下行，防止价格负增长的幅度过大。易纲说：“我们有充分的货币政策工具应对通缩。”

世界主要经济体纷纷采取降息以应对金融危机影响，针对社会上关于我国有较大降息空间的说法盛行，易纲指出，我国的降息虽仍有空间，但空间不大，零利率并非我国目前的最优选择。易纲表示，目前我国居民较为看重利息收入，银行相对依赖利差收入。同时我国资本的回报率并不低，零利率将对资金配置产生扭曲，并可能导致资产泡沫和投资过度等问题。

易纲表示，我国目前利率处在“进可攻、退可守”的相对比较主动的水平，如果降至零利率就会导致利率方面没有工具可用。另外，利率在不同国家间的比较需要区分类别和期限。综合来看，目前我国利率和美国大体相当，比较起来我国的降息空间并不大。不过，易纲也表示：“降息空间不是很大，并不是说不降息，因为将来国际金融危机的发展还具有不确定性。”

谈到货币政策的制定依据，易纲表示，制定货币政策首先是以我国宏观经济为考虑的基础，考虑包括 GDP 增速、就业、环境保护、通胀等因素。虽然在决策和执行过程中也会考虑全球因素，以加强与各国央行的协调性，但是政策制定还是以我国经济的利弊选择为首要考虑。

在谈到汇率政策时，易纲指出，目前我国实行的是以市场供求为基础的、参考一篮子货币调整的、有管理的浮动汇率制度。易纲强调说，其中非常重要的一点是“以市场供求为基础”。而市场供求又是由世界经济参照下的我国竞争力对比决定的，未来人民币汇率将比较准确地反映我国的竞争力。我国竞争力提高主要表现在劳动生产率和全要素生产率的提高，此外，资源配置优化、对外开放程度提高、法律制度完善等因素也将提升我国竞争力。因此，从长期来看，预计人民币在世界货币格局中应该是一个上升的货币。

数据显示，2008 年末我国外汇储备已经超过 1.95 万亿美元。易纲表示，总体看，外汇储备要考虑安全性、流动性、收益性这三个原则。目前，美国国债在我国外储中占有一定比例，对于是否继续购买美国国债，易纲表示要以我国的利益为出发点进行决策，保证外储投资的安全和适当的收益。

易纲的讲话围绕着货币政策的制定和执行大体上勾勒出了中国人民银行的主要职能。从其讲话的第一部分中，我们知道人民银行对当前经济形势的看法以及提出这种看法的依据，这是制定货币政策的前提。第二部分提出了当前人民银行货币政策的目标和实现这一目标的政策工具。由于利率水平关系到全体社会成员的利益，易纲对当前中国利率水平的确定作了详细的解释。他还解释了人民银行制定货币政策的原则。在第三部分，易纲主要介绍了中国的汇率制度、人民币的升值和外汇储备的管理。

易纲的讲话提供的另一个重要信息是金融市场的作用，人民银行并不能够关起门来自行决定货币政策。货币政策要通过金融市场发挥效应，人民银行通过各种方式同金融机构、企业、居民进行沟通，正确的政策预期和政策认同有助于人民银行执行货币政策。

本章介绍金融体系和金融机构的原理。首先对货币现象进行分析，然后说明中央银行的职能和货币政策工具。接下来介绍主要的金融机构和它们所提供的服务，最后结合金融市场介绍了信用管理的原则。

15.1 什么是货币

货币（money）是能够用来购买商品或服务的任何东西。从历史上看，曾经被当成货币的东西多种多样，从贝壳、盐、茶叶到金银，金银和金银铸币是历史上主要的货币形式。与物物交换相比，金银货币具有便携、可分割、价值稳定、易保存、难以伪造的优点。大多数文明都采用金银作为货币。今天，主要的货币形式则是纸币和金属铸币，简称通货（currency）。

货币的职能

有人说，“货币使世界转动”。在市场经济中，货币具有重要的地位，这主要是因为它所行使的基本职能。

作为交易媒介的货币。交易媒介是指被接受的用于购买商品、服务或资源的任何东西。这是货币最基本的职能。值得注意的是“被接受”这一概念，这是成为交易媒介的前提。例如，人民币只是我国的法定货币，但在一些边境地区，人们可以接受用人民币支付购买外国的产品。这意味着人民币同样在当地的交易中执行了交易媒介的职能。

作为度量单位的货币。度量单位是用于标明价值或比较产品、服务间价值的基本单位。价格是货币作为度量单位的表现，所有产品和服务的价格都可以通过标准的货币单位进行对比。

作为价值储藏的货币。个人或企业收到货币之后不一定直接花出去，他们可能持有货币以备今后使用。在这个意义上，货币可以行使价值储藏的职能，它可以积累起来成为财富。持有现金、将货币存入银行等都是价值储藏职能的表现。

商品货币和法定货币

商品货币（commodity money）是指用金属等自然形态的物质作为货币，也就是前面所提到的金银，它们的价值就是商品的价格。商品货币的缺点包括大宗交易时过于笨重，另外如果新发现矿藏或国际环境变动也可能导致货币价值大幅度变动。20 世纪 30 年代美国政府收购白银的政策导致银价上升，中国白银大量外流，经济陷入困境，对中国的抗日战争造成了不利的影响。

法定货币（fiat money）是指主要由政府通过法令来规定价值的货币形式，也就是纸币。与商品货币不同，法定货币本身基本上没有价值，它只是价值的代表。政府通常以法律的形式规定在本国交易中必须使用、接受法定货币。当然，法定货币的另一个前提是公众的接受。例如在通货膨胀时期，尽管政府规定必须使用法定货币，但人们往往并不使用。20 世纪 40 年代末国民党政府的法定货币出现通货膨胀，人民采取了恢复使用银元和黑市交易等方法拒绝接受法定货币。

货币供应量

货币供应（money supply）是指中央银行提供给经济体用于购买产品和服务的货币总量。中国人民银行是人民币的发行银行。货币供应量可以按不同的口径来计算，分别称为 M1、M2、M3 等。其中 M 代表货币，1、2、3 分别代表不同的统计类型。例如，M1 是指纸币和铸币的总和加活期存款，这部分货币是最容易支取使用的货币。

M2 是指 M1 加货币市场账户、共同基金中的资金和小额的定期存款或存单。其中增加的部分货币比 M1 中的货币较难取用。M2 通常用来指代货币供应的统计量，也称广义货币供应量。M3 是 M2 加上大额的存款。中国人民银行将 M2 定义为 M1 加企事业单位定期存款和居民储蓄存款。

中国人民银行定期发布货币供应数据，主要的媒体都会进行跟踪报道，我们还可以在中国人民银行的网站上查到这些数据。货币供应的变化是经济学家和政府分析宏观经济运行的一个重要指标。

利　率

当你将钱存入银行时，你会从银行获得利息；当你向银行贷款购买住房或其他产品时，你要向银行支付利息。利息是贷款者借出款项（本金）时收取的费用，利息占本金的百分比称为利率（interest rate）。利率是支付利息的计算指标，根据借贷业务的性质可以分为存款利率、贷款利率、按揭利率、国债利率（政府向公众借款的利率）等。对于借款人，利率是使用资金的成本，对于贷款人，利率是借出资金的回报率。在这个意义上，利率就是资金的价格。

在利率高的时候，因为担心难以偿付利息，个人和组织借钱的愿望就会降低，经济活跃程度下降；而在利率低的时候，情况恰好相反。利率是金融市场活动的主导因素，是整个经济运行的关键指标之一。因此，政府经常试图影响利率，而中央银行则是对利率实施控制的机构。

通货膨胀

通货膨胀反映在食品和日用品中，引起恐慌。

通货膨胀（inflation）是指价格水平普遍上涨的经济现象。通货膨胀还表现为货币的贬值，这是因为价格上涨导致需要更多的货币才能购买同样的产品和服务。经济学家们公认，通货膨胀的原因是货币的过度供应。在一定时期内，商品和服务的总量变化较小，如果货币供应迅速增加，那就一定会出现货币贬值、价格普遍上涨的现象。

通货膨胀破坏了正常的定价机制，人们无法对合约的结果作出可靠的预期，导致经济不能正常运行。例如，人们可能预期价格会进一步上升，从而抢购和囤积物资。与通货膨胀相反的经济现象称为通货紧缩（deflation），通货紧缩同样会对经济造成损害。

通货膨胀对债务人（负债者）有利，对债权人不利。货币贬值将导致约定的归还数额的实际价值降低。这会导致人们不愿意贷款，因为归还的价值可能比借出的还少。在这一方面，通货膨胀对经济造成破坏。

通货膨胀对政府有利，对人民不利。通货膨胀时表面上工资上升，政府的税收按比例增加，人民的收入实际上降低了。这相当于政府的税收增加（称为通货膨胀税）。此外，货币贬值还导致了政府债务价值的降低，按政府债券票面支付的价值减少，这是政府对人民的掠夺。

在法定货币制度下，通货膨胀发生的危险增加了。因为只要政府开动印刷机，就可以在几乎没有成本的情况下增加货币供应。20 世纪爆发过多次严重的通货膨胀，例如 20 年代的德国、40 年代末期的中国，结果都造成了社会的动荡。

治理通货膨胀的方法是减少货币供应，治理通货膨胀是中央银行的职责。

15.2　中央银行

货币在私人和企业之间流动，但是，这只是货币流动中很小的部分，货币更主要的是通过银行系统来流动。因为货币的供应和货币价值的稳定对公众的生活和企业的经营非常重要，政府需要对货币的流动进行管理。中央银行是控制货币供给的机构。

银　行

银行（bank）是通过接受存款和发放存款，把资金从存款人手中转移到投资者手中的企业。银行的基本业务是存款和贷款。银行是一种金融中介，金融中介（financial intermediate）是在资金供求者之间起媒介或桥梁作用的人或机构。银行有时被称为商业银行，因为银行的贷款中有很多是贷给从事商业的企业。银行从拥有资金并想要赚取利息的人们手中接受存款，然后把这些资金贷给其他想要借款并且愿意支付利息的人。银行通过对借款者收取比它付给存款者利息更高的利息来赚取利润。图 15.1 描述了银行的职能。

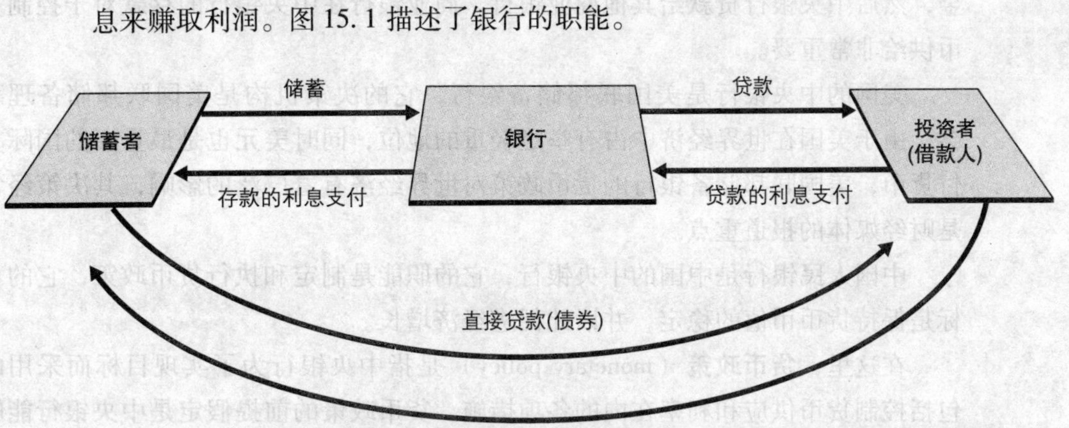

图 15.1　银行的职能

专　题

复　　利

复利（compound interest）是“利息的利息”，它是指在一期投资结束后所获得的利息再次投资生利。

例如，你在银行存入100元，假定利率为6%，一年后你将获得106元。在下一年如果你只将100元存入银行，则第二年后的收入为106元，与第一年后一样。但是，假如你将包含利息在内的106元存入银行，则第二年后你将获得112.36元，这与你只存入100元相比多出来的0.36元就是利息的利息。如果继续这样投资，那么第三年底你将获得119.10元，复利将达到0.74元。请注意复利的增加速度很快。第4年年底的复利还会增加到1.15元。复利可以带来财富的迅速增长，假定利率不变，20年后100元的存款会增加到320.71元，40年后，将会变成1 028.57元。

金融学中的大部分方程都是以复利为基础的。据说金融家罗思柴尔德曾经这样说：“我说不出世界七大奇迹，但我知道复利是世界第八大奇迹。”复利往往可以产生惊人的结果。例如，日本在过去100年间的平均GDP增长率为3%，这个并不耀眼的数值足以将日本人均GDP从1890年的1 200美元增长到2000年的26 000美元（按1997年美元价值计算）。

一个简单的推算倍增时间的方法是72法则，即用72除以已知的增长率就可以得出增加一倍所需要的时间。例如，如果利率为7.2%，则本金翻番所需要的时间为10年，如果利率为3.6%，则需要20年。这个方法还可以用来估算GDP的增长，例如假定我国的GDP年增长率为8%，那么只要9年的时间就可以实现GDP翻一番的目标。

中央银行

中央银行（central bank）是其他银行的银行。商业银行在中央银行存入资金，然后中央银行贷款给其他商业银行。商业银行在中央银行的存款对于控制货币供给非常重要。

美国的中央银行是美国联邦储备银行，它的决策机构是美国联邦储备理事会。由于美国在世界经济中占有举足轻重的地位，同时美元也是最重要的国际支付货币，美国联邦储备银行的货币政策对世界经济有着广泛的影响，其决策经常是财经媒体的报道重点。

中国人民银行是中国的中央银行，它的职能是制定和执行货币政策，它的目标是保持货币币值的稳定，并以此促进经济增长。

在这里，**货币政策**（monetary policy）是指中央银行为了实现目标而采用的包括控制货币供应和利率在内的各项措施。货币政策的前提假定是中央银行能够判断经济目前所处的状况，并且通过人为的干预可以减少经济周期性波动带来的危害。一般而言，货币政策分为两类。扩张性的货币政策（expansionary policy）是指扩大货币供应，使经济在短期内快速增长的政策，而紧缩性的货币政策

(contractionary policy) 是指减少货币供应，使经济在短期内增长速度减慢的政策。通常，当经济增长速度下降、失业率上升或发生经济萧条时，中央银行会采用扩张性的货币政策来刺激经济，实现增长。相反，当经济过热、出现通货膨胀时，中央银行会采用紧缩性的货币政策，保持币值的稳定。2008 年次贷危机发生之后，因为担心经济陷入萧条，各国中央银行纷纷采取了扩张性的货币政策。

中央银行执行货币政策的工具

在市场经济中，无论中央银行实行扩张性的货币政策还是紧缩性的货币政策，都不能用行政命令的方式，而是必须借助市场化的政策工具。中央银行执行货币政策的工具主要有三种：利率、存款准备金和公开市场业务。打开中国人民银行网站的主页，你可以在第一行看到这三种工具的栏目。

利率工具。前面提到过，利率水平影响经济活跃程度。我们在财经新闻中经常可以看到中国人民银行公布新的金融机构法定存款利率和贷款利率的消息。这就是中央银行对利率的直接调控。

利率是资金的价格。一般来说，利率上升时，企业购买设备扩大生产的成本增加，个人贷款的成本也会上升，因此会起到冷却经济的作用。而当利率下降时则相反，资金成本较低，企业和个人都会选择扩大借款的数额，从而起到刺激经济的作用。

中国人民银行有权规定金融机构的存贷款利率，对市场利率进行直接的干预。在市场经济条件下，中央银行不会直接干预利率，而是通过调整商业银行向中央银行贷款的利率实现对利率的控制。在这种情况下，贴现率是中央银行最常用的利率工具，**贴现率** (discount rate) 是指商业银行在中央银行贷款时支付的利率。贴现率上升，商业银行向中央银行的贷款减少，流通中的货币数量减少；而贴现率下降，商业银行向中央银行的贷款增加，流通中的货币数量增加。这样，中央银行就通过利率工具实现了货币的控制。

存款准备金。**存款准备金** (deposit reserve) 是金融机构为了保证客户提取存款和资金清算而准备的资金，这部分资金按法律规定必须存放在中央银行。存款准备金占存款总额的比例称为**法定存款准备金率** (required reserve ratio)，银行可以多存，但不得少存。当中央银行提高存款准备金率时，银行需要提取更多的准备金，从而减少可以用于贷款的资金，流通中的货币数量减少。

在实际经济生活中，中央银行提供的货币会通过反复的存款、贷款等活动产生出数倍于它的存款，这个倍数称为**货币乘数** (money multiplier)。提高法定准备金率会导致货币乘数下降，从而引起货币供应的大幅减少。当存款准备金率下调时，则会发生相反的效应。由于存款准备金率的调整会引起货币供应较大的波动，因而它被认为是一种激烈的工具而较少使用。当中央银行使用存款准备金工具时，表示中央银行认为需要采取猛烈的行动来干预市场。2007 年，中国经济出现了过热的信号，股市和楼市大幅度上涨。中国人民银行实行了从紧的货币政策，在一年内 10 次上调存款准备金率。

公开市场操作。公开市场操作（open market operations）是中央银行为了控制货币供应而与指定的交易商之间开展的有价证券和外汇交易业务。中国人民银行指定了 40 家银行作为自己的交易商。当中央银行向交易商出售有价证券时，相当于回收了货币，因此市场上流通的货币数量将减少。相反，当中央银行向交易商购买有价证券时，市场上流通的货币数量将会增加。由于货币乘数的效应，中央银行的公开市场操作可以取得远大于其实际交易数额的效果，从而实现对货币供应的控制。公开市场操作比利率更加直接，而在干预的规模和时间上又比存款准备金率更加灵活。

专　题

财政政策的作用

在宏观经济下滑时，除了货币政策之外，财政政策是另一个可以选择的方法。财政政策（fiscal policies）是指政府通过改变税收和财政支出的政策来保持经济稳定。在 2008 年金融危机爆发之后，许多国家政府在降低利率和放松货币供应刺激经济的同时，还通过减税和增加公共开支等方法增加消费，希望减少由于萧条期间需求下降对经济造成的损害。2008 年底，中国政府宣布了将在 2 年的时间里 4 万亿投资振兴经济的计划。

货币政策需要通过金融市场才能发挥作用，它的好处是通过市场配置资源，因此较少浪费，但相对费时。财政政策的优点是见效快，但投资错误的机会较大。政府投资往往很难了解市场上真正有效率的项目，因此通常集中在基础设施方面，力图让整个经济受益，这些项目被人们称之为“铁公机”（铁路、公路和机场）。

汇率和外汇市场

汇率（exchange rate）是以一国货币表示的外国货币的价格。例如，2009 年 4 月 4 日中国银行公布的美元汇率为 1 美元等于 6. 8348 元。也就是说，需要支付 6. 8348 元人民币才能兑换 1 美元。有些国家的货币在市场上可以自由兑换，主要发达国家的货币都是自由兑换货币，这些国家货币的交易价格完全是由市场供求决定的。人民币目前是不可自由兑换的货币，人民币与其他主要货币的兑换价格由中国人民银行规定。

外汇是可兑换的外币、外币存款和以外币表示的有价证券的统称。国际间的投资、贸易、旅游等活动涉及大量的外汇交易业务。外汇市场是外汇的交易市场，它不是一个实体的市场，而是一个主要由大银行和交易商组成的每天 24 小时不间歇的交易市场。

汇率影响进出口业务中企业产品或服务的相对价格。例如当人民币对美元贬值时，1 美元能够购买到更多的中国商品，这会有助于中国的出口，抑制中国从美国的进口。但汇率并非越低越好，过低的汇率会压低本国资源的价格，损害本国民众的利益。

专 题

外汇储备

外汇储备（Foreign Exchange Reserves）是一个国家货币当局持有并可以随时兑换外国货币的资产，通常以美元表示。中国的外汇储备是由中国人民银行持有并由其下属的国家外汇管理局负责具体的管理，在国家外汇管理局的网站上可以看到历年外汇储备的数字。2009 年初我国的外汇储备接近 2 万亿美元，是世界上拥有外汇储备最多的国家。

我国外汇储备主要是美元资产，这主要是因为我国对外贸易主要顺差来自美国，企业的外汇收入必须卖给中国人民银行，人民银行买入这部分外汇即获得外汇储备。外汇储备的具体形式多为美国政府和机构债券（在美国财政部的网站上可以看到外国持有的美国国债的数量，http://www.ustreas.gov/tic/mfh.txt）。外汇储备主要用于国际贸易结算，如果出现进口超过出口的情况，则需要动用外汇储备进行支付。

关于中国的外汇储备主要存在着两个疑问。首先是合理的数量，经济学并没有给出一国外汇储备合理数量的计算方法。其次是外汇储备的安全性，美国政府和机构债券是公认的安全投资，但如果美元贬值，则外汇资产将面临缩水的危险。由于我国外汇储备数额巨大，无论是将其用于购买天然资源还是兑换其他货币，都会引起市场的很大波动，这是当前外汇管理的难题。

15.3 金融机构提供的服务

在金融市场存在着多种金融中介，它们提供不同的金融服务，满足客户不同的需要，帮助企业和机构保持运营。

金融机构

除了我们在前面提到的商业银行，金融市场上还有其他一些提供金融服务的金融机构，常见的有保险公司、证券公司和信托投资公司。

- 保险公司在金融市场提供长期投资的资金。它们从用户手中获得保险金，然后投资于银行存款、债券、股票、证券投资基金份额等有价证券，不动产，还有交通、能源、环境等基础设施项目。

- 证券公司在金融市场上提供筹集资金，帮助客户发行股票、债券或其他有价证券的服务。尽管证券公司不直接接受存款，却能够帮助许多企业筹集巨额的资金。
- 信托投资公司在金融市场上提供特定产业和项目的投资、企业重组和并购所需要的资金以及担保业务。

金融机构提供的传统服务

储蓄。储蓄是我们最熟悉的银行服务，除了活期存款和定期存款，还包括其他一些更为灵活的存款方式，例如定活两便、通知存款、大额可转让定期存单（一种固定面值、固定期限、可转让的存款凭证，利率略高于同期存款利率，英文简称 CD）等。办理储蓄业务的金融机构只限于银行、城市信用社和农村信用社。

短期和长期贷款。短期商业贷款（short term business loan）是指银行发放的归还期限在一年内的贷款。短期贷款通常用于帮助企业解决短期的流动资金，例如用于购买存货、临时性的促销或其他意外支出。

为了保证在需要的时候能够获得足够的资金，许多企业和银行达成协议，建立信贷额度。信贷额度（line of credit）是事先批准的、不超过某一额度的贷款。由于所有的相关审批文件已经提前准备好，当企业需要资金时可以很快获得贷款。大型企业与银行签署信贷额度往往高调发布，有助于提高企业与银行的声誉。例如，2009 年 3 月东方航空公司在获得注资后信贷风险显著降低，相继获得交通银行、浦发银行、农业银行和建设银行总计 460 亿美元的信贷额度。不过，信贷额度对银行没有法定的约束，如果银行没有资金，那么即使有信贷额度，企业可能仍然无法获得所需要的资金。企业可能会希望同银行达成循环贷款协定（revolving credit agreement），这是一种银行在法律上有义务保证提供不超过某一额度贷款的协议。

长期贷款（long term business loan）是偿付期限超过 1 年的贷款。长期贷款的期限通常是 3 ~ 7 年，主要是为了给企业扩大产能、兴建建筑（店面、厂房、办公室）、产品开发以及并购提供资金。许多贷款人要求提供抵押品（collateral）作为贷款的担保。抵押品包括不动产、股票、债券、设备或其他有价值的资产。

银行承兑汇票、背书和票据贴现

银行承兑汇票、背书和票据贴现是企业经营中常常用到的金融服务。银行承兑汇票（bank's acceptance）是由出票人签发、由银行承兑、承诺在指定日期无条件支付确定的金额给收款人或者持票人的票据。例如，A 公司在空调销售旺季签署合同向 B 公司购买价值 100 万元的空调，但 A 公司目前流动资金不足，而在 3 个月后将有足够的支付能力。A 公司可以向 C 银行要求开立银行承兑汇票，并向银行提供保证或担保。C 银行应 A 公司的要求为 A 公司的汇票进行承兑，也就是由银行来保证在汇票到期日（不超过 6 个月）支付。

银行承兑汇票信用程度高，在市场上很容易接受和转让。企业也可以签发由银行以外的付款人承兑的汇票，这就是商业承兑汇票（commercial acceptance）。商业承兑汇票信用远低于银行汇票，通常大企业签发的商业承兑汇票较易获得接受。在我国，银行承兑汇票是市场上主要的汇票品种，也是一种普遍使用的信用工具。大量的未到期汇票在市场上流通，意味着企业在支付现金之前就可以进行业务往来，是金融市场融通短期资金的一种重要工具。

汇票可以通过背书转让。**背书**（underwrite）指收款人按照规定的手续在汇票上签章的行为。收款人可以背书给自己，然后向银行要求承兑，也可以通过背书转让给他人。例如，B 公司在收到 A 公司的银行承兑汇票后可以再背书转让给自己的供货商 D 公司用来支付货款，D 公司还可以继续进行背书转让。在到期日，持有合法背书的银行承兑汇票的任何人都可以要求银行按票面金额付款。

B 公司的另一个选择是将汇票进行贴现，不等汇票到期就获得现金。**票据贴现**是指收款人或持票人将未到期的银行承兑汇票或商业承兑汇票向银行申请贴现，银行按票面金额扣除贴现利息后将余款支付给收款人的业务。贴现的银行在到期日再向承兑付款人要求支付。如果 B 公司将还有 3 个月到期的面额 100 万的银行承兑汇票向银行申请贴现，银行要扣除 3 个月的利息，计算贴现时扣除利息的利率称为贴现率。例如，B 公司向银行申请贴现可以获得的现金 = 汇票面值 - 汇票面值 × 贴现率 ×（贴现日 - 汇票到期日）/365。假定贴现率为 5%，到期日还有 90 天，那么 B 公司可以获得的现金 $=100-100\times0.05\times90/365=98.8$（万元）。

借记卡和信用卡

几乎人人都有至少一张银行卡，银行卡是由银行发行的具有电子存取款、转账和信用消费功能的智能卡，主要分为借记卡和信用卡。截至 2009 年，我国发行的借记卡大约 16 亿张，信用卡 1.3 亿张。

我们中的多数人用借记卡领取工资、购物、偿付贷款，借记卡还广泛用于电子商务的支付手段。借记卡（debit card）是先存款后消费的银行卡。借记卡不提供信用消费的功能。

贷记卡也称信用卡（credit card），是能够提供信用消费功能的银行卡。持有信用卡的客户可以先消费者后付款，信用卡还提供小额的现金透支服务。信用卡的持有人应当在消费后的一个规定期限内全额支付，超过这一期限则要支付违约金和罚息。由于与借记卡相比，信用卡提供更多的服务，信用卡的年费高于借记卡。

创新的银行服务

网上银行服务。网上银行业务让我们可以在任何能够接入互联网的地方方便地开展银行业务。它为客户带来了许多好处：

- 随时掌握银行账户的余额。
- 账户间转账的方便。
- 支付的便利。
- 简化贷款申请程序。
- 管理自己的投资，包括外汇、基金、股票、债券等。

网上银行的一个缺点是减少了顾客与银行服务人员的互动，许多银行通过加强客户服务管理来增加与客户的互动，例如用短信和电子邮件等进行沟通。

专　题

支付宝：成长中的第三方支付平台

第三方支付平台是为买卖双方进行交易资金的代管，为网上交易提供信用担保的新型金融中介。网上银行服务解决了电子支付的问题，但电子商务的发展还面临着信用环境的障碍。由于电子交易双方相互之间难以建立信任关系，如何保证交易的安全成为电子商务发展的一个瓶颈。

支付宝最初是淘宝网为了解决交易双方的信用担保问题而提供的一项服务。在淘宝上购物时，买家确定订单后先将货款汇到支付宝，支付宝确认收款后通知卖家发货，买家收货并确认满意后，支付宝汇款给卖家完成交易。如果不满意，支付宝保证退货退款。当货款汇入支付宝时，实际上是汇入支付宝在银行的账户，只不过这个账户的收付权力由支付宝而不是交易中的任何一方来行使。

有趣的是，支付宝的功能很快受到“目标外客户”的热烈欢迎，阿里巴巴集团因此将支付宝分拆为独立的公司。随着注册和使用人数的增加，支付宝迅速向淘宝网支付业务之外进行扩张。支付宝开始涉足航空机票业、电子政务系统，并向日常消费领域挺进，如实施了上海、杭州等地的水、电、煤气等公共事业缴费以及与电信业的合作缴费。2009 年 3 月，支付宝宣布注册用户超过 1.5 亿，相当于全国网民的一半开设了支付宝。这个数字远远超过了淘宝网的用户（大约8 000万），显示了支付宝服务在其他领域中的渗透。在用户的年龄结构上，21～30 岁的用户占 83%，这表明支付宝未来还将拥有极大的消费增长潜力。

根据艾瑞咨询的报告，2008 年，中国第三方支付平台交易金额达到 718 亿元，比 2007 年增长了 180%，占当年网上支付总额的 26%。第三方支付平台的前景不可限量。

国际业务

银行为企业进行国际业务提供关键的服务，包括国际结算和贸易融资。国际结算主要是指提供国际支付和国际汇兑，为企业提供将本币兑换成外币并支付给贸易对方的服务。贸易融资的主要形式是信用证和银行承兑信用证。

信用证。信用证（letter of credit）是由银行开立的有条件付款的书面凭证，保证在一定期间内（30~60 天）向卖方支付一定数额的金钱。信用证的条件一般是安全、及时的到货。

银行承兑信用证。银行承兑信用证（banker's acceptance）是银行开立的一种书面凭证，保证在指定日期向第三方支付一定数额金钱。银行承兑不需要前提条件，只要符合票面条件即可以支付。

在进出口贸易中信用证和银行承兑信用证都是常用的金融工具。例如，中国销售商向澳大利亚的一家小型出口公司购买羊毛产品，对方担心你的付款能力，而你又不愿意在收到货物前付款。为了解决这个问题，你可以要求你的银行开立一张信用证，保证给对方付款。在你收到货物并验收无误（也就是满足了信用证的条件）后，这家巴基斯坦公司可以凭信用证在银行获得支付。

15.4　有效的信用管理

信　用

信用（credit）是一种直接的购买力，用来作出在未来某一时刻归还所借金额（无论有无利息）的承诺。信用交易是双向的商业活动，包括借方和贷方。借方通常是需要资金进行购买的个人或企业，贷方则是银行或其他金融机构，也可能是其他为客户提供信用的企业。例如，如果你向银行贷款 100 万元，此时，作为借款人，你获得了即刻的购买力。作为回报，你同意归还本金并按一定的条件向银行支付利息。

银行和其他金融机构向企业和个人提供信用是因为它们从中获得利润。其他企业向客户提供信用则是出于三种目的。首先，有些客户无法一次性付清货款，因此需要给他们提供分期付款的信用。其次，竞争迫使某些企业不得不向客户提供信用。最后，有些情况下提供信用可以获得额外的利润。

如何申请贷款

申请贷款对于任何个人或企业都不是一个轻松的过程。发放信用的企业需要赚取利润，同时还要保证其贷款的安全。而作为借款人则希望能够说服贷款人自己有能力偿付贷款。

除了按照不同银行的标准流程提供贷款申请所需要的资料之外，企业还应当为可能需要的贷款业务提前做出准备。例如：

- 最好是建立起与银行间相互了解的关系，让银行了解你的业务，理解你在什么情况下需要发展业务、可能遇到现金短缺或意外的情形。
- 申请信贷额度或循环信贷协定（即使你并不需要）有助于企业建立良好的声誉。
- 准备好由注册会计审计过的财务报表以及纳税凭证。
- 在申请书中介绍你的业务经验和团队，以及其他任何有助于你说服贷款人的信息。

信用管理的5个C

当企业向顾客提供信用时，一定会发生某些客户不愿或无法归还信用购买或信用消费款项的情况。为此，企业必须建立起判断客户信用的标准。西方银行业总结了信用管理的5个C——性格、能力、资本、抵押、环境，这同样也适用于向客户提供信用的企业。

性格。性格（character）是指借款人对信用责任的态度。有经验的贷款人在评估借款人是否能够定期支付并完全偿付信用义务时往往将性格视为最重要的特性。在判断借款人的性格时需要考虑以下几项因素：

- 借款人是否及时支付账单。
- 其他贷款人是否曾经出现过不得不给借款人展期的情况。
- 借款人是否曾经因为贷款问题而陷入法律纠纷。
- 借款人曾经破产过吗？在这种情况下，借款人是否主动归还？

能力。能力（capacity）是借款人满足信用责任的财务能力，也就是按时偿付的能力。如果借款人是企业，贷款人需要审核企业的利润表。如果借款人是个人，贷款人会审核个人的工资和其他收入来源，例如股息或利息。贷款人还要审核借款人是否还在其他贷款人处承担着信用责任。

资本。资本（capital）是指借款人的资产。一般而言，资产越多，偿付贷款的能力越强。对于企业，确定资产的方法通常是审核资产负债表。对于个人，则要求信用部门或雇主来提供相应的信息。

抵押。抵押（collateral）是用来向贷款人保证偿付的不动产和其他资产。如果借款人未能按约定的期限和数额偿付，贷款人可以占有抵押品并将其出售以偿付债务。

专　题

不用抵押的贷款

中小企业很难在银行获得贷款，因为它们往往无法满足银行对财务数据和抵押、担保的要求。对于这样的企业，包头商业银行微贷项目也许是一个解决之道。

所谓微贷（micro-loan），是指面向小企业或农业家庭的贷款，贷款平均额度为5万元人民币，还款期限为一年，贷款条件按商业贷款协商。微贷的本质是无抵押、无担保，强调通过实地调查掌握借款人的现金流状况作为贷款的依据。以包商银行为例，信贷员要了解申请人的经营情况、家属的职业和家庭财产状况。小企业经营的特点是生产资料和生活资料不分，因此家庭财产情况的调查是重要的数据来源。根据这些信息，信贷员为申请人编制资产负债表和现金流量表，解决了小企业无法提供财务报表的问题。进一步运用交叉检查技术，银行将可以充分了解申请人的信用水平并决定是否发放贷款。包商银行的微贷业务中，5万元以下贷款一般只需信用担保，95%以上的贷款不需要房产等不动产抵押。

为保证微贷贷款的快速发放，包头市商业银行的贷前调查一般由客户经理在1天之内完成，审贷会审批贷款时原则上要求客户经理的陈述时间控制在20分钟以内。单笔贷款在40分钟内作出决策；贷款发放时，5万元以下的贷款均在3个工作日内办完，5万元以上贷款均在7个工作日办完。目前，包商银行平均每天发放小企业贷款15笔，日均放款额在千万元以上。

包商银行为微贷业务收取的利息为年息18%，这个利息水平与普通商业贷款相比显得过高，也是国内的最高水平。但是，微贷手续简便，审贷速度快，而且除了利息之外没有其他费用（例如抵押物价格评估的费用和其他付给专业人员的费用），综合起来客户的成本并不高于其他融资方式。从银行的角度来看，微贷是一项商业贷款，必须考核利润。包商银行微贷部门的人均利润高于全行平均水平，这为微贷的持续性提供了保障。

从2005年开始做第一笔微贷业务，包商银行2008年共发放了12600多笔小额贷款，不良贷款率低于0.2%。

思考题：微贷业务中如何应用信用管理的5个C?

环境。环境（conditions）是指影响借款人偿付贷款或其他信用责任的一般经济环境。企业应对经济危机的能力取决于企业所在的产业、所销售的产品、它在本产业中的相对优势以及赢利的潜力。对于个人，环境则是指个人的职位和就职的稳定。例如，经济危机导致企业裁员，这显然会影响到个人贷款的偿付。

信用信息的管理

信用管理的5C侧重于申请人主动提供的信息。但是，贷款人或向客户提供信用的企业如何确定申请人提供的信息是否准确？对于企业，贷款人可以从以下4个渠道获得信用信息：

- 国际性的信用报告机构，例如邓白氏公司。

- 本地的信用报告机构，提供信用调查服务。
- 产业协会。
- 其他曾经向借款人提供过信用的企业或机构。

对于个人，贷款人可以从多个来源获得其信用资料。例如中国人民银行的征信管理局，商业银行和其他专业信用服务企业也提供这样的服务。

有效的收款

绝大多数借款人能够按照约定的期限和数额归还贷款。然后，有些贷款由于种种原因而超过期限。根据以往的经验，如果贷款人出现这样的现象，应当给予特别的注意。

- 客气地提醒，例如重复寄送标明“过期”的账单。
- 电话催促对方及时付款。
- 上门拜访强调立即支付过期款项的重要性。
- 法律行动，这只是最后的手段。

许多企业设立了专门的收款管理部门，根据客户的信用水平决定信用的额度和付款的条件。而当客户可能出现付款风险时及时介入，减少损失。

从前面的介绍中可以看到，信用在企业经营活动中不可或缺，而信用的风险也是这种商业活动的内在特性，企业只能努力控制信用风险而不可能消除它。

本章小结

1. 货币是能够用来购买商品或服务的任何东西。货币的职能包括交易媒介、度量单位和价值贮藏。法定货币是指主要由政府通过法令来规定价值的货币形式。

2. 货币供应是指中央银行提供给经济体用于购买产品和服务的货币总量，按不同的口径分为 M1、M2 和 M3。

3. 利率是资金的价格。通货膨胀是价格水平普遍上涨的经济现象，对经济有破坏。通货膨胀的原因是货币过度发行，治理通货膨胀的方法是减少货币供应，这是中央银行的职责。

4. 金融中介是在资金供求者之间起媒介作用的个人或机构。银行是主要从事存款和贷款业务的金融中介。

5. 中央银行是其他银行的银行。中央银行负责制定和执行货币政策。货币政策是中央银行采取的控制货币供应和利率的各项措施，目的是稳定货币和促进经济增长。货币政策分为扩张性货币政策和紧缩性货币政策。

6. 中央银行执行货币政策的工具包括利率工具、存款准备金和公开市场操作。利率工具主要是指贴现率。贴现率是商业银行在中央银行贷款时支付的利率，提高贴现率可以减少流通中的货币。

7. 法定存款准备金率是存款准备金占存款总额的比例，提高这一比率导致流通中的货币数量下降，是一种效果强烈的工具。

8. 公开市场操作是中央银行主动与指定交易商开展的有价证券和外汇交易业务。公开市场操作比利率更直接，比存款准备金更灵活。

9. 外汇是可兑换的外币、外币存款和以外币表示的有价证券。汇率是以一国货币表示的外国货币的价格。外汇市场提供外汇交易的功能。

10. 金融机构包括银行、保险公司、证券公司和信托投资公司。储蓄和贷款是金融机构的传统业务。银行承兑汇票、背书和票据贴现是企业经营中常常用到的金融服务。网上银行业务是银行的新型服务，第三方支付平台是一种新型的金融中介。信用证是国际贸易的基本工具。

11. 信用是一种直接的购买力，用来做出在未来某一时刻归还所借金额的承诺。信用管理要注意借款人的性格、能力、资本、抵押和环境，合称 5C。

关键概念

货币　法定货币　货币供应　M1　M2　利率　通货膨胀　银行　72 法则　中央银行　货币政策　贴现率　存款准备金　货币乘数　公开市场操作　财政政策　汇率　外汇储备　承兑汇票　背书　信用证　信用　信用管理　5 个 C

思考题

1. 比较商品货币和法定货币的利弊。

2. 利率如何体现资金价格的功能？

3. 通货膨胀的原因是什么？如何对经济造成破坏？

4. 银行的主要功能是什么？

5. 货币政策的主要类型是什么？通常在什么情况下使用？

6. 分析存款准备金率上调对经济的影响。

7. 人民币对美元汇率的升降如何影响中国进出口？

8. 银行承兑汇票如何帮助企业解决短期资金困难？

9. 什么是信用？什么情况下可以获得信用？

10. 简述信用管理的 5 个 C。

网络练习

登录中国建设银行对公业务网页（http://www.ccb.com/cn/corporate/index.html），进入“对公服务”项下的信贷业务，浏览中小企业服务。从所提供的业务形式分析建设银行如何进行信用管理。

开篇案例讨论题

1. 从易纲的讲话看，中国人民银行为了达成自己的职能主要关注哪些货币现象？

2. 从易纲讲话来看，中央银行如何制定货币政策？

第 16 章

财务管理

本章学习要点

- 解释财务管理的目标和内容
- 理解什么是财务计划和控制
- 分析短期债务融资的方法
- 分析权益融资的性质和主要方法
- 分析长期债务融资的方法

像亚信公司这样成功的高技术企业依赖有效的财务管理支持成长。

开篇案例

为亚信公司理财

亚信公司（AsiaInfo）是由田溯宁、丁健等美国留学生于1993年创建的，是中国领先的通信软件和服务提供商，被誉为“中国互联网建筑师”。1997—1998年，亚信公司获得了第一批风险资金。随着公司业务规模的扩大，财务管理逐渐成为制约企业发展的瓶颈。与此同时，公司希望2000年能够在美国NASDAQ上市，亚信面临着改进财务管理的紧迫任务。

1998年，亚信公司邀请原惠普中国有限公司的财务总监韩颖出任CFO。几年之后，韩颖回忆起自己第一天上班时向田溯宁索要最近一期财务报表的情景，当时田的回答是：“这正是我们需要你的原因。”更让她吃惊的是，管理层告诉她公司在银行中有5 000万美元的存款，但进一步了解到的情况却是，这些现金早已不复存在，变成了库存和应收账款。如果不能早日筹措大笔现金，公司随时可能破产。

韩颖不得不以非常的速度向银行商议贷款，她在当月就同中国银行达成500万美元的贷款协议。用这笔钱偿付部分拖欠的货款之后，她向主要供货商思科公司争取到500万美元信用额度和90天付款的条件。尽管这些举措缓解了公司的现金压力，但由于公司业务的增长达到200%，仍然迫切需要新的资金注入。公司不得不为上市融资做出更积极的努力。幸运的是，IT界巨头英特尔公司对投资亚信表现了兴趣。说服英特尔公司入股的过程为韩颖提供了改进公司内部财务流程的机会。韩颖回忆道：“英特尔公司的律师非常谨慎，对细节十分注意，我们不得不提供海量的文件……后来我们在NASDAQ上市时所需要的材料在那次差不多都准备好了。”对公司更加有利的条件是融资费用。亚信公司第一轮融资时的成本高达20%，很大一部分花在专业服务费用上。而从英特尔公司融资时，由于企业已经建立了完美的财务系统，融资的成本只有1%。

财务系统的建设从韩颖工作的第一天起就开始了。她主持建立了基于国际标准财务报告体系的ERP系统，3个月后，公司所有的财务数据已经输入到新的系统中，为季度预测和风险分析提供了基础数据。在同英特尔公司进行融资谈判时，亚信只用了7天时间就准备好1 500页的财务资料。而在过去，亚信需要一年的时间才能完成前一年的财务核算，还要每年花20万美元请审计师重新做账。

这套系统还帮助管理层为不同的部门设立清楚的目标并为考核提供了可靠的依据。例如，新的财务制度要求进行销售合同审批，根据标准合同判断哪些合同是能够有利润的，可以批准。还规定了具体的数字指标，销售毛利率达到65%才可以做。标准合同是公司与客户签约的付款文本，很多条款都与业绩指标挂钩。由于任何需要变通的合同都必须经过CFO的批准，这有助于财务部门了解市场的变化和公司竞争力的改变，从而为财务预测奠定了更可靠的基础。

从1998年第4季度开始，韩颖在亚信公司推行预算管理。她将惠普公司的流程经过改进后移植到新的公司，在每个财年开始前3个月就做好这一年的预算，这个预算具体到每个季度、每个月。韩颖说："做预算一定要详细、具体，例如每个季度有多少收入进来、有多少是以前签的单子、有多少是现在签的单子等，都要心中有数；在制定的收入、盈利目标实现后，有多少钱要花出去、投资重点是什么，也要有非常具体的预算。"所有的费用（包括人员的招聘）都要与收入相匹配，才能证明合理性。

准确的预算是企业对投资人承诺的基础，而实现承诺的企业才可以在资本市场上得到股东的认可。韩颖说："做企业财务一定要诚实，不要欺骗你的投资人，也绝对不要低估投资人的判断力。还有，一定要兑现对投资人的承诺，上市后亚信连续7个季度完成向华尔街的承诺目标，这是亚信不断赢得投资人信心的关键。"

财务管理是支撑企业运营的重要职能，有效的财务管理不仅可以保障企业获得必要的资金支持，还可以通过成本管理、资本运营等方式直接为股东创造价值。本章首先介绍了财务管理的基本概念、目标和方法，然后讨论了财务计划的编制和财务控制，接下来分别探讨了三种主要的融资方式：短期债务融资、权益融资和长期债务融资。

16.1 什么是财务管理？

财务管理的概念

财务管理（finance management）是指管理企业的财务资源以实现企业目标的工作，包括获得资金和管理资金的职能、预算管理、现金流分析和支出计划（工厂、设备和机器）。财务经理不仅要决定最佳的融资方案，还要保证资金的使用符合组织的目标。

前面的章节中谈到会计的工作，这和财务管理有什么不同呢？我们可以把会计比做医院里的化验师，而将财务经理比做医生。财务经理负责检验和解释会计提供的财务数据并向企业高层提出改进企业财务状况的建议。当然，财务经理必须理解会计信息才能提出好的财务决策建议。许多大型企业设立了首席财务官（CFO）的职位，财务经理和会计都是他的下属。图16.1描述了财务经理的职责。

企业融资的必要性

融资（financing）是为企业运营筹集资金的活动。企业融资是财务管理的一

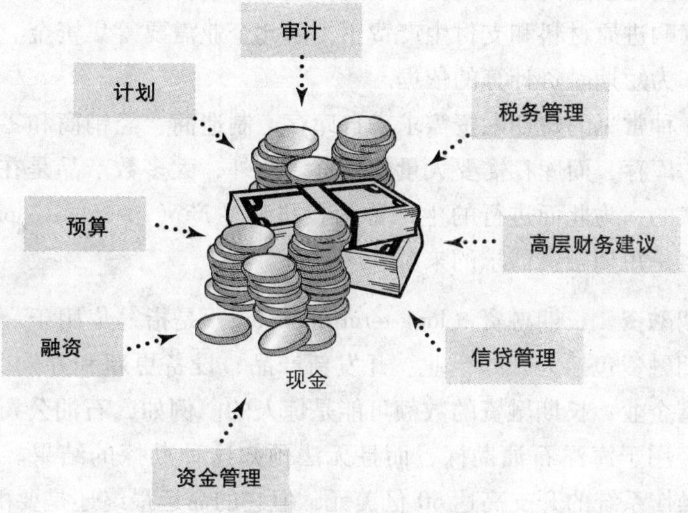

图 16.1　财务经理的职责

项中心职能。不论是开办企业还是保持企业经营都离不开金钱。创始股东的投资加上借入的资金可以支持企业的开办。但在此之后，企业就要靠来自销售的收入以支付费用和股利。但是，企业的收入和费用支出往往并不匹配，有的期间收入多于支出，有的期间则恰好相反。因此，收入较少而支出较多的期间就需要通过融资来解决资金问题。此外，企业经常会遇到需要大举投资的项目，例如设立新厂或增购设备，这样的项目需要的资金数目将远远超过企业自身的销售收入。在上述几种情况下，企业都需要进行融资。融资的需求可以分为短期融资和长期融资，如表 16.1 所示。

表 16.1

短期融资和长期融资的对比

短期融资	长期融资需求
现金流问题	企业的创办
短期库存需求	合并和收购
月度费用	新产品开发
投机性生产	长期性的营销活动
短期促销费用	设备更新
紧急需求	扩大产能

短期融资。短期融资（short-term financing）是指筹集用于一年以内或一个经营周期的资金。经营周期是指企业从购买原材料到销售最终成品的期间，有可能长于一年。有些企业活动可能影响企业的现金流并导致短期的融资需求（现金流是流入或流出组织的金钱），这意味着必须筹集足够数量的资金来弥补费用的支

出。例如制造企业向经销商提供账期，也即先销售后结款。由于无法立即回收货款以继续购进原材料和支付生产费用，因此企业需要筹集资金。通常企业以现金流预测作为短期融资计算的依据。

另一种常见的短期融资需求来自库存。制造商、经销商和零售商往往需要维持一定的库存，而库存需要大量的投资。此外，大多数产品是在销售之前4~6月生产出来的，为此而进行的生产称为投机性生产（speculative production）。投机性生产也是短期融资需求的来源。

长期融资。长期融资（long-term financing）是指筹集用于一年以上期间的资金。长期融资包括为开办企业、开发新产品、设备更新和并购交易等筹集资金。对于大型企业，长期融资的数额可能是惊人的。例如，石油公司可能花费上亿美元的资金用于海洋石油勘探，而且无法预知这种勘探的结果。同样，微软开发VISTA操作系统的开支高达60亿美元，但它的命运最终还是要由市场来决定。

债务融资和权益融资。企业可以采取不同的方式筹集资金，包括借入资金（债务）、出售股份（权益）或积累利润（留存收益）。债务融资（debt financing）是指通过各种借贷活动获得资金，这些资金是必须偿付的。期限不超过的一年的债务称为短期债务，超过一年的称为长期债务。权益融资（equity financing）是指企业出售股份筹集资金。

财务管理的目标和财务管理的失败

对于企业来说，尽快收回收入的款项、尽可能推迟支付的款项是有利的，因为资金是有时间价值的。资金的时间价值（time value of money）是指当前持有的资金的价值高于未来等量资金的价值。如果理解利息的概念，就很容易接受资金时间价值的思想。今天持有100元，如果利率为5%，则一年后将增加为105元。也就是说，今天100元的价值高于明年100元的价值，高出的幅度则取决于利率水平。财务管理者总是力图降低企业的现金支出，将节余的资金用于生息投资。

财务管理人员要保证企业拥有足够的资金，企业获得这些资金的成本应当是最低的并且资金的运用是有效率的。财务管理人员还要保证企业及时支付应付账款，从而在市场上建立良好的声誉。具体来说，财务管理的目标是：

- 融资活动的优先顺序与企业的目标保持一致。
- 费用支出得到良好的控制。
- 保证企业经营中得到充足的资金支持。
- 为多余的现金寻找高回报和安全的投资渠道。

尽管人们都同意财务管理的质量决定着公司能否生存，但在具体的工作安排中却未必对财务管理工作给予足够的重视。在中小企业中，这一问题尤其明显。

由于财务管理专业人员的缺乏，中小企业往往更注重生产和营销而忽视财务管理，结果导致企业失败。即使是一些大型企业也可能发生财务危机。一般来说，企业财务管理失败的原因主要包括：

- 资本金不足，导致企业无法实现获利经营的规模。例如 2009 年初东方航空和南方航空分别获得 70 亿元和 30 亿元国有资金注入，就是为了解决资本金不足的问题。
- 现金流管理不当，导致企业由于缺乏现金而无法经营。大部分发达国家的统计数据显示，每 5 家破产倒闭企业，有 4 家是赢利的，只有 1 家是亏损的。可见，企业主要是因为缺乏现金而倒闭，而不是因为赢利不足而消亡。现金流量分析对企业具有举足轻重的作用。
- 费用控制不当，资金的使用缺乏效率，损害企业的利润。如在互联网泡沫时代，电子商务公司烧钱。

16.2　财务计划和控制——财务管理的具体职能

财务管理帮助企业获得开办、经营所需要的资金。财务管理人员负责保证企业拥有足够的资金来支付费用并获得利润，还要控制客户的信用风险，减少坏账（由于顾客不能支付账单所导致的应收账款损失）。财务经理还要注意税收政策的改变，保证企业的财务处理符合税务的要求，合理避税。所有这一切工作都要在稳健的财务计划指导下展开。

财务计划的制订

财务计划（financial plan）是关于获取和使用实现企业目标所需资金的计划。制订财务计划的第一步是确定有效的目标。接下来是决定需要多少资金才能实现这些目标，也就是制定预算。最后，财务经理需要确定哪些资源可以提供融资并且作出选择。财务计划必须检验资金需求的现实性并以充足的资金供给满足这些需求，图 16.2 给出了一个财务计划步骤的图示。

组织的目标。目标是指组织意图在一定期间内实现的状态。财务计划始于组织目标的确定，这些目标必须是合理的和现实的，还应当是定量的。例如，如果企业的目标是在年度内提高销售额 10%，则生产、营销等各个职能都要为此目标作出调整，财务管理人员将以此为依据制订财务计划。

财务预算。**预算**（budget）是说明管理层的期望以及基于这些期望在企业内分配资源的财务计划。预算制定取决于企业财务报表（资产负债表、利润表和现金流量表）的准确性，因为企业通常是基于过去的财务信息来预测未来的财务需

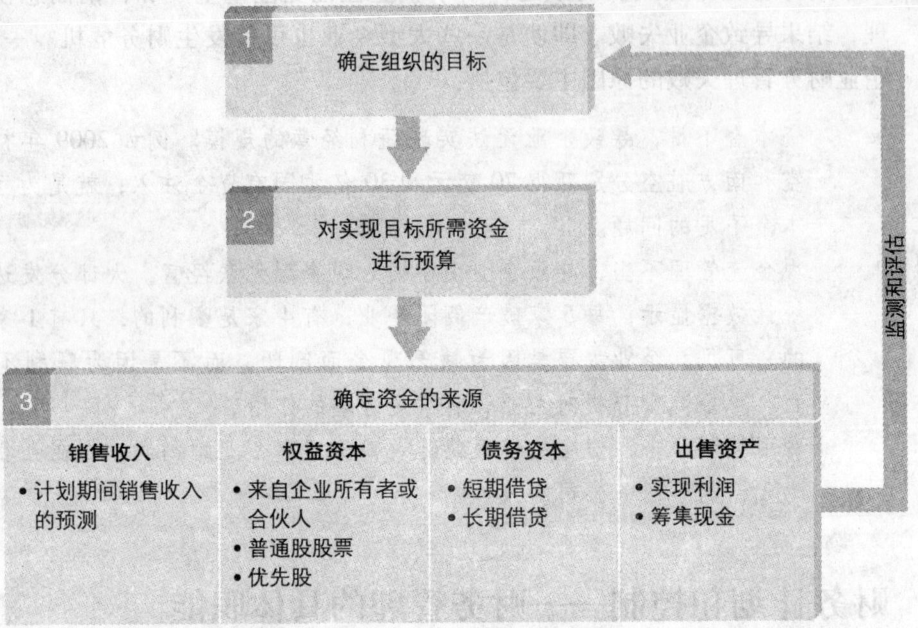

图 16.2 财务计划的三个步骤

求。预算是企业财务需求的主要指导。

绝大多数企业以年度为周期制定和执行预算。财务预算应当力求准确，企业往往根据过去的销售和成本数据以及产品开发和市场竞争的状况尽可能准确地预测下一年的财务数据。财务预算还可以具体地分为以下几种：

- **资本预算**（capital budget）是指为购置大型资产而需要大笔资金的企业开支计划。通常是指购买不动产、建筑物和设备等。
- **现金预算**（cash budget）是预测在一个给定的期间（如月份或季度）内企业的现金流入和流出、处理现金短缺和过剩的方案。现金预算通常是最后编制的预算。表 16.2 给出了一个现金预算表的例子。注意现金收款和销售收入位于表的上部，中间是购入产品或服务的开支和其他费用。
- **运营预算**（operating budget）是指将企业的所有预算形式结合一起，全面反映企业的财务活动。它具体地划分了企业运营的每项开支和成本，例如原材料、租赁、差旅、广告、工资并给出收入的预测。

运营预算的准确性在很大程度上取决于参与编制预算的各个部门提供的数据的准确性。传统做法是将费用数字在上年度数据的基础上有所增加，部门预算主要是解释为什么需要增加。另一种做法则是编制零基预算（zero-base budget），这一方法要求对每一笔预算中的每笔费用给出说明。零基预算法有助于消除不必要的开支，因为可以发现隐藏在部门开支总数中的多余项。但是，由于部门利益和耗费时间，零基预算较难实行。

表 16.2

企业月度现金预算表

2012 年 1—4 季度现金预算表（单位：千元）

	第 1 季度	第 2 季度	第 3 季度	第 4 季度	合 计
销售收入预测	5 000	4 500	4 500	5 000	19 000
现金支付					
供应商和材料	2 000	1 900	1 900	2 000	7 800
工资	800	600	600	600	2 600
税收	500	500	500	500	2 000
租金	800	700	800	800	3 100
其他费用	900	900	600	900	3 300
合计	5 000	4 600	4 400	4 800	18 800
现金结余（缺口）	0	-100	100	200	200

财务控制

财务控制（financial control）是企业定期将收入、成本、费用和预算进行对比的过程。绝大多数企业每月进行一次财务总结，财务控制可以帮助企业管理者发现财务计划与实际状况之间的差别并在必要时采取相应的措施。财务控制还可以发现在预算执行过程中哪些部门、账户的实际发生额和预算产生差距。财务经理根据财务控制的结果判断哪些差距是合理的，而哪些差距是需要纠正的。

运营资金的管理

有效地管理运营资金是财务管理的责任。企业在不同的时段对资金的需求是不一样的，具体而言，资金管理的任务包括：

- **满足企业的日常运营**。在企业经营中，有许多费用的支出是不能拖延的，例如工资和税收、到期必须归还的贷款。财务经理的责任是保证企业在这样的时刻拥有足够用来支付的资金。另一方面，闲置的资金对于企业是一种损失，因为这部分资金可以用于其他投资，为企业创造利润。因此，财务经理经常需要在两者间保持平衡，尽量推迟应付的款项，而尽可能提前收取应收的款项。
- **信用控制**。财务经理负责控制授予顾客的信用程度。在激烈竞争的条件下，向顾客提供信用也是一种获得竞争优势的手段。当然，销售信用带来的问题就是很大一部分企业的资产（也许超过25%）实际上是由应收账

专 题

提高营运资本效率

营运资本是财务分析中的基本数据，营运资本=流动资产-流动负债。通常情况下营运资本为正数，主要体现了企业经营中的稳健性原则。为了应对环境中可能发生的意外变化，企业需要掌握一定数量的可快速变现的资产。但是，也有许多企业认为这部分资金没有为企业股东创造价值，应当大力压缩。20世纪70年代以来，美国企业界提出了“零营运资本”的口号。

京东是网上商城中物流力量最强的企业，自提和快速送货都是为了尽快收回货款，提高营运资本效率。

用什么方法来实现零营运资本呢？主要的方法是占压上下游的资金，我们可以从营运资本计算公式入手来分析。占压上游资金就是拖欠供应商的货款，这样做可以增加流动负债。占压下游资金主要是减少应收账款，从而减少流动负债。流动资产的减少和流动负债的增加将导致营运资本减少，甚至可能为负。

例如，以国美、苏宁为代表的电器专卖店近年来成长迅速。它们通过大批量进货压低价格，再以低价吸引消费者扩大销售额。在同消费者结算时通常采用现金制，而同供应商（家电企业）结算时往往可以争取几个月的账期。在将销售收入归还供应商之前，国美和苏宁将持有巨额的、不必付息的现金。这种“大卖场”赢利模式的奥秘在于无偿占用家电制造厂商的营运资金。2005年国美的营运资本为-38亿元，2007年苏宁的营运资本则达到-50亿元。这种模式不仅可以节省财务费用（节省上亿元利息），还可以灵活运用手持的现金扩大进货或开新店。但是，这种模式会造成上下游关系紧张，一旦销售额增长不能持续，则有可能引发财务危机。2008年底，国美电器董事长黄光裕被捕，影响到企业的信用，供应商纷纷采取控制信用的措施，国美不得不在2009年向美国贝恩公司出让18%股份并发行可转换债券以获得保持经营的充足现金。

在减少营运资本的过程中，企业还需要关注其他指标以控制风险。例如，企业应当控制流动负债总额占总资产的比例，如果整个企业的资产主要来自占压资金，财务上的风险将会非常大。实现零营运资本的其他前提还包括发达的金融市场，以满足临时性的融资需求，以及实时反映企业经营中资金流动情况的ERP系统。

款构成的。财务经理总是力求在不损害业务的前提下压缩这部分应收账。除了利用现金折扣（即支付现金可以获得更大折扣）加速回款之外，财务经理还要经常仔细检查每个顾客账户付款的历史情况和近期变化，减少坏账损失。通常我们从企业的付款政策上可以看出企业的财务状况和进入新市场的决心。前面一章介绍的信用管理的5个C同样适用于企业的信用控制。

- **保持必要的库存**。如果在顾客订货时企业却没有库存，顾客很可能会转向竞争对手。必要的库存是客户满意的前提之一，而库存会占用大量的运营资金。许多企业采取了各种措施提高效率，减少库存费用。JIT库存管理就是一个这样的例子。技术的进步在控制库存成本方面可以发挥重大的作用。例如沃尔玛公司利用卫星技术采集店面和分销中心的库存数据以提高库存的效率。
- **资本开支**。资本开支是对有形的或无形的长期资产（例如土地、建筑、设备、商标、版权）进行的大型投资。这样的开支往往需要企业筹集大量的资金，并且需要运用相当复杂的手段来筹集。企业往往面临不同的选择，例如自建、购买或租赁。不同的方法要求企业在不同的时间段支付不同的费用。

财务经理负责筹集企业经营所需要的资金，有效的财务管理意味着找到最适合的方式满足企业不同期间的资金需求。下面的部分将分别讨论短期融资、长期融资、债务融资和股权融资的各种形式。

16.3　短期债务融资

财务经理日常工作中很大一部分是保障企业对短期资金的需求，许多中小企业甚至根本没有长期融资的工作。短期融资用于满足日常经营活动的需要，购买材料和建立库存，为可能延期支付的应收账款做好准备，并且随时准备应付现金短缺的情形。短期资金的来源有多种方式，有的方式要求担保，有的不要求担保。

无担保短期融资

一般来说，短期融资比长期融资更容易安排，这主要是因为：

- 偿付期限短，因此风险较小。
- 短期融资数额通常少于长期融资。
- 借贷双方之间往往存在着密切的合作关系。

绝大多数情况下，短期融资不需要提供抵押品。如果金额较大、对方的信用记录不佳或偿付可能有问题，则会要求借款方提供抵押品。无担保的短期融资方式包括贸易信贷、供货商保函、商业票据。

贸易信贷。制造商和批发商通常向零售商提供财务支持，允许它们在收到货物后经过一段时间再支付货款。这种延迟付款的安排称为贸易信贷（trade credit)，是一种由销售商提供的延期付款的短期融资形式。它也是最常见的一种短期融资，绝大多数企业间贸易都涉及某种形式的贸易信贷。在贸易信贷形式下，销售商发货的同时会附有一张说明支付条件的单据。为了鼓励零售商及时回款，通常会提供现金折扣。

无担保银行贷款、循环性贷款协议。银行和其他金融机构有时会向企业提供无担保贷款，利率则根据借款人的信用来决定，前一章中提到的包商银行的微贷多数属于这一类型。**优惠利率**（prime interest rate）是指银行提供短期贷款的最低利率，通常只授予信用条件最好的大型企业。一般企业的贷款条件通常是在优惠利率的基础上增加 2 个百分点，而信用等级不高的企业可能要增加 4 个百分点。信用等级最差的企业不可能得到贷款的批准。

无担保的流动资金循环贷款是循环性贷款协议的一种。对于有日常流动资金需求的企业，银行提供一定的流动资金贷款额度，一般一年签订一次合同，约定最高借款额。在约定期间内，企业可随借随还。循环贷款的最大特点是一次性审批、在规定期限内可循环使用。循环贷款期限原则上为一年，最长不超过三年。

商业票据。商业票据（commercial papers）是由大型企业签发的短期偿付保函。商业票据的保证纯粹建立在发行商业票据的企业的信用之上。商业票据的数额通常较大。商业票据的发行企业通常为商业票据提供利息，利率水平略低于银行短期利率。具体的利率水平则取决于签发企业的信用等级和偿付能力。对于签发企业来说，商业票据是一种比银行贷款成本更低的短期融资方式。此外，商业票据的风险较高，因为企业如果无法偿付，则购买商业票据的个人或机构将得不到足额的偿付或根本得不到偿付。目前我国商业票据市场还没有放开。

票据贴现。前一章介绍过，如果企业手中持有其他企业签发的商业票据，也可以在需要资金时通过票据贴现业务将这些票据进行贴现来获得资金。在我国，票据贴现仅限于持票人将其收到的未到期承兑汇票（包括商业承兑汇票和银行承兑汇票）经过背书转让给银行，银行以票面余额扣除贴现利息后的票款付给收款人，汇票到期时，银行凭票向承兑人收取现款。

有担保的短期融资

银行是商业社会中非常重要的中介机构。不同的企业出于不同的目的向银行申请贷款，而银行也需要找到适当的贷款对象以保证贷款的安全和收益。不同的企业对贷款的数额、时间和贷款形式有不同的要求。例如，农业贷款通常在春季发放而在秋季农产品销售后回收，餐馆的贷款可能在月初发放而在月底收回。在新年或节庆日的销售旺季，零售商可能需要银行提供临时的贷款，而在期末归还。

大型企业通常有专业人员负责与银行的业务往来。小型企业则缺乏这样的条件，但是同银行信贷人员保持良好关系对于小企业也许是很重要的。银行的谨慎性经营要求会帮助它们在较早的时候就发现企业面临的资金问题，从而给企业提供预警和改进的建议。企业应当做到对银行尽量透明、建立信任，这对于稳健的财务管理是非常有利的。银行对企业的经营情况（例如报表资料）越了解，则越能够对企业提供更大的帮助。毕竟，银行也需要寻找有利和优质的贷款客户。

财务上保守的贷款人通常希望为贷款资金提供抵押物。如果一家企业的无担保短期融资不能满足其短期资金的需求，它必须考虑提供抵押物来获得短期融资。尽管各种资产都可以充当抵押物，但在短期融资中，库存和应收账款是最常见的抵押品。

存货担保的贷款。制造商、批发商和零售商通常会在存货上投入大量资金。制造商除了成品之外还要在原材料和半成品上花费大量资金。所有这些存货都可以作为短期融资的抵押物。显然，与原材料和半成品相比，成品是更受欢迎的抵押品。有时贷款人会要求将存货扣押在公共仓库，仓库的货单由贷款人持有。当借款人偿付借款之后就可以赎回货单。

应收账款担保贷款。应收账款是指顾客欠企业的货款。它们是贸易信贷的产物，通常期限较短（不超过 3 个月）。企业可以将应收账款作为抵押物来获取短期融资。贷款人可能会根据应收账款的回收预期发放相当于面值 70% ~80% 数额的贷款。在发放应收账款担保贷款之前，贷款人首先会仔细调查应收账款的质量，也就是应收账款顾客的信用水平和偿付能力。当借款企业从这样的顾客处收回应收账款后，它必须向贷款人归还这一部分贷款。另一种方法是通知借款人贸易信贷顾客直接将货款提交给贷款人。

应收账款代理。应收账款融资还有更多的方式。企业可以将自己的应收账款销售给一家代理公司，这一业务称为**保理**（factoring，保付代理）。应收账款代理公司（factor，也称保理商）是专门购买其他企业应收账款的企业，有时商业银行也充当这一角色。它们按低于账面的价值收购应收账款，在应收账款到期时向顾客按全额收取账款，这中间的差额就是代理公司的利润。代理公司提供的折扣率取决于应收账的质量和经济状况，这种折扣通常大大高于银行利率。请注意，应收账款代理不是贷款，而是企业出售资产。出售应收账款的企业固然未能获得全部的账款，但可以立刻得到资金，同时还将无法回收的风险转嫁给了代理公司。在我国，保理业务主要由银行出面办理。早期的保理业务主要是国际保理，为进出口业务提供收款信用。近年来，国内保理业务也得到了很大的成长。例如，2006 年底，华为公司出售给国家开发银行的应收账款余额高达 70 亿美元，而 2006 年华为公司全年的销售收入不过 656 亿元人民币。表 16.3 对本章介绍的各种短期融资方法进行了对比。

表 16.3

短期融资方法的对比

融资类型	偿付期限	适用企业	特　点
贸易信贷	<3 个月	各类企业	成本较低，无融资费用
无担保银行贷款	1 年内	各类企业	担保函，信贷额度或循环贷款协议，成本不高
商业票据	1 年内	高信用等级的大型企业	只限大型企业，成本不高
担保贷款	1 年内	信用等级不高的企业	成本较高，使用存货或应收账款作为担保
应收账款代理公司	1 年内	拥有大量信用顾客的企业	成本较高，将应收账款作为资产出售给代理公司

16.4 权益融资

权益融资是企业最基本的获取长期资金的方式，包括出售股份和留存收益。

出售股份融资

任何企业的开办都涉及权益资本的投入。在有限公司这种企业形态中，股东们通过购买股份的形式来提供权益资本。对于企业来说，出售股份是成本最低的融资形式。首先，企业不必偿付企业出售股份所募集的资金。尽管投资者认为企业偿付投资资本是理所当然的，但从法律上讲企业并没有这样的义务。通常情况下，当投资者打算退出企业时，他要将股份出售给另一位投资者，而不是回卖给企业。其次，出售股份的企业在法律上没有向股东分发股利的义务。股利（dividend payment）是指企业分配给股东的利润。分享股利是股东的一项基本权利，然而，企业有权决定不向股东分派股利。在这种情况下，利润被保留在企业中用于运营。

普通股。**普通股**（common stock）是公司所有权最基本的形式。持有公司普通股的股东有权制定公司的政策和约束管理层的行为。股东大会行使选举董事会和批准公司重大事项的权利，还包括：

- 修改公司章程。
- 出售公司资产。
- 合并和收购。
- 发行优先股或债券。
- 改变所发行的普通股的数量。

优先股。**优先股**（preferred stock）是企业发行的一种股票，指持股股东享有比普通股股东更优先的权利，包括优先获得股利的权利和在公司解散及破产清算时先于普通股股东获得（债务清算后的）剩余资产。与普通股一样，优先股股利的发放需要经过董事会批准，发放股利并非企业的法定义务。作为上述优先权的交换，优先股股东通常放弃在股东大会上投票的权利（注意上面段落说明了在股东大会投票是普通股股东的权利）。为了增加优先股的吸引力，有些企业会发行可转换优先股，可转换优先股（convertible preferred stock）是指可以按一定比例转换为普通股的优先股。

留存收益。许多企业只分配一部分或不分配公司的利润，而将其用于公司的再投资。公司没有分配的用于投资的利润部分称为**留存收益**（retained earnings）。留存收益通常是公司长期融资的主要来源，对小企业尤其如此，因为它们通常不能发售股票。对于任何一种企业，留存收益都是最理想的募集长期资金的方法，因为它不需要支付利息、股利、承销费用，也不会改变企业的所有权结构。通过留存收益解决长期资金问题的主要困难是留存收益的数额通常不足以满足企业融资的需要。

通过风险资本融资

企业融资最困难的时期往往是开办初期或刚刚开始扩大业务的时候，因为此时企业资产很少，也缺乏支持贷款信用的历史记录，因此很难从银行获得资金。创业者资金的来源往往是家人、朋友和偶然的投资者，称为 FFF（family, friends and fools），风险投资对这类企业特别有帮助。

风险资本（venture capital）是投资于新的或新兴的、拥有极大利润潜力的企业的资金。风险资本的资金来自机构投资人或富有的个人，风险资本投资企业的目的是为了获得企业的部分所有权。风险资本家期望得到高于平均水平的回报和高水平的管理。他们对普通企业不感兴趣，只投资于利润潜力特别大的企业。

风险资本介入创业的主要方式是注入现金以换取股权。对于创业型的企业，风险资本家不仅能够带来资本，还能够带来管理和技术方面的专业技能，这样的风险投资称为天使投资（Angel Investment）。风险资本通常无意长期参与企业的经营，而希望通过组织企业上市或并购等方式以远远高于购入的价格出售股权而获利。风险资本帮助许多企业成功起步，国外的例子包括苹果公司、思科公司，国内的企业包括阿里巴巴、携程、卓越网等。由于风险投资的最终目标是为了退出获利，接受风险投资往往意味着承担很大的赢利压力。

风险资本产业是在 20 世纪 80 年代开始繁荣起来的，苹果公司和英特尔公司就是在风险资本的支持下成功发展起来的。90 年代的互联网热潮中，风险资本极为活跃，特别是在美国硅谷地区企业的成长中起到了重要的作用。向风险资本申请融资必须提供商业计划书。商业计划书是以书面的形式全面描述企业所从事的业务，目的是为了寻找战略合作伙伴或者风险投资资金。在递交的大量商业计划书中，只有很少一部分能够获得风险资本的投入。

风险资本的退出机制包括上市和收购。如果风险投资介入的企业上市，风险资本可以通过二级市场交易获利退出，也可以通过出售自己的股份获利退出。例如，著名的风险投资基金美国老虎基金曾投资于多个中国企业，包括新东方和卓越网。当新东方在美国纽约证券交易所上市后，老虎基金选择通过交易所的股票交易出售它所持有的新东方股票。而在 2004 年卓越网以7 500万美元出售给美国亚马逊公司的交易中，老虎基金通过出售它持有的20%卓越网的股份直接获利。

16.5 长期债务融资

企业用长期债务融资的方式为创办新企业、兼并和收购、开发新产品、大规模营销、设备替换和厂房扩建提供资金。企业可以通过向金融机构贷款或发行债券两种方式来借入资金。

长期贷款

长期贷款通常是指期限为 3 ~ 7 年的贷款项目，但也可能会延长到 15 ~ 20 年。定期贷款协议（term-loan agreement）是指规定了月度、季度或年度还贷要求的协议。由于长期贷款期限长、数额大，贷款方的风险较高，因此利率水平也更高。利率和还款条件通常取决于贷款的理由、借款公司的信用等级和抵押物的价值。可接受的抵押物包括房产、机器设备等。贷款方还可能要求借款人在账户上保留一个最低限度的数额。对于借款人，长期贷款的利息可以在税前扣除。

申请贷款的准备工作十分重要。企业应当事先核对本企业在银行和金融机构的业务往来和信用等级。除了填写贷款申请表之外，企业还要准备一份简短的商业计划书，说明企业的业务状况、需要资金的数额及其理由、如何偿付贷款。向银行提交的财务报表应当经过注册会计师的审核，有时可能需要聘请独立注册会计师提交报表。企业还可能要报告自己的供应商、其他借贷对象和相关的利益群体。

债券融资

企业也可以发行债券来募集长期资金。债券（bond）是一种有约束力的合约，

专 题

汇源贷款违约危机与资产负债率

2010年9月10日，在香港上市的汇源公司爆出24亿巨额贷款违约的消息。当天股市开盘汇源股份即下跌超过7%，不得不紧急停牌。违约原因在于其公司的资产负债率超过了贷款协议中的限制。汇源的银行贷款，主要来自2010年4月订立的3年期2.5亿美元贷款及另一笔余额为5600万美元的银团贷款。

对于该笔2.5亿美元贷款协议，贷款银行要求汇源的负债对净有形资产比例最高为0.65倍，负债对未计息、税、摊销及折旧前盈利（EDITDA）的比例最高为5倍。2010年9月汇源发布的中期业绩报告中的数据显示，汇源资产负债率可能高达70%，已经超过了贷款协议的要求。这意味着在技术上汇源已经违约，贷款随时可能被强制回收。

事件发生后，汇源发布公告承认违反了贷款协议，并开始同贷款人协商豁免上述协议要求。10月13日，汇源宣布与贷款银行团达成豁免协议。银行团放宽了上述几项比例的要求，汇源贷款危机解除。汇源同时做出三项让步：支付125万美元的豁免费用；在豁免之日起一个月内提前偿还2 500万美元；从豁免之日至该公司年度业绩公布之日止，贷款年利率增加0.5%。10月25日，另一项5 600万美元贷款也达成了类似的协议。

债券发行方同意按规定的条件向购买债券的投资人提供回报。公司债券（corporate bond）是公司发行的保证偿付一定金额和利息的书面保证。到期日（maturity date）是企业偿付所借金额的日期。债券也分为有担保和无担保两种。有担保的债券是以抵押物（例如房产）担保的债券。无担保的债券是完全依靠发行方信用的债券。可转换债券（convertible）是指债券持有人有权转换为一定数额股份的债券。可转换债券的利率通常比不可转换债券更低，它会吸引认为企业股票价格将会上升的企业。而一旦可转换债券转换为股份，企业就不必在到期日偿付债券。

我们还会在第17章更详细地讨论债券。表16.4简要地总结了债务融资和权益融资各自的特点。

表16.4

债务融资和权益融资的对比

	融资方式	
条 件	债 务	权 益
对管理层的影响	除非协议中有规定，否则不影响管理层	普通股股东拥有投票权
偿付	债务有到期日，本金必须偿付	股票没有到期日
年度的义务	支付利息	没有支付股利的法定义务
税务利益	利息可免税	股利来自税后利润并且还要缴纳税收

使用财务杠杆

通过借入资金提高企业投资回报率的做法称为杠杆化（leverage）。负债增加了企业的风险，但也提高了企业创造利润的能力，杠杆指的就是这样的效果。

理解财务杠杆的关键是资本成本的概念，资本成本是指企业为满足贷款人或股东的期望而必须实现的回报率。采用了财务杠杆的企业通常对资本成本十分敏感，表 16.5 对此进行了说明。

如果企业的回报率高于借入资金的利率，则借入资金的企业股东获得的回报率将高于权益融资的回报率。因为在这种情况下股东将可以享有超过还款和利息部分的收益。在表 16.5 的例子中，在采用财务杠杆并且回报率高于债务利率时时股东回报率是 160%，而没有财务杠杆时则只有 25%。相反，如果企业的回报率低于借入资金的利率，则企业股东将会遭受损失，因为他们还要从利润甚至股本中拿出钱来弥补低于资金利息的部分。在表 16.5 的例子中，此时股东的回报率为 -40%，而如果不采用财务杠杆时则仍然有 5% 的股东回报率。

显然，杠杆可以在任何一个个方向发生作用。财务杠杆的主要风险是在利润低于预期的情况下企业股东可能遇到放大的损失。

表 16.5

财务杠杆的效果（单位：元）

债务杠杆（回报率高于债务利率）		权益融资		债务杠杆（回报率低于债务利率）		权益融资	
10% 权益资金，90% 债务资金的情形		100% 权益资金的情形		10% 权益资金，90% 债务资金的情形		100% 权益资金的情形	
普通股	50 000	普通股	500 000	普通股	50 000	普通股	500 000
债券	450 000	债券	0	债券	450 000	债券	0
	500 000		500 000		500 000		500 000
收益	125 000	收益	125 000	收益	25 000	收益	25 000
减去利息	45 000	减去利息	0	减去利息	45 000	减去利息	0
净收益	80 000	净收益	125 000	净收益	-20 000	净收益	25 000
股东回报率	160%	股东回报率	25%	股东回报率	-40%	股东回报率	5%
* 杠杆的作用令股东回报率大大增加				* 财务杠杆的风险			

本章小结

1. 财务管理是管理企业的财务资源以实现企业目标的工作，包括管理企业融资、资金的计划和使用。

2. 融资是为企业运营筹集资金的活动，按期限分为短期融资和长期融资，按方法分为债务融资和权益融资。财务管理要避免资本金不足、现金流管理不当和费用控制不当的问题。

3. 财务计划是获取和使用实现企业目标所需要的资金的计划。预算是表明管理层的期望以及基于这些期望在企业内分配资源的财务计划。财务控制是企业定期将收入、成本、费用和预算进行对比的过程。管理运营资金也是财务管理的工作内容。

4. 短期债务融资用于满足企业日常经营活动。无担保的短期融资方式包括贸易信贷、无担保贷款和循环性贷款协议、商业票据和票据贴现。有担保的短期融资方式包括存货担保、应收账款担保和应收账款代理，也称保理。

5. 权益融资包括出售股份和留存收益。出售股份是成本最低的筹资形式。风险资本可以帮助企业获得开办初期所需要的资金。

6. 长期债务融资包括贷款和发行债券两种方式。债券是一种有约束力的合约，债券的发行方同意按规定的条件向购买债券的投资人提供回报。企业使用财务杠杆在提高投资回报率的同时也增大了风险。

关键概念

财务管理　CFO　融资　资金的时间价值　资本预算　资本支出　现金预算　运营预算　资金管理　现金流预测　权益融资　债务融资　优惠利率　商业票据　保理　抵押　存货担保贷款　无担保贷款　循环贷款协议　担保债券　担保贷款　长期贷款协议　贸易信贷　普通股　优先股　风险资本　债券　财务杠杆　indenture terms

思考题

1. 企业融资需求产生的原因有哪些？

2. 什么是资金的时间价值？

3. 财务管理失败的主要原因有哪些？

4. 零基预算的优点和缺点是什么？

5. 企业在制定付款政策时如何考虑信用控制？

6. 无担保银行贷款如何控制风险？

7. 短期融资中常见的抵押品有哪些？

8. 为什么说出售股份是成本最低的长期融资方式？

9. 风险资本为创业企业带来了哪些利益？

10. 简述财务杠杆的利弊。

网络练习

登录万科公司网页（http://www.vanke.com），点击“投资者关系”栏目，下载2008

年9月18日“公开发行公司债券公告书”，根据所看到的内容回答以下问题：

1. 债券的发行人提示投资者债券主要有哪些风险？这些风险是债券发行人所独有的吗？

2. 发行人报告债券募集资金的用途是什么？对于公司股东有何利益？

开篇案例讨论题

1. 韩颖采取了哪些方法缓解亚信公司现金管理问题？

2. 韩颖如何改进亚信公司的财务控制？

第 17 章

证券与投资市场

本章学习要点

- 解释证券市场的功能
- 说明有价证券的投资方式
- 说明传统的投资选择及其利弊
- 了解高风险投资及其利弊

证券市场提供了价格发现、筹集资金、风险管理的许多机会。

开篇案例

雅戈尔公司：投资过度？

雅戈尔集团创立于1979年，旗下的雅戈尔股份公司1998年在上海证券交易所上市。公司的主业是服装，雅戈尔衬衫和西服连续多年保持全国市场份额第一。

人们通常会认为，像雅戈尔这样一个在服装业很成功的企业应该专注于本产业的投资，以保持和提高竞争优势。但是，据2007年雅戈尔公司年报披露，当年公司利润总额为26.5亿元，年增长率高达220%，其中股权投资的利润为17.4亿元，服装纺织业务利润为6.3亿元，地产投资的利润为2.8亿元。2007年度股权投资的利润占当年总利润的66%，雅戈尔的股权投资取得了极大的成功，让来自主业的利润相形见绌。

雅戈尔公司的股权投资始于1993年，开始的时候是出于维护政府关系的考虑。例如对广博集团和宜科科技的投资，这两家原来都是濒临破产的国有企业，当地政府希望雅戈尔的介入能把它们救活。1997年，宁波银行组建，地方政府邀请雅戈尔作为有实力的股东加入。1998年，中信证券改组为股份公司，雅戈尔参股。10年之后，中国股市迎来了一次全面高涨的行情，雅戈尔的这些股权投资实现了惊人的收益。

广博股份和宜科科技分别在2007年和2004年上市，雅戈尔的投资得到近10倍的回报。雅戈尔入股宁波银行的成本为每股1.01元，持股1.79亿。2007年7月19日上市后，宁波银行的股份曾经冲到30元的高位。让雅戈尔公司最出风头的则是中信证券的投资。当初中信证券公司股份化改造时，雅戈尔以每股1.7元的价格投入3.2亿元购买了中信证券近2亿股的股权。中信证券2003年1月上市，2007年曾经达到100元的高价。雅戈尔集团董事长李如成感慨道："我做了30多年服装，利润都是一点一点积累起来的，但投资就是不一样，一下子就能赚制造业30年的钱！"《中国企业家》报道说："雅戈尔是2007年中国股市上的神话。它靠7亿元的股本金做到了200多亿元的金融资产，令无数中国企业羡慕。"

证券投资风险很大，尽管雅戈尔的股权投资从账面上看浮利巨大，但在证券市场的起伏面前，过去的利润随时可能消失。2007年11月，雅戈尔出资35.88亿元认购了1亿股定向增发的海通证券。此后不久，中国股市泡沫破裂，雅戈尔持有的股票大幅度缩水。2008年，仅出售海通证券股票的损失就高达4.7亿元。尽管2008年雅戈尔服装纺织业务的净利润从6.3亿元增加到6.9亿元，但证券投资方面的损失导致雅戈尔2008年利润下降约35%。

许多分析人士对雅戈尔的"不务正业"提出了批评，其中包括美国著名财经杂志《商业周刊》，他们认为雅戈尔利润中来自股权投资的比例过高可能导致经营业绩依赖证券市场的走势。从雅戈尔的投资记录中可以看到，公司股权投资获利主要来自于股份公司上市前非公开发行股票时的股权（认购）投资，这些公司的股票在上市后价格上涨，为初始投资人带来了很高的收益。而在已上市股票的交易中，雅戈尔的记录并不理想。除了海通证券的例子外，据雅戈尔2008年年报披露，全年共投资13只股票，其中11只出现亏损。李如成承认2008年的投资项目出现了一些失误，在股价过高时买入股权，但他仍然认为“投资行业将迎来百年难遇的契机”。不过，现在雅戈尔的股权投资主要在集团层面进行，这样可以避免像2007年和2008年那样股权投资主导股份公司业绩，主业经营反而不突出的情况。

尽管雅戈尔的股权投资有所起伏，但在服装产业这个主业上，雅戈尔的排头兵地位并没有动摇。雅戈尔股份公司在2007年斥资1.2亿美元购买了美国KELLWOOD公司旗下核心男装业务——香港新马集团，加强了国际化产品的设计力量和在美国市场的销售网络。2009年，雅戈尔高调宣布了汉麻新产品的推广计划。看来，雅戈尔还在努力实现服装产业的进一步突破。

2008年，中国股票价格指数从6000多点下降到1600多点，许多投资者蒙受了重大的损失。以平安保险为例，2007年10月的最高价接近150元，而一年之后已经跌去了80%。今天，人们对股票投资的态度已经变得十分谨慎。在本章，我们首先简要地说明证券市场及其功能、企业和个人应当如何利用股票市场，然后讨论如何投资于有价证券以及金融市场的结构。接下来我们讨论传统的投资选择和高风险的投资类型。最后，我们讨论金融信息的来源。

17.1 证券市场

许多人从事股票投资，用自己的储蓄购买股票，希望获得更好的收益。在发行国债的日子里，我们经常会看到老年人在出售国债的银行门外排队，他们认为国债是更加稳定的投资品种，而且收益比银行存款更高。所有这些投资活动以及其他更为复杂的投资活动都有赖于证券市场。

证券市场

证券（security，有价证券的简称）是一种具有一定票面金额，证明持券人有权按期取得一定收入，并可自由转让和买卖的所有权或债权证书，主要形式有股票和债券两大类。证券本身并没有价值，只是由于它能为持有者带来一定的股息或利息收入，因而可以在证券市场上自由买卖和流通。

证券公司营业部

证券市场是交易股票、债券和其他证券的场所，例如上海证券交易所、深圳证券交易所、纽约交易所和 NASDAQ。证券交易所具备两项基本的功能：首先，证券交易所协助企业获得长期资金以满足企业的需求，例如开展新业务、扩大生产和进行兼并与收购的交易。其次，证券交易所也是私人投资者购买和出售证券（投资活动）的场所，帮助他们获得金融资产。

证券市场是证券价格发现的场所，它为证券提供了定价的机制。例如，一家企业的股票应当定价在什么水平几乎不可能有客观的计算。而在证券市场上，通过投资者的交易活动却可以自然地形成企业股票的价格。由此，证券市场可以在经济体中起到分配资源、提高经济运行的效率的作用。由于在证券市场中存在大量的参与者进行交易，股票、债券和其他金融证券的价格是公开和透明的。对于能够创造价值的企业，证券市场会以股票价格上涨或发行更低利率债券的形式给予肯定，而对于经营不善的企业，证券市场则会以股票价格下跌或债券利率上升的形式进行否定。证券市场由此实现了经济资源在不同企业和经济主体间迅速的、有效率的分配。

投资银行

投资银行（investment bank）是协助新证券发行和销售的金融机构，帮助企业出售新发行的股票、债券或其他金融证券。在我国，投资银行业务是由证券公司来办理的。投资银行通常向 IPO 企业收取发行证券所获收入的一定比例，具体的数字取决于企业的信用水平和发行规模。国外的投资银行包括著名的摩根斯坦利、高盛公司等。

投资银行帮助打算发行股票或债券的企业准备证券监督委员会所要求的各项复杂的财务报告。投资银行的主要业务是承销新发行的股票和债券。承销（securities underwriting）是指投资银行借助自己在证券市场上的信誉和营业网点，在规定的发行有效期限内将证券销售出去的业务活动。证券承销投资银行会先按一个事先约定的价格从发行股票或债券的企业处买下所有准备出售的证券，然后再将这些证券以全价出售给众多的私人或机构投资者。机构投资者（institutional investor）指的是用自有资金或他人资金进行投资的大型组织，包括银行、保险公司、基金等。由于购买力很强，机构投资者在证券市场上拥有很大的权力。

17.2　如何投资有价证券

证券市场分为一级市场和二级市场。在投资股票时，你需要选择在哪个市场上进行交易。

一级市场

一级市场（primary market）是指投资者直接（或经过投资银行）从证券发行者手中购买证券的市场，证券的形式主要是股票和债券（包括国债、地方政府债券、企业债券）。在一级市场上发行股票称为首次公开发行。

首次公开发行（initial publics offerings，IPO）是指企业经过证券监督协会的批准在证券市场上首次公开发行普通股。在中国证券市场上进行首次公开发行需要得到证券监督委员会的核准。首次公开发行的企业需要聘用投资银行提供上市辅导和承销服务。

首次公开发行的股票也称原始股，完成首次公开发行的企业，其股票可以在证券交易所进行交易，也称上市公司。现有企业分拆上市也是一种首次公开发行的形式。例如，2009 年搜狐公司将旗下从事网络游戏的子公司畅游公司进行分拆，首次公开发行后在美国 NASDAQ 上市。在首次公开发行之后，当企业又需要资金的时候，它还可以增发股票。增发股票同样需要经过证券监督委员会批准。

需要注意的是，购买 IPO 股票是一项风险很高的投资。例如，阿里巴巴公司 2007 年 11 月 6 日在香港上市，首次公开发行 2.15 亿股，融资额将近 15 亿美元。上市后股价一度达到 41.8 港元的水平。但是到了 2008 年 10 月 20 日，它的股票下跌到只有 4.80 港元。

二级市场

通常称一级市场为证券的发行市场，而**二级市场**（secondary market）则是证券的交易市场，也就是发行后的证券在投资者之间进行流通的市场。

一级市场和二级市场的业务有很明显的区别。一级市场主要是为了给发行人发行的证券创造出一个基本的市场。对于一级市场，无论是发行国债、企业债还是股票，其规模都相对很大，需要在很短的有效期限里完成发行，否则就会出现发行失败。因此一级市场以机构投资者为主。

例如，财政部发行国债或中央银行发行央行票据动辄数百亿元，个人投资者无法吸收。国债发行通常需要符合法定资格的证券承销团进行承销，证券承销团包括银行、证券公司、保险公司、信托投资公司等金融机构。股票首次发行的规模虽然小于国债，但通常也不是适合个人投资者的项目。投资银行帮助首次公开发行的企业在证券市场上向广大的投资人发售证券，可以起到分散风险、提高发行效率的功能。

而二级市场的功能则是为证券的持有者提供出售证券的场所，为所有类型的投资者提供投资证券的便利。一般来说，二级市场的交易是在证券交易所或柜台交易市场上进行的。前面已经介绍了证券交易所，**柜台交易市场**（over-the-counter market，OTC）是指在证券交易所交易大厅以外进行的各种证券交易活动，通常交易的证券都是未上市的证券，也称场外市场。中国的柜台交易市场设在天津滨海新区。

投资人在进行证券交易时，不能直接同其他投资人进行交易，需要委托证券公司代理，由后者通过其在证券交易所中的席位按照客户的要求进行交易。这样的业务称为证券经纪业务，提供证券经纪业务的证券公司向投资者收取佣金。

证券公司执行客户指令时使用的是客户自己的资金（存在证券公司的账户中），证券公司不承担交易价格波动的风险。投资人在进行证券交易时，可以到证券公司的营业部提出指令，也可以利用客户端程序通过互联网向证券公司发出交易指令。

证券市场的整体表现受到外部环境改变的影响。如果投资者预计未来经济前景很好，企业获利增加，他们将增加在股票和企业债券上的投资，从而推动证券市场价格上涨。相反，如果投资者预计未来经济前景不好，企业赢得状况不佳，他们将退出证券市场或投资于收益相对稳定的证券，如国债。由于众多交易者的存在和他们的活动，证券市场总是处于波动和起伏之中。牛市和熊市是用来描述证券市场较长时间的趋势的术语。**牛市**也称多头市场，指投资者普遍预期证券价格上涨且延续时间较长的市场特征。**熊市**也称空头市场，指投资者普遍预期证券价格下跌且延续时间相对较长的市场特征。

专 题

创业板市场

创业板市场（growth enterprise market，GEM）是指专门协助高成长的新兴创业公司特别是高科技公司筹资并进行资本运作的市场，有的也称为二板市场（普通的股票市场称为主板市场）。创业板市场注重公司的发展前景与增长潜力。其上市标准要低于成熟的主板市场，通常是中小企业，成立时间不长，赢利前景不够明朗。创业板市场上的企业经过发展，达到主板上市要求后可以在主板上市。

世界上最成功的创业板市场是美国NASDAQ市场，微软、英特尔、思科和星巴克公司都是先在NASDAQ市场上市，在符合条件之后才转到主板上市。我国的三大门户网站新浪、搜狐、网易都是NASDAQ上市公司，其他知名企业如百度、携程、如家也都在该市场上市。

正如我们从上面这个名单中可以看到的，在创业板上市的企业不一定都是互联网公司或IT公司。这些新兴中小企业，具有较高的成长性，但往往成立时间较短、规模较小、业绩也不突出，对资本的需求却很大。事实上，创业板市场为所有追求高成长的创业企业提供了融资的便利，同时也为早期介入创业企业的风险投资人提供了退出的机制。也就是说，风险投资人可以在这个市场上方便地转让股份，如果股票价格高于原始投资时的面值，将获得回报。

同样由于上述特点，创业板市场是一个高风险的市场。与主板上市企业相比，创业板企业更多地表现出业绩不稳定、经营风险高、退市风险大等特点。涉足创业板投资要求投资人具备较高的风险管理能力。

2009年，深圳证券交易所开始设立创业板交易市场。

通常将短期持有证券并通过反复交易获利的行为称为投机（speculation）。投机通常带有贬义，但在二级市场上，投机可以起到积极的作用。投机为市场提供了交易量，投机者热衷于利用每一个可以获利的机会进行交易，客观上为其他投资者提供了进行交易的机会。投机者对市场的变化非常敏感，提高了市场的效率，有助于市场正确地反映证券的价值。他们的交易也是市场趋势的重要预测。

股票指数

股票指数（Stock Market Index）也称股票价格指数，是表明股票市场行情变动的数字指标。投资人在分析本身所持有的股票价格的变化时需要以整体市场的波动为参照，因此需要能够全面反映整个市场价格变化的指标，股票指数可以满足这一要求。

编制股票指数，通常以某年某月为基础，以这个基期的股票价格作为100，用以后各时期的股票价格和基期价格进行比较，计算出升降的百分比，就是该时期的股票指数。投资者根据指数的升降，可以判断出股票价格的变动趋势。例如上海证券交易所发布的上证综合指数以 1990 年 12 月 19 日为基日，基期指数定为 100 点。中国主要的股票指数是上证综合指数和深圳成分股指数。其中上证综合指数反映了上海证券交易所所有股票的价格变动，深圳成分股指数反映了深圳交易所有代表性的 40 只股票的价格变动。

国际著名的股票指数包括美国道琼斯指数、标准普尔 500 指数、英国《金融时报》指数、法国 CAC－40 指数、日本日经指数、香港恒生指数等，这些指数的变动吸引着全球所有财经媒体的关注。有效率的股票市场能够反映实际经济的运行状况和投资者的信心，投资者、企业和政府都很重视股票市场的变动，股票指数是判断股票市场变动最重要的指标。

投资安全和风险

投资安全和风险是同一个问题的两面。安全是指在投资过程中令损失最小化，风险是指投资结果不确定的程度。如果你希望财产保险、稳定地增长，则应当选择安全的投资方式，例如大额可转让存单（CD）、高等级的公司债或政府债券，也可以考虑投资蓝筹股。蓝筹股（blue chip stock）是指那些在其所属行业内占有重要支配性地位、业绩优良、成交活跃、红利优厚的大公司股票，这些企业通常是产业的领导者，过去很多年里稳定地获得利润并向股东发放股利。

专 题

市盈率

有了股票指数，投资者就可以方便地从总体上判断市场行情。不过，投资者更希望方便地了解自己所投资的某个股票的市场行情，市盈率指标能够起到这样的作用。

市盈率（Price to Earnings ratio，P/E）是股票价格除以年度每股收益（盈利）的比值。例如，宝钢股份 2009 年 4 月 16 日收盘价格为 6.12 元，2008 年度每股收益为 0.37 元，则宝钢股份当天的市盈率为 6.12 ÷ 0.37 = 16.54。从市盈率的公式可以看出，市盈率是一个经常变动的数值。市盈率高，说明投资者为获得相同水平的收益要付出更高的代价。因此，在投资高市盈率的企业时需要更加谨慎。

假定每股收益水平不变，市盈率说明投资者回收投资所需要的年份。在宝钢的例子中，投资者需要 16.54 年来收回投资。当然，影响企业收益和股票价格的因素很复杂，不能简单地从市盈率的高低判断股票是否值得投资。市盈率分析的价值更多地表现在分析同一家企业市盈率变动、产业市盈率的变动等相对指标上。例如，传统产业的市场格局相对稳定，因此市盈率较低。而新兴技术企业虽然近期赢利能力不强，也就是每股赢利很少甚至亏损，但增长潜力很大，因此市盈率往往较高。以美国市场为例，NASDAQ 市场中股票的平均市盈率明显高于纽约证券交易所股票的平均市盈率。有时，人们也用股票指数市盈率的概念来判断总体市场的投资价值，其计算方法类似于个股市盈率的计算。

但是，如果希望提高投资的回报率，牺牲部分安全性是不可避免的。那么，如何在安全性和回报率之间做出取舍呢？这取决于投资的目标和风险承受能力。

投资的流动性

流动性（liquidity）是指投资转化为现金的容易程度。有些投资很容易在需要时转化为现金，例如存款、政府债券和货币市场基金。而另一些投资则很难转化为现金，例如交易量很低的股票或债券。即使你能够在证券市场上很容易地销售有价证券，但在市场条件不理想的情况下，你可能会损失部分本金。

证券交易的监管

由于证券交易的程序相当复杂，为了避免在证券交易的过程中发生权力滥用和欺诈，政府要对证券交易实施监管。例如，一些上市公司在发布财务报告时有意无意地玩财务数据游戏，利用子公司等关联公司交易夸大或隐瞒实际经营情况，误导投资人。还有的证券公司与上市公司利用内部信息操纵股市，损害投资人的利益。中国总理温家宝 2009 年 4 月发表讲话，“要严厉打击操纵股市、官商勾结、内幕交易等行为”。中国证券监督管理委员会是负责证券交易监督管理的行政部门。证券交易的监管主要是对上市公司和证券公司信息披露的要求和欺诈行为的惩罚。

信息披露。信息披露（information disclosure，full disclosure）是指投资者有权获得股票、债券和其他证券所有可能影响投资决策的信息。信息披露的保障主要是法定的披露义务，包括招股说明书、募集说明书、上市公告书、定期报告和临时报告构成的披露系统。

- 招股说明书（prospectus）是企业发行股票前向投资者提供的关于企业业务和管理的详细的书面文件。上市公告书基本上是招股说明书的简要报告。
- 募集说明书（debt prospectus）是企业发行公司债券前向投资者提供的关于偿付债券的重要信息，包括债券的利率、期限和不能按时偿付时债券持有人的权利。
- 定期报告主要是指上市公司的季度报告、中期报告和年度报告，其中年度报告中的财务报表要经过会计师事务所审计。
- 临时报告是指任何可能对上市公司证券价格产生影响的事项的报告。

内幕交易。内幕交易（insider trading）是指上市公司董事、高管或员利用据内幕消息买卖证券或提供买卖证券的信息或建议，是严重的违法行为。

17.3 传统投资选择

谚语说，“不要把鸡蛋放在一个篮子里”，意为投资应当分散风险，本节和下一节将分别讨论不同的投资方式及其组合。表 17.1 列出了可供选择的各种投资方式。

表 17.1

可供选择的投资方式

传统投资方式	高风险投资
银行存款	卖空
政府债券和企业债券	保证金交易
普通股股票	期权
基金	商品期货和金融期货
不动产	外汇
	贵金属
	宝石
	古董和收藏

投资组合管理

世界上不存在一个完美的投资组合（portfolio）。个人投资者采用怎样的投资组合取决于其投资目标、年龄、风险承受能力和财务资源。企业或机构投资者也是一样，不同的投资工具在收益、风险和期限上差别很大，需要进行合理的组合才能实现与投资目标的契合。

资产配置、时间因素、年龄与投资

资产配置（asset allocation）是在不同投资工具间分配投资以减少风险的投资活动。资产配置意味着将投资在不同的投资工具间进行分配，如有多少投资投向股票和基金，有多少投向政府债券。

时间因素是指你能够用于投资的时间期限，如果你的资金并不是急需的，而能够长期用于投资，则股票、基金、不动产将是理想的投资。相反，如果你的资金可能随时需要，那就只能投资于流动性较高的资产，如存款、高等级债券或大额可转让存单。如果你将可能短期需要的资金投入股票或基金，那么在急用时由于无法选择合适的出售时机将有可能造成很大的损失。

年龄对于个人投资者来说是一个重要的因素。年轻的投资者倾向于更多地投资于高增长性的投资工具，即使在投资中遇到失败，他们仍然有信心能够挽回损失。而年老的投资者则倾向于选择较保守的投资工具。

存款和债券

银行存款。银行存款是指支付利息的银行账户，我们在前面已经介绍过。

政府债券。主要分为国债和地方政府债券，以国债为主。国债是中央政府在金融市场上发行的承诺在一定时期支付利息和到期偿还本金的债券，主要用于弥补政府的财政赤字和重大建设项目。国债是信用等级最高的债券，也称主权债。由于信用水平高，国债的流通性较好，再加国债的利息收入免税，因此国债利率较低。在我国，国债（treasury bond）是指财政部代表中央政府发行的国家公债。国债最短期限为 3 个月，最长期限为 20 年。由于国债规模很大，期限结构丰富，流动性好，因此国债的市场利率是金融市场利率的一个主要参考指标。

地方政府债券（municipal securities）是地方政府为本地大型公用设施如交通、教育、医院等项目筹集资金而发行的债券。地方债也是政府信用的一种形式，不过在信用水平上低于国债。在我国，地方债由财政部代理，具有国家水平的信用。

公司债券。公司债券（corporate bond）是上市或非上市公司发行的债券，用于为企业经营筹集资金，例如建设新厂、购买设备或扩大业务。在我国，公司债券是指由公司发行的在一年以上期限内还本付息的有价证券。债券的面值规定为 100 元。公司债券的优点之一是期限较长，能够稳定产生收益，通常按年支付。例如，2009 年 3 月 17 日南京钢铁联合有限公司公开发行 25 亿元公司债券在上海证券交易所上市，期限 7 年，票面利率 6.13%，每年支付一次利息。如果你购买了一手这个债券（10 张为一手），则每年可以获得 61.3 元的利息，利息按单利计算。

有一种特殊的公司债券称为可转换债券（convertible bond，CB），发行公司事先规定债券持有人可以选择有利时机，按发行时规定的条件把其债券转换成发行公司的等值股票。这种债券是一种混合型投资工具，既可以获得债券的固定收益保障，又可以在股票升值时转换为等值股票，获得股价上升的收益。在我国，可转换债券的利率通常低于相应的定期存款利率。

由于公司债券属于私人信用，它的信用水平低于国债和地方政府债券，而且公司债券的利息要缴税，因此公司债券利率较高。公司债券在我国还属于新兴的债券品种。

债券的价格。债券的价格是一个有趣的话题，人们很容易以为面值 100 元的债券总是价值 100 元。然而，当利率发生改变时，债券的价格也会随之改变。例如，如果利率上升，现有债券支付的利率就不那么有吸引力了，投资者会转而购买新发行的同样面值而利息更高的债券。因此，当利率上升时，现有的债券价格将下降。下降的幅度取决于利率的波动程度，利率上升的程度越大，债券价格下降幅度越大。反之，当利率下降时，现有的债券价格将会上升。一般来说，如果预计会降息，则应当购买距离到期日远和票面利率低的债券。而如果预期将会升息，则应购入到期日近、票面利率高的债券。

对于公司债券，公司经营状况的波动也会影响其价格。例如，如果公司经营出现亏损可能无法按时偿付利息，那么它所发行的公司债券的价格也会下跌。决定债券价格的一个主要参考工具是债券评级，目前国际上公认的最具权威性的信用评级机构主要有美国标准普尔（Standard & Poor）公司和穆迪（Moody's）公司。

普通股

股票是一种常见的投资形式，股票投资的收益主要来自三个方面。

股利。股利分为现金股利和股票股利。现金股利是以现金形式获得的股利，也称分红。股票股利是以按持股比例增发股票的形式向股东发放的股利。

股票升值。股票投资收益的另一种形式是股票升值，也称资本收益。资本收益（capital gain）是指证券购买价格和销售价格之间的差额。例如，如果你以 10 元一股的价格买入万科公司股票而以 15 元的价格卖出，你将获得每股 5 元的资本收益。

拆股。有些公司认为股票价格应当处于一个合理的区间，当股票价格超过这个区间时，这样的公司会选择拆股。拆股（stock splits）是指将公司股票按比例拆分为更大的数目。拆股后股票价格通常按比例下降，有助于吸引投资者。例如，楼宇视频广告公司分众传媒在 2007 年进行了股票2:1分拆，股票数目增加了 1 倍。拆股通常被视为公司经营良好的信号。

基　金

许多投资者喜欢基金投资的方式。2009 年，中国市场上有将近 500 只基金供投资者选择。

基金（mutual fund），也称共同基金，是将众多投资人的资金汇集起来，由专业基金经理进行投资的一种投资工具。基金的主要优势是专业管理和分散风险（投资于多种不同的证券）。多元化投资组合可以分散风险，因为某一个证券品种的亏损可能由其他证券的赢利得到补偿。

共同基金的基本知识。共同基金主要可以分为三类：封闭式基金、开放式基金和 ETF 基金。封闭式基金（closed-end fund）是只在基金成立时销售基金，在所有的份额售出之后，后来的投资者只能从其他投资者手中购买基金份额。ETF（exchange traded fund）基金是指以某一股票指数（如上证 50 指数）中所包含的股票为投资对象的基金。封闭式基金和 ETF 基金是在证券交易所上市交易的。开放式基金（open-end fund）是指发行基金的投资公司可以向投资者发售新的份额，也可以在投资者提出要求后买回份额的基金。

基金的交易单位是份额，每一份额基金的价格称为基金净值。基金净值（net asset value，NAV）等于基金的投资组合当前的市场价值减去基金的负债，再除以基金份额的数量。绝大多数基金每天的 NAV 都会发生变动，并且必须在财经出版物或网络上进行公布。

共同基金的费用。共同基金的费用主要包括销售手续费、赎回手续费、基金管理费。投资人每次购买基金时要支付销售手续费，一般为基金金额的 1% ~ 1.5%。而当投资人赎回时还要支付大约 0.5% 的手续费，不过通常持有的时间越长，则赎回费越低。共同基金由专家管理，通常按年收取基金管理费，一般在 0.3% ~1.5% 之间。

指数基金。绝大多数基金是管理基金，也就是说，基金的投资组合是由专业团队或专业经理人负责的。基金经理们还决定着什么时候买入或卖出的决策，他们的决策决定着基金投资是否成功。指数基金（index fund）则恰好相反，基金的投资方法就是跟踪和模拟某一股票指数，令基金投资的收益等于指数的增长，因此指数基金也称被动基金。在我国的基金市场上已经有很多指数型基金。投资者选择指数基金主要是因为，从长期来看，管理基金的业绩并不比指数基金更好。例如，1994—1996 年，美国 90% 的管理基金的业绩没有超过 S&P 股票指数的增长。指数基金的另一个重要优势是投资者可以通过盯住股票指数来方便地了解基金的大致业绩，而不像管理基金那样依赖基金经理的选择。指数基金在 20 世纪 90 年代中期以来获得了迅速的发展。

不动产

不动产投资是防范通货膨胀最有效的措施之一。不过不动产投资同样是有风险的，地段（location）是不动产投资的关键。在投资不动产时，必须了解周边地区相似房产的价格、交通和城建规划以及居住人口的特点。此外，不动产属于流动性最差的投资选择，也就是在你希望卖出时可能未必能够很快地成交。因此，在投资不动产时必须考虑预计持有的期限以及期望的利润。

一个例子

表 17.2 给出了一个企业投资组合的实例：中国人寿公司 2008 年底投资组

合的实际情况以及与 2007 年的对比（数据来自中国人寿 2008 年报）。我们可以看到，中国人寿 2008 年底的投资组合中股票投资占总投资的比例大幅减少，而债券和定期存款的比例大幅度提高，反映了 2008 年次贷危机后企业投资更加谨慎。

表 17.2

2008 年底中国人寿的投资组合

投资资产	2008.12.31 金额（百万元）	占比（%）	2007.12.31 金额（百万元）	占比（%）
现金及现金等价物	34 085	3.64	25 317	2.98
定期存款	228 272	24.36	168 594	19.83
债券	575 885	61.45	443 181	52.13
基金	33 953	3.62	69 769	8.21
股票	40 819	4.36	125 349	14.74
其他方式	24 084	2.57	17 997	2.11
合计	937 098	100.00	850 207	100.00

17.4 高风险的投资

高风险投资是指希望在短期内获取相对较高利润的投资方式。绝大多数高风险投资的特点是快速获利，当然，它们也可能导致快速的亏损。选择高风险投资的前提是对风险的深入理解。

卖　空

一般来说，投资者购买股票是因为预期股票价格将上升并从中获利。不过，在股票市场中下跌的股票也不在少数。例如，2008 年是中国股市暴跌的一年，绝大多数股票出现了程度不同的下跌。在一个灵活交易的股票市场中，投资者不仅可以在股票价格上升时获得利润，同样也可以在股票价格下跌时获得利润。卖空就是在股票价格下跌时获得利润的方法。

卖空（selling short）是指投资者在市场上出售从经纪商处借入的证券，而在以后再从市场上买回归还经纪商（证券公司）的投资方法。卖空获利的原理是今天卖出的价格高于以后买回的价格。显然，当卖空的股票在未来一段时间内价格下跌并且投资人可以在市场上买到卖空数量的股票时，卖空的投资者将获得预期的利润。假定你在平安保险股票价格为 100 元时卖空 1 股，并且当它的价格下跌到50元时再买回，那么你的账面利润就是50元（不计手续费）。

卖空的投资者借入的股票是从哪里来的？这些股票来自购买了股票并将其存放在证券公司账户的其他投资者。因此，卖空的投资者必须归还这些股票。此外，如果股票正好在卖空期间分发红利，那么卖空的投资者还必须承担偿付红利的义务。证券公司向卖空的投资者借出证券通常是有期限规定的，如果到期时股票价格没有下跌，反而上升，那么卖空的投资者将蒙受损失，损失的额度可能超出全部投资。

如果股票市场整体出现下跌，卖空可能导致下跌的速度加快，因此卖空经常受到道德上的指责。在2008年蔓延全球的金融危机中，许多国家对卖空行为采取了限制措施，澳大利亚干脆对卖空全面禁止。

保证金交易

保证金交易（margin trade）是指投资人从证券公司借入交易额一定比例的资金进行投资，通常需要提供一定的现金或抵押做保证，在香港地区称为孖展。保证金要求（margin requirement）是指在交易中自有资金所占的比例。在美国，这一比例由联邦储备委员会规定，它可以控制证券市场的投机程度。

通过保证金交易（借入的资金要支付利息），投资者可以放大投资的效果，也就是俗语所说的用一元钱做两元钱的生意。假定保证金要求为50%，那么投资者可以借入一倍的金额进行投资。前一章我们学习了财务杠杆的概念，财务杠杆是指企业用借来的资金来增加投资回报率的财务运作。保证金交易为投资者提供了财务杠杆。当然，如果投资的结果是亏损，损失也会按保证金要求的比例放大。假如保证金要求为20%并且投资者将资金全部投入，则投资品的价格只要下跌20%，投资者将损失所有的资金。向投资者提供保证金的证券公司会严密监督投资者保证金交易账户的余额，在投资者资金全部亏损之前要求追加保证金（margin call）。此时投资者将不得不向证券公司追加现金或抵押物，否则证券公司将强行结算（平仓）。即使事后证券价格回升，投资者也不可能要求偿付，同时仍然需要支付借入资金的利息。保证金交易在增加投资者收益机会的同时也扩大了投资的风险。

在我国，保证金交易称为融资融券交易。融资是指投资者向证券公司借入资金购买股票，融券是指投资者向证券公司借入证券出售，也就是卖空。根据有关的规定，融资融券保证金的比例不得低于50%。

期 货

期货（futures）是指商品或金融产品通过交易所进行交易，而在之后的某一规定时间进行交割的标准合约，也称期货合约。期货合约的内容包括合约的商品或金融产品、数量、交割的时间等，这种合约在到期日之前可以在商品交易所或期货交易所进行交易。期货交易的对象主要是商品和金融产品。商品包括农产品如棉花、小麦、糖等，金属产品如铜、铝、金银等，以及能源产品如石油。金融产品包括股票指数期货、外汇期货等。

期货交易所是买卖期货的场所，负责期货的交易、结算和交割。著名的期货交易所包括美国的芝加哥期货交易所、芝加哥商品交易所、纽约商品交易所和纽约期货交易所。我国主要有上海期货交易所、郑州商品交易所、大连商品交易所等。

与股票和债券市场相似，期货市场也具有价格发现的功能，它提供的是远期价格发现。你可以在期货市场上找到未来一段时间内某种商品或金融产品的价格，根据这个价格作出当前的决策。

例如，一家中国企业与客户签订了出口销售协议，对方在 6 个月之后付款。但这家企业担心 6 个月之后美元汇率下降而导致损失，它可以到外汇期货市场上按当前的价格卖出同样数量的 6 个月之后到期的美元期货合约。6 个月后，这家企业收到了客户汇来的美元货款，就可以通过期货交易所按照期货合约交割美元。由于价格在 6 个月之前已经定好，不论当前美元汇率如何，这家企业仍然可以按照期货交易的价格进行交割，从而回避了汇率的风险。

期货市场与股票市场有很大的差别。首先，期货市场完全是保证金交易，风险水平较高。其次，期货市场是零和竞争市场，一方的利益必然意味着另一方的损失，而股票市场如果持续成长则可能出现多数投资者同时获利的局面。期货市场是风险很高的市场。

其他高风险投资

下面列出了其他一些高风险的投资选择，限于篇幅，我们在此不一一详细介绍。

- 期权（options）
- 外汇（currency）
- 贵金属（precious metals）
- 宝石（gemstones）
- 古董和收藏（antiques and collectibles）

本章小结

1. 证券是有价证券的简称，主要有股票和债券两种。证券能够为持券人带来一定的股息或利息收入，可以在证券市场上自由买卖和流通。证券市场是交易股票、债券和其他证券的场所。证券市场不仅提供筹资和投资的功能，更重要的是提供了证券价格发现的机制。投资银行是协助新证券发行和销售的金融机构。

2. 一级市场是投资者直接从证券发行者手中购买证券的市场，是证券的发行市场，在一级市场上发行股票称为首次公开发行。

3. 二级市场是证券的交易市场，交易在证券交易所或柜台交易市场进行。牛市和熊市是描述证券市场整体表现的术语。投机对二级市场的交易有积极作用。创业板是协助高成长的新兴企业筹资和投资的市场。

4. 股票指数是反映股票市场整体行情变动的数字指标，能够反映经济实际的运行和投资者的信心。市盈率可以用来衡量个股的投资价值。投资的回报率、安全和风险之间存在着冲突的关系。流动性的考虑增加了投资的复杂性。

5. 证券交易的监管是对指上市公司和证券公司信息披露的要求和欺诈行为的惩罚。内幕交易是严重的违法行为。

6. 适当的投资组合取决于个人或机构的投资目标。资产配置描述在不同投资工具间分配投资以减少风险。存款、政府债券和企业债券、普通股和不动产属于传统的投资方式。卖空、保证金交易、期货属于高风险投资。

关键概念

证券　证券市场　投资银行　承销　机构投资者　一级市场　IPO　招股说明书　二级市场　蓝筹股　创业板　柜台交易市场　牛市　熊市　投机　股票指数　市盈率　内幕交易　流动性　债券　面值　到期日　国债　公司债券　可转换债券　股利　资本收益　共同基金　卖空　保证金交易　期货

思考题

1. 简述证券交易所的主要功能。
2. 投资银行的主要业务有哪些?
3. 购买 IPO 股票的风险主要是什么?
4. 一级市场和二级市场的主要区别是什么?
5. 投机交易对证券市场有何益处?
6. 股票指数如何反映证券市场的行情?
7. 证券监管的主要内容有哪些?
8. 什么是内幕交易?
9. 什么是投资的流动性? 比较蓝筹股和非蓝筹股、政府债券和企业债券的流动性水平。
10. 在进行资产配置时需要考虑哪些因素?
11. 利率上升时，现有债券的价格发生怎样的变化?
12. 什么是资本收益? 如何评估资本收益?
13. 为什么保证金交易的风险高于普通的股票投资?

网络练习

登录上海证券交易所网站（http://www.sse.com.cn)，点击“指数与证券”标题，进入“上证指数系列”栏目，根据所看到的内容回答以下问题：

1. 上证指数在编制上有何特点？
2. 上证指数编制上的特点可能带来怎样的缺陷？

开篇案例讨论题

1. 雅戈尔投资证券的利润主要来自一级市场还是二级市场？你认为这种利润是可持续的吗？

2. 从企业经营角度看，雅戈尔投资证券对企业有何利益？有何损害？对雅戈尔下一步的投资有什么建议？

6

第 六 部 分

国际环境下的企业管理

第 18 章

跨国企业管理

本章学习要点

- 解释跨国企业的定义、特征和演变
- 分析跨国企业的战略挑战和全球竞争优势
- 理解跨国企业的组织挑战
- 理解跨国企业跨文化沟通的挑战
- 理解国际人力资源管理

宝洁公司通过联发模式在全球范围内寻求技术解决方案，保持竞争优势。

开篇案例

全球联发：宝洁公司推倒实验室的围墙

如果你恰好发明了一个有润湿卫生纸功能的装置，或者有办法去掉宠物食品里的难闻气味，或者拥有针对液体洗涤剂的抗菌配方，你可以通过宝洁的“联系与发展（Connect + Develop，简称联发）”网站上将专利出售给它。这个网站相当于宝洁的创新资产集市。在这里，你可以浏览宝洁的需求及创新成果。若你手上的创新成果（产品、技术、商业模式、商标、包装及设计）刚好符合宝洁的需求，便可以在网站上提交方案，并在8周内获得回复。“宝洁已经打开了大门，我们希望强调这一点，”宝洁联发部门的一名负责人表示，“我们曾经只花了两个礼拜的时间就通过阿里巴巴找到了一种拥有独特包装技术的供应商。”

很多更贴近市场的创新往往来自于小公司或者独立工程师，但仅限于概念，因为他们缺少将其转化为现实的能力。而那些大企业可以依靠缜密的组织架构将创意最终转化为产品。宝洁搭建了一个平台，广泛吸纳公司外部的创意，以达到降低成本、保持创新的目的。不用在乎这些创新机会来自何方，只要这些新技术、新产品、新包装、新商标、新工艺能够带来更低的成本、更高的成功率以及更快的速度。一旦获悉存在创新机会，宝洁就会投入大量的企业资源和团队力量来进行遴选和合作。

负责品客薯片的团队想到了一个新点子，他们想用食用颜料在“品客”薯片上打上图案和文字，这需要一个每分钟喷印3.4亿滴的印刷系统，且图案不能重复。宝洁的研发部门对此并不擅长。于是，宝洁在网站上发布需求，最后，来自意大利博洛尼亚市的一家小型烘焙设备公司提供了这项技术。从这项技术提供到产品上市不到一年（宝洁过去的方法至少要两年），而且成本比自主研发要低。品客薯片的销售额增长率提高到了两位数，技术提供方也收到了宝洁公司的技术转让报酬。

当宝洁四处为玉兰油寻找一项抗皱配方的时候，在欧洲的一个技术会议上宝洁科研人员听到法国Sederma公司正在介绍一种全新的肽化合物，能够促进细胞再生和伤口愈合。他们觉察到这很可能就是宝洁需要的关键技术，后来一系列试验证明，事情行得通，于是宝洁买下了该专利，开发了颇受欢迎的玉兰油“新生焕肤”系列。

宝洁将自己识别出的消费者的前10个需求变成“科学问题”，再传送到网络中去寻求答案。科学问题是简化大问题的方法，以方便知识的简单传递。在宝洁的内部网络上，设计了一个“问我”功能，可以连接到全球1万名技术人员。因此，如果某人有一个问题或有某种需要，他们可以通过这个功能直接与相关领域的专业人员联系上。同时，宝洁还在研发社区里围绕专业技术领域建立了21个实践子社区，像聚合体化学家社区、生物学家社区等。这些社区成为了一些特定知识的大本营。

宝洁公司的另一种求助方法是在InnoCentive、Yet2和NineSigma等网站上扮演求解人的角色，这些“创意集市”为那些有问题和有答案的人建立联系。当宝洁与这些网站签约后就能够在非公开的论坛内匿名发帖，描述自己的难题并且给出悬赏金额，任何人都可以看到信息，如果他能提供解决方案并且被宝洁选中，那就可以得到赏金。总有一些秘密是宝洁不愿意让竞争对手知道的，而求助于这些“创意集市”就是最好的办法。哈佛商学院的一次研究表明，宝洁向外界发出求助，大约29%的问题会在三周内得到解决。

宝洁在开展联发业务时甚至不回避与竞争对手合作。拥有苏菲、妈咪宝贝品牌的日本尤妮佳（Unicharm）在亚洲市场跟宝洁在女性护理用品和纸尿裤品类是针锋相对的“冤家对头”，它有一款除尘掸产品引起了宝洁的兴趣，于是宝洁购买了其日本以外市场的销售权，原封不动地将其推广到北美和西欧。宝洁甚至要求尤妮佳为其在加拿大建立一样的生产线，并将广告也照搬过来。

宝洁还通过专利转让和授权使用创造收入。例如，宝洁曾开发了一项绿茶加工技术，不需要采用任何化学溶剂就可以生产出低苦味的产品，制造出功效更佳、热量低的全天然饮品。宝洁将技术授权给中国某生物制品企业作为中国独家生产商，生产全新品质的绿茶饮料原料。该企业将采用宝洁独有的绿茶加工技术为宝洁生产绿茶提取物，并同时为北美、亚洲、欧洲的饮料食品制造商供应这一高品质原料。

宝洁亚太区研发总裁Al Maingot指出：“宝洁给自己设定的是5%～7%的年增长率目标，这相当于每年要获得额外的50亿美元左右的收入，我们需要大量的创新，而单靠自己的力量难以为继。”2006年，宝洁全球范围内的统计表明，公司52%的创新活动都至少拥有一个外部合作者，平均每周都有两桩联发交易达成，通过这些交易宝洁上市了200多种新产品。

全球化（globalization）最早的定义来自哈佛大学教授莱维特。他将全球化定义为商品、服务、资本和技术在世界范围内的生产、消费和投资。全球化有两个主要的特征：第一个特征是市场的全球化，这从我们日常工作和消费中无处不在的舶来品中就已经可以很清楚地体会到。当然，市场是双向的，中国的企业和服务也在转向全球的市场。全球化的第二个特征是全球规则，这是支持全球化在各地成为现实的系统，包括我们学习的语言、引进的技术和管理思想、贸易惯例、法律制度等。

改革开放30年的历史就是中国新一轮全球化的历史，我们今天的生产、服务、消费、商业行为和生活习惯在很大程度上已经成为全球化的产物。全球化的驱动力来自企业追求更大利润的愿望，跨国企业渴望通过全球化提高竞争力。本章讨论跨国企业的管理，首先介绍跨国企业的概念，其次讨论跨国企业如何创建竞争优势，接下来分析跨国企业的组织如何有助于提高它们的竞争力，然后我们讨论跨国公司在学习和创新中的收益，最后介绍战略联盟在跨国公司中的运用。

18.1 跨国企业的定义、特征和演变

今天，普通的中国人很容易体会到跨国企业的影响。不光是在国内生活和旅行时受到跨国品牌的包围，即使走出国门到世界其他地方旅行时，也会发现十分熟悉的跨国品牌的广告和产品。

跨国企业

在全球化的时代，所有企业的运营都能够感受到全球化的影响，跨国企业只是其中的一个类型。所谓**跨国企业**（transnational corporations，TNCs），是指在两个或两个以上国家拥有经济实体，实行统一战略和组织整合的企业。从规模上来看，跨国企业不一定是大企业，但大企业几乎都是跨国企业。看来，跨国企业的经营方式能够为企业带来一定的竞争优势。

跨国企业在全世界寻找销售机会，但它的本质特征是整合资源。当前世界所呈现的明显的国际分工和资源的全球配置主要是由跨国公司推动的。也就是说，跨国企业试图充分利用世界各地最具有竞争优势的资源。例如，跨国公司往往将生产和服务安排在材料和劳动力价格低廉的地区，将设计放在靠近最重要市场的地区，将研发设在学术机构或技术人才集中的地区，将总部设在便于融资和响应利益相关人的地区。例如，联想电脑公司在收购 IBM 公司的 PC 业务后将全球总部设在美国纽约，在很大程度上是为了靠近更重要的前沿市场。

一般认为，最早的跨国公司是英国的特许公司（charted company），东印度公司就是这类公司的代表。近代意义上的跨国公司则始于 1865 年德国拜尔化学公司收购美国纽约爱尔班尼苯胺工厂。19 世纪末，大量欧美跨国公司成长起来，包括英国的帝国化学公司、联合利华，美国的美孚石油、福特汽车，德国的西门子、巴斯夫等。跨国企业的迅速成长发生在第二次世界大战之后，到 20 世纪 70 年代末期，跨国公司的经营地点已经扩大到 160 个国家，经营范围从早期的局限于铁路、矿产、石油等初级产品延伸到制造和服务产业。在投资主体上出现了美、日、欧三足鼎立的局面。

跨国企业海外经营的商业模式

早期跨国企业海外经营的商业模式往往是“保障关键材料的供应”，尽可能形成垄断。例如，以美孚公司为代表的石油企业在全球范围内勘探和开采石油，

轮胎企业需要建立自己的天然橡胶生产基地。贸易控制也是这一模式中的一种，例如欧洲企业对主要位于热带地区的咖啡产地的控制。

另一种常见的跨国经营的驱动模式是“寻求市场”。对于那些拥有某些特定技术优势或品牌优势的企业，这一动力可能是主导性的。这些企业常在进出口业务中发现新的机会，然后扩大为跨国经营。产品开发的成熟和竞争的加剧也是企业开展“寻求市场”跨国经营的动力。在体会到范围经济和规模经济的优越性之后，企业开始主动地寻求这样的机会，将其作为企业竞争优势的一个重要来源。欧洲企业在这方面的表现相对较为典型，因为欧洲市场规模往往不足，而欧洲企业在技术和品牌方面拥有较大的优势，雀巢公司、德国的化学公司（如拜耳）和汽车公司（如宝马、大众）是这方面的代表。

第三种模式是在全球范围内追求低成本运营。跨国公司往往将劳动密集型产业迁往新兴的发展中国家和地区，因为这些国家和地区拥有低成本的劳动力。当某一国家的劳动力成本上升后，跨国企业会迁移到成本更低的地区。例如，台湾地区曾经是美日转移纺织业、制鞋业的对象地区。当台湾地区的劳动力成本上升后，这类企业又转移到像中国内地和越南这样的地方。这种趋势在20世纪90年代得到加强，并以“离岸外包”（offshore sourcing，指跨国完成的外包活动）的名称成为国际经济政治中的一个热点问题。离岸外包的热门产业包括服装、电子、电器等，近年来电话客户服务和软件产业也加入了这一名单。印度声称本国的发展目标是世界办公室，它认为自己在服务和软件开发（离岸）外包市场上拥有竞争优势。

跨国企业的成长方式

在海外市场上，外国企业会遇到许多不利的因素。至少在初期，本国企业对当地经营环境、政府关系、文化的熟悉本身就是一个很大的优势，再加上它们对本地顾客、供应商、监管部门的历史关系，跨国企业必须拥有独特的战略能力才能克服这些优势。

通常情况下，跨国企业的战略能力源于其独有的知识或技能，例如高技术或特殊的营销能力，规模经济或供应链方面的技能也是竞争优势的来源。跨国经营成功的另一个重要前提是企业有能力通过设立下属机构发挥战略资源的优势，只有在这种情况下企业才有理由自己建立分支机构在当地运营，否则采用外包、特许或许可经营的方式可能是更好的选择。跨国企业进入某一海外市场的条件可以概括为：

- 特殊的位置优势（市场、原料、交通、劳动技能）以激励跨国公司投资。
- 企业必须拥有战略能力或技能来克服环境劣势。
- 企业必须拥有组织能力在海外环境下发挥战略资源的优势。

星巴克 1999 年进入中国内地市场，给中国的咖啡消费市场带来了革命性的影响，这是典型的寻求市场驱动模式。它还在中国推出了粽子、月饼等高度本地化的产品。

跨国企业国际化的过程也是战略特性和组织特性发展的过程。跨国企业的发展通常不是严格计划的产物，而是理性、投机和运气相结合的产物。瑞典的学者在 20 世纪提出过一个跨国企业进入海外市场的学习模型。企业先是进行初步的投资，在投资的过程中逐步获得本地市场的知识，例如顾客、竞争和监管。以这些市场知识为基础，企业可以对下一步的经营进行评估，决定是否继续投资或增加投资。如果增加投资，是收购分销商还是建立生产设施，从而进一步获得市场的知识。经过几次这样的循环，跨国企业将获得足够的本地市场知识和经营技能，从而建立竞争优势。

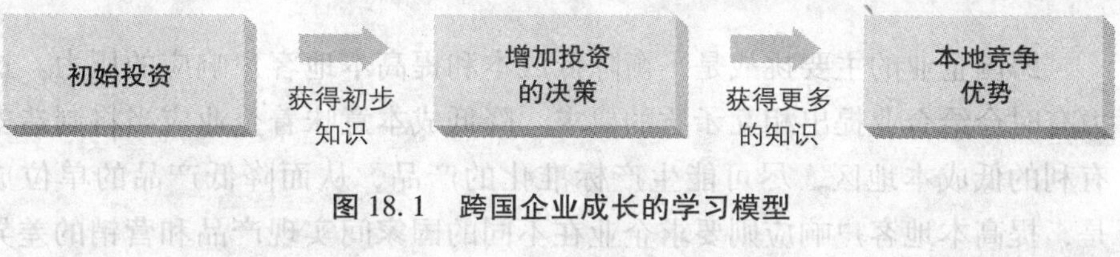

图 18.1　跨国企业成长的学习模型

许多企业在进入海外市场时并未遵循学习模型，它们可能购买本地企业或合作伙伴来缩短学习本地市场知识的过程。例如联想集团通过购买 IBM 的个人电脑业务进入全球高端市场，而另一家主要经营存储设备、数码相机和 MP3 的硬件生产商华旗集团则主要依靠代理商开展海外业务。除了本地知识的约束之外，企业进入海外市场决策的影响因素还包括对海外市场的投入程度和对国外机构的控制要求以及进入的时机，如图 18.2 所示。有些企业是沿着图示的序列逐渐进入，先是出口，然后是合资，最后才是直接投资。而有的企业（如联想）则选择通过收购直接进入较高的阶段，还有的企业（如华旗）则希望控制投资来降低风险。进入海外市场方式的选择无所谓对错，主要是看企业的战略意图。

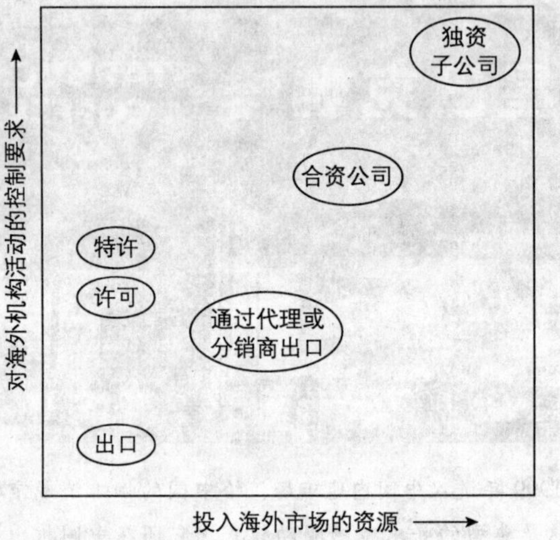

图 18.2　进入海外市场的方法

18.2　跨国企业的战略挑战

在全球化过程中，跨国企业遇到的机会和问题都与母国环境下有着巨大的差别，企业必须采用新的思维来培养独特的国际竞争力，保持企业的竞争优势，这就是跨国企业国际战略的挑战。

跨国企业的主要战略挑战

跨国企业的主要挑战是平衡降低成本和提高本地客户响应的压力。这两种压力有时会给企业提出相互矛盾的要求。降低成本意味着企业应当将制造安排在最有利的低成本地区，尽可能生产标准化的产品，从而降低产品的单位成本。但是，提高本地客户响应则要求企业在不同的国家间实现产品和营销的差异化，以满足不同国家间消费者喜好、商业惯例、分销渠道、竞争条件和政府政策的不同，差异化往往意味着成本的增加。图 18.3 描述了这两种压力下企业所处的位置。

公司 A 所处的位置是标准化生产或集中生产，但本地响应不足。以富士康为代表的 IT 代工企业属于这一类型，它们往往在有利的地点建立大规模的生产和

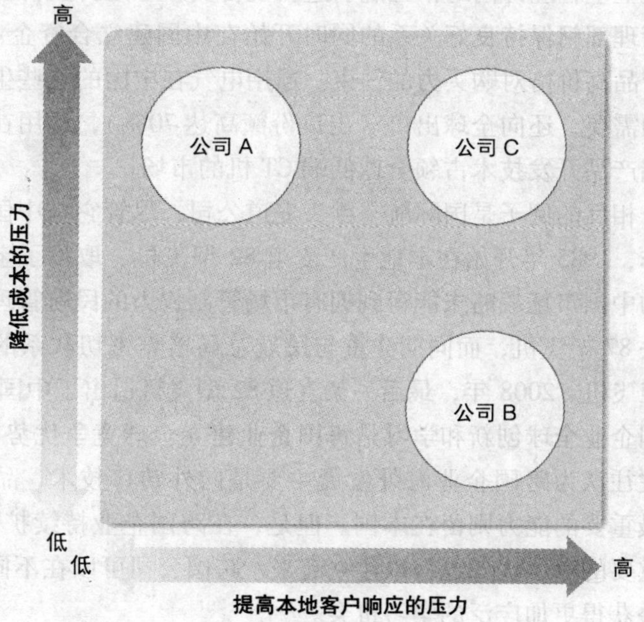

图 18.3 降低成本和提高本地响应的压力

装配设施，向全球IT品牌提供代工服务。公司B所处的位置是本地响应水平很高，但由于产品不够标准化，成本很高。跨国会计师事务所提供的服务就属于这一类别，它们必须遵守当地会计制度和准则的要求，花很大的精力进行本地化的工作。公司C所处的位置较为理想，既能够发挥生产成本低的优势，又能够做到较高水平的本地响应。著名的流行音乐品牌MTV是以美国为基地的音乐电视台，在亚洲地区播放时则在美国节目的基础上增加本地节目，例如MTV在落地广东之后，其节目中30%是本地的，30%是港台的，还有40%则是国际性的（包括日本、韩国）。也就是说，70%的节目可以采用其他市场已经制作过的节目，而在本地只要增加30%的节目制作，从而在本地响应和成本控制方面达成了理想的平衡。

全球竞争优势

跨国企业建立全球竞争优势的方法主要有三项：全球性的效率优势、跨国管理的灵活性和全球创新与学习能力。全球性的效率优势主要来自对低成本生产要素的追求，例如低工资和低资本成本，而降低了成本也就是增加利润。

跨国管理灵活性主要是指企业能否管理不同国家中特殊的经营风险和机会。跨国企业必须创造条件克服经济、政策、资源和竞争中的风险，把握当地市场的机会。上世纪90年代，美国通用电气医疗集团判断中国已经成为世界上第三大CT机市场，并且是成长最快的市场，虽然当时的医院对于CT产品的价格还非常敏感，但卫生管理部门对于医院引进新设备实际上是持支持态度的。这家公司在与卫生管理部门保持良好关系的同时开始在中国建立合资企业，生产低端 CT 机以突破产品高价格对购买力的约束。通用电气在中国的这些生产企业不仅供给中国医院的需要，还向全球出口（出口份额高达 70%），运用在中国建立的生产优势和低端产品开发技术占领全球低端 CT 机的市场。

一个相反的例子是国际航空巨头麦道公司，尽管它与中国上海飞机制造公司进行合作，1985 年开始在本地生产麦道 82 型飞机，取得了宝贵的领先优势，但是，它的中国市场战略未能得到拥有市场管制权力的民航管理局的支持，10 年间只卖出去 87 架飞机，而同期注重与民航总局培养密切联系的波音却在中国销售了 250 架飞机。2008 年，最后一架麦道 82 型飞机退出了中国市场的运营。

跨国企业全球创新和学习是跨国企业建立全球竞争优势的另一种重要方法。传统上往往认为跨国企业海外发展主要是向外转移技术、品牌和生产能力的过程，而最重要的能力则留在本国。但是，在跨国企业持续扩张和繁荣的过程中，另一个重要的竞争优势也得以建立起来。跨国公司可以在不同的地区发展出独特的能力并获得更加广泛的学习机会。

专　题

通用电气反向创新

通用电气公司在上海设立的全球研发中心拥有1 300多名研发人员。过去，研发中心主要负责将国际市场上的成功产品本土化改良或承接美国转来的研发任务。现在，公司的希望是立足中国本土进行研发，并将满足中国市场的低成本业务模式推向全球。通用电气将这一策略称为“反向创新”（reverse innovation）。

“反向创新”有两个内涵：一是本地化创新，根据新兴市场研发出高性价比的产品；其二是将在新兴市场研发的产品推向全球。低价 CT 机是个典型的例子。通用电气原有的设备体积庞大、价格昂贵。中国研发中心总裁陈向力分析，“在美国的医院，每天做 CT 扫描的病人不会超过 30 个，而在中国的任何一家三甲医院，每天一二百人使用一台 CT 机十分常见。”这意味着中国使用的 CT 机在工作流程、元器件性能和机械散热方面，必须在美国生产的基础上进行大规模改动。

与此同时，中国团队还发现了降低成本的空间。陈向力表示，“在美国设计时没有考虑成本要尽量地压低，我们在做新一代产品的时候就发现，如果我们能够把产品的成本再降低 30%，我们的销量可能会增加三倍。”

显然，通用电气在中国需要的是一种革命性的产品。于是，中国研发团队在 CT 机的子系统和散热设计上做了很大改动，并将生产基地设在无锡，而后，他们在控制系统方面做非常大的改动，使得新产品的售价控制在高端产品的15%以内。在投放市场后的六年里，这种低价的 CT 机为 GE 带来了 2.78 亿美元的销售额。“后来，这个创新我们在中国的低端和终端的机器上实现以后，第二年马上用到全球最高端的产品上去了。”陈向力说。

资料来源：黄锴．抢跑新兴市场．21 世纪经济报道，2010－07－22

由于产品研发投资增加，而技术的生命周期却在缩短，跨国企业需要尽可能扩大产品的市场以回收投资。同时，东道国政府也要求在本国销售的产品应当更多地在本地生产或增加本地的内容。在这样的背景下，跨国企业向海外市场转移生产、实施技术许可和交叉许可，建立合资企业和战略联盟的活动大大增加了。新的竞争优势的基础可能是：在海外市场发现新的顾客需求，利用企业在另一个市场上的研发或生产能力，然后将创新的成果推广到所有的市场上。

2005年以来，麦当劳对1 000多家美国本土店面进行大规模的“时尚化”翻修，其商业模式就是源自海外特别是法国的成功经验，通过对现有店面潜力的挖掘以实现利润的大幅度增长。跨国企业通过加强海外研发来提高全球创新的能力。

另一家知名企业宝洁公司在开发“液体汰渍”产品时同时考虑了欧洲对“水软化”的要求、美国对清洗能力的强调以及日本对冷水洗涤的要求，它的技术也来自位于全球不同地区的研发部门。例如漂白和酶稳定技术来自欧洲技术中心，表面活性剂的研发是由美国完成的，低温清洗技术则来自日本。这种基于全球市场需求和技术能力的创新是跨国企业最重要的竞争优势来源。根据美国Booz公司2008年发布的“全球创新1 000强企业报告”，全球1 000强企业中在总部之外进行研发的比例高达91%，海外研发经费的支出平均为研发总支出的55%。

18.3　跨国企业的组织挑战

跨国企业的有效运营取决于合理的组织设计和运营机制，以求发挥协同的效果。

跨国企业的基本结构

结构是组织设立和运行的方式，不同的产品结构、产业和竞争环境和企业管理的能力要求企业采用最有利于发挥自身竞争优势的独特组织结构。例如，与食品企业相比，飞机生产企业需要更高程度的集中控制，新兴市场的业务单位通常也需要更多来自总部的控制和支持，这会反映在跨国企业的组织结构中。

国际部。当单纯的出口业务部门不能满足企业海外业务的需要时，许多企业会选择成立国际部。国际部负责企业所有的海外业务，包括采购、生产和营销，还负责在海外运营中协调不同产品和职能部门。国际部结构适用于产品种类不多、海外销售比例不高的企业。调查发现，美国企业采用国际部结构的比例高于欧洲企业，反映了美国国内市场规模较大。许多大企业仍然采用国际部的形式，例如沃尔玛公司。图18.4描述了国际部的结构。

跨国企业的国际部往往还在不同的地区下设分支机构，通常采用总部—下属机构的命令链条。在像中国这样的新兴市场中，即使海外分部有权力采用适合当地市场差异化要求的产品或战略，但这些企业依赖母公司提供新产品、流程和理

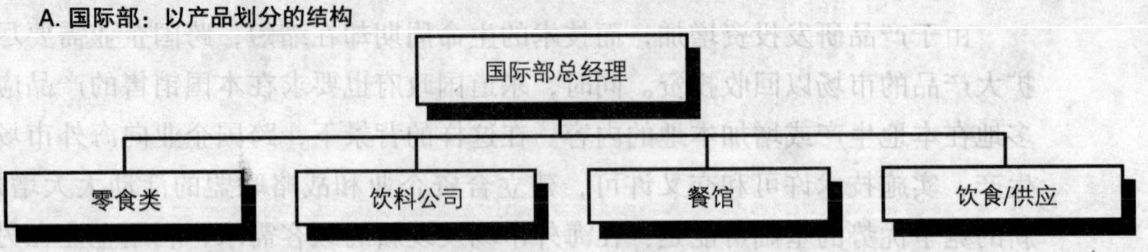

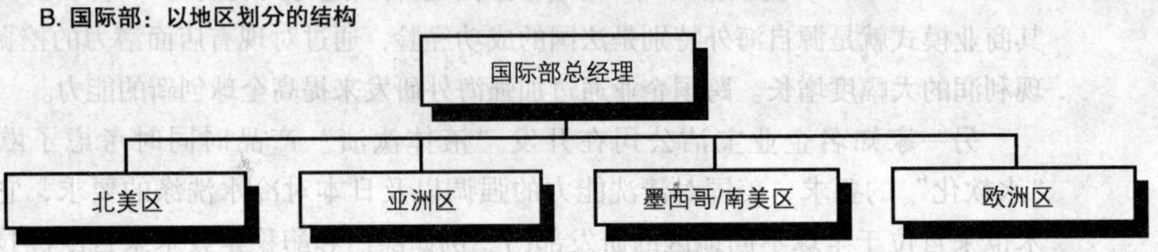

图 18.4　国际部的结构

念，因此也依赖母公司来进行协调和控制。

以地区划分的全球化结构。以地区划分的全球化结构是指根据国家和地区划分为不同的部门，每个部门拥有相当高的自主权，例如可能设立自己的人力资源、营销和生产职能部门。当地管理团队拥有经营和战略决策权，母公司则负责保持总体战略方向并控制财务。这一结构适合产品类型不多而所在行业对本地快速反应要求较高的跨国企业，它的缺点是地区划分可能妨碍跨国转移知识、专有技术和竞争力。图 18.5 描述了以地区划分的全球化结构。

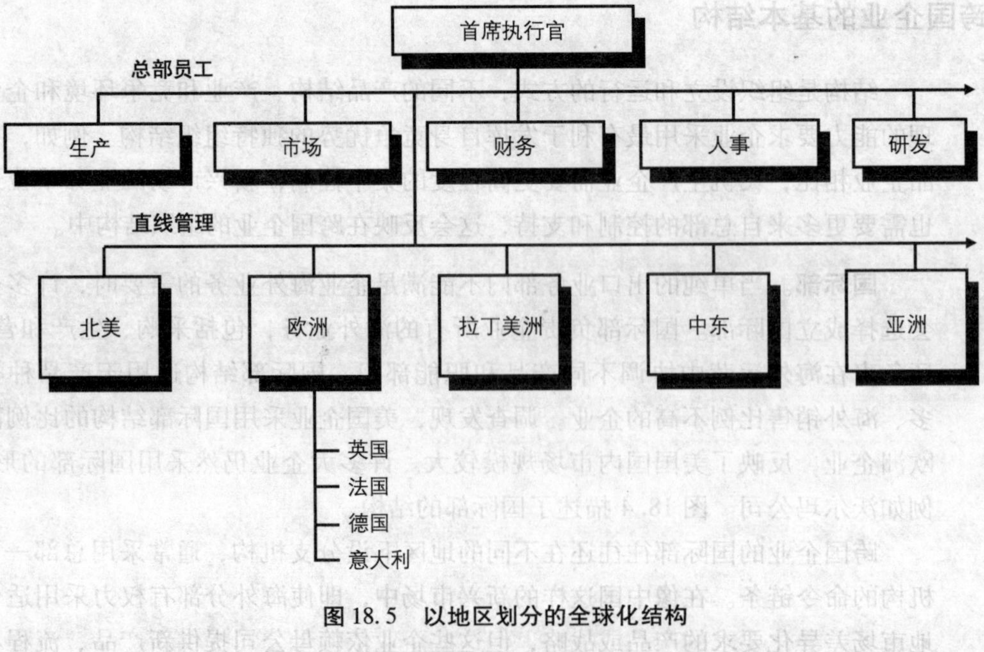

图 18.5　以地区划分的全球化结构

以产品划分的全球化结构。这是指根据多种产品或业务来组建跨国公司的结构形式。多种产品是指由不同的技术制造并拥有不同客户群的产品。这种结构对每一产品线或业务都建立了单独的部门，对全球范围内所有与该产品或其业务相关的职能都负有责任。这一结构适用于多元化的跨国企业，特别是产品比较标准化（以同一模式和同一方式在任何一个地方销售的产品）的企业。惠普、IBM、思科采取的都是这种形式。图18.6描述了以产品划分的全球化结构。

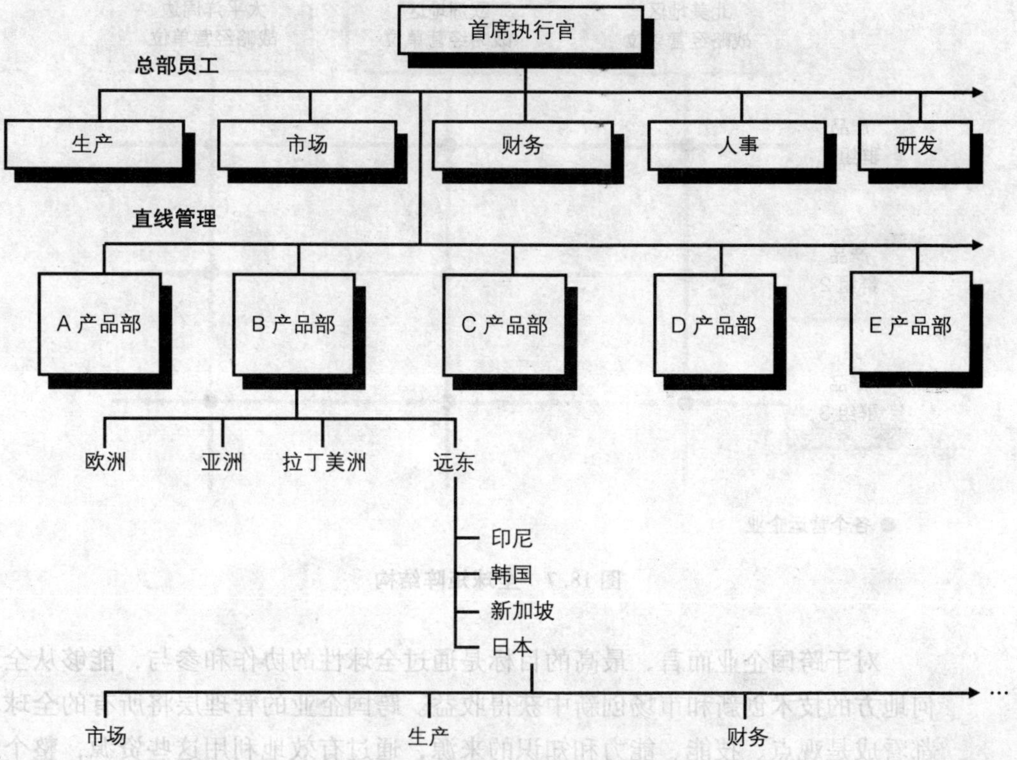

图18.6　以产品划分的全球化结构

在这一组织结构中，每一种产品线都必须拥有自己的设备、人力资源等，由此导致以产品划分的全球结构出现高度的重复。例如像埃克森—美孚公司实行了按产品线和业务的全球组织结构，同时还建立了一个全球服务部来对信息系统、采购和人力资源提供集中的支持。但是，如果当地需求发生变化或变得更加多元化，这一结构就很难胜任。由于产品或品牌经理的权力很大，地区意见常常得不到重视。近年来，一些企业还进一步将这一结构改造成以产品为基础、以客户为中心的结构。

全球矩阵结构。全球矩阵结构是按地区和产品进行结构划分，由产品经理和地区经理共同制定决策的组织结构。许多跨国企业既需要全球范围的整合又需要当地的快速反应，而矩阵结构内容纳了两个结构基础。在矩阵结构中，所有的管理人员同时向产品主管和区域主管报告。图 18.7 描述了这一结构。虽然矩阵结构有很大的潜力，但这一结构在实际中却非常难以实施。主要的原因是这一结构可能造成权力冲突，如果产品经理和地区经理之间发生意见不一致的情况，员工将无所适从。决策的速度也会降低，因为花在协调上的时间更多了。在发生问题时，往往会出现互相指责的情况。这种激进的组织结构在实际中较少采用。

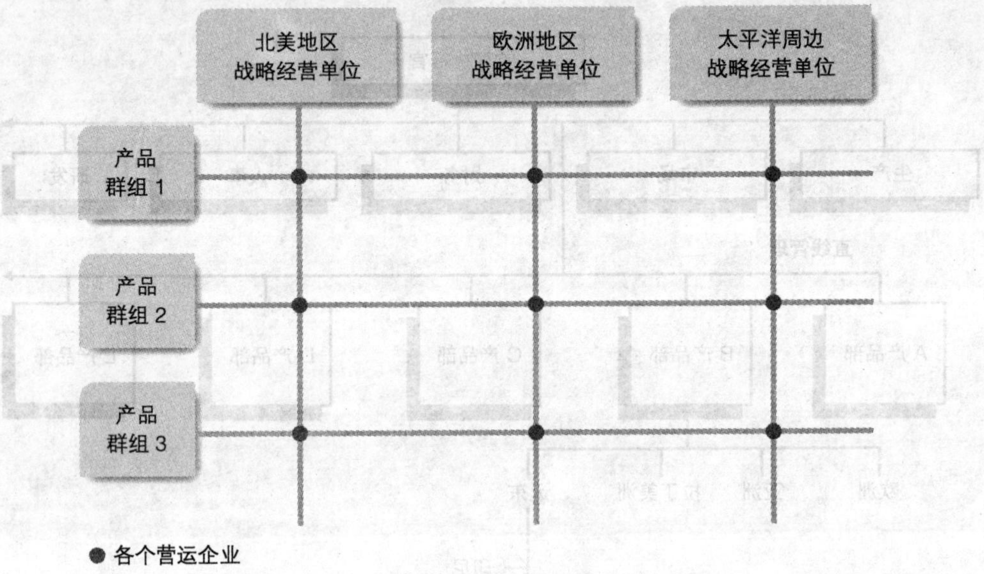

图 18.7　全球矩阵结构

对于跨国企业而言，最高的目标是通过全球性的协作和参与，能够从全球任何地方的技术创新和市场创新中获得收益。跨国企业的管理层将所有的全球单位都看成是观点、技能、能力和知识的来源，通过有效地利用这些资源，整个组织可以获得利益。例如，高效率的本地制造厂可能成为全球性的生产基地，创新的区域研发中心可以承担企业某些全球性产品或流程开发的任务，而富于创意的本地单位可能牵头承担起制定全球营销战略的任务。

18.4　跨国企业跨文化沟通的挑战

第 7 章讨论了组织沟通的基本要素。在跨国企业的运营中，沟通的重要性更加突出。即使是同为英语国家的美国、英国、澳大利亚在沟通风格上也存在显著的差别。与单一的语言环境相比，多语言、多文化的企业将面临更严重的沟通困难。

国际沟通的挑战

国际沟通中的言语沟通。英语是国际商务沟通中使用最广泛的语言，全世界大约 3/4 的网页是英文网页，英语能力是绝大多数跨国企业招聘人员的要求。一些亚洲的国家和地区如印度、新加坡和中国香港通过英语的普及提高了国际竞争力。

即使同样使用英语沟通，不同文化背景中的商务人士对一些具体问题的处理也是很不相同的。例如，中国和日本的商务人士通常避免直接说出“不”。一般来说，亚洲人士在提出批评时通常较为委婉，而美国人在批评时则会采用直截了当的方式。美国福特公司在全球范围内鼓励员工共享技术和建议，公司在内部网上发布这些技术和建议时会将文字和图片、照片结合起来，这样可以减少言语沟通中发生的问题，在发布后还会要求其他地区的厂长提供反馈意见，从而提高沟通的效率。

提高跨文化沟通效果的 4 个建议如下：

- 假设每个人都是不同的。
- 不要轻易评价人和事物，注重客观的陈述而避免解释和评价。
- 设身处地为他人着想。
- 在深入了解的基础上调整自我的观点。

国际沟通中的非言语沟通。在不同的文化中，说话的语气、语速、站立的方式、手势都可能呈现复杂的情况。有些文化喜欢亲密的身体接触，例如阿拉伯和南美文化；而另一些文化则不愿意身体接触。阿拉伯文化认为在交谈时注视对方是礼貌的，而英国人的看法则相反。同一文化群体内的成员很容易识别非言语沟通的含义，但来自其他文化的沟通者往往难以理解。企业可以通过对员工进行培训来提高非言语沟通的技能。

语境。语境是指言语和行为之外的、能够帮助理解和感知他人的背景信息。我们从自己的经验中就可以知道，同一句话在不同的语境中可能有完全不同的含义。在有些文化中，对言语和行为的解释不仅取决于其中所包含的实际信息，更重要的是当时具体的语境，这样的文化称为高语境文化，包括中国、日本、阿拉伯国家等。相反，则称为低语境文化，包括英国、北美、德国和斯堪的纳维亚国家等。例如，在德国，商业广告中往往直接强调事实，而在日本，商业广告则更注重关系和情感因素。

在高语境文化中，通过具体语境达成的共识更加重要，因此人们更关注建立长期关系和互信。而低语境文化中的人们喜欢将语境中所包含的信息明晰化，而不是依赖相互间的信任。例如，在低语境文化中进行商业谈判时，双方可能在一开始就会让律师出场明确立场，保护自己的利益。而在高语境文化中，则在初期会以建立信任关系为主，律师在场可能会造成不信任的暗示。在国际沟通中，理解不同文化对语境的要求有助于减少沟通中的障碍。

横向沟通网络。横向沟通网络是跨国企业中不同部门管理人员之间的非正式人际关系的集合。当一个部门出现问题时，管理人员可以通过非正式的横向沟通网络寻求帮助。全球化的组织需要通过信息的流动来传播技术与知识，而大型跨国企业的组织往往阻碍了信息的流动，横向沟通网络补充了正式沟通网络的不足。像诺基亚、联合利华和美国庄臣这样的跨国企业已经成功地建立了非正式沟通网络，鼓励管理人员利用沟通技术（特别是电子邮件系统、电话会议）来发展这种网络。

跨文化激励与领导

文化（culture）包括所有指导行为的价值、符号、信仰和语言，是将一类人群与另一类人群区分开来的集体心理程序。人群中的个体如果表现出相同或类似的行为，我们往往可以发现在这些行为背后的文化的影响。跨国企业所在国家间的文化往往表现出很大的差异。不同的文化可能影响员工对工作的态度、对组织的期望等。

在跨文化背景下，员工激励将变得极为复杂。跨国企业的成功同样取决于员工激励，管理者必须了解哪些激励措施在特定的文化下是有效的，从而根据文化背景做出调整。

激励方法的选择和使用。跨国企业的管理者在选择和制定激励方法时，必须考虑激励与文化之间的协同性：

- **描述激励的情景**。管理者和下属是如何看待激励的？在激励上是否存在不同的看法并可能引起冲突。例如美国人在奖金标准的制定中可能采用较强的公平标准，而中国人可能为了避免冲突而采用较弱的公平标准。
- **建立关于激励的文化假设**。找出当前环境下的文化价值，解释对激励的不同看法，重视从其他文化的角度看待事物。例如在印度等文化中，薪酬应当反映年资，而不仅仅是贡献。
- **提出具有文化协同性的其他选择**。所谓文化协同性，是指激励的方法能够令激励的效果更好。也就是说，在认识和理解了文化假设之后，努力寻找能够适应文化并发挥文化优势的激励方法。
- **选择并使用具有文化协同性的方法**。这一方法应当让每个人可以从自身文化的角度理解激励并获得激励。

跨文化的领导行为。为了使管理更有效，跨国企业需要让领导方式适应特定国家的文化。有效的跨文化领导要求领导者具备文化敏感性，重视其他文化与自身文化之间的差别。过去，在日本经营的美国企业在分配任务时曾经沿用美国的方法，强调个人的责任，将项目分为不同的片断交给不同的个人去完成。但他们很快发现，更有效的方法是将整个任务交给一个小组去完成，因为日本的文化更强调集体和成员间的互动以及分享荣誉。今天，跨国公司的董事会和高管中拥有国际领导经验的成员越来越多，许多企业还建立了跨文化领导的培养机制。

跨国企业中冲突的管理

跨国企业中的冲突（conflict）是由于利益不同和文化差异所导致的分歧和摩擦。在跨国企业运营中，经常会出现企业的价值与当地文化价值观之间的差异所导致的冲突。例如，在中国经营的美国企业在绩效评估中如果公开将员工绩效评定为不称职，这在强调面子的中国文化环境中就很可能导致冲突。同样，在高权力维度文化中经营的企业如果强调授权和参与则可能无法产生像在低权力维度文化中同样的效果，甚至可能产生冲突（参见第 3 章中关于权力维度的说明）。企业在不同地区经营时需要充分考虑当地的文化价值观，发挥其文化价值观中与组织战略一致的方向。

在发生冲突时，应根据不同的文化情境采取不同的处理方式，才能获得较好的结果。例如，日本文化强调妥协，而美国文化则强调竞争，在不同的文化环境中处理冲突必须采用对方熟悉或自然的方式才能取得理想的结果。例如，在美国企业中工作的中国经理人在同美国上级或同事的交涉中会采用美国式的方式，直接而坦率。而在同本国下属共事时，则会采取中国式的沟通方式，强调面子，在公开场合表扬而在私下进行批评。

国际谈判的管理

谈判（negotiation）是一方与另一方就某一特定事项或分歧作出共同决定或达成一致意见的互动过程。跨国企业经常需要进行多种多样的国际谈判，例如与当地政府就投资的优惠政策进行谈判。完整的国际谈判包括 4 个步骤，表 18.1 描述了在高语境文化和低语境文化下谈判各阶段行为的差异。

- **非任务性探测**。这一阶段通常没有具体的目标，主要是为了建立人际关系和了解对方，时间较长。在高语境文化中，这一阶段往往花费特别长的时间，而且对方会特别注意谈判者的年龄、等级和地位。
- **与任务相关的信息交换**。谈判双方交换各自的需求以及偏好方面的信息。

像日本和巴西这样来自高语境文化的谈判者喜欢在一开始提出较高的条件，然后逐渐降低，而美国的谈判者倾向于一开始就提出接近最后条件的要求。

- **说服**。谈判双方力图让对方改变条件。与前一步骤类似，美国谈判者往往在这一阶段做出不断的让步，而日本人和中国人则可能在谈判结束时才做出一次性的让步。
- **达成协议**。这是谈判的最终阶段，双方达成一致意见并为后续的行动作出规定。美国谈判者重视详细的合同，强调对协议文字的严格遵守。而在中国文化中，协议的遵守更多地取决于双方的信任，后者在环境变化导致协议无法严格执行时可以起到照顾双方利益的效果。

表 18.1

谈判各阶段的行为：高低语境文化的差异

谈判阶段	低语境文化	高语境文化
第一阶段： 非任务式探测	• 简短的互相问候 • 快速进入主题（即第三阶段） • 并不关心谈判对手的地位	• 希望了解你和公司的全部信息 • 长时间的介绍及会面以了解你 • 非常注意其他谈判者的年龄、等级与地位
第二阶段： 任务相关的信息交换	• 相对简短的阶段 • 年轻、有雄心的人更合适	• 属于较长的阶段 • 年龄较大且地位高的成员更有优势
第三阶段： 说服	• 充满争论 • 最重要的一个阶段 • 谈判风格为“直截了当” • 关心成本及收益；不太关心面子	• 宣言式的 • 最不重要的阶段 • 更警觉的谈判方式 • 面子问题非常重要
第四阶段： 做出让步/达成协议	• 倾向于采用详细的书面合同 • 决定/协议不牵涉个人感情 • 逐利动机决定协议	• 不太强调使用详细合同 • 交易的达成是基于双方的共识 • 良好的谈判环境有助于达成最终协议

18.5 国际人力资源管理的挑战

越来越多的企业卷入了国际化的浪潮。它们在世界范围内寻找最适合的生产地点和分销方式，不论是代表高技术的 IT 企业如华为、联想，传统的家电企业如海尔、TCL 以及机床和汽配企业，还有资源型企业如中石油、中国铝业，都走上了国际化扩张的道路。

国际人力资源管理对许多组织提出了严峻的挑战，除了前面所讨论的人力资源管理的一般维度，组织还必须考虑更多的因素。国际人力资源管理的主要方面包括：制定国际人力资源管理战略；建立甄选国际员工的方法；国际经理人的培养；理解有效利用外派人员的主要因素。

制定国际人力资源管理的战略

卓越的国际人力资源管理是国际企业竞争优势的重要来源。那些成功招聘到受过大量培训、工作灵活性强、受到激励的国际化雇员的公司，往往比竞争对手拥有更强的竞争优势。此外，与购买技术或资本保护相比，培养高效的国际员工队伍更难被竞争对手模仿。有效地管理国际雇员的企业能够在以下方面胜过竞争对手：

- 准确地识别新的国际商机，并且能够更好地调整自己以适应不同的国外环境。
- 很少会去触犯当地的文化准则及价值观（并很少因此而失去商业机会）。
- 成功地在整个组织中推广学习习惯，并能挖掘出创新思想，而不论它们在哪里产生。
- 能够很好地协调及整合分散在世界各地的子公司。
- 拥有一批具有高满意度及忠诚度的海外雇员，流动率低。

建立甄选国际员工的方法

传统的做法是在国外的分支机构中，将母国派遣雇员放在高层管理及重要技术专家的位置上。外派雇员的两个最普遍的理由是：一是认为在外国机构中缺乏合适的专家（如技术专家和管理专家）；二是认为外派雇员是对外国公司最好、最有效的监督和控制者。不过，外派雇员意味着要付出昂贵的成本。除了外派员工的福利大大高于本国员工之外，成本增加的主要原因是外派任务的失败率较高（例如，外派人员过早回国或别的原因等会导致预期目标无法实现，大约25%的外派雇员最后工作失败）。在很多情况下，外派雇员最大的缺点是他们对当地的文化及商业管理知识有限，这在执行商业任务的早期特别明显。

考虑到母国外派人员的成本，许多企业转向雇用东道国雇员，特别是在填补一些底层及中层管理者职位的时候。一些企业不愿意把东道国雇员放在海外高层管理者的位置上，认为这样会削弱其对公司的控制权，或者难以维持一种统一的公司文化。然而，东道国雇员能比母国派遣雇员给企业带来更多的潜在利益，因为他们能更好地看到当地的文化、商业机会，并能很好地驾驭当地的语言。东道国雇员对于公司来说成本更低，因为母国派遣雇员需要公司承担昂贵的安置成本及高薪。最后，雇用当地人到外企就职有助于公共关系，并且能够缓解来自政府“本土化”要求的压力。

为了同时获得母国派遣员工和东道国员工的利益，有时跨国企业会派出东道国本族员工，尤其是在刚刚在东道国发展业务的时期。在中国运营的外企中经常可以看到香港或台湾地区以及在海外受教育的高层主管，这些员工往往是从海外派遣到中国内地开展运营。他们属于公司海外员工，但是与母国派遣员工相比，他们更熟悉当地的文化和商业习惯，因此可以更有效地沟通总部和地方运营机构，对本地要求作出灵敏的反应。Google 前中国区总裁李开复就是一个这样的例子。作为长期服务于海外高技术企业的管理专家，一方面他能够坚决地贯彻 Google 的战略，专注于提高中文网页的搜索技术；另一方面，他比 Google 全球高层更能体会中国市场的特殊需要，推出专为中国市场开发的“Google 音乐搜索”服务。

国际经理人的培养

在国际化业务发展得更为成熟以后，许多企业往往需要培养一批高效的国际员工队伍，其核心雇员灵活性高、思想开放，并且熟悉好几种文化及语言。他们掌握了不同国家及不同组织环境下的工作经验，可以管理一个刚开业的子公司、一个正在运行的合资企业、正在进行重组的公司等。另一种方法就是招聘那些毕业后想回国工作的留学生，他们的语言及文化技能在自己的国家中可以派上用场。同样，一些企业也开始关注那些能够流利地说多国语言、容易接纳其他文化并愿意完成海外任务的雇员。表 18.4 总结了国际经理人成功所需要的技能。

表 18.4

你符合标准吗？国际化管理者需具备的技能

技　能	管理上的含义
多维观念	丰富的多功能部门、多国家及多环境经历
直线管理效能	成功的海外项目/任务记录
有效决策能力	成功制定战略决策
广泛的资源	能让东道国政府及商界精英认识和接纳的技能
文化适应能力	具有各种跨文化经验，能够快速地适应外国文化
文化敏锐性	可以有效地应对来自不同文化、种族、国籍及宗教信仰的人
团队建设技能	能够创建一个由多元文化组成的团队以完成组织目标
心智成熟	忍受国外职位严格要求的能力
谈判技巧	在跨文化环境中拥有成功完成商务谈判的记录
变革代理技能	成功地发起并实施组织变革的记录
愿景能力	快速发现东道国政治或经济的威胁及机会，并对此作出反应

资料来源：Adapted from Howard, C. G. (1992). Profile of the 21st-century expatriate manager. *HR Magazine*, June, 93-100.

专 题

海外派遣员工的补贴和回流安置

像华为、中兴、上海贝尔这样的企业经常有大批的海外派遣人员。一般情况下，人们会乐意到欧洲、美国这样的富裕地区，而不太乐意前往条件比较艰苦的地区。为了激励员工前往艰苦地区，这些公司往往需要提供高额的补贴。

例如华为公司对于非洲国家的外派人员提供了高额的艰苦地区外派补贴。在中兴公司，艰苦地区补贴大约每天七八十美元。在保险方面，华为使用的是国际一级救援，比如购买美国AIA的保险，每年为员工支付的各种保障费用达数亿元，如果一旦华为员工在海外有意外，就有直升机送他们到认证的医院去抢救。针对战乱和疾病流行地区，还设有临时补贴。此外，在选拔干部的时候，这些公司可能明确要求必须具备海外经历，优先晋升海外派遣员工也是一个吸引力。

在中兴，满足外派年限要求的员工是可以按意愿回国的。回国后可以在公开的内部人才市场，获得推荐或自由竞争。回国后还有1～3个月的修养调整期，在此期间可以申请豁免参加考核，甚至在一定时间内休假。对于过了调整期还找不到接收单位的员工，可以在人力资源中心挂靠一定时间；但如果最终超过规定时间上限，会依法解除劳动关系，并给予补偿。但是，对于普通员工来说，回流安置机制——怎么能让外派结束的员工顺利回到母国并找到合适的位置，目前其实还没有特别好的根本解决办法。

资料来源：1. 孙琎．关注外派员工．第一财经日报，2009-02-24

2. 汪小星，叶华．外派员工如何派得出，海外本地员工如何留得住．南方都市报，2009-07-20

有些跨国公司把世界各地具有潜力的经理人集中起来，让他们在一个模拟的环境中去完成一系列的项目。这些做法既建立了跨国关系，又改进了跨文化问题的解决技能。使用这种方法可以为公司节约成本。法国的食品巨头达能通过使用模拟场景的方法，在三年内将外派经理人执行任务的失败率从35%降低到3%。

有效利用外派员工

跨国公司经常要外派员工完成各种关键任务，这些人员包括技术专家、子公司的管理者和建立关系的人（可能只是非正式协调的一部分），他们通常担任一种角色或同时兼任几种角色。现在，跨国公司在不断地要求其经理人掌握丰富的海外工作经验。

如前所述，外派员工的成本是非常高的。这不仅是因为外派员工的福利增加，更重要的是外派的失败率相当高，这对员工和组织都是难以承受的成本。为了降低这样的成本，跨国企业采取了一些有效的手段。

首先，企业需要有一个明确、系统的程序来甄选外派员工。企业应该组成一个招聘小组，其组员由母国经理人、东道国经理人及人力资源经理组成。招聘小组负责制定成功应聘本职位的指标。这些指标将被使用在甄选过程中（如推荐、发布工作公告）。接下来，招聘人员将会通过一组工具组合（如面试、练习、测试）来考察应聘者。在这个过程中，面试官应该鼓励应聘者及其家属仔细考虑自己是否能够适应这样的外派任务。这样是为了把公司的决定坦率地告知可能被派往国外的雇员。执行任务前，企业一般会安排雇员及其家属前往即将工作的国家，以便于他们提前了解新环境。对雇员或家属提出的有关派往地区或任务的所有问题，公司必须严肃对待并深入讨论。

在外派人选确定之后，下一步的工作是外派的准备工作。一般来说，培训及准备必须成为一个连续的过程，并努力在出国前、出国期间、回国后进行（外派雇员在刚开始到达国外时会经历一场文化冲突，回国后也会经历类似的事）。所有的培训项目都包含两个基本的目标：（1）帮助雇员迅速有效开展海外工作；（2）减少外派雇员及其家属在新环境中所遇到的调整问题，包括回国后。

本章小结

1. 全球化是商品、服务、资本和技术在世界范围内的生产、消费和投资。它的含义包括全球市场和全球规则。

2. 跨国企业是在两个或两个以上的国家拥有经济体，实行统一战略和组织整合的企业。跨国企业通过资源整合创建全球竞争优势。

3. 跨国企业海外经营的商业模式包括“保障关键材料的供应”、“寻求市场”和“全球低成本运营”。跨国企业进入某一市场需要一定的条件。学习模型描述了跨国企业成长的过程。

4. 跨国企业的主要战略挑战是降低成本和提高本地响应。跨国企业建立全球竞争优势的方法包括全球性的效率优势、跨国管理的灵活性和全球创新与学习能力。

5. 跨国管理采取不同的组织结构以发挥自身的竞争优势。常见的跨国企业组织结构包括国际部、以地区划分的全球结构、以产品划分的全球结构和全球矩阵结构。

6. 国际沟通是跨国企业的一个重大挑战。语境是言语和行为之外的、能够帮助理解和感知他人的背景信息。高语境文化注重根据沟通时的具体语境解释语言和行为。跨国企业鼓励横向沟通网络。

7. 跨国企业的员工激励必须考虑激励与文化之间的协同性。跨文化领导必须具备文化敏感性。跨国企业管理冲突时要考虑文化因素。国际谈判过程同样要重视语境的影响。

8. 国际人力资源管理对跨国企业的全球竞争优势作出贡献。跨国企业需要建立甄选国际员工的方法、有效地培养国际经理人和有效地利用外派员工。

关键概念

全球化　跨国企业　学习模型　全球竞争优势　跨文化沟通　语境　横向沟通网络　跨文化激励　跨文化领导　国际谈判　国际经理人　外派员工

思考题

1. 什么是全球化？全球化的主要特征是什么？全球化对中国企业有何意义？

2. 跨国企业海外经营的商业模式有哪些？

3. 跨国企业进入某一海外市场的条件有哪些？请举例说明。

4. 举例说明跨国企业的主要战略挑战是什么。

5. 举例说明跨国企业全球竞争优势的表现有哪些。

6. 简述以产品划分的全球化结构的优点和局限。

7. 在跨文化激励中如何运用文化协同性？

8. 跨国企业为什么鼓励横向沟通网络？

9. 跨国企业中管理冲突的原则是什么？

10. 比较低语境文化和高语境文化时国际谈判第一阶段的重视程度，分析差异的原因。

11. 比较海外机构中由母国派出人员和聘用东道国员的利弊。

开篇案例讨论题

1. 联发和研发投标有何区别？

2. 宝洁如何利用全球联发增加全球竞争力？

3. 宝洁如何控制可能的泄露和知识产权问题？

现代职业教育体系建设系列教材